U0908567

国际关系学院国际战略与安全研究中心

A Review of China's National Security in 2008

2008年中国国家安全概览

◎ 2008年国际安全形势与中国外交

◎ 全球金融危机的原因及影响

◎ 索马里海盗问题与中国海上安全

◎ 全球化冲击下的中国非传统安全问题

◎ 2008年中国生态安全总体状况研究

时事出版社

《2008 年中国国家安全概览》
课题组成员名单

主编：赵晓春

撰稿人（以姓氏汉语拼音顺序排列）：

常凤君　储　殷　丁　豪　黄日涵　刘跃进

鲁　义　南普随　齐　琳　苏　娟　孙志明

孙薛程　谭秉禹　吴　雪　王　辉　王湘林

杨建英　赵晓春　张士铨　朱素梅　张　莉

张宁林　郑晓明

目　录

中国国家"安全研究"的政策导向分析

刘跃进

[**内容提要**] 在社会科学研究方面，国家政策近年来越来越多地指向国家安全。从执政党政策，到中央政府工作，再到国家社科立项指南，对国家安全研究的导向都在不断加强，结果直接促进了国家社科基金立项项目中安全研究课题数量的增加，同时也促进了国家安全研究论著的增加。这一点，在2008年得到了进一步强化。

10多年来，中国国内的国家安全研究日益升温，相应的学术论著数量和质量逐渐提高，专门的学术机构陆续建立，学术活动也日趋活跃。

这种情况的发生，既与冷战结束10多年来国际国内政治和安全状况的改善相关——比较宽松的政治和安全环境消解了以往当政者对"安全"话语权的独霸以及与此相应的对民间和学界安全研究的种种限制，也与人类"居安思危"心理作用相关，同时还得益于30多年来学术研究领域的不断扩展及人们对交叉学科和综合学科的格外青睐。此外还有一个近年来在中国已经发生并且在2008年更为突出的一个现象，也极大地推动了国家安全研究的发展，这就是政府在科研导向方面越来越多地指向以国家安全为主要内容的"安全研究"。政府的这种研究导向，可以从国家及各省市和各部委近年发布的科研立项指南中看到，而哲学社会科学立项的课题指南中国家安全项目的增多，其实是"贯彻落实"执政党和政府文件"精神"的结果，反映了执政党和政府近年来对国家安全问题的关注、重视和强调。

因此，我们准备从三个方面进行分析：一是2008年官方社会科学基金资助项目中的包含“安全”一词的课题数量，以及这一数量与前10年相应数值的比较；二是国家战略性文件中提到“安全”与“国家安全”的次数，以及这一数量与此前相关文件中相应数值的比较；三是这两方面数值的相关性，即国家战略性文献中“安全”一词的数量变化是否影响到此后出台的社科基金项目中“安全”课题数的变化。

一、“国家社会科学基金项目年度课题指南”中“安全”项目的增长

从并非严格统计而仅仅是日常观察出发，我们就可以发现，10多年来从中央到地方，从地方到军队，从高等学校到社科院所，在其发布的各级各类科研立项指南及其结项项目中，涉及国家安全的课题变得越来越多。在此，我们无力对中央各部委、地方各省市、军队和地方各研究机构和各高校这些年来科研立项指南及结题项目中涉及国家安全的课题进行严格统计，而仅仅对“全国哲学社会科学规划办公室”每年12月发布的次年“项目指南”中包含“安全”一词的课题进行了统计，就可以得出具有统计学意义的结论：中央政府的职能管理部门在2008年对国家安全研究依然给予了积极导向。

在2008年12月发布的《国家社会科学基金项目2009年度课题指南》中，“安全”一词共出现25次，体现在如下24个课题中（课题前的数字为该课题在原《指南》中的序号）：

理论经济

18. 确保国家粮食安全和主要农产品有效供给的理论与对策研究

22. 国际金融危机与中国经济金融安全研究

应用经济

20. 新形势下粮食安全问题研究

33. 农产品安全保障体系研究

47. 开放条件下农业安全问题研究

76. 工业产品质量安全标准和监管体系研究

111. 新形势下能源安全问题研究

121. 健全食品药品安全质量标准和监管体制研究

122. 国家战略储备与经济安全研究

政治学

38. 国家金融安全与政治稳定的关系研究

法学

57. 食品安全监督制度建设研究

126. 国家安全战略的法治构建研究

133. 突发性公共安全事件的法律应对制度研究

144. 安全生产法律体系建设研究

145. 质量安全法律问题研究

148. 集体安全体制与国际法研究

155. 食品安全国际法律制度建设研究

165. 全球化时代的国家经济安全维护研究

国际问题研究

6. 当今世界形势下我国国家战略与新安全观研究

15. 西方国家粮食战略与我国粮食安全研究

16. 互联网国际化与我国文化安全研究

17. 气候、环境等非传统安全对国际关系和我国安全新挑战研究

18. 西方国家宗教战略与我国安全研究

中国历史

30. 近代食品安全制度研究

不可否认，以“安全”作为检索词检索的结果存在两个缺陷：一是包含“安全”一词的某些课题，并非国家安全课题或者并非严格意义上的国家安全类课题，前者如上述“指南”中的“安全生产法律体系建设研究”等，后者如“近代食品安全制度研究”；二是“指南”中许多不含“安全”一词的课题，其实比有些包含“安全”一词的课题更是国家安全类课题，甚至是非常严格意义上的国家安全类课题，例如：本年度“指

南”中“国际问题研究”之19“‘藏独’、‘疆独’国外活动特点，西方利用‘藏独’、‘疆独’分裂势力对我国的遏制及对策研究”，但是这两个缺陷对我们的结论影响不大，因为前一个缺陷中那些用传统安全观来看并非国家安全类课题或并非严格的国家安全类课题，在非传统安全观的视野中则多数都可以归到国家安全范围之中，例如关于“粮食安全”的研究，而后一个缺陷则从相反的方向强化了我们的结论，而不是削弱了我们的结论。

如果说《国家社会科学基金项目2009年度课题指南》由于发布日期是2008年12月，因而在研究2008年国内国家安全研究导向时需要提出来的话，那么2007年12月发布的《国家社会科学基金项目2008年度课题指南》则由于它指导了2008年全国社科基金项目的申报与审批，因而也需要在此提出来，用此证明2008年“安全研究”导向及其发挥的作用。

在2007年12月发布的《国家社会科学基金项目2008年度课题指南》中，“安全”一词共出现了22次，体现在如下17个课题中（其中有些是在条目中直接出现，有的则出现在对有关条目的说明解释中）：

党史·党建

16. 党领导各条战线工作的历史考察和历史经验研究党领导工会工作、共青团工作、妇女和少年儿童工作、宗教工作、民族工作、侨务工作，发展统一战线、促进祖国统一、保障国家安全和制定国际战略等工作的历史经验。

哲学

44. 文化问题研究（本条解释中包含“安全”一词：“……对外开放与文化安全战略，消费文化研究，对外文化交流问题研究等）。

理论经济

18. 确保国家粮食安全研究

应用经济

26. 新形势下粮食安全问题研究

36. 加强农产品质量安全研究

61．中国产业安全问题研究

114. 防范境外短期资本流动对我国金融安全影响研究

115. 加强食品药品流通体系建设和安全监管研究

政治学

54. 国家安全战略和安全体制研究

社会学

49. 安全生产与社会稳定研究

法学

17. 国际法基础理论

研究国际法与维护国家主权、安全与权益，国际法治与促进世界和谐与国际民商事交往，国际法与国际关系，国际法与国内法的关系。

95. 食品药品安全监管法律制度建设

国际问题研究

14. 国际和地区安全合作机制研究

15. 非传统安全威胁问题研究

26. 东北亚地区安全机制构建及中国的对策研究

图书馆·情报与文献学

34. 信息时代的国家安全与信息安全研究

主要研究当今国内外信息安全研究的基本状况，探讨信息化趋势对于国家安全环境的影响。在内容和发展方向研究的基础上，提出信息安全策略和实施方案。

77. 我国电子化档案数据安全管理模式研究

为了在更远一些的视野中观察官方科研立项指南中“国家安全导向”的发展，我们从1999年开始对国家社科基金项目指南中各年度包含“安全”一词的课题进行了统计，结果如下：

1998年发布的《国家社会科学基金项目1999年度课题指南》中，“安全”一词共出现3次，体现在如下3个课题名称中：

应用经济

2. 扩大对外开放与维护国家经济安全问题研究

国际问题研究

7. 新时期欧洲机制化的安全战略理论与实践

统计学

3. 国家经济安全问题的统计研究

1999 年发布的《国家社会科学基金项目 2000 年度课题指南》中，“安全”一词共出现 5 次，体现在如下 4 个课题名称或有关解释中：

经济理论

8. 经济全球化的实质与中国经济安全问题研究

应用经济

6. 加入 WTO 与我国经济安全问题研究

国际问题研究

本年度要加强世纪之交国际格局和国际战略问题的研究，加强维护国家主权和安全，不断提高对外合作与斗争水平的研究，加强重要国家和地区问题的研究，加强世界突发事件和敏感问题的研究，提出切实可行的对策性建议。同时注重对该领域内具有基础性、战略性和前瞻性的理论问题，以及对学科建设具有长远影响的理论问题的研究。

9. 科索沃战争、北约战略新概念与国际安全

民族问题研究

6. 跨国界民族问题与国家安全研究

2000 年发布的《国家社会科学基金项目 2001 年度课题指南》中，“安全”一词共出现 9 次，体现在如下 5 个课题名称或有关解释中：

应用经济

11. 我国矿产资源安全问题研究

国际问题研究

2. 21 世纪前期国际安全格局与中国外交对策

在分析和把握 21 世纪初期世界政治经济格局的深刻变化和发展趋势的基础上，全面系统地研究我国的外交战略和对策。

宗教学

2. 宗教极端主义研究

对影响我国内外政策的制定、实施，特别是与国家安全、社会稳定密切相关的宗教极端主义势力进行重点研究。

图书·情报与文献学

2. 我国信息安全与信息法规研究

信息安全在网络环境下的时代意义、我国信息安全的现状与问题、中外信息安全政策与措施比较研究、我国信息安全对策与立法研究等。

统计学

7. 国家粮食安全问题的统计监测

2001 年发布的《国家社会科学基金项目 2002 年度课题指南》中，“安全”一词共出现了 5 次，体现在如下 5 个课题名称或解释中：

经济理论

10. 入世后我国经济安全问题研究

19. 中国西部地区水土资源开发和生态安全的历史与现状研究

政治学

10. 互联网条件下国家安全问题研究

国际问题研究

1. 恐怖主义、国际反恐怖主义斗争及对我国国家安全的影响

9. 东亚国家的城市化、环境、秩序与安全研究

2002 年发布的《国家社会科学基金项目 2003 年度课题指南》中，“安全”一词共出现了 9 次，体现在如下 8 个课题名称或解释中：

应用经济

35. 安全生产问题研究

政治学

12. 互联网条件下的国家安全问题研究

29. “东突”恐怖组织与边疆安全问题研究（内部研究报告）

国际问题研究

2. 美国国家战略的调整对中国国家安全环境的影响（包括“布什主义”或新帝国主义研究）

9. 中国的国际环境问题研究

当前国际安全形势下存在的问题，台湾问题中的国际因素，周边安全形势问题，加入 WTO 后对外关系问题等。

13. 国际经济问题研究

汇率与经济发展问题，全球化与经济安全问题，新经济的曲折发展对世界经济的影响，石油问题，东盟自由贸易区问题，北美、西欧和日本三大经济体的经济问题及矛盾等。

14. 地区问题研究

拉美和非洲的经济、金融和发展问题，中亚的战略地位和安全形势问题，巴以冲突对世界的影响，亚太形势，东北亚发展事态，朝鲜半岛的统一进程对周边国家的影响等。

15. 理论问题研究

当代世界社会主义运动的发展状况，当代资本主义的发展阶段问题，有关全球化的各种理论，国际人权对话，多边外交的理论与实践，国际机制与国际秩序问题，新帝国主义论对国际关系的影响，突发性危机事件的处理，各国安全决策机制等。

2003年发布的《国家社会科学基金项目2004年度课题指南》中，“安全”一词共出现了21次，体现在如下15个课题名称或解释中：

经济理论

20. 中国能源发展战略研究

中国经济增长与能源需求，中国能源工业市场化改革与能源利用效率，开放背景下的能源发展战略，中国能源安全问题研究。

应用经济

41. 新形势下金融安全问题研究

43. 社会保障基金安全运行问题研究

53. 新形势下我国利用外资战略与维护国家经济安全研究

政治学

25. 互联网条件下的国家安全问题研究

26. 东北亚地缘战略与安全形势研究

社会学

16. 风险社会理论研究

西方关于风险社会的基本理论、最新进展和前沿问题；西方风险社会理论对中国社会发展政策的借鉴意义；当前中国社会转型过程中存在的主要社会风险；现代社会风险发生的逻辑和机制；现代社会风险监测的理论和方法；社会安全机制建设。

法学

38. 我国环境安全与灾害防治法律建设

国际问题研究

2. 全面建设小康社会与国家安全及国际战略

全面建设小康社会的宏伟目标对国家安全及国际战略提出的新要求；2020年前世界格局及国家关系走向；我国周边安全形势、面临的机遇与挑战、应遵循的战略指导思想及应采取的重大战略举措。

3. 我国新世纪战略机遇期的外部资源环境与非传统安全问题研究

我国能源、粮食等安全与国际关系；我国产品的国际市场分析；我国金融、信息、环境等非传统安全问题研究。

7. “恐怖主义”产生的根源及我国对策研究

“恐怖主义”根源的经济、政治、文化因素；涉及我国国家安全与统一的民族分裂主义、宗教极端势力的现状与对策。

10. 南亚次大陆经济发展与区域安全

15. 发展中国家问题综合研究

南北关系与南南合作问题；新自由主义对发展中国家的影响；发展中国家市场经济转型问题；发展中国家的政治安全与社会稳定问题；发展中国家的对外关系取向；发展中国家金融调控体制的改革与风险；发展中国家与全球化、反全球化问题。

图书馆·情报与文献学

1. 我国政务信息公开过程中的现行文件利用和开放及安全研究

我国现行文件利用和开放的现状及主要障碍，探讨现行文件利用和开放的原则、方法、策略等。

6. 我国的信息与网络安全保障体系研究

探讨如何既充分利用网上信息资源，又保证国家的信息与网络安全，分析信息、网络安全与国家的现代化和信息化建设之间的关系。

2004年发布的《国家社会科学基金项目2005年度课题指南》中，“安全”一词共出现了25次，体现在如下16个课题名称或解释中，甚至在本年度专门的“分类”中出现“安全”一词：

党史·党建

10. 关于党执政面临的挑战和风险防御对策研究

主要研究国际国内形势的深刻变化及党自身状况的变化给党执政带来的挑战和考验，把握执政环境发展变化的规律，树立新的执政安全观，完善执政安全战略，构建防御和规避风险的工作机制。

哲学

17. 文化问题研究

文化与综合国力，当代世界文化与经济、政治相互激荡的特征与趋势，文化事业与文化产业的划分标准及其意义，全面建设小康社会与文化发展，经济全球化中的价值冲突与我国文化发展战略，我国文化历史资源和现实资源的开发，文化安全战略等。

经济理论

24. 中国能源发展战略研究

中国经济增长与能源需求，中国能源工业市场化改革与能源利用效率，开放背景下的能源发展战略，中国能源安全问题研究。

27. 经济开放与经济安全问题研究

经济开放与国家经济安全的国际经验与借鉴，不同发展水平的经济开放与经济安全的理论与实践，经济开放不同发展阶段的国家经济战略选择与政策调整，经济开放条件下的国家金融安全问题、能源安全问题、文化安全问题等。

应用经济

5. 粮食安全的体制与政策研究

25. 中国石油安全问题研究

38. 加入WTO过渡期后我国产业安全问题研究

政治学

15. 民族关系与边疆安全问题研究

26. 我国国家能源安全和发展的战略问题研究（交叉学科综合研究）

法学

43. 能源合理开发、科学利用与安全保障法律制度研究

54. 惩治与防范危害国家安全罪的对策研究

62. 经济全球化与国家经济安全法律制度研究

国际问题研究

（一）有关我国的国家安全与国际战略问题研究

8. 经济全球化背景下的我国文化安全和意识形态战略研究

（二）地区问题研究

17. 东亚地区安全形势及安全合作机制研究

（五）国际比较与借鉴研究

30. 国家安全的科学、协调、高效工作机制的国际比较及对我国的借鉴研究

人口学

4. 人口安全问题研究

我国面临总人口、劳动年龄人口、老年人口、流动人口以及出生性别比等诸多高峰的相继来临，人口安全被提上议程。如何顺利度过高峰，既使人口的数量增长受到有效控制，又使人口结构比较合理，其他人口问题得到较好解决，需要做出综合性研究。

2005 年发布的《国家社会科学基金项目 2006 年度课题指南》中，"安全"一词共出现了 17 次，体现在如下 15 个课题名称或解释中：

党史·党建

10. 党领导各个领域各条战线工作的历史考察和历史经验研究

例如，党领导经济、政治、文化建设以及发展统一战线、促进祖国统一、保障国家安全和制定国际战略等工作的历史经验。

哲学

20. 文化问题研究

世界文化多样性问题研究，文化与综合国力，当代世界文化与经济、政治相互激荡的特征与趋势，文化产业的经济价值与文化传承，全面建设小康社会与文化建设，经济全球化中的价值冲突与我国文化发展战略，我国文化历史资源和现实资源的开发，消费文化研究，对外开放与文化安全战略，中国文化"走出去"战略研究。

经济理论

41. 对外开放与国家经济安全问题研究

应用经济

12. 实施优质粮食产业工程和国家粮食安全研究

33. 信息基础设施建设和信息安全保障体系研究

92. 国家经济安全预警体系研究

法学

13. 知识产权法基础理论研究领域

知识产权法的基本理论，知识产权发展战略的制定及对我国经济自主、高效、安全、可持续发展的重大价值与意义。

22. 经济全球化与维护国家主权、经济安全问题研究

29. 安全生产法律制度研究

30. 政府信息公开与信息安全法律制度研究

国际问题研究

11. 传统安全与非传统安全问题研究

20. 经济全球化条件下的我国金融安全问题研究

38. 美日同盟的发展与东亚地区安全及我国对策研究

图书馆·情报与文献学

11. 危机管理在图书馆的应用研究

探讨图书馆如何建立科学合理的危机管理制度，组建危机处理组织，制定安全防范预案。要求结合案例进行实证研究。

统计学

4. 关于标准化工作中的统计方法研究

标准化在现代社会生活中日显重要。涉及环境、食品和药物安全及其他公共安全的标准，其实质性的内容是对极限值的确定。统计方法是确定标准极限值的重要方法，应当结合我国标准化工作实际研究确定极限值的统计方法。

2006年发布的《国家社会科学基金项目2007年度课题指南》中，“安全”一词共出现了24次，体现在如下21个课题名称或解释中，其中有些是在条目中直接出现，有的则出现在对有关条目的说明解释中。

党史·党建

9. 党领导各个领域各条战线工作的历史考察和历史经验研究

可分问题、分阶段研究。例如，党领导经济、政治、文化、社会建设以及发展统一战线、开展民族工作和宗教工作、促进祖国统一、保障国家安全等方面的历史经验；党的国际战略思想与外交战线工作的进展；党领导工会、共青团、妇女组织等工作的历史经验；党的军队建设与国防建设思想的历史发展和党在军队建设与国防建设方面积累的历史经验等。

哲学

25. 文化问题研究

社会主义文化建设指导思想和方针研究，中国传统文化中有利于社会和谐的思想道德内容研究，完善公共文化服务体系问题研究，非特质文化问题研究，世界文化多样性问题研究，文化与综合国力，当代世界文化与经济、政治相互激荡的特征与趋势，文化产业的经济价值与文化传承，全面建设小康社会与文化建设，经济全球化中的价值冲突与我国文化发展战略，我国文化历史资源和现实资源的开发，对外开放与我国文化安全战略，消费文化研究，对外文化交流问题研究等。

理论经济

32. 经济全球化与国家经济安全研究

应用经济

20. 粮食主产区建设和国家粮食安全研究

44. 完善安全生产和遏止重特大安全事故对策研究

72. 国际油价变动趋势和我国石油安全问题研究

79. 维护国家经济安全对策研究

96 扩大开放条件下的金融安全和金融监管研究

106. 加强药品流通体系建设和安全监管研究

政治学

43. 公共安全及其应对机制研究

20. 社会变迁与个体安全问题研究

法学

29. 个人信息安全法律保护研究

87. 企业安全生产法律制度建设研究

97．对外开放与国家经济安全的法律保障研究

99．非传统安全威胁与国际法研究

国际问题研究

5．传统安全与非传统安全理论研究

14．我国对外贸易依存度与经济安全问题研究

16．我国能源安全与石油战略储备问题研究

19．美国的亚洲安全战略对我国的影响及对策研究

图书馆·情报与文献学

27．维护国家信息安全研究

37．信息安全保障体系研究

统计学

9．统计信息化标准与规范研究

统计指标与分类编码规则及编码体系设计，统计数据交换接口规范、统计调查数据处理及编辑规范，网上直报软件规范及相关统计应用软件功能规范，统计应用软件开发规范及安全规范等。

2007年发布的《国家社会科学基金项目2008年度课题指南》和2008年发布的《国家社会科学基金项目2009年度课题指南》，上面已有论述，此处不再重复。

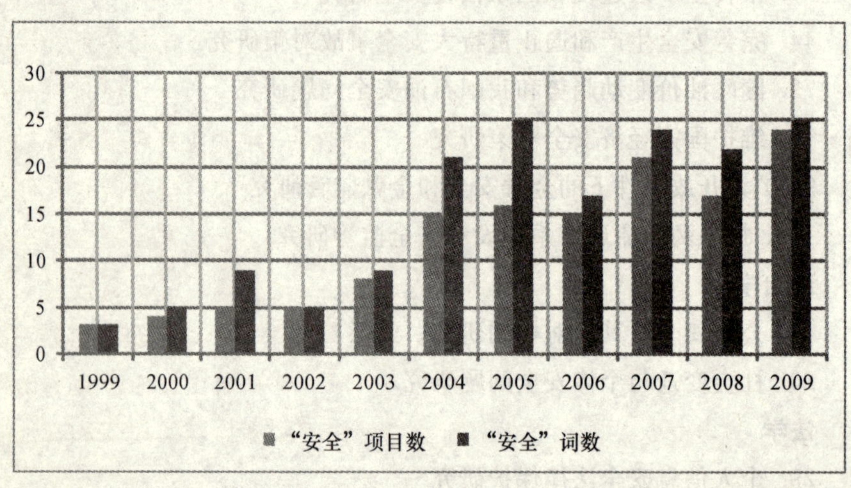

为了更形象直观地反映1998年到2008年11年间“国家社会科学基金项目年度课题指南”中对国家安全研究导向，我们把上述各年“指南”中包含“安全”一词的“项目数”和“安全”一词出现的“次数”图示如上图。

二、“中央文件”中“安全”及“国家安全”词数的增加

无论是自然科学还是社会科学，现在都可以明显地看到社会和国家导向的强烈存在。国家安全研究近年来在中国发展的情况也体现了这一点。对当前中国来说，“全国哲学社会科学规划办公室”每年发布“课题指南”时，必然要考虑的是执政党中国共产党及其政府的政策和宣传导向——这一点从每年“指南”前的“申报说明”中可以明显观察到，而“指南”事实上也反映了中共中央和中央政府不同时期的政策变化和宣传导向。10多年来“国家社科基金项目”中“安全”及“国家安全”项目不断增多，反映的正是中共中央和中央政府对安全问题的关注在不断加强，并且由此引导国内国家安全研究不断发展。

从1949年开始，中国共产党已经执政近60年，但在其各种文件中以“安全”或“国家安全”一词来集中论述国家安全问题，还是冷战结束后特别是2001年“9·11”事件后才开始的，并且在此后不断得以强化。这一点集中体现在包括中共中央文件和中央政府（国务院）文件在内的“中央文件”中。对此，我们主要引征国务院总理在最近三届全国人大第一次会议上的报告，及中国共产党总书记在最近三次党代会上的报告，加以说明。事实上，“中央”的“安全决策”不仅体现在国务院总理每年向全国人民代表大会所作的中央政府工作报告中，而且更突出体现在对中国国家安全具有更高决断权的中国共产党代会的报告和其他中共中央文件中。

2008年3月5日，国务院总理温家宝在第十一届全国人民代表大会

第一次会议上所作政府工作报告中，“安全”一词出现42次，其中“国家安全”出现2次，“安全威胁”出现1次，虽然其中有些“安全”涉及的问题与“国家安全”相距较远，但其中的一些“安全”所指本身就是“国家安全”，而且从非传统安全观观察，还是有许多“安全”话语可以直接归入国家安全议程之中，也有些与国家安全有某种直接或间接联系。例如：在“提高军队应对多种安全威胁、完成多样化军事任务的能力，坚决维护国家主权、安全和领土完整，为全面建设小康社会提供坚强有力的保障”一段话中，虽然只提到“安全”一词，并没有直接出现“国家安全”，但这段中两处“安全”所指无疑都是“国家安全”。同时，报告提到的“金融安全”、“粮食安全”等，在非传统安全视野中，都是当代国家安全包括的重要内容。具体来说，2008年政府工作报告中出现的42个“安全”包含在如下34句话中：

1. 五年新增节水灌溉面积666.7万公顷、新增沼气用户1650万户、新建改建农村公路130万公里，解决了9748万农村人口饮水困难和饮水安全问题，建立了重大动物疫病防控体系，防止了高致病性禽流感等疫情蔓延。

2. 土地和矿产资源市场秩序、产品质量和食品药品安全等专项整治取得明显成效，保护知识产权力度加大，严厉打击了制假售假、非法传销、商业欺诈、盗版侵权等违法犯罪活动。

3. 高度重视安全生产工作，健全安全监管体制，落实安全生产责任制，加强安全生产法制建设。

4. 依法打击各类犯罪活动，有效维护了国家安全和社会稳定。

5. 人民解放军和人民武装警察部队为维护国家主权、安全、领土完整和促进社会和谐稳定作出了重大贡献。

6. 劳动就业、社会保障、教育、医疗卫生、收入分配、住房、产品质量安全、安全生产、社会治安等方面，还有不少问题需要认真加以解决。

7. 粮食安全，关系经济社会发展全局，关系人民群众切身利益，丝毫不能放松粮食生产。

8. 推进农业标准化生产，提高农产品质量安全水平。

9. 今年要再解决3200万农村人口的安全饮水问题，增加500万农村沼气用户，支持建设一批大中型沼气项目。

10. 加快发展高产优质高效生态安全农业，支持农业产业化经营和龙头企业发展。

11. 加快推进农业机械化。加强良种、信息、农产品质量安全和防灾减灾体系建设，搞好动物疫病和植物病虫害防控。

12. 加大节能减排和环境保护力度，做好产品质量安全工作。

13. 加强产品质量安全工作。

14. 一是加快产品质量安全标准制定和修订。

15. 今年要完成7700多项食品、药品和其他消费品安全国家标准的制定修订工作，健全食品、药品和其他消费品安全标准体系；食品、消费品安全性能要求及其检测方法标准，都要采用国际标准。

16. 二是完善产品质量安全法制保障。

17. 加快制定修订涉及产品质量安全的法规，完善行政执法与刑事司法紧密衔接的机制，加大对违法违规企业的惩处力度。

18. 三是健全产品质量安全监管体系。

19. 提高涉及人身健康和安全产品的生产许可条件和市场准入门槛。

20. 认真落实产品质量安全责任制。

21. 切实防范和化解金融风险，维护金融稳定和安全。

22. 四是建立国家基本药物制度和药品供应保障体系，保证群众基本用药和用药安全，控制药品价格上涨。

23. 改革的基本目标是：坚持公共医疗卫生的公益性质，建立基本医疗卫生制度，为群众提供安全、有效、方便、价廉的基本医疗卫生服务。

24. 三要采取多种方式充实社会保障基金，强化基金监管，确保基金安全，实现保值增值。

25. 要加强农村住房建设规划和管理，切实解决农村困难群众住房安全问题。

26. 集中整治突出的治安问题和治安混乱地区，依法防范和打击违法犯罪活动，保障人民生命财产安全，确保社会大局稳定。

27. 加强国家安全工作。

28. 强化安全生产工作。

29. 加大源头治理力度，遏制重特大安全事故发生。

30. 巩固和发展煤矿瓦斯治理和整顿关闭两个攻坚战成果，继续开展重点行业领域安全专项整治。

31. 加强对各类安全事故隐患排查和整治工作，健全重大隐患治理、重大危险源监控制度，完善预报、预警、预防和应急救援体系。

32. 依法加强监管，严肃查处安全生产事故。

33. 加大专项治理力度，重点解决环境保护、食品药品安全、安全生产、土地征收征用和房屋拆迁等方面群众反映强烈的问题，坚决纠正损害群众利益的不正之风。

34. 着眼全面履行新世纪新阶段军队历史使命，提高军队应对多种安全威胁、完成多样化军事任务的能力，坚决维护国家主权、安全和领土完整，为全面建设小康社会提供坚强有力的保障。

如果把这一报告与1998年及2008年的报告相比，可以发现10年间中央政府对“安全”问题越来越重视了。1998年3月5日，时任总理李鹏在第九届全国人民代表大会第一次会议上所作政府工作报告中，“安全”一词仅出现6次，“国家安全”出现2次。2003年3月5日，时任总理朱镕基在第十届全国人民代表大会第一次会议上所作政府工作报告中，“安全”一词出现数增加到13次，“国家安全”依然只出现2次。虽然10年间3个报告中“国家安全”一词出现的数量没有变化，但比较起来，“安全”一词中包括的国家安全内容却明显增加。

1998年政府工作报告中包含的6个“安全”出现在如下6句话中：

1. 中国人民解放军和武装警察部队在维护国家主权和安全，参加重点工程建设和抢险救灾中，做出了重要贡献。

2. 防灾、减灾、救灾工作对保障人民生命财产安全发挥了积极作用。

3. 加强大江大河大湖的治理，搞好防洪工程建设，疏浚中小河流，保证安全度汛。

4. 要防止变相逃债，保护银行资产安全。

5. 加强国防和军队建设，是国家安全和现代化建设的重要保证。

6. 加强人民武装警察部队和公安、国家安全部门的建设。

2003 年政府工作报告中包含的 13 个“安全”出现在如下 11 句话中：

1. 在全国先后开展了声势浩大的打击走私、骗税骗汇、制售假冒伪劣商品的专项行动，对文化、旅游、建筑、集贸等市场和安全生产秩序进行专项整治。

2. 社会治安综合治理的各项措施进一步落实，社会治安状况好转，人民群众安全感增强。

3. 人民解放军、武装警察部队、预备役部队和民兵在维护国家主权、安全，支持经济建设和抗灾抢险中，作出了重大贡献。

4. 综合运用经济、法律和必要的行政手段，以纺织行业为突破口，逐步扩大到煤炭、冶金、建材、石化、制糖等行业，关闭了一大批产品质量低劣、浪费资源、污染严重和不具备安全生产条件的企业，淘汰了一大批落后设备、技术和工艺，压缩了部分过剩生产能力。

5. 深入开展基层安全创建活动。

6. 重视和加强安全生产，健全安全生产责任制。

7. 五是切实维护国家安全。

8. 重大安全生产事故时有发生。

9. 加强农产品质量安全体系和农业社会化服务体系建设。

10. 高度重视安全生产，切实加强监督管理，保护人民生命财产安全。

11. 加强国防和军队建设，是国家安全和现代化建设的可靠保证。

尽管作为对中国国家安全具有更高决断权的中共中央在 2008 年没有公开出台有关国家安全的重要文件，但从 2007 年 10 月召开的中共十七大来看，也可以发现执政党对“国家安全”的重视以及相应的国家安全研究导向在进一步加强。与 1997 年十五大报告共 6 次提到“安全”，其中 3 次为“国家安全”，以及 2002 年十六大报告共 14 次提到“安全”，其中 3 次为“国家安全”相比，十七大报告共 23 次讲到“安全”，其中 5 次为“国家安全”。

在中共十五大召开前夕的1997年3月，中国在与菲律宾共同主办的东盟地区论坛信任措施会议上，就提出了适合冷战后亚太地区各国维护安全的“新安全观”概念。当年4月23日，在江泽民访问俄罗斯时发表的《中俄关于世界多极化和建立国际新秩序的联合声明》中，也载明双方一致主张确立新的具有普遍意义的安全观。江泽民在发表讲话时以中国最高领导人的身份向国际社会阐述了新安全观，指出这是完全不同于冷战思维的一种新的安全观，对于增进国与国之间的友好与信任、维护地区和世界和平，将会提供有益的启示和开辟新的途径。尽管如此，中共和中国政府对“新安全观”的认识在当时并不完全明确，对新的国家安全形势还没有形成理论上的概括。这一点，也体现在1997年9月召开的中共十五大上。

1997年9月12日，由江泽民所作的十五大报告并没有出现“安全观”一词，更不用说“新安全观”了。这一报告只在3处提到了“国家安全”一词：(1)“在保卫国家安全、维护祖国统一和参加国家经济建设、完成抢险救灾等任务中，人民军队作出了重要贡献”；(2)“加强国防和军队建设，是国家安全和现代化建设的基本保证”；(3)“继续加强中国人民武装警察部队和公安、国家安全等部门的建设”。另外3次提到“安全”一词的语句是：(1)“正确处理对外开放同独立自主、自力更生的关系，维护国家经济安全”；(2)“搞好社会治安，是关系人民群众生命财产安全和改革、发展、稳定的大事”；(3)“扩大军事集团、加强军事同盟，无助于维护和平、保障安全”。这些论述使我们看到，中国共产党和中国政府当时依然把国家安全看作是一个军事国防问题，还没有注意到冷战后的国家安全已经成为一个涉及到国际国内两个方面，包括政治、经济、科技、文化、信息、社会等各个领域的综合性问题。

但是此后，随着中国“新安全观”核心思想和具有内容的不断明确，中国共产党和中国政府对国家安全的认识也在不断深化和丰富起来。

1999年3月26日，江泽民在日内瓦裁军谈判会议上发表的《推进裁军进程，维护国际安全》的讲话中，全面地论述了中国的新安全观，指出“以军事联盟为基础、以加强军备为手段的旧安全观，无助于保障国际安全，更不能营造世界的持久和平。这就要求必须建立适应时代需要的新安全观，并积极探索维护和平与安全的新途径。我们认为，新安全观的核心，应该是‘互信、互利、平等、合作’”。这是第一次指出新安全观的核心是“互信、互利、平等、合作”八个字。3月27日，在瑞士工商界人士集会上发表《发展中欧友好合作，推动建立国际新秩序》的演讲时，江泽民再次对新安全观进行了阐释。2000年9月6日，在联合国千年首脑会议上发表的重要讲话中，江泽民重申要“建立以互信、互利、平等、合作为核心”的新安全观。2001年7月1日，在庆祝中国共产党成立八十周年大会上的讲话中，江泽民对新安全观核心的表述做了调整，将八个字当中的“合作”改为“协作”，指出“国际社会应该树立以互信、互利、平等、协作为核心的新安全观，努力营造长期稳定、安全可靠的国际和平环境”。2002年7月31日，参加东盟地区论坛外长会议的中国代表团向大会提交了《中方关于新安全观的立场文件》，全面系统地阐述了中方在新形势下的安全观念：“中国是新安全观的积极倡导者。1996年，中国就曾根据时代潮流和亚太地区特点，提出应共同培育一种新型的安全观念，重在通过对话增进信任，通过合作促进安全。近年来，中国领导人在多边、双边场合多次呼吁树立新安全观。新安全观已成为中国对外政策的重要组成部分。”“中国认为，新安全观的核心应是互信、互利、平等、协作。”2002年9月13日，中国外交部长唐家璇在第57届联合国大会一般性辩论时也指出，中国提倡树立以互信、互利、平等、协作为核心的新安全观。

正是在这种背景下，2002年11月8日至14日举行的中国共产党第十六次全国代表大会，对国家安全的认识在中国共产党党代会历史上就有了一个重要发展。体现这些发展的中共十六大报告，虽然依然只有3次提到“国家安全”，但另外提到“安全”一词的地方却上升到11处，特别是第一次在党代会上论述了中国的“新安全观”，在“安全构成”方面超出军事国防提出了“国家经济安全”概念，在“安全威胁”方面注意到了“传统”和“非传统”两个方面。报告在总结“过去五年的工作和十三年的基本经验”时指出：“我们从容应对一系列关系我国主权和安全的国际突发事件”，“始终把国家的主权和安全放在第一位”；报告在论述“经济建设和经济体制改革”时指出：“关系国民经济命脉和国家安全的大型国有企业、基础设施和重要自然资源等，由中央政府代表国家履行出资人职责”，“在扩大对外开放中，要十分注意维护国家经济安全”；报告在讲到“政治建设和政治体制改革”时指出，“加强国家安全工作，警惕国际国内敌对势力的渗透、颠覆和分裂活动”；报告在“国防和军队建设”部分指出，“建立巩固的国防是我国现代化建设的战略任务，是维护国家安全统一和全面建设小康社会的重要保障”；更重要的是，报告在论述“国际形势和对外工作”时，指出“影响和平与发展的不确定因素在增加”，“传统安全威胁和非传统安全威胁的因素相互交织，恐怖主义危害上升”，强调“安全上应相互信任，共同维护，树立互信、互利、平等和协作的新安全观，通过对话和合作解决争端，而不应诉诸武力或以武力相威胁”。

到了2004年，中国共产党和中国政府对国家安全的认识又有了进一步的深化，这主要体现在2004年9月19日中共十六届四中全会通过的《中共中央关于加强党的执政能力建设的决定》中。正是这一《决定》，不仅在第八部分第二条中，继续指出要“促进新安全观的树立”，而且在这一部分的第四条，提出要“始终把国家主权和安全放在第一位，坚决维护国家安全。针对传统安全威胁和非传统安全威胁的因素相互交织的新情况，增强国家安全意识，完善国家安全战略，抓紧构建维护国家安全的科学、协调、高效的工作机制。坚决防范和打击各种敌对势力的渗透、颠覆和分裂活动，有效防范和应对来自国际经济领域的各种风险，确保国家的政治安全、经济安全、文化安全和信息安全”。这是中共文件中第一次对国家安全问题做出的比较集中的系统论述：在“安全威胁”方面，继续强调了“传统安全威胁和非传统安全威胁相互交织的新情况”；在“安全保障”方面，第一次提出了“国家安全意识”、“国家安全战略”和“国家安全工作机制”问题，并且在重复过去一直强调的“防范和打击敌对势力”之外，又提出了“有效防范和应对来自国际经济领域的各种风险”的任务；在“安全要素”（即国家安全构成要素）方面，除继续强调传统的“政治安全”外，又讲到了过去很少提到的“经济安全”和从未提过的“文化安全”和“信息安全”。因此，在研究中共和中国政府安全观的变化发展时，《中共中央关于加强党的执政能力建设的决定》就成了一份必须给予高度重视的文献。也正是这一《决定》，对2004年后中国国家安全研究的发展起了重要的导向和推动作用。这一点，从上述图示中“安全”课题和“安全”词数在2004年12月发布的《国家社会科学基金项目2006年度课题指南》中的提升，就可以一清二楚地看到。

此后，2006年10月11日中共十六届六中全会通过的《中共中央关于构建社会主义和谐社会若干重大问题的决定》，又从构建“和谐社会”的角度，把“国家安全”与“国防建设”放在一起，作了与2004年《中共中央关于加强党的执政能力建设的决定》相似的论述：“加强国家安全工作和国防建设，保障国家稳定安全。增强国家安全意识，完善国家安全战略，健全科学、协调、高效的工作机制，有效应对各种传统安全威胁和非传统安全威胁，严厉打击境内外敌对势力的渗透、颠覆、破坏活动，确保国家政治安全、经济安全、文化安全、信息安全。”

2007年10月召开的中共十七大，对国家安全的论述又有了进一步发展。如前所述，在胡锦涛代表16届中央委员会向大会所作报告中，“国家安全”一词出现的次数，由十五大和十六大报告中的3次，上升到5次；“安全”一词出现的次数，由十五大报告中的6次和十六大报告中的14次，上升到23次。这一报告与以往的一个重要区别是，对国家安全整体内容（如“安全战略”和“安全体制”）的论述，既没有放在军队国防建设部分，也没有放在国际关系和对外政策部分，而是放在了“八、加快推进以改善民生为重点的社会建设”中的“（六）完善社会管理，维护社会安定团结”中，指出“完善国家安全战略，健全国家安全体制，高度警惕和坚决防范各种分裂、渗透、颠覆活动，切实维护国家安全”。此外，在“九、开创国防和军队现代化建设新局面”中，也提到了“国家安全”：“必须站在国家安全和发展战略全局的高度，统筹经济建设和国防建设，在全面建设小康社会进程中实现富国和强军的统一。”“加强人民武装警察部队建设，更好履行维护国家安全和社会稳定、保障人民安居乐业的职责使命。”此外，在继续强调“传统安全威胁和非传统安全威胁相互交织”的情况下，报告还广泛地论及了“国家粮食安全”、“农产品质量安全”、“食品药品安全”、“人民生命财产安全”以及经济、金融、生产、发展等方面的安全问题。

十七大报告对安全和国家安全问题的这种论述，似乎类似于学术界所谓的“安全化”和“安全泛化”。如果我们再综合考察一下2008年3月5日温家宝在全国人大十一届一次会议上所作政府工作报告中“安全”一词出现42次的情况，那么就可以得出这样一个结论：执政党与中央政府对安全及国家安全问题的认识，近年来一直在不断加深和拓展，这与学术界对安全及国家安全问题的研究，在步调上更具有高度的协调与共振。

事实上，在2008年10月12日中国共产党第十七届中央委员会第三次全体会议通过的《中共中央关于推进农村改革发展若干重大问题的决定》中，其对“国家粮食安全”的论述，特别是其关于粮食安全对国家安全的重要性的认识，也与近年来学术界在非传统安全领域中对粮食安全问题研究的增长具有很高的一致性。很久以来，在中共中央关于农村和农业问题的文件中，很少与“国家安全”联系起来，也很少出现“安全”二字，但《中共中央关于推进农村改革发展若干重大问题的决定》中，“安全”一词却出现了高达19次之多，其中“粮食安全”就出现了7次，“国家粮食安全”则出现了5次，甚至还出现了“国家安全”一词。当然，这里有关国家安全的论述，是与农业发展特别是粮食问题联系起来考虑的，具体是：“必须巩固和加强农业基础地位，始终把解决好十几亿人口吃饭问题作为治国安邦的头等大事。坚持立足国内实现粮食基本自给方针，加大国家对农业支持保护力度，深入实施科教兴农战略，加快现代农业建设，实现农业全面稳定发展，为推动经济发展、促进社会和谐、维护国家安全奠定坚实基础。”在其他两处论述了国家粮食安全面临的严重挑战之后，《决定》又集中提出了确保粮食安全的对策，指出要“保国家粮食安全。粮食安全任何时候都不能放松，必须长抓不懈。加快构建供给稳定、储备充足、调控有力、运转高效的粮食安全保障体系。把发展粮食生产放在现代农业建设的首位，稳定播种面积，优化品种结构，提高单产水平，不断增强综合生产能力。各地区都要明确和落实粮食发展目标，强化扶持政策，落实储备任务，分担国家粮食安全责任。……”

三、“中央文件”对“安全研究”的导向性

执政党和中央政府在国家安全认识上与学术界的协调共振，一方面说明了学术研究对国家政策的制定具有一定影响，但同时也说明了国家政策对学术研究的开展具有明显的导向作用。如果从中共中央和国务院等方面的文件出发，我们有时还难以直接发现其对学术研究的强制性导向，但如果仔细研究一下从国家到地方的各种科研基金对科研项目的“招标”，那么就可以十分清楚地看到这种导向性的存在。在当代中国的政治体制下，官方政策通过各种基金课题指南，最终就变成了学术界研究的主要课题。前面，我们已经讨论了国家社科基金课题指南对我国社会科学研究的强力影响和导向，现在，我们可以进一步通过比较“安全”领域“中央文件”与国家社科基金课题指南的相关数据，来说明国家政策对这一课题指南的强烈影响。

在此，我们根据前面已经得出的最近三次中共党代会报告中“安全”一词出现的次数、最近三届全国人大一次会议上政府工作报告中“安全”一词出现的次数、1997 年以来国家社科基金项目指南中的“安全”项目数，以及下面检索到的国家图书馆相关藏书数、中国期刊全文数据库中相关文献数，来研究五者之间存在的相关性，以及中央文件对国内“安全研究”的导向性。

如前所述，1997 年中共十五大报告 6 次提到“安全”；2002 年十六大报告 14 次提到“安全”；2007 年十七大报告 23 次提到“安全”。2008 年十一届全国人大一次会议政府工作报告中，“安全”一词出现 42 次；1998 年九届全国人大一次会议政府工作报告中，“安全”一词出现 6 次；2003 年十届全国人大一次会议政府工作报告中，“安全”一词出现 13 次。

在国家图书馆“中文普通图书库”中，以“多库检索”为检索方式、“其他题名”（自然包括“正题名”）为检索字段，“中文及特藏数据库”

中的“中文普通图书”为检索数据库，“国家安全”为检索词，并通过“二次检索”排除“安全生产”题名，得到1997年后各年数据为：1997年2本，1998年2本，1999年12本，2000年9本，2001年5本，2002年7本，2003年6本，2004年10本，2005年7本，2006年20本，2007年11本，2008年15本。

在“中国期刊全文数据库”中，用“国家安全”作检索词对“篇名”进行“精确”检索，得到1997年后各年数据是：1997年33条，1998年33条，1999年123条，2000年116条，2001年142条，2002年144条，2003年176条，2004年109条，2005年156条，2006年150条，2007年124条，2008年255条。

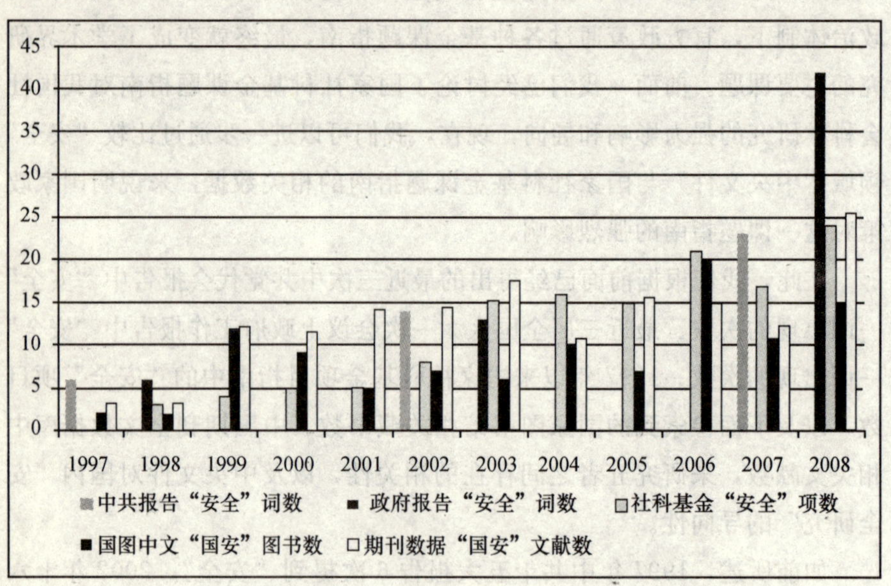

由于和前4种数据相比，期刊中题含“国家安全”一词的数据量过大，放在一起视觉效果不佳，特把其缩小10倍，与其他4个方面的数据进行下列图示的直观比较。

毫无疑问，以上图表只能反映出“中央文件”、“社科基金”与“学术研究”之间的某种“关联与契合”，但无法反映出它们之间究竟是各自独立发展，还是相互影响，以及是不是一方主导着其他方。然而事实上，任何人都知道，如上所述，占主导地位的是反映国家政策的"中央文件"，而不是"社科基金"和"学术研究"，因而是"中央文件"对安全及国家安全论述的增加，影响甚至是决定了社科基金项目中安全及国家安全类课题数量的增加，而这又无形中推动了学术领域安全研究及国家安全研究的增多。。

总之，在最近10多年中，从执政党政策，到中央政府工作，再到国家社科立项指南，对国家安全研究的导向无疑都在不断加强，而这种导向加强的结果，直接促进了国家社科基金立项项目和结题项目中国家安全研究课题数量的增加，同时也促进了国家安全研究论著数量的增加。

［参考文献］

1. 全国哲学社会科学规划办公室：《2009年度国家社会科学基金项目课题指南》(2008年12月公布)，http：//www. npopss－cn. gov. cn/xiangmusb/xmshb _ more. html.

2. 全国哲学社会科学规划办公室：《2009年度国家社会科学基金项目课题指南》(2007年12月公布) http：//www. npopss－cn. gov. cn/directory/2008ktzn. htm.

3. 全国哲学社会科学规划办公室：《国家社会科学基金项目历年课题指南》，http：//www. npopss－cn. gov. cn/history/lshzl _ more. htm.

4. 温家宝：《政府工作报告——2008年3月5日在第十一届全国人民代表大会第一次会议上》，http：//www. gov. cn/2008lh/content _ 923918. htm.

5. 历年国务院政府工作报告（1954年至2008年），http：//www. gov. cn/test/2006－02/16/content _ 200719. htm.

6. 胡锦涛：《高举中国特色社会主义伟大旗帜　为夺取全面建设小康社会新胜利而奋斗：在中国共产党第十七次全国代表大会上的报告（2007年10月15日)》，北京：人民出版社，2007年版。

7. 江泽民：《高举邓小平理论伟大旗帜把建设有中国特色社会主义事业全面推向二十一世纪：在中国共产党第十五次全国代表大会上的报告（1997年9月12日)》，北京：人民出版社，1997年版。

8. 江泽民：《全面建设小康社会开创中国特色社会主义事业新局面：在中国共产党第十六次全国代表大会上的报告（2002年11月8日)》，北京：人民出版社，2002年版。

9. 江泽民："推进裁军进程，维护国际安全"，《江泽民文选》（第3卷），北京：

人民出版社，2006年版。

10. 江泽民：《在庆祝中国共产党成立八十周年大会上的讲话（2001年7月1日）》，北京：人民出版社，2001年版。

11. 中国关于新安全观的立场文件，http：//www.fmprc.gov.cn/chn/wjb/zzjg/gjs/gjzzyhy/1136/1138/t4549.htm

12.《中共中央关于加强党的执政能力建设的决定》，北京：人民出版社，2004年版。

13.《中共中央关于构建社会主义和谐社会若干重大问题的决定》，北京：人民出版社，2006年版。

14.《中共中央关于推进农村改革发展若干重大问题的决定》，北京：人民出版社，2008年版。

15. 刘跃进："2005年国内的国家安全研究"，马立斌，刘跃进，张士铨：《中国国家安全概览》，上海：上海三联书店，2008年版。

2008 年国际安全形势与中国外交

赵晓春

[内容提要] 2008 年国际安全形势总体稳定，但影响国际安全的不安定因素也在迅速增长。美国内外交困，霸权削弱；大国关系错综复杂，有紧张有缓和，既竞争又合作；传统安全与非传统安全威胁相互交织，严重威胁到世界的和平与稳定；中国外交取得丰硕成果，但依然面临严峻挑战。

回顾 2008 年，国际关系风云变幻。国际安全形势在保持总体稳定的同时，仍然面临着一些长期存在的不安定因素的困扰，同时又面临着诸如金融危机等新的安全威胁的挑战。这些因素决定了 2008 年国际安全的基本特点，并制约着国际安全形势的未来走向。

一、美国霸权面临挑战

2008 年，美国面临的难题之多，挑战之大，是布什政府在近年来所未遇到的。在国外，美国在解决地区问题，应对全球性挑战方面表现乏力，对国际事务的掌控能力进一步下降；在国内，发端于 2007 年的美国次贷危机在 2008 年演变为金融危机，并严重拖累到美国实体经济，美国的经济地位和金融霸权受到沉重打击。

2008 年，是布什总统任期的最后一年，也是布什政府力图在国际事务上有所建树的最后一个机会。然而，布什政府所期望达到的目标并未实现。首先，在美国一直致力于的反恐、防止核扩散问题上，美国未能取得明显进展。国际恐怖主义活动依然猖獗，伊朗核问题仍然处于僵局，朝核问题在进入去功能化后又出现反复。其次，在地区问题上，尽管伊拉克的局势趋向平稳，但美国在中东地区推行的“民主改造计划”处处碰壁，反而激起了该地区强烈的反美情绪，黎巴嫩真主党和巴勒斯坦的哈马斯势力获得了空前发展。在巴以和平问题上，美国未能保持2007年11月安纳波利斯中东和平会议的势头，美国争取在2008年年底前签订巴以和平条约的期望化为泡影。阿富汗局势自2008年初以来进一步趋于恶化，塔利班武装针对政府军和外国驻阿部队频繁发动袭击，造成5000多人死亡。塔利班在阿富汗的控制和影响面积已由2007年的54%上升到2008年的72%，而且已成为阿南部城镇和村庄的实际统治者，大有东山再起之势。在与主要大国的关系上，2008年美俄对立加深，俄罗斯在一系列重大问题上采取了近年来少有的强势反制姿态。欧盟争当多极世界中的重要一极，要求改变欧美关系现状，与美国建立平等的新型伙伴关系。以中国为代表的新兴发展中大国保持发展势头，对国际战略格局的走向产生深远影响。种种事实表明，美国谋求建立单极世界的图谋难以实现，以“单边主义”、“先发制人”为主要特征的“布什主义”也将随着布什总统任期的结束而走进历史。

从美国国内来看，布什政府面临的最大挑战就是发端于2007年的美国次贷危机在2008年转变为金融危机，美国面临着自第二次世界大战以来最为困难的局面。在金融领域，美国金融体系出现了系统性崩溃的风险，“两房”和美国国际集团被政府接管，雷曼兄弟等投行宣告倒闭，花旗等商业银行陷入困境，美国的金融机构遭受重创。为了应对危机，2008年10月，美国总统布什批准了《2008年紧急经济稳定法案》，推出有史以来最大规模的7000亿美元的金融救援计划。更为严重的是，金融危机直接拖累美国实体经济，美国楼市持续低迷，股市进入熊市，信贷收缩加剧，大规模倒闭接踵而至，失业剧增。根据美国政府的有关数据，美国经济第三季度负增长0.5%。经济学家预测，美国经济第四季度和2009年初将继续负增长，美国经济陷入衰退已成定局。

对外面临困境，国内陷入危机，使美国的硬实力受损，软实力下降，布什也成为美国二战后最不受欢迎的总统。2008年底，美国的民调显示，布什的支持率再创二战后新低，降到了24%。正是在这一背景下，民主党总统候选人奥巴马顺应“人心思变”的国内政治需求，以“变革”作为竞选口号，一举赢得2008年美国大选，成为美国建国以来第一位黑人总统。

应当看到的是，尽管美国面临种种困难，但其超级大国的地位并未发生根本动摇，构成其权力基础的经济、军事、科技实力，仍远远超过其他国家，美国仍然具有影响、干预世界事务与国际安全的不容忽视的能力。因此，奥巴马在入主白宫后，将如何调整美国的内外政策，挽救美国经济，“重振美国的领导地位”，需要我们继续予以高度关注。

二、大国关系错综复杂

2008年，各主要大国之间利益的碰撞与融合，使大国关系呈现出有缓和有紧张，既合作又斗争的局面。大国关系更趋错综复杂，起伏不定。

矛盾加剧、对立加深是2008年美俄关系的一个突出特点。近年来，美国大力推进北约东扩，在东欧部署导弹防御系统，不断压缩俄罗斯的战略空间。俄罗斯普京政府在国内政治局势稳定、国力复兴的背景下，采取了一系列反制措施。2008年3月，俄罗斯大选后形成“梅普组合”，普京对美积极反制的强势外交特征得以延续。8月，俄罗斯与格鲁吉亚围绕南奥塞梯爆发大规模军事冲突，显示了俄罗斯在维护国家安全和战略利益问题上，不惜与美国和西方对抗的决心，在美俄遏制与反遏制斗争中具有转折性的意义。针对布什政府执意要在波兰、捷克建立反导系统，俄罗斯一方面宣称将在加里宁格勒部署“伊斯坎德尔”导弹；一方面高调进入美国传统“后院”拉丁美洲。9月，俄罗斯两架图－160战略轰炸机在委内瑞拉停留了1周，并进行了飞行训练。11月和12月，俄海军编队访问委内瑞拉，举行两国联合军演。俄舰还访问了尼加拉瓜、巴拿马和古巴，并签署了向委内瑞拉出售44亿美元武器装备的合同，与巴西缔结了军事技术合作协议。11月15日，俄总统梅德韦杰夫在2008年国情咨文中，再一次显示出强硬立场，宣称俄有能力维护国家利益，将积极推动国际政治、经济制度改革，建立多极化国际体系。俄罗斯的强硬反击，引起了国际舆论的高度关注，甚至出现了美俄是否会爆发“新冷战”的议论。然而，对于美俄来说，谁都无法承受双边关系破裂带来的严重后果。2008年底，美俄关系出现了缓和迹象，梅德韦杰夫在奥巴马当选美国总统后说，俄美关系是世界稳定的重要因素；奥巴马则表示恢复美俄关系非常重要，要对东欧反导系统计划重新进行评估。因此，今后美俄关系的走向更可能是矛盾依旧，斗而不破。

美国与欧洲的跨大西洋关系在2008年合作升温，但分歧犹在。自法国总统萨科齐、德国总理默克尔上台后，美欧双方一直致力于修补因伊拉克战争等问题而遭受损害的跨大西洋关系。2008年，美欧关系继续显示出升温的势头。法国总统萨科齐积极推动法国重返北约军事一体化机构。美欧在伊朗核问题、阿富汗问题、科索沃独立、俄格冲突以及国际金融危机等一系列重大国际问题上或是展开合作，或是进行政策协调，反映了在应对全球性挑战方面，美欧战略利益交汇点增多，相互依存加深。但另一方面，欧盟主要国家基于自身利益，特别是谋求成为多极世界中的一极的长远战略，并不甘心在欧美关系中长期居于次要地位，欧美之间的分歧与矛盾依然存在。在如何防范俄罗斯问题上，德、法等国出于经济、能源、地缘等因素的考虑，反对美国逼俄太甚。在俄格武装冲突发生后，美国要求七国集团通过决议谴责俄罗斯，遭到欧盟否决。法国总统萨科齐未和美国商量，在俄格之间进行调停，促成六点停火协议。在12月2日和3日举行的北约外长会议上，德法等欧洲盟国又顶住美国的压力，使北约作出了逐步恢复与俄罗斯高层政治对话的决定。在乌克兰、格鲁吉亚加入北约问题上，德国、西班牙和荷兰等西欧国家在12月初召开的北约外长会议上，反对美国提出的简化两国加入北约的程序，使之直接成为北约成员国的建议，并决定仍将两国排除在预备“成员国行动计划”之外。2008年下半年，随着发源于美国的国际金融危机的加剧，欧盟一些国家的领导人纷纷指责美国监管不力，并在欧盟特别峰会、欧美领导人会晤及20国峰会等场合提出改革国际金融体系的主张，显示出其挑战美国世界金融霸主地位、在国际事务中与美国分庭抗礼的强烈愿望。尽管欧盟由于自身的局限尚难以在短期内成为美国真正的平等伙伴，但其对美国霸权的挑战无疑将产生深远的影响。

在布什政府任内，美日关系得到全面提升，近年来朝鲜半岛局势和中国的迅速发展也成为维系美日同盟的外部动力，美日同盟依然稳固。2008年，美国核动力航母“乔治·华盛顿”号进驻日本神奈川县横须贺基地，替换常驻日本的“小鹰号”航母，就显示了这一点。11月，奥巴马当选美国总统后，日本首相麻生太郎立即发表声明，祝贺奥巴马当选新一届美国总统，并表示将加强与美国的同盟关系。在应对金融危机问题上，日本对美国提出的合作请求也采取了积极响应的姿态。但另一方面，美日矛盾依然存在。在朝核问题上，美国不支持日本将绑架问题与解决朝核问题挂钩的要求，不顾日本的再三反对，把朝鲜从“恐怖国家名单”中删除；在军售问题上，美国拒绝向日本出售F—22战斗机，令日本产生了“日美同盟贬值”之感。特别是鉴于在应对金融危机问题上，美国迫切希望得到中国的帮助；奥巴马在竞选期间很少提及日本，日本舆论不时发出“日美同盟将面临考验”、“日本正在被‘台湾化’”的悲观论调。[①]奥巴马上台后的日美同盟关系走向值得关注。

三、传统安全威胁与非传统安全威胁相互交织

2008年，国际形势在保持总体稳定的同时，不安全不稳定因素也在增加。传统安全威胁依然存在，非传统安全威胁又有新的发展，二者相互交织，国际安全依然面临严峻挑战。

第一，局部地区的动荡与战乱又有新的发展。全年共发生局部战争和武装冲突46起，其中新发生冲突21起，总数和新发生数均较2007年有较大增长。一个突出的事件是发生于格鲁吉亚的俄格武装冲突。8月8

日，格鲁吉亚军队向寻求独立的南奥塞梯发动进攻，进入南奥塞梯控制区，炮击南奥首府茨欣瓦利市，导致12名俄罗斯维和士兵死亡。俄罗斯随即以保护当地俄维和部队和俄公民为名出兵反击，俄格爆发武装冲突。12日，在国际社会斡旋下，俄总统梅德韦杰夫宣布结束军事行动，并与法国总统萨科齐达成包括撤军在内的解决南奥塞梯冲突的六项原则协议。8月26日，俄罗斯宣布承认格境内的南奥塞梯和阿布哈兹两地区独立，美国、法国、德国和北约等对此表示反对。俄格冲突是在北约东扩步步紧逼、俄战略空间受到巨大挤压的背景下，俄向美欧宣示将全力维护本国战略利益的重要行动，也是苏联解体以来俄第一次对外用兵。南奥战火虽然暂时平息，但冲突隐患远未消除。

2008年，本应是中东巴以双方落实美国安纳波利斯中东问题国际会议所达成的谅解，签署巴以和平协议的一年。然而，巴以和平进程非但未能在这一年取得进展，相反，12月27日，以色列军队以哈马斯组织频繁向以色列发射火箭弹和炮弹为由，对加沙地带突然发动大规模空袭，轰炸巴勒斯坦伊斯兰抵抗运动（哈马斯）在加沙的多处机构和设施，造成加沙地区重大人员伤亡。这次空袭是自1967年中东战争以来最血腥的事件之一，巴以和平进程再次遭受重挫。

除上述两场引起全世界关注的地区武装冲突以外，2008年重大军事冲突还有：2月，土耳其军队向伊拉克北部库尔德游击队发起冬季攻势，1万名土军士兵进入了伊拉克北部地区，打击库尔德工人党武装。这是近10年来土耳其发动的最大一次越境军事行动，库尔德工人党遭受重创。同月，来自乍得南部的叛军进攻首都恩贾梅纳，一度包围了总统官邸，乍得总统代比指责邻国苏丹支持叛军。5月，盘踞达尔富尔的“正义与平等运动”武装分子进攻首都喀土穆附近的恩图曼市和空军基地，苏丹总统巴希尔指责乍得支持叛军，并中断了与后者的外交关系。7月，联合国教科文组织批准了柬埔寨把柏威夏寺列为世界文化遗产的申请，同样对该寺有领土要求的泰国迅速向两国边界屯兵。10月，双方发生零星交火，各有人员伤亡，险些引发一场“旅游战争”。

第二，核扩散形势依然严峻，一些突出问题均未得到根本解决，对地区稳定与安全构成了隐患。朝核问题在2008年进入去功能化阶段，然而整个进程一波三折。先是朝鲜提交核计划申报清单，启动核设施去功能化。继而美朝围绕核验证与美国把朝鲜从“支恐”名单中除名问题展开交锋。朝鲜指责美国违背承诺，并于8月停止宁边核设施去功能化作业，9月宣布着手恢复宁边核设施，朝核问题再陷僵局。直到10月11日，美国国务卿赖斯正式签署文件，将朝鲜从“支持恐怖主义国家”名单上删除，朝鲜方面才做出积极回应，表示将继续宁边核设施去功能化，并允许有关方面开展验证和核查。虽然朝核问题的解决出现了积极的进展，但美国所谋求的核验证机制仍未建立，美国是否将“除名”落到实处以及对朝鲜的经济补偿是否到位仍是疑问，加之美朝之间根深蒂固的互不信任，朝核问题解决的前景仍充满变数。

伊朗核问题在2008年毫无进展。以美国为首的西方国家继续向伊朗施加压力，美国推动联合国安理会先后出台了两份针对伊朗核问题的决议，并单方面加强了对伊朗政府机构、军队、银行乃至个人的制裁，欧盟也加强了对伊朗的经济制裁。此外，美国、以色列等国还加强了军演力度，以武力相威胁。针对西方的施压，伊朗顶住压力，拒绝停止铀浓缩活动，并大搞军事演习；同时又作出愿意与西方谈判的姿态，为伊朗发展核计划争取时间。伊朗核问题深陷僵局，其解决的前景难以预料。

第三，2008年非传统安全问题对国际安全的威胁有增无减。美国次贷危机引发的金融海啸席卷全球，并由金融领域向实体经济扩散，发达国家经济陷入衰退，发展中国家受到严重冲击，全球经济增速明显放缓。由危机所引发的企业倒闭、失业激增，将会给一些国家带来新的不稳定因素。国际恐怖主义依然猖獗，全年共发生恐怖事件1000余起，人员伤亡1.5万余人。11月26日，来自巴基斯坦的恐怖分子潜入印度金融中心孟买，向10处目标发动袭击，占领了两座酒店和犹太教中心，城市陷入瘫痪，188人丧生，313人受伤。恐怖袭击不仅震惊了世界，而且令印巴两国关系严重恶化，两个有核国家几乎兵戎相见。这一事件再一次显示，一些非传统安全问题如不能得到妥善解决，很可能带来严重后果，甚至向传统安全问题转化。能源安全形势在2008年依然严峻。1月2日，纽约市场原油期货价格首次突破每桶100美元大关。此后，油价一路飙升，到7月11日，一度冲高到每桶147.27美元的历史最高纪录。此后，受全球经济增长放缓和市场投机活动减退等因素影响，国际油价又迅速狂跌，12月19日，纽约市场油价跌至每桶33.87美元。国际油价的剧烈波动，牵动全球神经，世界各主要国家围绕确保能源安全的战略竞争更趋激烈。粮食安全问题在2008年凸显。根据粮农组织发表的报告，全球粮食价格2006年上涨了12%，2007年上涨了24%，2008年前8个月涨幅超过50%。全球粮食产品价格的迅速上涨导致受饥饿人数增加，全世界受饥饿的总人数达到9.23亿人。[②]此外，2008年索马里海盗猖獗，大肆劫掠海上运输船只，严重威胁海上运输安全，也成为国际社会关注的焦点。

四、中国外交经受考验更趋成熟

2008年，中国外交波澜起伏，历经了危机与挑战，获得了成功与荣誉。中国外交经受住了考验，更趋成熟。

积极应对危机，为国内的稳定、发展创造有利的外部环境是中国外交在2008年的一个突出特点。3月14日，西藏拉萨发生了由少数“藏独”分子煽动制造的打砸抢烧暴力犯罪事件，国际反华势力借机掀起攻击中国的浪潮，中国一些驻外使领馆受到少数境外“藏独”分子的暴力冲击，奥运火炬传递受到严重干扰。面对这一严重事件，中国政府一方面坚决反击达赖集团和国际反华势力干扰破坏，一方面中国政府领导人通过打电话、致函等方式，向有关国家做耐心的解释工作，外交部组织外国驻华使团官员赴拉萨参观，两次组织境外记者团赴藏区采访。这些工作收到了良好的效果，先后有130个国家、国际和地区组织公开表态，理解和支持中国政府在西藏问题上的立场。5月12日，四川汶川发生特大地震，外交部门本着外交为民的精神，积极开展工作，在我国抗灾史上，首次接受外国救援队。来自俄罗斯、日本、韩国、新加坡的270多名国际救援人员奔赴受灾最严重的现场开展救援；150多个国家的政府和民间机构，以及10多个国际和地区组织向中国提供了各种援助。这些举措不仅直接有利于救灾工作，而且促进了中国与有关国家的理解与友好。2008年是中国“奥运年”，在筹备和举办奥运会期间，中国成功地开启了“奥运外交”。在国际反华势力和少数国家领导人鼓噪抵制奥运会的背景下，80多个国家和地区的外国领导人赴华出席奥运会开幕式和参加相关活动，奥运会期间中国国家领导人与各国政要先后举行了数十场双边会见。北京奥运会不仅向全世界展示了一场“无与伦比”的体育盛会，而且向世界清晰传达了中国倡导的“和谐世界”的理念，展现了中国的自信与包容。正如一些国际问题专家指出的那样：“在改革开放已经30年的大背景下，这次以中国为中心的‘奥运外交’，标志着中国进入自信面对世界的一个新阶段。”[③]

与国际社会协调合作，积极开展多边外交，共同应对世界面临的挑战，是2008年中国外交的又一个突出特点。在应对席卷全球的金融危机问题上，中国政府在8国集团同发展中国家领导人会议、20国金融峰会、亚欧首脑会议等一系列多边外交场合，明确发出了自己的声音，提出了有关世界经济体系建设的主张，呼吁建立公平、公正、包容、有序的国际金融新秩序。与此同时，中国政府采取一系列刺激经济措施，力保国内经济金融稳定，对维护世界经济的稳定做出了贡献。在推动地区冲突和热点问题的解决上，中国在朝核问题、伊朗核问题、津巴布韦问题、达尔富尔问题等重大问题上发挥了建设性作用。2008年底，中国派出海军舰艇赴亚丁湾、索马里海域护航，这是中国政府首次为保护海上运输线安全，向海外派遣海上作战力量。在应对能源、粮食、气候变化等全球性问题的挑战方面，中国政府致力于推动国际合作，承担起自己的责任，为解决全球性问题作出了自己的贡献。

高举和平、发展、合作的旗帜，坦诚、负责、务实、灵活地处理对外关系，中国与主要大国的关系在2008年得以继续良性发展。从中美关系看，中美两国关系稳定发展，两国政治领导人在一年内数次会面，两国经济相互依赖进一步加深，第五次中美战略经济对话成功举行，中美关系日趋制度化，有利于中美关系稳定的因素在不断增加。中日关系在历经2007年的回暖期后，在2008年全面恢复。5月7日，胡锦涛主席访日，两国签署第四个政治文件，中日战略互惠关系健康发展。中俄关系在梅德韦杰夫就任总统后，继续在高水平上向前发展。中俄最终完全解决了长达4300多公里的边界问题，扫清了两国关系的政治障碍。两国贸易额突破500亿美元，能源合作取得突破性进展。双方在一系列涉及到两国核心利益的问题上相互理解和支持。与中美、中日、中俄关系不同，中欧关系在2008年一改过去平稳发展的特点，出现较大起伏。问题的根源在于法国领导人在中国西藏问题上采取了完全错误的立场，严重侵犯了中国的主权，伤害了中国人民的感情，中国政府在涉及国家核心利益的问题上当然不能妥协让步。显然，要使中欧关系回到健康正常的发展轨道，法国领导人必须在涉藏问题上根本改变立场。

除与世界主要大国关系以外，中国与周边国家和发展中国家的关系在2008年继续深入发展。中韩启动战略对话，中、日、韩3国首脑第一次在“10＋3”领导人会议机制之外举行会议，并通过《三国伙伴关系联合声明》，将会议机制化，为东北亚地区的合作展示出新的前景。中国政府首次发布对拉美和加勒比地区的政策文件，胡锦涛主席出访拉美，将中国与拉丁美洲的关系推向新的水平。中非在经贸和政治领域的合作也进一步加强。

回首2008年，世界经济政治形势风云变幻，中国外交历经考验取得了辉煌成绩。展望未来，危机未消，挑战犹存。如何克服金融危机的负面影响保持经济以较快速度增长，如何应对来自传统安全与非传统安全领域的种种威胁，如何化解少数大国为遏制中国崛起设置的种种障碍，都是摆在中国外交面前无法回避的重大课题。中国只有战胜这种种挑战，才能为自身的发展开辟更加宽广的道路，才能实现中国真正的崛起。

注释：

① 郭一娜，刘林：“中美关系不断强化 日本担心被美中‘台湾化’”，新华网站，http：//news. eastday. com/w/20081121/u1a3996487. html.

② 杨爱国：“联合国粮农组织：世界粮食安全形势面临新挑战”，新华社12月13

日电，人民网站，http：//military. people. com. cn/GB/1077/57992/8514044. html.

③ 郑永年：“‘奥运外交’标志中国进入自信面对世界新阶段”，《国际先驱导报》2008年8月12日，新华网站，http：//news. xinhuanet. com/olympics/2008－08/12/content _ 9207867. htm.

健康稳定　偶有波折

——2008年中美关系概述

吴　雪

[**内容提要**] 2008年的中美关系延续了近几年良好的状态，总体健康、稳定发展；在全球金融危机中，两国经济相互依赖与合作进一步加深；而美国对台军售问题依然是危及双边关系的最大症结。本年度中美关系健康发展的原因包括中美两国依存度的加深、中国力量的增强和对美政策的稳定、美国对华认知的不断加深以及金融危机的客观影响等。而双边关系中的危机根源在于美国对华实行的防范与威慑政策。在奥巴马政府执政后，中美关系有望继续稳定发展，但不排除在经贸等领域，两国会出现新的矛盾与摩擦。

2008年是中美两国签署《建交公报》三十周年的纪念年，也是小布什政府八年执政的最后一年。纵观全年，在大国关系复杂互动的国际形势下，中美关系延续了自2001年以来的基本状态，呈现健康、良好的发展态势，双方在政治、经贸等多个领域的交流和合作进一步加深。

一、本年度中美关系的特点

（一）总体健康、稳定发展

主要表现在几个方面：

1. 双边关系全面发展

本年度，中美两国高层人士保持了密切的联系，仅中国国家主席胡锦涛和美国总统布什就有四次会晤，这种高频率的会面是中美建交近三十年来非常少见的。2008年7月9日，胡锦涛在日本北海道洞爷湖出席八国集团同发展中国家领导人对话会议期间同美国总统布什会晤；8月10日，胡锦涛在中南海瀛台会见了前来出席北京奥运会开幕式及相关活动的布什总统；11月14日至15日，胡锦涛应邀出席在华盛顿举行的二十国集团领导人金融市场和世界经济峰会，又一次与布什见面；11月21日，胡锦涛在利马出席亚太经济合作组织第十六次领导人非正式会议期间再次会见美国总统布什。在四次会晤中，双方就中美关系和共同关心的应对国际金融危机、促进世界经济发展、维护世界和平等重大国际和地区问题深入交换了意见。值得一提的是，在“3·14”事件后，一些西方国家扬言抵制北京奥运会开幕式，而布什总统相对坚定地支持北京奥运会，并如期出席了这场盛会的开幕式。这是美国总统第一次参加非本国奥运会开幕式，从某种程度上反映了中美关系良好的现状。中美首脑在双边与多边范围的多次会晤，推动了两国建设性合作与对话向深入的方向发展。

此外，两国领导人还保持通话，就热点问题及时沟通。如亚欧峰会召开之前的3天，布什总统打电话给胡锦涛主席，就国际金融危机问题展开对话。11月4日，奥巴马当选美国新一任总统。11月8日，他就与胡锦涛主席进行了通话。双方就中美关系和解决金融危机交换了意见。奥巴马总统在电话中称中国是“伟大的国家”，美中关系是当今国际舞台上至关重要的关系，而中国的发展和成功符合美国利益。他希望同中国加强在安全、气候变化、地区热点等问题上的磋商和协调，解决当前的金融危机。胡锦涛主席则表示，中国愿意同美国保持两国高层及各级别交往，继续开展战略对话，扩大各领域交流合作，加强在重大国际和地区问题上的沟通协调。他还指出，中美两国在事关世界和平与发展的重大问题上有广泛的共同利益，肩负着重要责任。胡锦涛主席还在电话中对奥巴马在竞选期间强调中美关系的重要性，主张中美加强合作、共同应对全球性挑战、共享全球发展机遇表示赞赏。双方一致表示要扩大各领域合作，把中美关系推上更高水平。

经贸关系方面，据海关统计，2008年，受金融危机影响，中美双边贸易总额的增速虽然下降到入世七年来最低，但仍然达到3337.4亿美元，同比增长10.5%。其中，中国对美国出口2523亿美元，同比增长8.4%；自美国进口814.4亿美元，增长17.4%，增速提高0.2个百分点；对美贸易实现顺差1708.6亿美元，增长4.6%。①

中美两国在极为敏感的军事领域也开展了有限度但富有成效的合作。2008年，两国国防部历史性地开通了直通电话，并举行了核战略政策研讨交流。4月10日，国务委员兼国防部长梁光烈上将与美国国防部长盖茨通过直通电话进行了首次通话。建立中美国防部直通电话，是两国国家和军队领导人从战略高度和长远利益出发作出的一项重大决策，也是中美两军加强务实合作的实际举措。直通电话为两国防务部门就重大问题加强沟通、协调立场提供了一条重要渠道，有利于增进双方在军事领域的互信，促进两军关系进一步发展。

11月，美国食品与药品监督管理局（FDA）首个海外办事处在北京成立，广州及上海办事处随后相继成立；中国也计划在美国设立类似的办事处。中美两国互设食品药物监管机构，是中美两国在食品安全方面深化合作的新形式，也反映了两国日益密切的贸易关系。

两国民间往来的深度和广度也在不断扩大。现在两国每天有5000多人往来于太平洋上空。中国四川发生特大地震灾难后，美国政府和社会各界也伸出了援手。

2. 高层对话机制进一步巩固

目前，中美之间已建立起60多个对话合作机制。其中，由两国元首倡导、双方建立的战略对话和战略经济对话两个机制，为两国在战略层面加大、加深对话与合作提供了重要的平台。2008年，在这两个机制内，中美进行了四次对话，为双边关系的深入发展起到了积极的作用。

2008年1月17—18日，在中国贵州省贵阳市进行了第五次中美战略对话。中国国防部外事办公室副主任丁进攻少将和美国助理国防部长辛恩作为中美军方代表首次参加了战略对话。双方就国际形势的发展变化、如何确保中美关系长期健康稳定发展、加强两国在国际和地区问题上协调合作、增进包括军事互信的中美战略互信等问题坦诚、深入地交换了意见。这标志着军事问题正式纳入中美战略对话的框架之中，是中美战略对话在对话领域的一大拓展。第六次中美战略对话于2008年12月15日在美国首都华盛顿举行。中国国务委员戴秉国与美国常务副国务卿内格罗蓬特共同主持对话。双方在很多问题上达成了广泛共识。此次对话是小布什政府任内的最后一次对话，为下一届美国政府坚持这一对话机制奠定了良好的基础。

本年度，中美还举行了两场战略经济对话：6月17—18日在美国马里兰州安纳波利斯举行了第四次中美战略经济对话；12月4—5日在北京举行了第五次中美战略经济对话。中国国务院副总理王岐山和美国财政部长保尔森作为两国元首的特别代表共同主持对话。在第四次战略经济对话中，双方签署了《能源和环境合作十年框架协议》，确定了十年合作起步的优先合作的五大领域：电力、清洁水、清洁交通、清洁大气以及森林与湿地保护。第五次中美战略经济对话围绕“奠定长久的中美经济合作伙伴关系的基石”这一主题，就管理宏观经济风险和促进经济平衡增长的战略、加强能源和环境合作、应对贸易挑战、促进开放的投资环境、国际经济合作等议题进行了深入讨论。双方在许多方面达成重要共识，取得了40项积极成果，为历届战略经济对话之最。虽然，双方在人民币汇率问题上尚难有结构性的突破，但在能源、环保等领域达成多项可立即着手落实的成果。两国在电力、清洁水、清洁交通、清洁大气、森林与湿地保护5个领域完成了启动行动计划的准备；双方同意将能效合作确立为两国能源和环境十年合作的第6个领域；双方已就十年合作框架下的绿色合作伙伴计划框架文件达成一致，中美已有7对绿色合作伙伴确立了合作意向。

3. 美国大选，对华政策不再是焦点

以往每四年一次的美国大选总会给中美关系带来不同程度的波动。而在大选期间的政策辩论中，对华政策往往是焦点。一些候选人不但以激烈的言辞批评现任政府的对华政策，而且承诺当选后将调整对华政策。1992年大选中，克林顿就以激烈的言辞攻击老布什的对华政策，并让

"民运分子"为他的竞选活动站台。在他当选后的三年多时间里，中美关系一直起伏不定。2000年大选中，小布什又批评克林顿的对华政策，并提出中国是"战略竞争者"的说法。小布什执政后，中美关系也经历了一段时间的波动。

在2008年的美国大选中，中国没有成为特别突出的话题，两党候选人在对华态度上也比较积极，在中国问题上的分歧也大大缩小，这是很少见的情况。民主党候选人奥巴马表示，他了解中国发展所面临的巨大挑战，以及与中国建立建设性关系对于推动持久和平与繁荣的重要性。虽然他在竞选期间也曾批评过中国贸易政策，但没有使用十分尖刻的词语。而共和党候选人麦凯恩则认为，美国与中国有着共同利益，中国和美国并非注定是对手，希望看到两国关系朝着对双边、进而对亚太地区和全世界都有利的方向发展。两党在代表大会上通过的政纲，都强调了美中合作的重要性，欢迎越来越强盛的中国在国际上扮演举足轻重的角色。

（二）经济合作凸显重要性，美对华需求增长

2008年，中美在经济方面的合作因为席卷全球的金融危机而显得格外引人注目。金融危机爆发以来，中国一直以负责任的态度积极合作，支持美国为稳定金融市场所做的努力。当欧盟和日本等国纷纷抛售美国国债之时，中国政府并没有跟风操作，反而逆市增持。截至2008年10月，中国持有美国国债6529亿美元，较9月大幅增加659亿美元（962亿新元），为2008年以来月度增幅的最大值，并首度超越日本，成为全球持有美国国债最多的国家。[②]这一举措体现了中国对美国经济的支持力度，也在客观上避免了国际市场恐慌情绪的蔓延。

9月22日，布什在美国联邦储备局公布救市计划后主动与胡锦涛通电话，介绍美国经济金融形势近况，表示美国政府认识到问题的严重性，已经并将继续采取措施稳定美国和国际金融市场。11月，布什总统邀请胡锦涛主席赴华盛顿参加G20峰会。美国还赞扬中国在应对国际金融危机时扮演了"负责任的角色"，并支持中国参与应对金融危机的国际合作行动。

此外，在双方战略经济对话中也出现了一些变化。观察家普遍认为，和以往对话中美方一再强调要求中国“解决问题”的态势不同，在第四次战略经济对话中，中方也自信地向美方直言不讳，提出建设性意见。与对话机制初建时，美国出招、中国接招有所不同，双方的第四次交锋，有来有往，攻守更为平衡。“美方攻、中方守”的局面正在扭转。

在战略经济对话中，美元汇率问题首度列入议题。中方直指美国放任美元贬值，对包括中国在内的诸多国家造成损害，要求其货币政策更负责任，一改美国单边对人民币施压格局。在对等开放、改善投资环境等问题上，中国比以往更加坚持自己的立场。中国还要求美国稳定金融市场、改变消费观念等等。第五次战略经济对话开幕之时，国务院副总理王岐山公开对美国的经济政策提出了批评，要求美方“确保中国在美资产和投资安全”。

（三）台湾问题仍然是最不稳定的因素

尽管中美关系在整体上积极、稳定，但并非“晴空万里”，双边关系中仍然存在不少问题，而危害性最大的是在两国关系最重要、也最敏感的台湾问题上。

近年来，中美在台湾问题上基本形成了虽然有限但十分重要的共识——维持台海地区局势的稳定符合双方的共同利益。2003 年 12 月，温家宝总理访问美国时，布什总统明确表示，美国反对任何单方面改变台湾海峡的现状，而且说台湾领导人的言行表明他有可能单方面改变现状，对此美国是反对的。2007 年 12 月，国务卿赖斯也明确表示，台湾搞“入联公投”是“挑衅性”的举动，此举在台海制造紧张，对台湾人在国际上也无好处可言。她还特别强调，美国反对任何一方改变现状所构成的威胁。在 2008 年的台湾“大选”中，中美关系没有出现问题，但是在对台军售问题上，美国却依然一意孤行。2008 年 10 月 3 日，美国政府不顾中方一再严正交涉，通知国会决定向台湾出售 330 枚“爱国者－3”型导弹和相关设备、“E－2T”预警机升级为“鹰眼 2000”型相关设备和服务、30 架“阿帕奇”攻击直升机、32 枚潜射“鱼叉”导弹和 F－16 及多型战斗机补给零部件等 6 项武器装备，总价值 64.63 亿美元。这是马英九上任之后，美国对台湾的第一笔军售计划，超过2001年小布什政府宣布的价值40亿美元的对台军售，是美国最大规模的对台军售。其中，“鱼叉”导弹可携带270公斤高爆弹头，既可以从战机上发射，也可以从海上平台发射。据制造商波音公司指出，这种导弹以全球卫星定位系统导航，能穿越拥挤的海上航线击中目标。一旦台湾军队装备后，可以攻击到大陆沿海地区。

美国的这一售台武器计划严重损害了中国的核心利益，影响了两国之间的防务交流和政治互信，成为2008年中美关系中最不和谐之音。决定一出，中方马上进行了反对和谴责，外交部副部长何亚非奉命召见美国驻华使馆临时代办，向美方提出强烈抗议。外交部发言人和国防部发言人以及全国人大、全国政协都发表了措词严厉的反对声明。这些声明指出：美方的做法，严重违反美方在台湾问题上向中方做出的严肃承诺，严重背离了两国领导人就中美建设性合作关系达成的共识，严重违背了美方支持两岸关系和平发展的表态，粗暴干涉中国内政，危害中国国家安全，也严重干扰中美两国、两军关系。同时，中国中止了与美国的军事接触，这是自1989年以来美国或中国第5次中止或推迟军事接触。

二、原因分析

2008年中美关系健康发展的原因应该放在小布什执政8年、尤其是2001年之后的大背景下来分析。这七年半中美实现了建交以来持续时间最长的平稳发展期，中美建设性关系得到全面提升。美国副国务卿内格罗蓬特称，中美关系现在处于历史最好时期。这种稳定的关系不仅仅是小布什政府对华政策的成绩或者近年来中美合作的成果，也是中美两国经历建交30年发展累积出来的效益。具体原因包括以下几点：

（一）中美关系依存度不断加深，合作领域大大扩展

目前中美形成了空前复杂交叉的利益，双方关系的平稳发展对各自均有重大的战略利害。中国和美国互为第二大贸易伙伴，双边贸易额已突破3000亿美元，中国20000亿美元的外汇储备有70%左右存的是美元，包括6529亿美元的美国财政部的国库券，中国连续6年成为美国增长最快的海外出口市场，这样一种关系是谁也离不开谁，你中有我，我中有你，高度相互依赖的关系。这是中美两国之间非常强劲的有力纽带。同时，经过30年的发展，中美关系已经远远超出了双边关系。在许多全球性问题，如应对自然灾害和气候变化、应对能源安全、流行性疾病、反恐、防止大规模杀伤性武器扩散、金融危机等都需要中美两国的合作，这一点是有利于中美关系长期稳定的重要因素。此外，民间交流的不断扩展使两国之间、两个社会之间的纽带变得越来越牢固，这也是中美关系保持稳定发展的重要因素。

（二）中国自身力量增强，对美政策保持稳定

2001年，中国加入世贸组织后，对外贸易发展迅猛，年均增长28.5%，对美贸易也以很快的数字在增长。中国的GDP年增长率平均超过10%。2008年中国经济虽然受到金融危机的影响，但总体保持了平稳发展。中国自身力量的增强使中国在中美关系中的分量加重。

中国一直将美国作为最重要的国家对待，对美关系被看作是中国对外关系中的重中之重，中国对美政策多年来保持稳定。中国坚持不与美国搞对抗和冲突，不断加强双边关系的对美政策保证了两国关系的良好发展。中国国务委员戴秉国在12月出席布鲁金斯学会纪念中美建交三十周年晚宴上发表演讲，更是明确指出：中国的发展不但没有削弱美国的力量和优势，反而增进了美国的利益。中美两国是伙伴而不是对手，更不是敌人，中美关系不是零和关系，而是互利共赢的关系。中国没有意图和能力去挑战美国。[③]

（三）美国对华认知发生变化，小布什政府对华政策务实、稳定

小布什总统刚上台时对华政策强硬，两国关系中有不少消极的因素。

但在2001年撞机事件后，小布什政府逐渐认识到中美关系对于美国的重要性，中国不是美国的敌人，维护中美关系的稳定有利于美国利益。同时，小布什政府也逐步接受了中国崛起的客观事实，确定了中美两国要建立伙伴关系，采取了务实、稳定的对华政策。从2005年时任副国务卿的佐利克提出的“利益攸关方”到2008年美国哈佛大学教授、著名经济史学家尼尔·弗格森创造的“中美国”（将中美两国的英文China与America重新组合创造出Chimerica）一词，说明了美国对于中国的认识在不断变化。这也是近年来中美关系不断深化的重要因素。

中美关系的良好发展得益于双方清晰的战略定位，即双方是利益攸关方，同时也是建设性合作者。在两国共同努力下，中美关系越来越机制化。小布什总统任期之内，中美两国领导人互相会晤20次，互通电话20次，互致书信40次，这种频率是以前所没有的，两国领导在不同的场合会晤时，就各种地区、全球和双边关系的问题坦率地交换意见。双方领导人已建立起一种很好的工作关系。

当然，从美国国内政治的角度看，任何一届政府在执政最后一年，如没有重大、意外事件发生，一般都会保持对外政策的稳定性，这也是中美关系在2008年稳定发展的一个原因。美国民主与共和两党在对华政策上已达成高度共识是中国问题没有成为2008年总统大选的辩论话题之一的重要原因之一。乔治·华盛顿大学国际关系教授何汉理（Harry Harding）认为“这种共识来源于四个方面——美国对中国和平发展所表现出来的善意或乐见其成（U. S. wishes China well）；美国对华全面接触的结果；中国融入世界体系的结果；美国承认台湾是中国一部分的‘一个中国’政策的结果”。④

（四）金融危机的客观因素

2008年，美国深陷百年一遇的金融危机，无论是总统选举还是对外政策都受到影响。萎靡不振的美国经济把许多问题都挤出了总统竞选的议程之外，一定程度上也使中国问题没有成为争议的焦点。同时，金融危机也为中美合作创造了新的机遇。中国经济的较高增长率、中国持有的大量美国国债、以及胡锦涛主席出席在华盛顿举行的G20峰会并力促国际合作应对危机，不仅显示了中国“负责任大国”的姿态，也凸显了中国在世界经济中的重要地位。加上中美两国的经济具有高度的互补性，美国更加需要与中国合作来共同应对金融危机和经济衰退。这也成为2008年中美关系良好发展的一个重要方面。在中美第五次战略经济对话举行之前，曾经有预测说美国可能会因为新总统的选出、小布什总统的即将卸任等原因而取消此次对话，但最终战略经济对话不但如期举行，而且还取得了可喜的成果，其中不乏金融危机因素的影响。

(五) 美国坚持对华防范和威慑的政策

以上分析的是中美关系中健康发展的原因，中美关系还存在矛盾与分歧的一方面。其中，台湾问题是中国最关切的、对中国安全威胁最大的问题。这一问题的存在以及偶尔的激化在于美国所坚持的利用台湾问题对华威慑的政策。小布什政府认为，中国是一个谋求改变现状的国家，尤其是在台湾问题和中国南海问题上，而这个地区的现状是对美国有利的，因此美国必须坚决地阻止中国的挑战，特别是在台湾问题上。为此，小布什政府加强对台军售和美台军事合作，以提升台湾的军事能力，慑止大陆对台动武。[⑤] 2001年4月，小布什政府宣布的对台军售计划包括4艘基德级驱逐舰，12艘P—3C“猎户座”反潜巡逻机和8艘柴油动力潜艇，首次突破了过去20年间美国只向台湾出售防御性武器的惯例。而在小布什总统即将卸任的2008年，美国再次宣布最大规模的对台军售计划，说明美国依然在利用打台湾牌对中国进行威慑。

三、对奥巴马执政后中美关系的展望

作为年轻的政治家，美国新任总统奥巴马缺乏政治经验，尤其是外交经验，中美两国可能会因此经历一段磨合期。但从目前奥巴马的组阁情况看，他启用了一批资深官员和学者，在用人上体现了稳健的工作作风。特别是任命外交经验丰富的前第一夫人希拉里担任国务卿，将在一定程度上保证美国对华政策不会出现太大的波动和调整。

更为重要的是美国目前的首要任务是应对越来越严重的金融危机和经济衰退。而在外交议程上，缓和美俄关系、稳定阿富汗和伊拉克局势、应对伊朗和朝鲜核问题等都是很紧迫的问题。相比而言，中美之间存在的一些分歧都不是奥巴马政府优先考虑的问题。而保持中美关系的持续稳定发展符合美国的国家利益。在反恐、环保、对付跨国犯罪和处理一些国际热点问题上，双方存在着重要的共同利益，美国需要中国的支持与合作。因此，奥巴马政府的对华政策不会出现严重的偏离。总体上，中美关系有望继续积极发展，两国之间的各种交往不会受到影响，各种对话机制也将保持。

在新政府执政后，中美关系最容易出现矛盾和摩擦的将是双边经贸领域。在金融危机愈演愈烈的情况下，美国国内的贸易保护主义可能会影响对华经贸决策的环境。加上民主党本身就重视人权、环保问题，主张所谓“公平贸易”，中美之间存在的对美贸易顺差、知识产权保护、劳工标准、人民币汇率、环保、人权等问题有可能被激化。同时也要看到尽管这几年中美战略对话机制不断巩固，但“在国际范围内，中美真正意义上的国际战略合作的框架尚不成熟，在反恐等全球性事务的合作上，只能说是局部的、策略的、零星的、阶段性的，往往会因为第三方的原因影响中美两国关系的稳定”。[⑥]在台湾问题上，美国也不会改变既有政策，它仍将是中美关系中最敏感的问题，也是对中国国家安全威胁最大的问题。因此，“战略上稳定、战术上摩擦”将成为未来中美关系的一个主要特点。

注释：

①“2008年中美双边贸易额增速降至入世7年来最低点”，http://www.chinanews.com.cn/cj/gncj/news/2009/02—06/1552760.shtml，2009—02—09.

②“中国10月增持美国国债，创今年来最大增幅”，http://www.zaobao.com/special/china/sino_us/pages7/sino_us081218.shtml，2009—01—12.

③ 参见“戴秉国在布鲁金斯学会纪念中美建交30周年晚宴上的演讲”，http://

www. fmprc. gov. cn/chn/wjdt/zyjh/t473720. htm，2008－12－26.

④ 黄山："专家热议下届政府对华政策"，http：//www. caijing. com. cn/2008－10－29/110024293. html，2009－01－12.

⑤ 吴心伯："试析布什政府对华安全政策的核心概念"，《美国研究》，2007 年第 4 期。

⑥ 金灿荣、袁鹏、牟峰："中美关系'三十而立'成就远远超出预期"，《解放军报》，2009 年 1 月 4 日。

战略互惠：2008年中日关系的主旋律

鲁 义

[内容提要] 2008年中日关系的主旋律是战略互惠。两国领导人提出的全面推进中日战略互惠关系，在新的起点上为两国关系的长久发展确定了方向。东海问题达成协议，矛盾与摩擦暂时搁置。两国民众交流广泛，对对方国家的印象有所改变。中日关系的发展呈现出近十几年来两国关系中少有的良好态势。

2008年，中日关系发展之顺利，是近十几年来两国关系中少有的年份。虽然年初的"毒饺子事件"给两国关系带来一些干扰，但是两国领导人提出的全面推进中日战略互惠关系，在新的起点上为两国关系的长久发展确定了方向，并且贯穿于2008年的始终，成为本年度中日关系的主旋律。

一、胡锦涛访日，战略互惠关系全面推进

2008年5月6日至10日，国家主席胡锦涛访问日本。这是中国国家主席10年来首次访日，也是对2007年12月福田康夫首相"迎春之旅"的回访。访问前夕，胡锦涛在京接受日本驻华记者的联合采访，将此次访日定为"暖春之旅"，并"衷心祝愿中日两国人民的友谊春暖常在"。

访日期间，胡主席与福田首相举行会谈，会见天皇，在日本著名学府早稻田大学发表演讲，到奈良等历史文化古城访问，广泛会见日本政界、经济界和文化界人士，还专门抽出时间与长期从事日中友好、并为此做出贡献的老朋友及其子女们见面。短短的五天时间里，胡主席日程满满，总共出席了55场活动，中日双方就70个合作项目达成共识。访问取得了圆满成功，受到中日两国媒体和国际舆论的高度评价。

作为本次访日的最重要成果，是两国领导人为进一步推动两国关系发展的决心和为此做出的富有成效的努力。它最集中地反映在两国领导人共同签署的《中日关于全面推进战略互惠关系的联合声明》中，其主要内容包括以下几个方面：

（一）进一步明确了两国关系发展的崇高目标，将长期和平友好合作作为双方的唯一选择

声明指出，双方一致认为，中日关系对两国都是最重要的双边关系之一。两国对亚太地区和世界的和平、稳定与发展有着重要影响，肩负着庄严责任。长期和平友好合作是双方唯一选择。双方决心全面推进中日战略互惠关系，实现中日两国和平共处、世代友好、互利合作、共同发展的崇高目标。

（二）正视历史，面向未来，增进互信，不断开创中日战略互惠关系新局面

声明强调，双方决心正视历史、面向未来，不断增进相互理解和相互信任，扩大互利合作，使中日关系的发展方向与世界发展潮流相一致，共同开创亚太地区和世界的美好未来。双方确认，两国互为合作伙伴，互不构成威胁，相互支持对方的和平发展。日方对中国自改革开放以来取得的发展给包括日本在内的国际社会带来了巨大机遇表示积极评价。中方对日本在战后60多年来，坚持走和平发展道路，通过和平手段为世界和平与稳定做出贡献表示肯定。双方同意就联合国改革问题加强对话与沟通，努力增加共识。中方表示重视日本在联合国的地位和作用，愿意看到日本在国际事务中发挥更大的建设性作用。双方同意，坚持通过

协商和谈判解决两国间的问题。

（三）在五大领域构筑对话与合作框架，开展合作

具体包括：1. 增进政治安全互信，建立两国领导人定期互访机制，促进多层次对话与交流。为进一步理解和追求国际社会公认的基本和普遍价值进行紧密合作，不断加深对在长期交流中共同培育、共同拥有的文化的理解。2. 促进人文交流，增进国民友好感情。广泛开展两国媒体、友好城市、体育、民间团体和青少年之间的交流，开展丰富多彩的文化交流及知识界交流。3. 在能源、环保和经贸领域加强互利合作，共同努力，使东海成为和平、合作、友好之海。4. 共同致力于维护东北亚地区和平与稳定，加强协调与合作，促进亚太地区的发展。5. 从战略高度开展有效合作，共同应对气候变化、能源安全、环境保护、贫困、传染病等双方面临的挑战和全球性问题。

众所周知，1972年中日邦交正常化至本次胡主席访日之前，中日两国已经先后发表了关于指导两国关系发展的三个重要文件，即1972年实现邦交正常化的《中华人民共和国和日本国政府联合声明》、1978年的《中华人民共和国和日本国和平友好条约》和1998年的《中日关于致力于和平与发展的友好合作伙伴关系的联合宣言》，对推动两国关系的发展起到了非常重要的作用。本次两国领导人确认的全面推进战略互惠关系，并郑重签署的《中日关于全面推进战略互惠关系的联合声明》（以下称《联合声明》），被称为“是指导两国关系发展的第四个重要文件”，必将对今后两国关系的发展起到更加积极的促进作用。

《联合声明》的意义是深远的，对其内容的理解需要认真、细致地解读。笔者认为，《联合声明》的意义和特色之处，可以从这样几方面来把握：首先，《联合声明》是两国领导人根据中日关系的现状，代表两国民众意愿，为推动中日关系发展进行的长远且更高层次的战略设计。中日关系发展到今天，两国在各领域交往频繁，关系空前密切，两国明确宣布全面推进战略互惠关系，有利于两国关系长期、稳定地发展。其次，中日推进战略互惠关系强调的是“全面”和“互惠”。所谓全面，不仅包括政治经济领域，也包括文化和军事等方面的交流，内容非常广泛。所

谓互惠，就不是仅仅对某一方有利，而对双方都是有利的。全面和互惠两者紧密相关。只有坚持全面推进，两国关系才能向更深更广的方向发展；只有坚持互惠关系，两国关系的发展才能更持久。第三，两国正视对方国家的发展实际，并对其发展道路给与肯定。众所周知，由于历史原因，战后中日两国对对方国家的评价始终是谨慎的，很难见到褒义之词。本次的联合声明中，日方对中国自改革开放以来取得的发展给与积极评价，中方则对日本坚持走和平发展道路表示肯定，愿意看到日本在国际事务中发挥更大的建设性作用。双方互不构成威胁，相互支持对方的和平发展。这样的表述符合中日两国各自的实际，是以往的政治文件中所没有的，表明中日两国对对方国家的认识在提高，从而为两国全面推进战略互惠关系奠定了良好的基础。第四，中日两国是亚太地区乃至世界上有着重要影响力的国家。中日发展战略互惠关系，友好合作、共同发展，不仅仅对中日两国有利，而且有利于近邻国家，有利于亚太地区的和平、发展与稳定。

联合声明在新的起点上为两国关系发展确定了方向。两国民众期盼，联合声明的原则能够得到实实在在的落实。

二、东海问题达成协议，矛盾与摩擦暂时搁置

就在胡锦涛主席访日结束后不久，中日两国关系中又传来了一个好消息。2008年6月18日，中日两国政府同时宣布，双方通过平等协商，就东海问题达成原则共识。一致同意在实现划界前的过渡期间，在不损害双方法律立场的情况下进行合作，并确定了双方共同开发区域。

东海划界是中日两国关系中悬而未决的一个老问题。日方提出按“中间线”原则划界，而中方认为应该遵循“大陆架自然延伸”原则，双方一直未能达成一致。20世纪70年代末以来，中方多次提出“搁置争议、共同开发”的主张，但是没有得到日方的回应。近年来，东海问题

多次成为中日关系中的热点问题。从2004年10月开始，中日两国就东海问题先后举行过10余轮谈判，双方相持不下。2007年4月，温家宝总理访日，使东海问题的解决出现转机。两国领导人达成处理东海问题的共识，即“坚持使东海成为和平、合作、友好之海”，“作为最终划界前的临时性安排，在不损害双方关于海洋法诸问题立场的前提下，根据互惠原则进行共同开发”，从而为两国妥善解决东海问题奠定了良好的基础。2007年12月福田首相访华时，双方在确认上述原则的基础上，就解决东海问题再次达成“四点共识”。2008年5月，胡锦涛主席访日时双方表示，东海问题磋商已经取得重要进展，反映出两国领导人高度重视解决东海问题，并为此付出的智慧与努力。

“东海共识”发表后，在中日两国引起反响的热烈程度超出预料。两国官方对此积极评价。福田首相在回答记者提问时说，这是“非常好的事情”。外相高村正彦认为，日中两国就东海问题达成原则共识，“是双方无论在怎样困难的问题上都能通过对话加以解决的良好例证，也是两国战略互惠关系的重大成果”。中方媒体评论说，共识是双方经过三年多艰苦磋商达成的，体现了双方的冷静、务实和智慧，从中可以看到双方决心使东海成为和平、合作、友好之海的强烈意愿。外交部副部长武大伟强调，妥善解决东海问题符合中日双方利益，也显示出双方有能力、有诚意处理两国间的敏感问题。与官方的积极评价相反，两国民间特别是网络上的反对和谴责之声不绝于耳。这当中，中方民间的反对之声更多。其主要观点是，认为中方在东海问题上“过于让步”，不能太软弱了；日方的中间线主张“取得了实质性进展”，以后还会“得寸进尺”；中国开采的油气田“不能让日本白白地得去”，等等。中国官方对此进行了解释与说明。

对东海共识如何认识？笔者认为，应该从发展中日关系的大局和当前东海问题的实际出发，来做出客观的评价。是否可以从这样几方面来考虑：（1）就大的背景分析，东海问题达成共识，得益于中日战略互惠关系的建立，得益于两国领导人的认识与直接推动，是两国关系发展到现阶段的产物。其中，政治层面的考量与推动是决定性因素。没有上述大背景，解决东海这样的敏感问题不可能在短期内达成共识。（2）从中日双方的各自利益满足度来看，共同开发只是一个过渡措施和临时性的政治安排，它不影响双方各自在东海的主权主张和划界立场，双方都可以接受。换句话说，在东海争议问题最终解决之前，搁置争议、共同开发可能是双方唯一认可的方法。这一做法的好处是，可以超越分歧，稳定和发展双边关系，逐渐积累实绩，为双方最终解决争议创造条件。（3）共同开发并不是最终解决东海问题，也不是为最终解决两国争端提供解决办法，共同开发的区域严格限制在双方达成共识的有限的区域内。（4）中方利益没有受到损害。日本国内有的宣传认为，在中方已开采的春晓油气田进行共同开发是“日本方面的胜利”。中国国内也有人感到中国方面“吃了亏”。实际上东海共识规定得很清楚，日方参与春晓油气田的开发必须根据中国法律，以外商投资的方式来进行。这种方式的合作表明，春晓油气田所在区域的主权属于中国，日方的参与是与在中国大陆其他地方投资一样的一种商业行为，因此谈不上中方利益受损。况且，海上油气田的开发与建设是一种高风险的投资，如果有日方企业愿意参与，风险共担，对中方来说，绝不是坏事。

目前东海共识还只是在文件阶段，后续实施计划还在研讨中。日方企业参与开发与投资或许未必像想象的那样顺利。但无论如何，两国就东海问题达成共识，缓解了两国经常因此产生摩擦，严重时甚至险些“擦枪走火”的这一棘手问题，体现出两国政府落实全面推进中日战略互惠关系的具体行动。

三、日相换人，战略互惠关系继续推进

2008年9月，日本首相福田康夫突然宣布辞去首相职务，国内外舆论为之一震。在国际舆论纷纷探询这位面相和善、温文尔雅的政治家为何在执政还不满一年，竟然步其前任之路，突然间挂印离去的原因时，中国方面更多的评论是，在肯定福田为发展中日关系做出重要贡献的同时，担心中日战略互惠关系是否会因日方换帅而发生什么变故。

中国人对福田的印象确实很好。这源于福田家族两代人为发展中日关系做出的贡献。其父福田纠夫，在任首相的1978年，中日两国缔结了《和平友好条约》，为中日两国和平友好关系的长期发展奠定了重要基础。在条约互换批准书的仪式上，其“建交时两国关系是木桥，现在两国关系是铁桥”的政治名言，给人留下了深刻印象。福田康夫上任后，中日关系的发展进入了快车道。在涉及历史认识的问题上，他明确表示不会在首相任内参拜靖国神社，称中国不会对日本构成威胁。2007年12月末，福田对中国进行了称为“迎春之旅”的访问，还到儒学的发源地——山东曲阜，追溯两国文化的原点。约半年之后，在日本接待胡锦涛主席“暖春之旅”的访问，两国领导人在新的历史起点上为发展两国关系重新定位——全面推进战略互惠关系。2008年8月，他又专程来华出席北京奥运会开幕式。在他任内，中日两国关系发展异常顺利。这真是应了福田在北京大学演讲时的那句开场白：“福田到了，就是福到了。”

在福田之后出任首相的麻生太郎，出身于几代政治世家。其外祖父是为战后日本发展道路奠定方向的前首相吉田茂，其父麻生太贺吉，是日本知名的实业家和政治家。麻生大学毕业后在其家族企业“麻生水泥厂”任总经理，1979年进入政界首次当选众议员，目前是9次当选。他先后在日本政府和自民党内担任经企厅长官、经济财政相、政调会长、外相等要职。从2001年起，他4次挑战自民党总裁宝座，在经历3次失败后，这次终于问鼎成功。麻生在日本政界属保守派强硬政治家，他性格直爽，说话素来口无遮拦，曾因“口祸”引出不少事端。在对华关系方面，他近年来给中国人留下的印象并不好。在历史问题上，多次发表伤害邻国民众感情的言论。在任安倍内阁外相期间，提出“自由与繁荣之狐”，主张推进以“民主”“人权”为主要内容的“价值观外交”，通过加强与中国周边国家的关系，围堵中国，抵制中国的影响。中国一些媒体和评论据此担心，麻生上台会对中日关系带来不确定性，两国关系有可能会“麻烦横生”。

然而，麻生上台后出言谨慎。从其三个多月的表现看，中国方面担心的情况还没有发生。麻生在就职演说和在此后与中国领导人多次会面时均强调，要继续推进两国的战略互惠关系，其信誓旦旦的表态和以往的麻生言论简直判若两人。2008年10月，日本航空自卫队幕僚长田母神俊雄为一杂志征文投稿，题目是“日本曾是侵略国家吗?”。文章称，日本过去对中国的侵略和在朝鲜半岛的殖民统治是“按条约行事”，日本发动太平洋战争是“掉进了罗斯福设下的圈套，才决定攻击珍珠港的”，日本参战是“迫不得已的”。该文经媒体公布后，在日本社会引起极大反响。人们在观察，看刚刚上任不久的麻生内阁在这样的敏感问题上会如何处理？这一次，日本政府态度明确，动作迅速，仅几小时之后，防卫大臣便召开记者会，宣布解除田母神的职务，让其提前退休。麻生在回答记者提问时也表示，“该论文虽然是以个人名义发表的，但其立场是不恰当的。”在随后对该事件的调查中，日本政府发现，参与征文并有类似观点的人在航空自卫队中不少。对此，日本防卫省明确要求，不允许军人在历史问题上做出与政府见解不一致的表态。同年11月，中日青少年友好交流年日方闭幕式在东京学习院大学举行，麻生亲自到会并致词，称两国青少年进行了心与心的沟通，这将为中日关系的长远发展奠定基础。12月，在日本福冈举行的中、日、韩三国领导人峰会上，谈到中日间有争议的钓鱼岛问题时，麻生措辞婉转，尽量回避矛盾。

麻生内阁的上述行动，固然有其发展两国关系，全面推进战略互惠关系方面的考虑，但另一方面，考虑更多的或许是来自日本国内形势的巨大压力。或者说，日本国内形势的难局是麻生内阁必须要面对的主要方面，他不希望外交方面出现麻烦，进而引起国内问题的连锁反应。目前麻生内阁面对的内政难题是：（1）民主党小泽逼宫，压得他喘不过气来。2007年，自民党在参议院选举中惨败，民主党大胜并在参议院中夺得超过半数的议席。在此后的国会运营中，以小泽为首的民主党与自民党针锋相对，处处设坎儿紧逼，摆出决一死战的架势，自民党被迫应对，步步受到制限，统治极为困难。年轻有为、一度被人们寄以厚望的首位战后出生的安倍首相，因承担选举失利的责任而去职，而有老练、稳健之称的福田首相也因不堪重负而辞职。麻生上台后总结前任战法，做好了和小泽对峙的准备，但小泽却一改惯习，表现出“随和自民党”行动的另一种战法，搞得麻生不知其葫芦里头卖的什么药，更是时刻地提高百倍的警惕，随时准备着迎接新一轮的角逐。（2）与公明党合作出现裂痕，党内压力增大。“自公合作”体制实施以来，自民党和公明党两党关系表面上还好，但矛盾不时出现，好在双方经常协调，没有出现大的问题。2008年9月以来，自民党内出现一些呼声，认为公明党力量衰退，两党合作已经没有意义，在下次大选中应该停止合作。公明党对此不满，自民党高层急忙解释。在此情况下如果停止合作，麻生内阁将腹背受敌。12月24日，民主党在众议院提出解散议会、提前大选的议案，遭到在众议院占多数席位的自公联盟的否决。但是在自民党内，前行政改革担当大臣渡边喜美对解散案却投了赞成票，并威胁退党。这一举动在素来强调一致的自民党内引起不小的波澜。为抑制这种离心倾向，自民党领导层当天决定给渡边以“戒告”处分，前首相森喜朗等党内实力人物连夜开会，商讨对策，以弱化这一“造反”行为在党内特别是对年轻议员的影响。(3) 国内问题成堆，应对经济危机是当务之急。从安倍内阁开始，持续低迷的经济形势、加之养老金数据丢失、内阁阁僚用人不当、日本自卫队为美舰供油无法延期等使得两届政府焦头烂额，民众支持率急剧下降。可以想见，麻生要在收拾前两任留下的烂摊子的基础上重整旗鼓，谈何容易！现在麻生内阁的当务之急是应对席卷全球金融危机对日本的冲击。在通过一系列的刺激经济的措施后，临近年末，日本政府提出总额88.5万亿日元的2009年度财政预算案，支出重点放在增加基本养老金的国库负担以及与就业相关的社会保障费用等民生方面。此外，日本政府还专设1万亿日元紧急准备金，以提高经济对策灵活性。同时，中央对地方的财政转移支付将增加1万亿日元，帮助地方政府创造就业机会。麻生称，这是在“特殊情况下必须采取特使措施”的一项创纪录的政府预算案，即使民主党反对，也要强行通过。基于上述原因，麻生内阁的重中之重是处理好内政问题，在外交方面不会有太大的调整。

四、两国民众交流广泛，双方印象有所改变

2008年中日两国民众交流广泛。除两国领导人定期互访以及在多边

国际场合频繁会见，就双方关心的重大问题进行磋商外，两国民众间在各领域的交流也达到了空前的程度。

“中日青少年友好交流年”活动成功举行。根据两国政府达成的协议，2008年为“中日青少年友好交流年”，两国青少年将在文化、学术、环保、科技、媒体、影视、旅游等领域开展一系列交流活动。3月15日，“中日青少年友好交流年”开幕式在中国人民大学举行。国家主席胡锦涛出席，国务院总理温家宝、日本首相福田康夫分别发来贺词。应中方邀请来华访问的日本青少年友好使者代表团一行1000人及中国各界青年代表共2000余人欢聚一堂。日方团员来自全国各地，由国会议员、高中生、大学生、公务员、公司职员、记者等各界青年代表组成，来京前分为6组分别访问了上海、重庆、广州、成都、大连等地。

12月20日，“中日青少年友好交流年”活动在北京航空航天大学体育馆闭幕。日本方面以前首相福田康夫为最高顾问的第2批日本青少年友好使者代表团一行1000人专程来华出席。温家宝总理和福田康夫分别致辞，并在“中日友好心愿树”上系上象征中日关系美好未来的红飘带。活动结束后，日方团员分赴杭州、沈阳、深圳、广州、西安、上海等地参观访问。

在此之前的5月，在胡锦涛主席访日期间，日方在早稻田大学举行了“交流年”日方开幕式。国家主席胡锦涛和日本首相福田康夫、前首相中曾根康弘共同出席，并先后发表讲话。以团中央书记处书记张晓兰为总团长的中国青年代表团一行200人参加了交流活动。7月23日，作为“交流年”中方派遣的第二个大型访日团，以团中央国际联络部部长倪健为总团长的中国青年代表团一行327人对日本进行了为期一周的访问。福田首相会见了部分团员，并和来自四川汶川地震灾区的青少年代表见面。11月10日，中方派遣的第三个大型团组——中国青年代表团一行300人访问日本，并参加在学习院大学举行的“交流年”日方闭幕式活动。温家宝总理发来贺词，麻生首相出席闭幕式并讲话。

据中方统计，在交流年活动中，中方共举办了约115项中日青少年交流活动，涉及文化、学术、环保、科技、媒体、影视、旅游等多个领域，进出境人数总计达12000多人次，增进了两国青少年间的交流与理解。至此，“中日青少年友好交流年”活动圆满落下帷幕。

日本救援队赴四川地震灾区救援。5月12日，四川汶川发生8.0级强烈地震，给当地居民的生命财产造成严重损失，其破坏程度令全世界震惊。在党中央的直接领导下，全国人民齐心协力，全力投入到抗震救灾的斗争中。地震发生后，福田首相给温家宝总理发来慰问电，并向中方援助帐篷、药品等大批援灾物资。5月17日晚，日本政府派出的60名专业救援队员，在大雨中冒着余震危险到达地震重灾区——四川省北川县。这是汶川大地震发生后第一支抵达灾区的外国救援队。

日本救援队员与当地军民一道，废寝忘食，全力搜救。中国记者现场报道说，“身着橙、蓝两色搜救服的救援队员在残垣断壁中奋力工作，一会儿用机械，一会儿又用手。他们的周围就是布满裂缝、尚未坍塌的墙体。搜救过程中，发生了多次余震，能听到街道两旁建筑物残渣纷纷落下的哗哗声。”“一些轮换下来的救援队员在地上和衣而睡。”“16日晚，附近的中国居民带着几箱政府发放的方便面和开水，自发来到救援现场，为日本救援人员提供了晚餐。这是他们一整天吃到的唯一一顿热食。17日白天他们喝了两餐菜粥，晚上吃了盒饭。”日本救援队的工作热情和敬业精神受到中国方面的高度称赞。遇难者亲属“非常感谢日本救援队的辛劳”。外交部发言人对日本政府和人民“给予中国人民的同情与支援深表感谢”。

救援工作结束后，乘坐专机回国的救援队员在成田机场受到了热烈欢迎。一些华人举着“非常感谢你们，日本救援队!”的标语专程来迎接。一位在日本读书的中国研究生向经过身旁的每一位救援队员鞠躬。她说，“我感谢日本在我们国家的困难时期伸出援手。我忍不住来到这里表达这种感受。”日本外相高村正彦到机场迎接，他还当场念了中国民众写给日本驻华大使馆感谢日本救援队的信。

日本救援队的表现，给当地民众留下了深刻的印象，也改变了一些中国民众对日本的印象。

日本自卫队舰艇来华访问。应中国人民解放军海军邀请，6月24日，日本海上自卫队“涟”号导弹驱逐舰抵达广东省湛江港，开始对中国为期5天的友好访问。来访日本官兵共240人，这是日本自卫队舰艇首次访华，也是对 2007 年中国海军“深圳”号访日的回访。访华期间，两国海军官兵相互登艇参观，还举行文艺联欢等多种交流形式，增进了两国军人之间的了解。

2008 年中日两国民众交流活动众多，实在难以一一列举。众所周知，中日友好归根结底是两国人民的友好。增进两国民众的交流与相互理解，是实现中日友好的最为重要的基础。

由上可见，2008 年中日战略互惠关系取得了重要成果。在新的一年里，人们当然希望，中日双方共同努力，将战略互惠关系的主旋律奏得更响，推动两国关系取得更加广泛、更加深入的发展。

2008年国际恐怖活动的特点与发展趋势

朱素梅

［内容提要］2008年世界各地的恐怖活动既延续了近年恐怖主义的一些特点，又有一些新的发展趋势，主要表现如下：南亚和中东仍然是恐怖活动的高发地带，南亚成为重灾区；宗教民族类型的恐怖活动居多，恐怖主义动机多元化明显；爆炸（包括自杀式爆炸）仍是主要袭击方式，袭击方式日趋多样化；使馆机场难以下手，酒店成为恐怖袭击的主要目标。2008年的恐怖活动对中国的国家安全构成巨大挑战。

2008年全球恐怖主义活动猖獗依旧，反恐形势不容乐观。美国总统布什在2008年的“9·11”事件七周年纪念仪式上说，自“9·11”事件至今长达2557天的时间，美国御敌于国门之外，美国的国土再没有遭到恐怖袭击。但美国本土没有遭受到重大恐怖袭击并不表明国际社会反恐斗争的决定性胜利，相反，2008年世界各地的恐怖活动有增无减，且破坏性和后果较前几年严重。自年初以来，伊拉克多次发生造成重大人员伤亡的爆炸事件。9月20日，巴基斯坦发生近7年来该国“规模最大的一次恐怖事件”，华丽的万豪酒店在瞬间的爆炸中被炸得面目全非，造成53人死亡、266人受伤。11月26日，印度的孟买发生震惊世界的印度版“9·11”事件，188人死亡，313人受伤。孟买恐怖袭击的强度及所造成的伤亡人数使全世界再次经受“9·11”式恐怖主义的梦魇。

回顾2008年，世界各地的恐怖活动既延续了近年恐怖主义的一些特点，又有一些新的发展趋势。

一、南亚和中东仍然是恐怖活动的高发地带，南亚成为重灾区

纵观2008年世界各地的恐怖活动，发生在欧美的恐怖事件呈明显下降趋势。与前两年相比，伊拉克和北高加索局势逐渐平稳，但中东其他国家和地区以及南亚的恐怖活动更加猖獗。阿富汗的安全形势持续恶化，塔利班的疯狂反扑使阿富汗政权岌岌可危。年初，喀布尔最为豪华的五星级酒店遭袭，造成8人死亡；2月17日，阿富汗南部坎大哈市一个斗狗比赛现场发生自杀式爆炸袭击事件，共有80人死于这次爆炸；7月7日，阿富汗首都喀布尔市中心的印度大使馆附近发生自杀式汽车炸弹袭击事件，造成包括印度外交官在内的41人死亡。在巴勒斯坦的加沙，由于哈马斯破坏与以色列的停火协议，2008年年底以色列向加沙发动了最血腥的袭击，共有1300人死于以色列的炮火。2008年，南亚成为恐怖活动重灾区，其中斯里兰卡、巴基斯坦和印度成为恐怖活动最猖獗的国家，这三个国家的恐怖活动在2008年达到前所未有的猖獗程度，已成为国际社会关注的焦点。

表1　2002年—2008年斯里兰卡暴力冲突伤亡人数统计表

年份	平民	安全部队人员	恐怖分子	总计
2002	14	1	0	15
2003	31	2	26	59
2004	33	7	69	109
2005	153	90	87	330
2006	981	826	2319	4126
2007	525	499	3345	4369
2008	404	1314	9426	11144

资料来源：南亚恐怖主义研究网站，www.satp.org。

在斯里兰卡，斯里兰卡政府与猛虎组织的冲突达白热化状态，双方展开殊死搏斗，2008年斯暴力冲突的伤亡数达到11144人，这一数字比2007年多了近两倍，是2002年以来伤亡人数最多的一年（见表1）。

2002年2月，斯里兰卡冲突双方签署了《永久停火协议》，但因猛虎组织2003年4月退出和谈，和平进程宣告中断。2008年1月，政府军正式宣布退出停火协议，在北部地区加大了对猛虎组织军事打击的力度，并誓言年内彻底击溃“猛虎”。猛虎组织则派出小股武装，渗透到全国各地，制造了一系列袭击事件。双方展开了异常激烈的交火，1月16日斯政府宣布退出停火当天，斯里兰卡就发生公共汽车遭袭击事件，造成31人死亡。4月6日，在科伦坡以北维利瓦拉亚镇的马拉松比赛起跑仪式上发生恐怖爆炸，斯公路部长杰亚拉杰·费尔南多普莱在爆炸中身亡。袭击至少造成12人死亡，另有90多人受伤。费尔南多普莱是2008年第二位遭暗杀的内阁部长，1月8日，斯里兰卡国家建设部长达萨纳亚克在科伦坡以北地区遭路边炸弹袭击后身亡。猛虎组织在首都科伦坡和北部地区发动的恐怖袭击持续到年底，至2008年底，斯里兰卡政府军已取得决定性胜利，反政府一方伤亡惨重，伤亡人员达9426名，猛虎组织似成穷途末路。多年的内战能否真正结束，猛虎组织能否被彻底清剿，成为国际社会关注的话题。

2008年，巴基斯坦恐怖暴力事件的伤亡人数也创了近年最高记录，伤亡者达6715名，比2007年多了近一倍（见表2）。

表2 2003年—2008年巴基斯坦恐怖暴力事件伤亡人数统计表

年份	平民	安全部队人员	恐怖分子/叛军	总计
2003	140	24	25	189
2004	435	184	244	863
2005	430	81	137	648
2006	608	325	538	1471
2007	1523	597	1479	3599
2008	2155	654	3906	6715

资料来源：南亚恐怖主义研究网站，www. satp. org。

自2008年年初以来，巴基斯坦各政治势力展开了更激烈的争斗，结果导致穆沙拉夫的辞职。9月6日，扎尔达里当选巴基斯坦新总统。随着国内局势的动荡，巴基斯坦的恐怖势力趁机展开恐怖行动，穆沙拉夫辞职后巴国内随即发生多起恐怖爆炸事件，扎尔达里9月初上台后混乱的局面未见好转。9月20日，伊斯兰堡市中心的万豪酒店遭自杀式炸弹袭击，造成60人死亡，200多人受伤。巴舆论认为，此次爆炸造成的巨大伤亡和强烈反响已经可以与美国“9·11”恐怖袭击事件相提并论。据分析扎尔达里上台后改变了以前对恐怖主义的温和政策，与美国积极配合，并表示要对恐怖主义采取严厉的打击措施。针对万豪酒店的恐怖袭击很可能是为了警告巴基斯坦新政府对美政策的调整。

2008年，印度发生了近800起恐怖事件，超过了前三年恐怖事件数的总和，其中规模较大的恐怖事件就有10起（见表3）。据统计，2008年印度已经有数百人死于种种恐怖活动，全年恐怖暴力的伤亡数为2611人，略多于2007年（2007年的伤亡数为2598人）。媒体认为印度已成为全球恐怖袭击伤亡榜上排名第二的国家，仅次于伊拉克。

目前在印度积极活动的恐怖组织达176个，比较激进和活跃的主要有以下三类：[②]第一类是印控克什米尔地区的伊斯兰极端势力，一些极端伊斯兰武装如“查谟和克什米尔解放阵线”等在查谟—克什米尔地区频频制造恐怖事件，2008年该地区恐怖活动导致的伤亡数达541人（包括平民69人、安全部队人员90人和恐怖分子382人）；第二类是东北部地区以少数民族为主体的民族分裂组织，如“阿萨姆联合解放阵线”、“博多民族民主阵线”和“全特里普拉猛虎军”等，仅曼尼普尔邦就有约20个武装分裂组织，这些组织经常密切配合，共同制造恐怖事件，以期达到独立建邦或建国的目的；第三类是反政府的极左翼组织，如纳萨尔派、“人民游击军”和“人民战争团”等。这些极左翼组织活动范围广泛，遍及印度14个邦，其破坏力和威胁呈上升趋势。以目前规模最大的纳萨尔派为例，该组织自2004年以来不仅扩大了恐怖袭击的规模，还提升了袭击的烈度，自2004年至今，已有1894名平民和598名军警被害。2008年，极左翼组织制造的恐怖暴力事件导致的伤亡数为638名，其中平民为210名，军警为214名，恐怖分子为214名。

表3　2008年印度发生的重大恐怖事件

日期	事件	伤亡人数
2008年1月1日	印度中央后备警察部队营地遭袭	8人死亡
2008年5月13日	斋浦尔市发生连环爆炸事件	65人死亡，150人受伤
2008年7月25日	班加罗尔市发生连环爆炸事件	2人死亡，12人受伤
2008年7月26日	艾哈迈达巴德市发生连环炸弹爆炸事件	30人死亡，100人受伤
2008年9月13日	新德里发生5起爆炸事件	24人死亡，100多人受伤
2008年9月27日	新德里一市场遭自制炸弹的袭击	3人死亡，20多人受伤
2008年9月29日	马哈拉施特拉邦的马勒冈和古吉拉特邦的摩达萨镇发生爆炸	6人死亡，25人受伤
2008年10月21日	曼尼普尔邦因帕尔警察突击队设施旁发生爆炸	17人死亡
2008年10月30日	阿萨姆邦发生了18起恐怖爆炸事件	77人死亡，100多人受伤。
2008年11月26日	孟买遭受恐怖袭击	188人死亡，300多人受伤

印度极端势力活跃的原因是多方面的：首先是贫富差距等社会矛盾所导致的不满情绪。近年印度经济高速增长，但大多数人并未分享到发展的成果，财富集中于少数人手中，在印度11亿人口中就有高达33%的人生活在贫困线以下。例如，占总人口13.4%的印度伊斯兰教徒，生活日益贫困，渐渐被排斥在以印度教徒为基础的主流社会之外，在就业水平、家庭收入和识字率等基本指标上远远落后于其他民族。这些被边缘化人群往往产生严重的失衡心理进而实施报复行为。贫富两极分化严重也是近年印度左翼势力影响力不断扩大的重要原因。其次，印度的教派冲突严重。印度国内教派林立，彼此之间存在着矛盾和利益的斗争。一旦发生利益冲突，各教派的极端分子便兵戎相见。这次孟买恐怖袭击的背后就有宗教的尖锐矛盾。第三，活跃的分离主义势力。印度境内存在很多分离主义势力，仅在东北部地区就有30多个反政府武装，这些分

离组织为获得更多自治权或实现独立制造恐怖事件。由于上述原因，印度将继续成为恐怖主义高发国。

二、宗教民族类型的恐怖活动居多，恐怖主义动机多元化明显

在2008年世界各地发生的恐怖事件中，带有极端宗教和民族分裂色彩的恐怖活动依然居多数。最明显的是以伊斯兰弧带为中心的极端恐怖主义的活动愈演愈烈，这个弧带包括北非、西亚、中东、中亚及南亚部分地区。“基地”组织是典型的代表，“基地”组织目前在巴基斯坦部落区的影响根深蒂固，并与中东、西亚的极端组织建立起松散的联盟，共同策划恐怖行动。2008年发生的绝大多数恐怖事件，其特点和手段都显现出“基地”组织的特征。在阿富汗，塔利班卷土重来，不断在阿主要城市制造自杀式袭击事件。在恐怖主义的重灾区南亚地区，恐怖活动往往带有浓厚的宗教色彩，印度教、伊斯兰教和锡克教等教派之间的矛盾和冲突不断引发恐怖活动，孟买恐怖事件就是这种矛盾的反映，据媒体报道，孟买事件与孟加拉国极端宗教组织“伊斯兰圣战运动”有关联。在巴基斯坦，伊斯兰原教旨主义势力长期支持塔利班，约有8万名巴武装分子与塔利班共同战斗，为巴境内的塔利班式伊斯兰革命提供了雄厚的原教旨主义武装基础。2008年，巴基斯坦国内由“伊斯兰圣战者”策划制造的自杀式袭击就达59起。

2008年，因民族分离问题而引发的恐怖活动在世界各地频繁发生。前面提到的斯里兰卡政府军与猛虎组织的激战反映了斯境内的泰米尔族与主体民族僧伽罗族之间的冲突。在巴基斯坦，信德省的信德人、西北部的普什图人、俾路支省的俾路支人近年都因争取本民族独立而与巴政府发生冲突；印度旁遮普邦的锡克人和东北部地区的阿萨姆人、那加、米佐人以及克什米尔地区的克什米尔人等，也不断提出自治或独立要求，[②]由此不断引发民族分离主义冲突和恐怖活动。欧洲的分离主义势力

依然活跃，西班牙的民族分离组织“埃塔”在2008年策划了多起恐怖活动。9月22日，“埃塔”在西班牙北部的桑托尼亚制造了汽车炸弹爆炸事件。10月30日，“埃塔”在西班牙纳瓦拉大学制造汽车爆炸事件，至少有17人受伤。

宗教极端和民族分离类型的恐怖主义并非2008年恐怖主义的全景。极左翼势力在一些地区和国家也很活跃，一些极左翼恐怖活动的破坏性极大，南亚的一些左翼反政府武装，如印度的纳萨尔派就显示了相当大的能量，目前已在印度28个邦中的17个建立了分支机构，2008年制造了600多起恐怖事件。值得注意的是2008年欧洲的极左翼势力有抬头的趋势，2008年12月，由希腊一名15岁少年被警察开枪打死而引发了希腊全国的大骚乱。骚乱升级为反政府示威，而且进一步蔓延到欧洲其他城市，法国、德国、西班牙、丹麦和意大利等国都出现了声援希腊青年的群体。有关专家认为，这是全球经济危机引发的第一波社会大动荡，反映了欧洲青年人对经济衰退和失业率高涨的不满，有可能使历史上的极端无政府主义者卷土重来。20世纪60年代，欧洲青年一代的反政府骚乱就曾产生过极左翼恐怖主义。

除极左翼恐怖活动外，“生态恐怖主义”也引起了国际社会的关注。2008年年初，美国联邦调查局将极端环保组织“地球解放阵线”列为国内头号恐怖组织。“地球解放阵线”脱胎于英国的合法团体“地球第一”，该组织于20世纪90年代中期扩展到美国和加拿大，其目标是通过一切手段来制止对自然资源的破坏和利用。与许多当代恐怖组织相似，这个组织既没有横向的联系体制，也没有纵向的领导体制，成员自发采取行动。美国联邦调查局估计，“地球解放阵线”与美国国内的其他极端环保组织已在美国犯下1200多起罪案，造成财产损失约1亿美元，不过统计数字显示，“地球解放阵线”和其他极端环保组织所造成的实际损失可能达到2亿美元。

类似的“生态恐怖主义”在欧美许多国家都存在，如活跃在美国、瑞士等国的“动物解放阵线”。从行动方式看，“动物解放阵线”主要采取烧毁生物制品公司和麦当劳等纵火破坏行为，总的来说，其威胁性小于其他类型的恐怖主义，其环保宗旨、参与者的知识层次以及袭击目标的针对性也使其具有较浓厚的人文色彩。但近年一些激进的动物保护组织越来越具有暴力破坏倾向，英国的“动物权利民兵组织”就曾向英国领导人寄送邮包炸弹。2008年8月，美国的极端动物权利保护者在加州大学的一位生物学家的家门口点燃了燃烧弹，将其住宅烧毁。10月中旬，加拿大不列颠哥伦比亚省东北部一家著名能源公司的中转站附近连续两次发生管道爆炸事件，这些管道是用来输送危险的硫化氢的。鉴于90年代后期该地区曾发生过由极端环保分子制造的类似的系列袭击事件，这引起了人们对“生态恐怖主义”的恐慌。“生态恐怖主义”近年已成为威胁欧美各国国家安全的重大问题。

三、使馆机场难以下手，酒店成为恐怖袭击的主要目标

从2008年发生的恐怖袭击事件看，豪华酒店越来越成为恐怖分子青睐的目标。2008年1月14日，阿富汗唯一的五星级酒店——塞雷纳酒店遭恐怖袭击，造成8人死亡。2005年11月开张的塞雷纳酒店不仅是喀布尔最为豪华的五星级酒店，同时也是塔利班政权倒台后喀布尔新的标志性建筑之一。该酒店很受在阿外国人的欢迎，多国驻阿使馆和阿富汗政府的重要活动均在此举行。这次袭击事件发生时，挪威使馆正为来访的挪威外交大臣斯特勒举行招待会。2008年9月20日，巴基斯坦首都伊斯兰堡的万豪酒店发生卡车爆炸案，造成53人死亡，266人受伤。万豪酒店是一家美国连锁酒店，其在巴基斯坦的分店已多次遭到爆炸袭击。2007年1月26日，伊斯兰堡万豪酒店的停车场曾经发生一起爆炸事件，造成包括袭击者在内的2人死亡，至少7人受伤。此外，位于卡拉奇的另一家万豪酒店分店也发生过爆炸袭击事件。2008年11月26日发生的孟买恐怖袭击案中，孟买的两家豪华酒店奥贝罗伊酒店和泰姬玛哈酒店成为袭击目标。这些遭袭的豪华酒店一般都是专门接待本国精英和外国旅客的西方集团属下的酒店。

近年发生的针对酒店的恐怖袭击事件还包括：2002年夺走11名法国工程师性命的卡拉奇希尔顿酒店汽车爆炸案、2003年8月5日夺走12条人命（12人死149人受伤）的雅加达万豪酒店爆炸案、2005年11月9日安曼3家高级酒店自杀式袭击事件（死亡67人，伤300多人）。

以往恐怖组织的袭击目标是使领馆。20世纪70年代以来，美国等西方国家的使领馆频频遭恐怖袭击，美国等国每年都要花费大量经费，用于加强驻外使领馆与外交人员的安全保卫。以美国为例，1984年，里根总统提出了“大使馆安全法案”，决定专门拨出3.66亿美元用以改善美国驻外使领馆的安全设施。1999年，美国政府又筹划了一个为期10年的使领馆安全计划，共耗资110亿美元，其中84亿美元用于使领馆建筑本身与安全系统，平均每年约有12亿美元经费用于保护海外工作的美国人安全。“9·11”事件之后，美国政府进一步提升了重要使领馆的安保级别，大使馆受到海军陆战队和驻在国军队重重保护。与使领馆一样，机场也是恐怖分子青睐的目标，80年代以来的许多重大恐怖事件都发生在机场，但“9·11”事件后各国机场保安森严，难以下手，因此豪华酒店近年频频成为恐怖袭击的目标。

对恐怖分子来说，世界各地的豪华酒店一般都在人群密集的市区，被看做是城市精英聚集的地方，许多酒店是地区的地标性建筑，这种公众价值对恐怖分子具有很大的吸引力。反恐专家认为，袭击主要还带有外交目的，西方人在此类酒店中出现得较频繁，因此这些酒店被看做是第二大使馆，恐怖分子的袭击目标就是大量外国人以及当地上层人士。另外，酒店必须采取开放的营业方式，进出人员庞杂，因此容易被恐怖分子潜入。酒店中成百上千的房间、不尽其数的门廊、众多的藏身之处也使得安全保卫成为难以解决的问题。

一些国家对酒店加强了保安措施，埃及和约旦的许多大酒店在遭受恐怖袭击后，都加强了保安，这些酒店有安全屏障、炸弹检查措施，以及持枪的警卫。自雅加达万豪酒店以及其他爆炸事件之后，当地的办公楼以及可能受袭的设施都装置了金属感应器以及其他检察车辆装置的仪器。一些酒店也增添了路障以及斜坡。但这样做会给游客带来不便，而且像印度这样的国家酒店的酒店为数不少，要保卫这些酒店的确是一件大工程。

四、爆炸（包括自杀式爆炸）仍是主要袭击方式，方式日趋多样化

从2008年发生的恐怖事件看，恐怖组织所使用的主要袭击手段仍是爆炸（包括自杀式爆炸）。世界各地恐怖组织频繁使用这一手段，仅以2008年7月为例，该月发生的重大恐怖事件几乎都是以爆炸为手段。7月7日，阿富汗首都喀布尔市中心的印度大使馆附近发生自杀式汽车炸弹袭击事件，造成包括印度外交官在内的41人死亡，100多人受伤；7月26日，印度西部古吉拉特邦艾哈迈达巴德市发生18起定时炸弹连环爆炸，造成至少49人死亡，近200人受伤；7月27日晚，土耳其最大城市伊斯坦布尔繁华的步行街上发生了2起爆炸，致使16人死亡，154人受伤；7月28日，伊拉克基尔库克集会爆炸，造成22人死亡，187人受伤。伊拉克首都巴格达也在当天发生4起爆炸，造成26人死亡，85人受伤。

自杀式爆炸因其杀伤率高仍为恐怖组织青睐，如在巴基斯坦，2008年共发生了59起自杀式爆炸事件。值得注意的是，2008年由女性自杀炸弹袭击者制造的自杀式爆炸事件急剧增多。女“人弹”在伊拉克和世界其他地方都并非新现象，但相对男性自杀袭击者来说一直比较少见。根据美国军方的数据，自2003年以来伊拉克共有43名女性实施了自杀式爆炸，与伊拉克发生的所有恐怖活动总数相比，这只是一个很小的数目。2007年也只有8起女性自杀炸弹袭击，但到2008年就激增到至少32起。这些由女性实施的自杀爆炸破坏力相当大，如2008年2月1日巴格达的两个宠物市场先后遭到两名女性自杀式袭击者炸弹袭击，造成73人死亡，149人受伤，此次爆炸成为自2007年4月以来在巴格达发生的死亡人数最多的一次爆炸。3月17日，伊拉克战争5周年前夕，1名女自杀炸弹袭击者在什叶派圣城卡尔巴拉发动袭击，造成至少43人死

亡，73人受伤。7月28日，3名绑满炸药的“女人弹”在巴格达什叶派朝圣者中引爆了自己。另一名“女人弹”在伊拉克北部袭击了库尔德人。这些“女人弹”的恐怖活动在一天内就造成了约60人死亡，近250人受伤。

尽管同前几年相比，伊拉克目前的暴力冲突程度已经降低到最低水平，暴力的总体数目在下降，但“女人弹”的数量却在直线上升。[3]伊拉克“女人弹”的激增有多方面原因：首先这反映了伊拉克恐怖组织的新战术。在穆斯林国家，男性不能随便接触女性身体，伊拉克妇女通常穿黑色的伊斯兰长袍，这使她们在通过检查站时更易于躲开彻底安检。由于近期伊拉克加强了安全措施，很多人群密集的地方禁止车辆进入，因此减少了制造汽车炸弹爆炸的机会。同时，人身搜查也更加严格，恐怖组织要在人群密集的地方制造自杀式炸弹袭击也更加困难。但由于很多伊拉克妇女身穿传统的长袍，而伊拉克又缺少女性检查人员，所以利用“女人弹”已经成为伊拉克“基地”组织的一种新的袭击方式。美国军方认为利用“女人弹”是“基地”组织的“绝望之举”，说明“基地”组织现在难以征召海外阿拉伯男子参与自杀性恐怖袭击。

伊拉克“女人弹”的骤增还有深刻的社会背景：大部分从事自杀袭击的女性通常都有不幸的遭遇，她们在战乱中失去了亲人，没有工作，对生活充满绝望，因此她们怀着强烈的复仇心理踏上了不归路。一位伊拉克妇女愤怒地说：“美国人抓了我的丈夫，毁了我们的家园，我们现在一无所有。但是我们不会就这样等死，我们会采取一切手段，包括自杀性爆炸来报复他们。”

除采用爆炸的袭击方式外，恐怖组织的袭击方式日趋多样化，军事科学院的郑守华和花吉认为，从2008年发生的恐怖袭击事件来看，恐怖活动的方式已从单一袭击向复合式袭击、连环袭击等多样化方法转变，在一个恐怖活动中，各类爆炸物和其他袭击手段并用，汽车炸弹、人体炸弹和武器袭击相结合，爆炸、偷袭、伏击、狙击等多种行动方法同时出现，并可能采取声东击西、袭点打援，以及预设伏击、运动伏击、引诱伏击、重叠伏击等多种战术手段，使对方防不胜防。一个最典型的例子就是孟买恐怖袭击。在这次袭击中，恐怖分子将多种袭击手段综合运用，爆炸、武装袭击和劫持人质等行动方式同时使用，破坏力极强，使孟买整个城市几乎陷于瘫痪。

五、2008年国际恐怖活动对中国的启示

从2008年国际恐怖活动的发展趋势看，恐怖主义依然是国际安全的最大威胁，也是中国国家安全的巨大威胁，2008年伊斯兰弧带及其周边国家和地区的恐怖活动频繁发生，恐怖活动的重灾国印度、巴基斯坦和阿富汗都与中国紧邻，这些因素从外部恶化了中国的安全形势；在国内，“藏独”分子策划发动的打砸抢暴力事件和以“东突”为代表的“疆独”势力在奥运会期间制造的恐怖暴力事件无不体现中国反恐形势的严峻性。而孟买恐怖袭击等重大恐怖事件的教训也给我国的反恐斗争带来了许多启示。

(一) 完善国内反恐立法，为反恐提供法律依据

孟买恐怖事件提醒我们，恐怖主义并未从我们的视野中淡出，尽管我国奥运会安保工作做得很出色，但反恐不是权宜之计，需要从长计议，完善我国国内的反恐法律，为反恐斗争提供有力的保障。

我国目前尚无专门的反恐法，反恐斗争在法律上主要依据刑法来实施。1997年刑法从多角度进行了惩治恐怖活动的立法。2001年12月29日，全国人大常委会通过了《中华人民共和国刑法修正案》，在1997年刑法有关恐怖主义犯罪的规定的基础上进行了增改，加大了惩治恐怖主义活动力度。但总起来说，我国反恐立法存在明显的不足：[4]首先，我国反恐刑事实体立法中虽然经过了《刑法修正案（三)》的完善，但刑法在有关恐怖主义犯罪如组织、领导、参加恐怖组织罪的规定中过于粗疏，不利于司法适用。另一方面，刑事立法的法网仍不够严密，一些与惩治恐怖主义犯罪密切关联的罪行并没有做出特别的规定，不利于有力地予以惩治。第二，我国反恐立法单一，仅仅在刑事实体立法方面做出了反应，这仅仅是为反恐活动提供了一个基石。

目前世界许多国家都制定了专门的反恐法，一些好的经验值得我们

借鉴，如俄罗斯1998年所制定、2002年修订的《俄罗斯联邦反恐怖活动法》就是一部比较系统、完备的富有特色的反恐立法。该法的主要特点就是对于反恐斗争与实施反恐行动予以法制化，即对反恐斗争和对实施反恐行动的机构及其职权、职责以及在反恐中如何“运行”在法律上都做了明确的规定。该法还突出强调综合社会各种力量和运用多种手段来提高反恐怖活动“合力”。

面对我国日益严重的恐怖主义问题，在现有刑法的基础上制定一部专门的反恐法非常有必要。因为反恐斗争的错综复杂性，涉及国家与社会许多重要方面的问题，比如：在反恐的紧急状态下的国家特殊的反应机制问题、在反恐中可采取的非常规的强制措施问题等等，如果对于这些问题没有法律的规制，要想使反恐斗争深入持久地进行，以及在反恐中最小程度减少损害民众利益和防止滥用权力侵犯人权，都是十分困难的。[⑤]

（二）加强情报和预警突破，构建城市反恐体系

从2008年发生的重大恐怖事件看，城市已成为恐怖组织的重点攻击对象，而现代城市所具有的人口密集的特点使其在面对恐怖主义的袭击时显得极其脆弱。在孟买恐怖袭击中，十几个恐怖分子对拥有1300多万人口的“金融之都”孟买发动突然袭击，短短60个小时就造成了近200人死亡和大量的伤亡。在北京奥运会举行前，“东伊运”（东突厥斯坦伊斯兰运动）的“疆独”分子企图从5月起至奥运会期间，在北京、上海及乌鲁木齐等大城市发动自杀式炸弹袭击、投毒并企图绑架外国记者、游客及运动员，以达到破坏北京奥运的目的。

上述例子说明了加强城市反恐的重要性和迫切性。城市反恐的重点是做好预警工作，首要任务是获取情报。漠视情报、反应迟缓是此次孟买恐怖事件得到的教训。从此次恐怖袭击看，准备时间、行为方式与人员规模都应有蛛丝马迹。但事前并没有任何情报信息的预警，这也是为什么孟买被十几个恐怖分子搞得天翻地覆的重要原因之一。由于恐怖主义的特点就是不可预测性和突发性，故情报的获取仍是反恐最大的难点，即缺乏能够获取最核心的“何时、何地、以何种手段、针对何种目标进

行恐怖袭击”的人力情报。在这方面，科技手段在恐怖分子有效防范下，难以获得此类情报。因此，反恐需要人力情报的有效突破。[6]有关专家认为，为确保城市反恐及时有效，必须透过恐怖势力各种隐蔽伪装的迷雾，及时准确地捕捉信息，形成全方位、多层次、覆盖全、严密高效的反恐侦察监视网络，最大限度地获取预警性的情报信息。

加强城市反恐还需要构建军警民一体的反恐体系。这次孟买恐怖袭击的教训之一就是城市反恐体系建设存在着巨大缺陷。城市反恐的中心思想就是“联合打击”：一是要建立合理的指挥机制，明确在反恐行动中不同类型力量各自的指挥职能与指挥关系，协调各部门之间的行动，确保一旦事发能迅速协调，果断处置。要以正规部队，特别是特种部队为主，在警察和广大民众的配合下，对恐怖分子实施打击；二是要把对群众自身的反恐意识和自救能力的培养纳入整个城市反恐体系中，[7]目前我国民众缺少和平时期中的防恐、反恐意识，因此应加大反恐、防恐知识的宣传力度，使民众了解反恐常识，提高对恐怖事件的心理承受力。

（三）积极参与国际合作，应对恐怖主义的挑战

在全球化的背景下，任何国家的反恐都离不开国际合作。国际反恐合作主要分三个层面：联合国框架下的国际合作、地区反恐合作以及双边反恐合作。“9·11”事件使世界各国认识到恐怖主义的危害性和严重性，包括中国在内的许多国家认为联合国应在国际反恐斗争中起主导作用。由此各国对联合国框架下的国际反恐合作态度空前积极。但是7年多过去了，国际反恐合作的现状并没有太大的改变，联合国主持下的国际会议还在为恐怖主义的界定问题和恐怖主义的根源问题争论不休。与此同时，国际恐怖主义势力的合作与联系却不断强化，并依靠、依托恐怖意识形态形成全球恐怖网络。孟买袭击案给我们提了个醒，就是国际反恐斗争的步伐仍比恐怖主义的发展蔓延慢了一个节拍。[8]

2008年中国参与的地区反恐合作取得了很大进展，以上海合作组织为例，2008年3月，上海合作组织召开北京奥运安保联络员会议，各成员国就反恐怖情报信息、安全措施、突发事件处置等方面展开深入的交流与合作。7月3日，上海合作组织地区反恐怖机构理事会在北京举行

第十二次会议，专题研究北京奥运会安全保卫和反恐怖合作。8月28日，胡锦涛主席在杜尚别举行的上海合作组织成员国元首理事会第八次会议上指出，上海合作组织成员国在北京奥运会安保方面的合作卓有成效，中方建议认真总结经验，在今后成员国举行类似大型国际活动时继续就安保问题密切合作。胡锦涛主席还建议，将北京奥运会安保合作中比较成熟、行之有效的内容常态化、机制化，并认为国家安全会议秘书会议、国防部长、最高法院院长、最高检察院院长会议等会晤机制对维护本地区安全稳定发挥了重要作用，应该不断完善和深化。

在反恐合作中，成效最大的是双边合作，如反恐的情报交流与共享，联合反恐演习等。2008年中国继续深化双边反恐合作。2008年5月，中国新疆红其拉甫边检站与巴基斯坦苏斯特移民局围绕全力做好奥运安保工作、建立反恐新机制等进行了深层次会谈，双方表示将进一步加强业务情况信息交流，建立定期互访制度。这是中巴两国反恐合作的新举措。2008年12月6日至14日，中国和印度在贝尔高姆地区举行了代号为"携手—2008"的陆军反恐联合军演。

中国必须走合作反恐之路，与其他国家的反恐联合军演使我们积累了一定的反恐经验，对"东突"的打击也是借重国际合作才取得较大进展。支持并积极参与联合国主持的国际反恐斗争，敦促各国在反恐问题上达成共识，并拓展和落实反恐合作的内容，这既是中国反恐斗争的需要，也是一个负责任大国应尽的义务。

（四）妥善处理国内各种矛盾，消除恐怖主义产生的根源

从近年恐怖活动的发展情况看，凡是恐怖活动猖獗的国家，国内都存在着严重的民族宗教及其他社会矛盾。如：2008年恐怖活动的重灾国印度，国内教派冲突严重，分离势力活跃，由于经济发展的不平衡导致贫富两极分化，社会矛盾不断激化，孟买恐怖事件从某种程度上就是印度国内严重社会矛盾的综合反映。斯里兰卡的恐怖活动主要反映了主体民族僧伽罗族与少数民族泰米尔族的矛盾。近年由冷战后民族分离运动所产生的恐怖浪潮势头未减，2008年2月17日科索沃宣布独立后更是对各国的分离运动及由此产生的恐怖活动起到推波助澜的作用。

受上述因素影响，中国国内的民族分离势力近年也兴风作浪，2008年“藏独”、“疆独”势力制造了多起重大恐怖事件，“藏独”分子公开叫嚣使用人体炸弹闹独立，在北京奥运会举行前，“疆独”分子企图以各种形式的恐怖活动来达到破坏奥运会的目的。针对上述国内分离主义势力的恐怖活动，我们除了采取强硬的手段予以打击外，还要注意运用软实力解决民族矛盾，在政治上不断完善民族区域自治政策，加强不同民族间的对话和相互理解。在经济上致力于加快民族自治地区的经济发展，缩小东部沿海地区和西部民族地区的差距，通过构建和谐的民族关系实现国家的长治久安。

在全球化的大背景下，全球化所造成的各种问题都会在中国有所反映，除国内的“藏独”、“疆独”势力外，我们还应吸取印度的教训，解决好发展中产生的问题。近年我国在经济高速增长的同时，也产生了一些问题，如东西部发展不平衡和城乡差距等问题。尽管到目前为止尚未因此类问题发生典型的恐怖主义事件，但我们应当未雨绸缪，吸取其他国家的教训，努力缩小贫富差距，缓和社会矛盾，实现社会公正，唯有如此，才能真正铲除产生恐怖主义的根源。

注释：

① 胡志勇：“南亚恐怖主义的特点及根源析论”，《现代国际关系》，2008年第12期，第28页。

② 中国现代国际关系研究院反恐怖研究中心：《国际恐怖主义与反恐怖斗争年鉴》，时事出版社，2007年版，第52页。

③ Huma Yusuf，Female suicide bombings in Iraq：Why the recent surge，The Christian Science Monitor，July 08，2008. http：//www. csmonitor. com/2008/0708/p99s01－duts. html.

④⑤ 莫洪宪：“论《俄罗斯联邦反恐怖活动法》与我国反恐立法之构想”，《武汉大学学报》2006年5月。

⑥⑧ 李伟：“孟买袭击案启示中国反恐”，《国际先驱导报》2008年12月5日。

⑦ 孙晔飞：“孟买反恐战启示：城市反恐行动必须战术对路”，《中国青年报》2008年12月19日。

全球金融危机的原因及影响

张士铨

［内容提要］2008年在国际经济领域最大的问题就是蔓延到全球的金融危机，至今还没有见底。它不仅重创了很多国家尤其是发达国家的金融体系，破坏了经济秩序，对世界各国的实体经济亦产生了非常深刻的负面影响，导致各国政府不得不采取非常规的应对措施，减轻其对国民经济的危害。本文依次分析了这场金融危机的原因，肇始于美国的次贷危机如何借金融和贸易等传播机制影响他国，各国从什么角度按照什么思路采取何种措施应对，以及对于我们维护国家经济安全的启示。

肇始于美国的次贷危机，借助已经形成的全球化网络和密不可分的债权债务联系，迅速演变为一场全球性的金融灾难。诺贝尔经济学奖得主加里·贝克尔在2008年中期对此做过一个判断，认为此次金融危机以来，美国GDP并没有出现明显下降，失业率也仅是6%多一点，无论深度和广度都无法与1929年的大萧条相比。但是，就全年尤其是第三季度后的情况看，“蝴蝶效应”引起危机的传播速度和连带影响却比1929年的危机有过之而无不及，各国的金融体系和实体经济很少不受到其海啸般冲击。金融机构深陷债务链不能自拔甚至倒闭、消费者因信心危机而节衣缩食力求自保、企业因流动性不足而缩减生产并导致就业萎缩、政府全力注资救市却未必达到预期效果、整个世界经济增长出现了前所未有的下滑局面、国际贸易中的保护主义抬头等问题，一并组合成为各国经济面对的共同困境。

一、这场金融危机的原因

（一）表面上看，利率问题和不负责任的放贷是问题的根源

自“9·11”事件以后的这些年里，美联储为了刺激经济复苏，将联邦基金利率一降再降，在2003年6月到2004年6月的一年时间里，为了刺激经济景气，联邦基金利率降到了历史上从未到过的1%这样的低点。如此，华尔街可以从市场上用低得惊人的成本获得资金，而低利率及由此造成抵押贷款的过分买卖导致房地产泡沫，是人所公认的事实。把容易得到的贷款投入到赚钱的领域——房屋和汽车，却没有考虑到还债，就成为问题的根源。据高盛公司估计，整个抵押贷款市场内，2005—2007年期间产生的抵押贷款中约有六成带有次贷所体现的不计后果或坏账的特点。抵押贷款市场总体亏损为4000亿美元，如果房价下跌20%，最终亏损可能会远远超过此数。

对于次级债，格林斯潘倾向比较宽松的住房抵押贷款条件，虽然他也知道有些次级贷款者是有信用污点或是低收入的，给他们贷款会增加金融风险，但是他仍然认为“那是一个正确的决定”，“即便可能因通过降低利率而催生我们最终必须承担的某种通胀泡沫，不过我们愿意冒这个险”。他还说，美国经济增长速度已经放缓，但是出现经济衰退的几率不到50%。[①]他告诫美国民众，应该对经济保持警觉，但也不必过分紧张。在这样的认识下，美联储的做法是敞开贷款窗口，多差的债券、股票都可以做抵押。然而，如果经济形势逆转，在市场不承认这些次贷价值的前提下，已经缩水的次贷债券肯定无法变现，金融机构的资产价值因此遭到灭顶之灾。美联储多年奉行的做法是给金融机构释放了大量的流动性，与此同时也毁掉了美元的信誉，所以美元的贬值也就是不可避免的。这就产生了信心危机。如“两房公司”，他们自己的股东权益资本很少，但是能够用政府的隐形担保以很低的利息借到很多债务，用1美元的股东资本借到30美元的债务（30倍的杠杆率），去投资不同的按揭

贷款证券。由于投资的目的是为了赚取暴利，而用别人的钱又必须偿还，因此运用高杠杆率在短时内赚钱，就成为一个必然选择。

独立的投行制度也与此次金融危机有紧密的关联。这里有几个问题值得注意：首先，低利率驱使投行精英痴迷地设计复杂的金融衍生品，导致投行的盈利模式不是建立在健康的实体经济和实物资产上。信用链条拉长，产品复杂度增加，精英缺乏职业操守等，都把风险传递给更广泛的人群——好像每一个环节都有钱可赚，都是商机。次贷危机的冲击为何波及面如此之广，根源在于这些专业机构的资产质量低劣。第二，杠杆比例过高。一般而言，10倍比较合适。但是，几家投行的杠杆率分别达到30－40倍，一旦市场有变，就会有巨大的损失。第三，业务分配问题。贷款过度集中在高风险领域。以雷曼公司为例，在住房抵押债券市场上投入过大。当住房市场景气时，可以有巨额收益。但是随着房地产泡沫破灭，最盈利的业务却成了最亏损的来源。第四，投行自身"玩别人的钱"的特点。高风险与高收益导致投机猖獗、金融动荡。证券行业的波动性本来就很大，周期性强，投行业绩波动因此也大，导致决策误差。最后就是投行对短期借贷过分依赖，高资产负债率削弱了投行的风险抵抗能力。在独立的投行模式下，美国证券交易委员会作为唯一的监管主体，监管漏洞较多，客观上也助长了投行放任自流与大胆违规。

不受监管的各类金融衍生品泛滥同样不可忽视。金融"火箭专家"发明复杂而又难以估价的各类金融衍生产品，早已超过货币作为基本储备手段所代表的全球价值。贷款机构将质量低劣的资产不负责任地贷给无抵押资产和低收入的人，导致各种票据的违约率上升。而各种衍生品和其他资产价格亦不断缩水，金融机构为力保自己不断地"去杠杆化"，又使其雪上加霜。但它们并不是由各国政府发行的，绝大多数也不受政府监管。因此，滥发导致金融秩序失控，是一个重要原因。根据"国家战略投资对话"对大投资机构的调查，超过80％的机构认为他们的董事会并不了解其投资组合暗含的风险，尽管他们按照法律要求有义务去了解。之所以这样，主要原因就是金融工具及他们主宰的新全球金融体系的复杂性。[②]

宏观经济管理部门不能居安思危，没有在繁荣和泡沫形成的时候预测到其反面。在经济繁荣和高涨时期，房屋价格长期上升。波斯纳认为，泡沫存在的市场里，要让公司股东接受保守的商业战略是很困难的事。当房产和其他资产价格不断上涨时，金融机构以低利率借款越多，赚钱也就越多，如果哪个企业拒绝赶这个浪头就会损失利润。而且，在金融衍生物和证券化市场中蕴藏的一个固有矛盾是：金融专家对金融系统可能引发的更大风险欠缺了解，但却十分清楚个人资产是如何运作的。复杂系统中各种要素和结果的相互影响，个人理性和市场信息良莠不齐导致失灵的矛盾交织。因此，危机的根本原因内生于当代市场经济之中，私有经济的活跃使资本供应充沛，导致低利率，又鼓励了借贷，问题是这两件事情都超过了限度。

（二）如果由表及里地深究埋藏在制度中的原因，有三点值得注意

为什么金融监管总赶不上金融创新的步伐？从创新和监管的关系上看，监管在本质上是反应性的。事情没有出现苗头之前，监督和管理都是一句空话。美国金融创新与监管的关系和中国的不同点在于，前者完全放开，由市场机会和利益指引人们的创新，但追逐利益形成的市场失灵，却因为监管滞后不得不让政府与百姓付出巨额代价。而中国的金融创新必须由政府批准，稳定秩序唯此唯大，导致创新步伐太慢，内需总是受到抑制。可以说，在金融一体化的年代，金融创新是其他行业创新的基础，如果金融不能创新，其他创新则势必无法进行。美国畏惧事前防御和过程中的过度监管，怕的是消除了金融创新的条件，压制了以企业家为主体的市场深化。从本质上看，监管无法赶上创新步伐，无可非议。但是不能回避的问题是，为什么及时有效的监管迟迟不能成型？一是迷信市场的自发作用，过分使用金融杠杆——利率来撬动宏观经济，没有把监管提到日程。从更深层次上看，强调的是“自然秩序”，而非人为设计的“监管秩序”。二是监管机构单一——只有美国证券交易委员会执行这个任务，其他部门没有这个责任和意识。

消费未来的习惯究竟是怎么形成的？习惯的形成有深厚的社会历史背景，而现存的制度安排对之扩张又有重要作用。理性经济人一般秉持“量入为出”原则，这与美国全国都不储蓄，花的钱比挣的钱多，从而积

累了大量债务的现实，发生了尖锐的矛盾。据估计，美国当今53万亿美元的负债总额是GDP的4－5倍，平均每个居民拥有20万美元的债务。美国人的生活方式——消费超过现实的供给，甚至是在没有抵押、没有约束情况下进行的。消费过度，储蓄太少，借钱的时候，并不思考未来的偿还能力，不管这些钱来自抵押公司还是政府。这就纵容一个集体性长久不散的错觉，房价将持续提高——钱来得太容易导致。所以，不管是买卖双方、借贷双方还是建房者与发展商之间，都形成了错误判断——房价将持续上涨。由于建房者和放贷者都希冀从中得利，即便是未来得到又有何不可？结果必然形成泡沫，而其功能在于提供大规模超速获利的机会。有泡沫就必然会破裂，它破裂于房价处于高位并开始下跌之时。

汽车是除了房子之外的又一个例子，当然房子在资产的意义上和汽车有别。美国家庭习惯使用汽车信贷业务，造成80％的汽车消费由汽车金融支撑的局面。但在金融危机导致信贷紧缩政策冲击下，美汽车工业正在品尝汽车金融业过度发展带来的恶果。通过汽车厂商针对现实局势采取的措施，或可看到对这种消费习惯的部分否定——降价以吸引消费者购买；对付现金者打折扣的促销；对销售不含汽车信贷的车将给予补贴。而专门从事汽车信贷的金融公司采取的措施有：对消费者重新评级以免决定是否贷款和贷款额度，限制公司为任何汽车信贷提供抵押担保服务。

虚拟经济到底应当以实体经济为基础还是反过来？衍生品的发展本来就是发生在虚拟经济世界中的。其复杂性和互动性造成的信息知情障碍，使房地产交易的虚拟价值和实际价值相脱离。这些金融创新产品、制度和市场的关联性让很多参与者摸不着头脑，监管也出现了多元化和多层次性，增加了无比难度。所以，关于衍生品的重要问题就是因为金融链条的延长具备内在动力，从而创造新的金融产业，形成新的就业机会和收入，使借贷双方无限期地分离。对贷方来说，忽视了到期还款的风险；对借方来说，增加了赖账的机会。从宏观上看，可以把美国金融机构的业务分为两部分：一部分是为实体经济服务的部分，另一部分是虚拟经济中的衍生金融产品部分。整个金融体系是一个倒置的金字塔。

与实体经济没有关系的衍生品规模巨大，据估计美国衍生金融产品的规模达到 400—600 万亿美元之多，而各金融机构发放的与实体经济相关的各种实物类贷款如工商企业贷款、房屋贷款、消费贷款和教育贷款等却不足 20 万亿美元。现在的问题是，与实物相关的贷款和债券，都在 2008 年的第三季度进入还款的高峰期，不能按期偿还就导致了支付危机，而下面一倒，上面自然也就全面崩塌。实体经济的基础不足以支撑衍生品的巨大规模。

二、影响与互动

由美国次贷问题为导火索引发的金融灾难，致使美国和全球实体经济陷入深度衰退。可以从两个方面解读：一是美国经济结构在世界经济结构中的地位和与世界市场的紧密互动方面；二是金融业的发展进一步强化了它在经济全球化中的“血液”作用，进而将危机扩散到全球，没有哪个国家能够游离之外，独善其身。

(一) 美国经济结构的特点与其在世界经济中的地位

美国经济的主流已经不是工业制造型经济，不是资源消耗型并处于价值链低端的附加值经济，早已变为后工业化阶段的服务型，资本、知识、信息和技术密集型处于价值链高端的高附加值经济。其中蕴涵的矛盾是：服务业尤其金融服务业中蕴藏的泡沫——信用经济中的泡沫与实体经济的联系非常间接；对信息和服务的监管高要求——可以从制度、资金和措施等角度观察。但遗憾的是，现状大大滞后于已经高度化的经济结构要求。

从结构中看，美国经济泡沫主要集中在金融、投资和房地产市场，生产资料和劳动力市场没有太多的泡沫。危机来临时，只要相应的社保健在，同时以消费品替代的方式缓解居民生活压力，民众只是在财产上“缩水”，而日常生活却不受太大的影响。

从危机的性质看，美国经济是私人活动主导的经济。危机是私人追求利润过度膨胀导致市场失灵的副产品，不代表美国式市场经济模式的破产。某些政策工具虽具有时滞和非直接性的特点，但是对于复苏经济依然有效，而且也没有人会听任这场危机的蔓延。

从美国经济在世界经济中的地位看，美国经济占世界经济总产出的比重有1/4强，13.8万亿美元/54.3万亿美元之比。美国经济在各方面都与世界经济联系在一起（贸易金融投资和跨国公司等）。由于次贷危机导致美国经济增长速度放缓，进而导致世界经济增长速度放缓。在个人消费占美国经济比重高达七成的社会里，由于股市和楼市暴跌带来的负财富效应，金融危机导致消费信贷紧缩以及失业率高企，个人收入下降，美国经济发动机有“熄火”的可能。消费者信心在2008年第三季度跌至最低点。美国经济的“熄火”显然会在贸易、投资和金融等方面对世界经济构成致命打击，没有人会对此兴高采烈。

（二）金融危机对实体经济的影响

由于金融是实体经济的“血液”和经济全球化的缘故，危机波及到全球各国和实体经济是不可避免的（世界经济和中国经济放缓，都与此有关）。从全球经济形势上看，次贷危机对实体经济的影响在2008年第三季度达到高潮，至年底仍然没有减缓的迹象。有人认为，金融体系最坏的情况已经过去，而实体经济衰退刚刚开始。

当次贷危机演变为信贷危机后，资金链条的断裂必然祸及企业的正常运转，一方面企业资金压力吃紧，另一方面是银行惜贷。结果企业必然在股市上下挫，当楼市与股市双双跳水，居民财富就将大大缩水，消费缩减集成为内需萎缩，美国经济增长的发动机随时都有“熄火”的可能。在这个经济全球化和各国经济高度依存的年代，此次经济衰退呈现明显的世界联动性特征。由于缺少需求和出口的拉动，美国9月份的工业增加值减少2.8%，是第一次石油危机以来最差的表现。美国经济是否进入衰退周期，尚需要斟酌，欧洲和日本共同进入衰退状态恐怕难以避免。欧洲最大的经济体德国，已经步入经济衰退，而且是12年来最严重的一次。这倒不是它自己竞争力趋弱问题，而是世界经济需求趋缓导致其出口受阻。日本经济在多年经济低迷的基础上再创新低。丰田汽车厂史无前例地宣布，日本厂房在新的一年里将全线停产 11 天，而在 2008 年岁末，该厂的国内厂房已经停产 3 天。而新兴市场也受到需求放缓、商品价格下降、资产价格暴跌和游资撤退的冲击，经济前景呈现恶化态势。纵观各国，2009 年 GDP 的增长都将放缓甚至停顿倒退。有人估计只在 2%左右，大大低于两年前 5.2%的水平。按照 IMF 的标准，3%是由盛转衰的分水岭，也就是说，世界经济之车在 2008 年是行驶在下行通道上。

多年来，中国经济的增长和就业都高度依赖出口（贸易依存度高达 70%，顺差巨大），如今在美国需求萎缩的状态下中国靠此为生的企业难免遭受灭顶之灾。一方面预期和实际 GDP 的增长速度（2009 年调低至 8%还要力保，2008 年第三季度也从前两个季度的 10%以上下降到 9%）不得不降低；另一方面，美元贬值（滥发纸币的结果）和人民币被迫升值的结果，削弱了我国出口商品的竞争力。对美出口增幅回落，多年来首次出现个位数。出口减速的同时又遇到房地产业下滑，令国家不得不以扩大内需和投资救市为主要的政策选择。

美国是一个靠流动性解决生产和生活问题的国家。金融危机之下，不仅企业信贷吃紧，政府机构陷入财库空虚境地，就连学校 93 亿美元的短期投资基金亦被冻结，有可能发不出工资。比较能说明问题的例子就是汽车信贷泡沫的破碎。与在房屋信贷领域过于宽松的信贷门槛导致大量坏账一样，各大汽车公司属下的金融公司也长期用低息、免息、零首付等方法吸引经销商和客户。美国社会崇尚的过度提前消费无疑成为车市危机的导火索，甚至向信用不良客户提供贷款，特别是当油价高企时，也心存用此刺激消费的侥幸。所以，当油价终于徘徊在 150 美元上下时，汽车信贷由于成本而破碎。我们可以看到，成本不断提升，而销售靠信贷支持，成本升高使厂家利润锐减甚至资不抵债，价值链断裂；消费者无力还债，经销商存货导致资金链紧绷，制造商车型转型致使成本压力增大，这三个因素聚集的效应同时爆发，汽车信贷危机随之产生。

IT 业也是一个例子。由于银行紧缩信贷，消费者捂紧钱袋以及美欧大企业削减 IT 支出，而且金融服务业在全球 IT 支出中已占 20%，金融危机对其影响的确不可低估。

对于与人民生活息息相关的零售业而言，由于危机导致大多数美国人的收入不再增加，消费不振驱使零售业走向萎缩；危机之下，很多人改变了提前消费习惯，转而注重储蓄并量入为出，因此，信贷消费、花明天的钱圆今天的梦的过分膨胀，不得不使人在吞食自己酿成的苦果面前改弦更张；当然，贷款难度增大也直接打击了零售业。

由此可以看出，越是与金融相关的行业，麻烦就越大，现金流量紧缩导致“失血”以至危机蔓延到整个社会。从过去的流动性过剩（房地产价格猛涨等）到现在的流动性不足，金融领域的问题触发实体经济的下跌是毋庸置疑的；石油价格的升降也与金融投机有关，其下降也引发减产风潮。2001年的互联网泡沫和后来商业银行从事投行业务，都为此次金融危机埋下了种子。如此，金融杠杆作用就得到充分发挥，因为商业银行的自有资金充足，与投行运用他人资本不同，自有资金加上金融杠杆，更放大了金融风险。

三、措施和后果

（一）为什么要救市

从银行角度看，银行之间的不信任加强。银行间贷款急剧减少，国家间贷款更少，金融市场上流动性严重不足；各主要金融机构普遍面临现金链断裂的危险。不注资救市就会颠覆宏观经济。因此，美财政部宣布对所有货币市场基金设置保险金额，并对存款进行金额保险，虽然这可能引发极大的道德风险，但是并未引起市场各界的热议，就说明了流动性的短缺是必须解决的首要问题。当然，让财政部长利用这笔高达7000亿美元为银行注资，但是银行经营行为趋于保守，回到传统银行——并非是理性回归。

投资者、客户和交易对手对金融机构的信心丧失殆尽，市场秩序的恢复必须由政府出面。信心是现代金融体系的基础，其理由在于：1. 从货币作为支付手段的时候起，信用就开始支撑门面。假定货币价值大起大浮或者不断贬值，都使人们不再相信国家信用；2. 信心以信用作为前提。如果信用不再（不能按照事先约定还贷，或者因为抵押品缩水或者经济周期波动使收入减少致使还贷能力萎缩），就会导致资金链断裂。银行惜贷、存款挤兑和变现不可避免。美国消费者靠的是两个手段来维持自己高于其他国家的消费水平：第一是延期付款，即消费明天；第二是万事保险，图的是安全和降低损失。如今，这两方面的信用都出了问题，则信心受到巨大打击就成为必然。

一个真实的例子是贝尔斯登。从财务指标上看，贝尔斯登真的需要崩盘（崩盘的标准是股票价格在 1 日或数日内下跌 20%者）吗？否。主要是人们对其前景心存怀疑所致。一下子提出 170 亿美元现金，使其一夜之间接近破产边缘。

（二）开始拯救的原则

鉴于这次危机是由于资本短缺和流动性问题。由于银行已经没有资本金，而过度放贷导致资本缩水，因此，政府注资将为所有的储蓄账户提供担保。

将公共资金置于风险就必须得到足够补偿。其含义是：对能够活下去的银行提供担保，有利于提升其资产价值。有的学者认为，政府用财政赤字来给银行注资，并不是无偿的。赤字不应该算作政府支出，而应当列为“出借”。美国本来就是一个信用扩张和寅吃卯粮的国家，存在赤字很正常。问题是注资不是补贴，不是救济穷人。而且说明具有优质资产的企业（包括银行和其他企业）如因外部原因倒闭，那么对他们提供资金才是必要的。同时，提供公共资金必须以国有化作为交换条件。

对于这些原则，很多消费者的反感是，本来竞争就是优胜劣汰，本来就是这些公司经营战略的问题，为什么要由政府买单？可能是出于这些企业在经济中的地位——大到不能倒，但是给人以错觉，出了问题总有政府援手，但他们又是私人性质，为什么只给他们援手，而对大部分企业的经营困难却不闻不问，有违公平公正原则；投行的倒闭和转型在事实上起到“去杠杆率”的作用，使实体经济中存在的金融重归传统，衍生金融的链条有所缩短，但将来经济恢复之后，还会这样吗？也就是说，现在实行的措施都是应对性的，解决的只是皮毛，深层次的问题绝不能指着政府救市而解决。

（三）从拯救“两房”着手

如果总结一下危机的起因，就可以看到“两房”在这次危机中有着不可推卸的责任。他们拥有12兆亿美元房贷中近一半资产，而自身却只有相当薄弱的资产基础，近乎于政府支持下进行衍生品操作的集团。由于微观产权对他们并不具备多少激励和约束作用，所以他们的活动颇有“空手套白狼”之意，发展衍生品交易获得的好处归自己，而亏损却不用也没有自身财产做抵押。然而由于“大到不能倒”（倒了整个房地产市场就要崩溃）的缘故，必须由政府买单。政府接管“两房”，提高了两家公司债券的信用等级，从过去的准国家信用变成真正的国家信用，最终责任人落实到国家头上。虽然不可能在短期内偿还，但不用担心其成为烂账。

另外，在10月份出台的7000亿美元救市计划的用途有所改变，由原先拟订的购买不良资产转化为通过其他方式稳定金融市场——如宣布拿出2500亿美元直接购买银行股份，以此向银行注资，这一计划已部分实施。[③]

（四）救市的措施和局限

美国人民自身经济安全建立在两方面基础上：一是各种银行贷款——靠信用支持；二是保险。现在是这两方面都出了问题，因此，解决之道也要从这两方面开始。就美国人民来说，有人认为，消费的黄金时节已经结束，节约的新纪元已经开始。因为过去房屋的市场价格长期上升（不论是股票还是实物），导致有房者的自有价值升值，这样他们将房屋作为抵押品再向银行借贷就十分容易。另外，金融创新和保险都由于间接依赖房价变得异常方便。从1950年到1985年，消费者节省并储蓄了9%的可支配收入。当然，这个储蓄率由于无节制的超前消费而发展到2008年接近0的水平。与此同时，消费者和抵押品的债务却达到可支配收入的127%，上升50%。2008年第三季度，消费者的消费率下降了3.1%，是自1980年以来最猛的一次，鉴于这种情况，有人估计在今后一年中每月平均下降1.6%。打破战后记录，而失业率又不断上升。危机能否改变美国人的消费模式？不能完全说其消费模式不对。如果生产能力充裕、投资充足、技术进步，但是消费却跟不上，就会造成供给过剩的危机。金融市场发展的目的之一就是通过住房抵押贷款、汽车贷款、养老保险等缓解消费不足问题。把人从存钱压力中解放出来，进而释放消费的动力。所以轻言美国因危机会结束这种模式的说法是不对的。

美国经济不能长期依赖高杠杆比率而生存（虚拟经济规模、货币创造信用），它还得回到实体经济与虚拟经济对应而不分离的轨道上来。美国的救市方案必须包括那些拥有共10万亿美元外汇储备的国家参与。目前，它能采取的解决方案不过是一种负债代替另一种。如果各国不购买其债务向其注资，则美国只能印刷货币，最终导致通货膨胀。这对持有美元的国家的打击将是毁灭性的——如中国和日本。因此，中国最好还是帮助美国买单，但要提出保证这些资产价值的条件。同样，这也反映了美国依赖其霸权地位将自己的风险分散到各国。

作为一个集团，欧盟各国虽有各自的算盘，但还能面对金融危机采取“联合应对、整体应对”措施，出台大规模救市方案，出资总额接近2万亿欧元，是美国的4倍；对濒临破产的银行实行国有化，通过政府购买优先股的方式为银行直接注资，并对银行间信贷提供政府担保，此举被认为是增加货币量，提高流动性的办法；金融机构停止“按市计价”准则。银行等金融机构不必按当前市值记录资产负债表上的资产价值，这就避免了它们的资产价值在市场动荡中被低估而放大危机，在股票市场上的动荡导致人们抛弃和挤兑。德国总理默克尔宣布为私人储户存款提供担保。这种以国家名义担保的形式有助于建立公众的信心基础，避免那些从众的非理性行为。政府总担保金额高达5680亿欧元——为私人定期和活期存款担保。④

减息对避免中国经济大幅下跌的帮助是显而易见的。首先，大幅减息反映央行坚决扭转经济下滑的决心，有助形成市场的心理预期，经过连续几次重手减息之后，2008年初中央定调的从紧货币政策已正式宣告结束，毋须担心央行再走回头路。适度宽松的货币政策配合积极的财政政策，才能拉动内需。其次，减息有助配合中央的4万亿元财政刺激计划，降低投资成本，无论企业借贷或地方政府向银行借贷搞建设，都可以节省利息成本。第三，减息还包括下调存准率，此举有助银行释出更多资金贷予中小企业。因为按国家规定，给予中小型金融机构存准率下调2厘，鼓励它们向中小企增加信贷。而国内的中小企业吸纳了社会九成以上就业，因此减息的决定，主要的援助对象就是中小企业。

四、启示及对策

今天的危机是美国自由市场经济模式的习惯性结果，迷信市场带来繁荣的作用，监管跟不上创新步伐。可以就两者的关系提出三个值得思考的问题：第一，金融市场自由化是否过度，最终这种自由化是否会成为否定自身的炸弹；第二，金融监管肯定跟不上创新的步伐，创新的无主管和权威性使其生机勃勃，是市场经济的活力反映。而监管上的有主管和权威，又代表了宏观经济的意愿，后者既不能脱离前者存在又要对前者的失灵进行有效约束。监管需要政府动用公共财政予以支持，这就违反了纳税人的意愿，同时又出现了无可估量的道德风险；第三，未来美国全球地位取决于美国能否有效地调整这一唯我独尊和任由自己意愿从事的霸权模式，适应新的多极化和技术变化的世界。

关于衍生品市场的规模和与不同的国情相适应的问题。美国是将中低收入家庭住房、杠杆放大和CBS－信用违约互换等衍生品链条，都建立在虚拟经济和信心基础上，与实体经济渐行渐远。这样买空卖空的投机行为就有了滋生的温床。衍生品市场究竟如何扩大或是缩小，值得研究。面对因次贷危机引发的金融危机，有人就会认为，幸亏中国的金融创新是被政府禁止的，没有金融开放才能躲过此劫。这是一种典型的因噎废食，中国的问题是如何把巨额的民间积累转向消费，如何拉动内需。

扩大内需不仅需要发展衍生品生产，采取与美国“去杠杆化”不同的“增杠杆化”的措施（最近允许民间开放小额信贷市场就是一个新的举措），更重要的问题是，千方百计扩大居民消费。而现在面临的窘境在于，居民储蓄是笼中虎。无论政府怎样呼吁，百姓就是不花钱，国内储蓄继续以每年超过万亿的速度增长。原因是住房、养老、教育、医疗的保障体系建设滞后，如不能彻底解决，启动消费就成为了一句空话。可以预测的是，2009 年通过消费刺激内需不会有很大的成效。

涉及对市场本质的认识——参与者的权责利对称。美国金融危机的深层原因并非金融衍生品的设计问题，而是没有把资本充足率的底线跟所承担的资产风险挂钩并对债务杠杆设置上限——这是对银行放贷行为和放贷数额与拥有资产与承担风险挂起钩来的唯一途径，没有这个相关性就无法对银行自身进行有效激励和约束，造成投行盈利但却不承担风险的现实；债务杠杆不能被无限放大，如果金融衍生品的链条无限拉长，则实物与虚拟经济的鸿沟就会越来越大，贷款人和借款人的身份愈益模糊，本来应该对称的责权利出现断档，必然使投机者有利可图；“各类金融机构的内部治理远没有人们想象或者希望的那么完美。其证据就是从商业银行、投资银行、保险公司到各种金融市场中介机构，高管违规甚至违法行为屡见不鲜”；⑤“市场有自动纠错的功能，能有效地分配资源，并能够服从和发展公众利益”的说法并非完美无缺。不能现在就下结论说，美国经济体制霸权的基础——自由市场经济已经走向没落，政府在危机时候介入是必然的——政府作用的加强和变化也反映它仍然要维护和完善市场体制；另外，美国不可能自己单独救市，还要捆绑他国为之买单。有人认为前苏联解体意味着传统社会主义的结束，而此次金融危机则意味着美国式的市场体制的结束。我认为不能说是结束，只能说是重创。原因之一是美国已经无力解决自身的问题，危机使美国的软硬实力都有所下降；二是虽然市场可以发展出自我矫正机制，但时间长代价高，美国无力承受。此时其他国家进行干预迅速得到复苏的结果，反过来也造成美国竞争力的相对降低。

最彻底主张自由市场的人也会承认，政府在市场中不起作用的时代已经结束。但是政府接管银行和加强对宏观经济的调控也不意味着自由市场经济的终结。美欧国家今天持股大银行，只是过渡性的危机处理手段，过去也曾多次这样做。在维护经济秩序和战争期间，政府从国家利益出发强行接管，到后来，就又重新转让给私人经营者。由于几大财团绑架了整个国家甚至全球社会的利益，出现“大到不能倒”的局面，在这种情况下，从经济安全的观点出发，风险不能分散是不安全的根源。政府必须提供市场规则，产权保护的公共服务，避免“大到不能倒”再现。

中国躲得开金融危机，却躲不开经济下滑。原因是：我们是净储蓄输出国，储蓄过度而消费不足（家庭消费仅占GDP的34%，与美国相差1倍），增长过度依赖出口而内需乏力；庞大的经常账户顺差使国内银行的流动性泛滥，与美欧国家的流动性不足呈鲜明对照；各经济部门（家庭、企业和政府）的金融联系仍以传统商业为媒介，简单清晰，没有更多的衍生品泛滥；家庭、政府的资产负债状况健康，欠债的情况较少。而经济衰退主要是通过贸易而非金融资本流动和信贷周期的渠道传播。凡与出口联系紧密的地方和行业、企业，由于国外市场需求前景黯淡，开工不足、下岗失业甚至企业倒闭的事屡见不鲜，而通过通货膨胀带来的风险却明显降低。在这种情况下，以扩大内需为基础的财政政策着眼点应当是：通过收入政策提高缴纳个人所得税的最低门槛以刺激投资和公平；增加资本支出扩大基础设施建设；增加财政支出扩大经济适用房建设，使基本住房供求平衡；加强农民土地权利保护，提高投资和农民家庭消费信心。

注释：

① 格林斯潘：《动荡年代——新世界中的冒险》，2007年版（英文版）。

② David Rothkopf. Washington Post Oct 5，2008.

③ 中国经济网，2008年11月13日。

④《欧盟联合出招应对金融危机》，人民网2008年10月16日。

⑤ 张承惠：“重新审视金融市场和金融监管”，《国务院发展研究中心调查研究报告》，第158号（总3270号）。

稳定发展是主流，互信合作有成效

——2008年东南亚国际形势与中国国家安全

郑晓明

［**内容提要**］2008年，东南亚部分国家政局出现动荡或变数，但都处于可控范围之内，政治社会的稳定发展仍是地区主流。东盟共同体建设快速推进，东盟经济一体化取得新进展。中国—东盟战略伙伴关系深入发展：双方高层往来频繁，政治互信不断增强；双方经济合作进一步加深，有利于共同应对全球金融危机和经济衰退；中国—东盟之间在防务、文化、教育等诸多领域也进行了交流与合作，增进了相互了解。东盟继续实施大国平衡战略，同时，大国也加大了对东南亚的投入。在东南亚地区形势总体稳定、中国与东南亚国家合作良好的主旋律下，还存在不和谐因素，主要为南海周边一些国家通过各种手段来显示其对南海岛礁的“主权”。虽然争端各方有所克制，但南海问题仍是潜在的冲突爆发点，是影响中国国家安全的重要因素。

东南亚地区在中国周边外交中占有重要地位，是中国建设“和谐周边”的战略依托。在2008年全球金融危机的大背景下，东南亚地区形势有何发展变化、对中国的国家安全有何影响？本文拟从五个方面进行综述和评析。

一、部分国家政局出现动荡或变数，但都处于可控范围之内，政治社会的稳定发展仍是地区主流

2008年，东南亚政治的一大焦点无疑是泰国。从5月以来，泰国政局激烈动荡。反政府组织人民民主联盟5月25日发起数万人的反政府示威，8月26日使用暴力冲击国家电视台、财政部等政府部门并占领总理府。总理沙马未能化解危局。9月9日，宪法法院以“非法兼职牟利”为由判沙马违宪并解除其总理职务。人民力量党副主席、他信的妹夫颂猜当选总理。10月7日，泰国警方与民盟发生严重流血冲突。11月25日和26日，曼谷素万那普国际机场和廊曼机场因民盟组织的大规模反政府示威集会而被迫关闭，几十万外国旅客滞留，中国政府29日派出5架特别客机接滞留的中国旅客回国。12月2日，宪法法院就执政党选举舞弊案所作判决使颂猜政府宣告结束。12月15日，民主党主席阿披实当选新一任总理，泰国政治危机和社会动荡暂时得到缓和。2008年泰国的政争乱局给泰国造成了数十亿美元的直接经济损失，东盟峰会、“10+3”和“10+1”会议、东亚峰会被迫推迟，泰国的国际形象也受到了影响。

东帝汶作为亚洲最年轻的国家，仍处于重建和平的进程之中。2月，东帝汶总统官邸遭叛军袭击，总统奥尔塔受伤严重，总理古斯芒宣布进入48小时紧急状态并实施宵禁。这引起了国际社会的广泛关注。东帝汶自2002年脱离印尼独立以来，国内各政治派别矛盾尖锐，暴力事件频发，失业问题严重。贫困则是东帝汶政治和社会问题丛生的深层原因。此次袭击事件发生后，在总统和政府的领导下，东帝汶局势迅速恢复了平静。联合国驻东帝汶综合特派团认为，东帝汶2008年在民主治理和尊重人权领域、在内部流离失所者返乡以及前军人请愿者问题的解决等方面都有明显进步。[①]作为全球最不发达的国家之一，东帝汶要实现持久和平与稳定仍然任重道远。

马来西亚政坛在2008年发生了一场“政治海啸”。3月大选中，马来西亚执政党联盟国民阵线获得国会超过半数的议席继续执政，巴达维连任总理。但这次选举是国阵自1974年执政以来首次未获2/3多数，丧失了修改宪法所需的多数，而且在地方选举中还失去了5个州的执政权，多名国阵重量级领袖在大选中落败。而以马来西亚前副总理安瓦尔为首的反对党联盟——人民联盟赢得了议会82个议席以及5个州的执政权。马来西亚政局出现变数。菲律宾则发生了一场“政治地震”：2月，马尼拉近万人参与了反政府贪腐大游行，反对派指控总统阿罗约家族的贪污活动，要求阿罗约辞职。12月，众议院否决了指控总统操纵选举和政治腐败的弹劾案，阿罗约安然度过了这场危机。对弹劾案的表决结果，菲律宾民众反应平静，表明菲律宾街头政治正走入低潮；而马来西亚大选结果公布后，该国各政党和民众也都平静接受，这说明，马来西亚的民主已走向成熟。

缅甸在2008年5月成为世界关注的焦点：一是因为5月3日登陆缅甸的“纳尔吉斯”风暴使缅甸遭受了历史上最为严重的一场自然灾害，生命和财产损失巨大。以美国为首的西方国家试图借帮助缅甸救灾的方式进入缅甸，被缅甸军政府拒绝，后经泰国、中国的斡旋而同意接受援助。二是军政府在进行繁重的抗灾救灾工作的同时，基本上按原计划在5月份举行新宪法全民公投并顺利获得通过，这是缅甸向政治民主化迈出的重要一步。

东南亚其他国家在2008年基本上保持了政治社会的稳定发展。越南仍是世界上政局最稳定的国家之一，在越共的领导下继续推进革新开放事业。老挝虽遭遇30年一遇的洪涝灾害，但政治社会稳定，人民革命党的执政地位更加巩固。印尼总统苏西洛在2008年首先妥善处理了前总统苏哈托去世而引发的诸多争论，高度评价了苏哈托的历史功绩，从而有利于维护国家团结和政治稳定。苏西洛政府在选举体制改革方面的重大进展、稳定经济措施的出台、对恐怖主义活动的进一步打击和遏制、国会对《消除种族与民族歧视的第40号法令》的通过等等，不仅使印尼政治社会保持了较为稳定的局面，也使苏西洛政府成为印尼社会舆论比较满意的政府。柬埔寨的平稳发展也令人瞩目，柬埔寨人民党在7月举行的第四届国会选举中获得压倒性的胜利，从而成为柬埔寨政坛的主导力量，洪森再次当选首相，组成由人民党控制的新一届政府。新加坡和文莱在复杂多变的国际形势下，继续保持了政治社会的稳定。东南亚国家的总体稳定为中国与东南亚国家在各领域的合作提供了有利的区域环境。

二、东盟共同体建设快速推进，有利于东南亚地区的发展、和平与稳定

在2008年全球金融危机的压力下，东盟国家加快了一体化步伐。年内，东盟各国陆续批准《东盟宪章》。《东盟宪章》原定在12月中旬举行的第14届东盟峰会上正式生效，但由于会议主办国泰国政治形势动荡，峰会被迫推迟，宪章生效仪式被移至在雅加达召开的东盟外长会议上，12月15日，《东盟宪章》正式生效。《东盟宪章》是东盟成立以来第一份具有普遍法律意义的文件，首次写入了建立东盟共同体的战略目标，它赋予东盟组织法人地位，通过增加和强化东盟的组织机构以确保东盟共同体的实现，它还使东盟决策权的集中程度明显提高。它的生效标志着东盟的发展进入了新的时代，可以说具有里程碑式的意义。

为实现东盟经济共同体的目标，东盟国家继续推进区内经济一体化建设。12月16日，东盟成员国新加坡、文莱、柬埔寨、印尼、老挝和马来西亚在新加坡签署了《东盟货物贸易协议》、《东盟服务贸易框架协议（第七版）》和《东盟广泛投资协议》，另外4个成员国泰国、菲律宾、越南、缅甸不久也将签署这些协议。这三项经济协议，包括逐步削减以至最终豁免进口关税、促进投资和开放更多服务领域，如旅游、保健、航空和电信等。其中东盟六国的目标是在2010年1月1日对所有货品豁免关税，另外四个成员国——柬埔寨、老挝、缅甸和越南豁免所有货品关税则是在2015年1月1日达成。东盟服务业框架协议的目标是在2015年全面开放服务业。

《东盟宪章》旨在构建东盟统一市场的目标，意味着中国未来可以直

接通过东盟组织来开展双边合作，而无需和东盟 10 国逐一磋商，这为中国打开了深入东南亚的方便之门。[2]然而挑战与机遇同在，例如，东盟国家希望通过东盟这个单一市场和生产基地，吸引更多海外投资到东盟来，这将会在吸引外资方面与中国形成竞争。从安全角度来看，东盟国家如能通过一体化的深入发展而长期和睦相处，将有利于东南亚地区的和平与稳定，为中国的发展提供良好的周边战略依托。

三、中国—东盟战略伙伴关系持续深入发展，有利于共同应对全球金融危机和经济衰退

首先，在政治领域，双方高层往来频繁。1 月，中央军委副主席、国务委员兼国防部长曹刚川访问文莱和印尼；越南副总理兼外长范家谦来华与国务委员唐家璇共同主持中越双边合作指导委员会第二次会议。2 月，柬埔寨国王西哈莫尼和首相洪森在金边会见到访的中国外交部长杨洁篪。3 月，温家宝总理对老挝进行工作访问。4 月，越共中央总书记农德孟和越南总理阮晋勇在河内会见杨洁篪。5 月 30 日至 6 月 2 日，农德孟对中国进行了正式友好访问并发表联合声明（在双方高层领导的推动和两国的努力下，12 月 31 日，中越完成了历时 8 年的陆地边界全线勘界立碑工作）。6 月，温家宝总理在北京与泰国总理沙马举行会谈，胡锦涛主席会见了沙马。7 月，中国一东盟外长会议在新加坡举行。9 月，新加坡副总理黄根成访问中国，与王岐山副总理共同主持中新双边合作联委会等会议。10 月，胡锦涛主席在北京分别会见来华出席第七届亚欧首脑会议的印尼总统、新加坡总理和文莱苏丹。中共中央政治局常委、中央政法委书记周永康 10 月底和 11 月初对越南、印尼进行了友好访问。12 月，国务院副总理李克强对印尼进行正式友好访问。诸多高层往来促进了中国和东盟各国政治关系的发展。

其次，中国和东盟的区域和次区域经济合作取得了积极进展。8 月 27 日，第七次中国与东盟经济部长磋商会在新加坡举行。双方就全球与

地区性问题、特别是与中国和东盟广泛经济合作框架协议相关的商品贸易协议和中国一东盟投资协议等问题进行了磋商。

10月下旬，第五届中国—东盟博览会在南宁举行。本届博览会设置商品贸易、投资合作、先进技术以及“魅力之城”四大专题。共设展位3300个，柬埔寨、印尼、马来西亚、越南、缅甸、泰国六个东盟国家包馆。中国—东盟博览会是迄今为止在中国举办的唯一以中国—东盟自由贸易区为主题的国际经贸盛会，也是唯一由多国政府共办且长期在中国举办的展会。它加深了企业对中国—东盟自由贸易区的了解和认同，对中国—东盟自由贸易区的建设起到了积极的促进作用。同期举行的中国—东盟商务与投资峰会，有来自中国和东盟国家的政府官员、商协会代表、企业负责人、专家学者等1200人参加。国务院副总理王岐山在峰会开幕式演讲中就加强中国东盟经贸合作提出以下建议：一是深化贸易和投资合作，争取早日结束《中国—东盟自贸区投资协议》谈判，如期建成中国—东盟自贸区；二是加强次区域合作，推动大湄公河次区域由交通走廊向经济走廊转型，支持加快北部湾经济区开放开发；三是完善合作机制，进一步发挥现有沟通与合作机制的作用，推动多层次、多领域交流对话；四是共同应对挑战，加强在金融、能源、环保、粮食安全等领域的协调与合作。[③]菲律宾众议院议长普洛斯培·诺格拉雷斯在峰会上表示，东盟10国和中国必须增强政治、经济和友谊合作，齐心应对全球经济局势的影响。“因为除了我们自己外，没有人可以帮助东盟和中国”，他希望中国扩大对东盟的投资，援助东盟应对金融危机。[④]

中国—东盟的次区域合作也在稳步推进。3月，大湄公河次区域经济合作（GMS）第三次领导人会议在万象举行，温家宝总理在会上发表的讲话中说，GMS合作机制成立16年来，各国自主发展能力明显提高，国与国之间关系更为紧密、融洽，构建次区域大家庭的理念日益深入人心，次区域正处于历史上最好的发展时期。[⑤]与会的中、越、柬、缅、泰、老六国领导人围绕加强联系性、提升竞争力、增强大家庭意识的主题深入交换意见，达成广泛共识，并共同签署《领导人宣言》，指出了GMS面临的机遇与挑战以及未来行动的发展方向，提出2008—2012年GMS发展行动计划。7月，第三届泛北部湾经济合作论坛在广西北海市举办，来自泛北部湾各国的600多名政府官员、专家学者和海内外部分著名企业代表与会，围绕“中国—东盟新增长极——沟通、合作、繁荣”的主题，对“世界经济发展不平衡不确定背景下的泛北部湾经济合作”、“泛北部湾次区域合作的重点难点和趋势”等议题进行深入探讨，希望合力把泛北部湾经济合作建设成为中国—东盟自由贸易区框架下的新的次区域合作。

在当前国际金融市场动荡、东盟国家经济增速普遍减缓的背景下，加强中国—东盟的全面经济合作对于增加中国—东盟区内进出口贸易、促进投资、稳定区域经济具有重要意义。

第三，中国与东盟国家在防务领域也进行了有益的交流与合作。1月，中国和新加坡举行首届防务政策对话，签订了第一个国防交流与安全合作协定。7月，代号为“突击—2008”的中国和泰国陆军特种作战反恐联合训练在泰国清迈举行。11月，中国海军“郑和”号远洋航海训练舰分别访问柬埔寨、泰国和越南。

此外，中国和东盟在文化、教育、司法、旅游、公共卫生等领域的交流以及双方媒体、企业界、学术界的交流非常频繁。这些活动加深了双方的相互了解，从而有益于中国—东盟关系的和谐发展。2008年岁末，中国首次任命中国驻东盟大使，这是中国—东盟关系深入发展的重要标志。

四、东盟继续实施大国平衡战略，大国也加大了对东南亚的投入

大国平衡是东盟对外战略的基本原则，东盟继续利用自己在各个地区合作机制中的主导地位实施大国平衡战略，其重要表现就是继续积极推进东亚地区合作机制的运行。7月24日，第十五届东盟地区论坛外长会议在新加坡举行。论坛发表的主席声明说，与会者重申了东盟地区论坛作为地区主要多边政治及安全论坛的重要性，支持以东盟地区论坛作

为主要推动力量，鼓励论坛的所有参与者对论坛发展给予持续的合作。与会者同意采取更多实际而明确的合作，以应对该地区所面临的传统及非传统安全挑战。[6]“10+3”和“10+1”峰会、东亚峰会由于泰国乱局而被迫推迟至2009年，但中国—东盟高官磋商、“10+3”高官会和财长会议及外长会议、“10+1”外长会议、东亚峰会高官特别磋商和外长非正式会议等都如期举行。

东盟在东南亚地区积极引入各大国力量的同时，主要大国也在加大对东南亚地区的投入。美国将东南亚作为反恐第二线、战略资源地和新兴市场，继续巩固与菲、泰等盟友的关系，密切与印尼、越南等地区支点国家的关系。1月底和2月初，美国与泰国、新加坡在泰国举行联合军事演习。4月，印尼与美国在华盛顿举行印美安全对话，双方签署了印美防务合作意向书。5月，美国与菲律宾举行海上联合军事演习。10月，越南与美国在河内首次就国防以及安全议题展开战略对话，讨论美国向越南可能出售武器和零部件、美国在越南发生灾害的时候提供军事协助等问题。缅甸5月风灾后，美国对救灾反应积极，美空军飞机装载援助物资进入缅甸，这是1998年以来美国飞机第一次进入缅甸。美国在2月还先于中国和日本任命了驻东盟大使，而且一改过去几年美国高层领袖多次缺席东盟高层会议的做法，派国务卿赖斯出席了2008年东盟地区论坛外长会议。美国对东南亚的政策趋向积极。

日本则努力拓展其在东南亚的传统影响力。5月22日，福田康夫发表外交政策讲演“太平洋成为‘内海’之日——共同走向未来亚洲的五项承诺”，全面阐述新福田主义，其中第一项承诺就是“坚决支持东盟建设共同体”。通过支援湄公河流域贯穿印度支那的东西走廊，“将东盟的内陆国家连接到太平洋网络之中”，日本与东盟建立“共享未来理想、共同思考和共同行动的伙伴关系”。东南亚地区成为新福田主义亚太战略的支点和重心。[7]日本政府在4月份已完成与东盟缔结经济合作协定（EPA）的签字手续并于12月生效，这是日本第一次与多个国家签订EPA；9月，日本与越南的经济伙伴协定经过19个月的谈判也宣告结束。这是日本把东南亚作为亚太战略重点的物质基础之一。日本在东南亚影响的不断扩大不可忽视。

其他大国也重视对东南亚的投入。印度进一步夯实其“东向”政策的重要基础——与东南亚的经济合作：6月，印度和缅甸签署了双边投资促进协定等多项经济合作协议。8月，印度与东盟的自由贸易协定经过3年的艰苦谈判终于完成。澳大利亚总理陆克文6月在澳亚协会上提议，希望在2020年前打造一个类似欧盟那样的亚太共同体，以协调本地区经济、安全、政治等各种问题。这一“共同体”将成为比现有的亚太经合组织、东盟及东亚峰会更具广泛影响力、使地区各国间合作更加紧密的地区性一体化组织。不论该提议的可行性如何，它首先反映出陆克文政府对亚洲地区的重视。欧盟也重视与包括东南亚国家在内的亚洲国家的合作，在2008年第七届亚欧首脑会议上重申要致力于深化亚欧经济伙伴关系，并表示支持东盟一体化取得的成果。

虽然近年来中国在东南亚的影响力上升迅速，但面对各方对东南亚的投入，中国不进则退，仍应继续重视和提升与东南亚国家的关系。

五、南海问题仍是潜在的冲突爆发点，是影响中国国家安全的重要因素

自从《南海各方行为宣言》签署以来，被认为是最复杂的地区事务之一的南海问题在一定程度上保持了可控状态。但南海有关争端方仍不时采取有违宣言的单方面行动。

菲律宾众议院2007年12月二审通过《制定菲律宾领海基线的法案》，准备在2008年3月13日国会休会前通过第三审，希望借助这项议案，把南沙群岛和黄岩岛列入菲律宾版图。但考虑到南沙问题的复杂因素，菲律宾暂时无力独自面对，因此这一议案被暂时搁置。不过，菲律宾军方却有了实质性动作。菲律宾武装部队总参谋长埃斯佩龙将军3月25日公开宣称，菲律宾军方正在菲军占领的（南沙群岛）中业岛上安装一套小型卫星通讯终端，从而大大提高驻中业岛菲军的指挥与控制能力。埃斯佩龙宣布这一消息后不久，就亲自前往中业岛视察当地的驻军。3

月28日，菲律宾空军总司令卡登各又透露，中业岛上的军用机场跑道将于4月份开始升级，军营也同步整修。4月2日，菲律宾《每日问询报》等主流媒体刊出菲律宾海军副司令安伯勒·托伦蒂诺少将的一份书面声明，宣称菲律宾海军和海军陆战队会为保卫南沙群岛“战至最后一人”。此外，美菲联合军事演习还暗藏着“保卫南海诸岛”科目：5月下旬，美第七舰队旗舰“蓝岭号”率多艘舰只、上千美军与菲律宾海军在巴拉望岛海域举行海上联合演习，而该岛是菲律宾距中国南沙群岛最近的主要岛屿。

马来西亚方面，8月11日，马来西亚国防部长纳吉布赴南沙群岛弹丸礁宣示主权。

越南方面，3月份，越南宣布在其北部海防市东七十多公里的海域发现石油储量丰富的安子油田，并公开邀请马来西亚、新加坡、美国等国家的公司进行公开招标，同时邀请俄罗斯作为南沙石油的开发伙伴。4月份，越南正式启动与英国石油公司（BP）推进在南沙建设天然气田和管道的计划。越南还与美国埃克森—美孚石油公司达成一项在南海中越争议海域勘探油气的合作协定。针对中国外交部的关注，越南外交部发言人声称“签订协议属于越南国主权”，随后，有越南媒体甚至出现了所谓“不惜一战”的强硬论调。⑧

有关国家做出以上举动除了为继续获取经济利益之外，还有一个背景：根据1982年《联合国海洋法公约》的规定，联合国大陆架界限委员会要求有关沿海国在2009年5月13号之前提交200海里以外大陆架外部界限申请，以便审查。所以很多国家利用这个机会，在期限快到来之前，加紧到这些地区宣誓主权，加紧他们的实际控制权，同时，也加紧以国内立法的形式表明对这一地区的主权。

实际上，菲律宾军方许多高级将领并不想与中国发生对抗。菲海军司令古雷兹少将12月25日接受路透社记者采访时坦言，中国迅速发展的蓝水海军，确实让亚洲部分国家和地区“感到不安”，而菲律宾与中国有岛屿争端，但菲律宾并不担心，“中国只想保护自己的利益，菲律宾军方没有理由为此感到担心，因为我们是好邻居”。古雷兹少将还说：“我们与中国在斯普拉特利群岛（中国南沙群岛）是存在争议，但那里的情况自1995年之后就有了好转。我个人觉得中国海军实力的增强对促进地区的和平与稳定反而有好处。”[9]越南政府则在南海问题上仍保持一定程度的克制，避免刺激南海争议相关利益方。10月25日，中国和越南在北京发表联合声明，承诺双方将共同努力维护南海局势稳定，均不采取使争端复杂化或扩大化的行动；双方同意本着先易后难的原则，加强在海洋科研、环境保护、气象水文预报、油气勘采、海上搜救、军舰互访、建立两国军队直接信息交流机制等领域的合作。[10]

我国南海周边国家通过各种手段来显示其对南海岛礁的“主权”，不利于南海地区的安全与稳定。区域外势力以油气勘采或军事合作等方式加强与部分南海争端方的关系并日益介入南海问题，这加大了解决南海问题的难度。争端各方的克制使问题处在可控范围，但平静之下有暗流，南海问题仍是一个潜在的冲突爆发点。如何使南海成为和平、合作与友谊之海，仍是考验有关各方的重要课题。

注释：

① 联合国：“东帝汶局势和平、稳定”，联合国电台，http：//www.unmultimedia.org/radio/chinese/detail/113756.html，2008年12月24日。

② 白续辉、喻常森：“试析东盟高度一体化及其对中国的影响”，《南洋问题研究》2008年第2期。

③“王岐山出席第5届中国—东盟商务与投资峰会并演讲”，中央政府门户网站，http：//www1.www.gov.cn/ldhd/2008－10/22/content_1127126.htm。

④“经济观察：抗击金融危机 东盟冀中国成‘带头大哥’”，中国新闻网，http：//www.gx.chinanews.com.cn/news/YAOWEN/2008/1026/0810261631I7GDIG53D6H89DE9C29H.html。

⑤“温家宝出席大湄公河次区域经济合作领导人会议”，中国共产党新闻网，http：//cpc.people.com.cn/GB/64093/64094/7067753.html，2008年4月1日。

⑥“第15届东盟地区论坛在新加坡举行”，新华网，http：//news.xinhuanet.com/newscenter/2008－07/25/content_8764677.htm。

⑦ 李秀石：“解读日本‘新福田主义’”，《国际问题论坛》2008年（秋季号）。

⑧“越南加紧调整军力部署试图进一步控制南沙岛礁”，新华网，http：//

mil. news. sina. com. cn/p/2008－08－01/0908514344. html。

⑨“觊觎中国岛屿由来已久 菲律宾军队想为法案撑腰”，中国新闻网，http：//www. chinanews. com. cn/gj/news/2009/02－07/1553645. shtml。

⑩“中越联合声明称双方将共同努力维护南海局势稳定”，南海网，http：//www. nanhai. org. cn/news/news _ info. asp? ArticleID＝1646，2008年10月26日。

索马里海盗问题与中国海上安全

王湘林

[内容提要] 索马里海盗问题是2008年国际社会关注的焦点问题之一，索马里海盗事件引起了世界各国对海上通道安全的高度关注。打击海盗，护航亚丁湾，维护世界和平，确保海上通道安全，不仅是我国经济可持续发展的必要条件，而且是我国安全战略的重要组成部分。研究索马里海盗问题，着眼点是我国的国家安全利益。

一、索马里海盗概述

(一) 索马里海盗的起因

近两年来，索马里沿海水域的海盗活动大幅增加，海盗人数也从过去不到100人发展到上千人，他们组织严密，装备先进，尤其是2008年年中以来，制造了多起劫船大案，一下子引起了世界各国的关注。据国际海事局统计，索马里海盗2008年已对90余艘船只发动袭击，是2007年的两倍多。自2008年7月20日以来，在索马里附近海域被海盗劫持的外国船只至少已有16艘，仅在2008年8月19日晚至8月21日的短短48小时内，就先后有4艘船在亚丁湾落入海盗之手。9月25日，索马里海盗劫持了装载33辆主战坦克的乌克兰军火船。11月15日，索马里海盗劫持了长330米的沙特阿拉伯巨型油轮“天狼星”号，这是索马里海盗迄今劫获的最大船只。索马里海盗仍然控制着10多艘船只和200

多名人质。[①]总部设在肯尼亚东部港口城市蒙巴萨的“海员援助组织”负责人穆万古拉说，尽管索马里多年来一直是海盗活动频繁的地区之一，但像最近两个多月以来，海盗如此高频率地作案却是从未有过的。[②]索马里海盗活动愈益猖獗有着多方面的因素，其主要原因有以下几点：

第一，是国内的政局动荡。1991年西亚德独裁政权垮台后，以部族势力为基础的军阀武装割据，相互倾轧，17年来纷争不断。索马里的部族之争非常混乱，其国内现有两大族系、七大部族、几十个部族分支，这些建立在血缘基础上的部族分支，彼此间的历史冲突难以调和，部族之间经常开战，国家陷入严重的无政府状态。虽然联合国、非盟、阿盟和伊加特等众多国际组织先后为其主持过12次部族和解、秩序恢复和政府重建工作对话会，但大都无功而返。而国际势力的纷纷介入，却让索马里局势愈加复杂。目前，索马里境内除了有经联合国授权、由非盟派驻的乌干达和布隆迪维和部队2600人外，还有埃塞俄比亚军队8000人，厄立特里亚军队2000人，并且有约10个国家向冲突各方提供武器，直接或间接地参与其中。如此混乱不堪的国内环境和无政府状态为海盗提供了生存空间，最终使索马里成了“海盗天堂”。

第二，是国内的经济问题。由于索马里政局动荡，国内经济不断下滑，落后的政治经济发展水平，使索马里长期处于世界最不发达国家行列。联合国人道主义事务协调厅指出，目前索马里约100万人流离失所，320万人急需人道主义援助。而当越来越多的索马里人陷入生存危机的时候，许多海盗在成功作案后获得“丰厚回报”，摇身一变成为当地富豪，买名车、建别墅、举办奢华婚礼。他们的挥金如土也刺激了更多索马里人，不少贫困的索马里人为了生活，也加入到海盗行列。

第三，缺少有效的国际制衡力量。索马里附近海域虽然早有美、英、法、德、意等国组建的“150联合特遣队”在巡逻，但特遣队的主要任务是反恐，其次才是打击海盗。此外，是源于国际法的盲区。1982年的《联合国海洋法公约》在诸如“发生在一国领海之内的劫掠活动是否属于海盗行径”、“海盗在公海上作案后逃入该国领海，而该国暂无合法政府存在或合法政府崩溃的情况下，是否可以进入其领海缉拿海盗”[③]等问题上陷入盲区，导致索马里的海盗们钻法律的空子，在公海上劫持后就往索马里领海跑，然后在那坐等赎金。如果外国军舰胆敢追到索马里领海内，就会被当地部族、军阀或教派贴上“帝国主义”的标签，群起而攻之。所幸的是，索马里于 2004 年成立了过渡政府，又于 2006 年恢复了主权，这样联合国安理会才能援引《联合国宪章》第七章，于 2008 年 6 月通过了第 1816 号决议，为各国联手打击索马里海盗铺平了道路。

索马里地图

第四，索马里独特的地理环境和资源。索马里位于非洲大陆最东部的索马里半岛，号称非洲之角。索马里北临亚丁湾，东濒印度洋，西交肯尼亚、埃塞俄比亚，西北接吉布提，海岸线长达3200公里。其北部的亚丁湾是世界上最繁忙的海运航线之一，它位于印度洋与红海之间，是从印度洋通过红海和苏伊士运河进入地中海及大西洋的海上咽喉，战略地位十分重要。同时，索马里沿海渔业资源丰富，近年来外国渔船趁索马里内乱无暇顾及海防，纷纷进入索马里海域捕鱼，每天流失的渔业资源高达上亿美元。当地一些军阀和地方势力便打着索马里渔民守护者的旗号，自命所谓“索马里国民志愿海岸巡逻队”或“索马里海军”，从袭击外国渔船开始，逐步演变成打劫过往各类船舶的海盗。

2008年6月以来，国际社会虽然注意到索马里海盗活动日益猖獗的趋势，但在2008年11月之前都没有采取真正有效的打击行动。只是在10月至11月期间索马里海盗劫持船只达到了疯狂的程度，这才引起国际社会的广泛关注。其实，在2008年9月29日，联合国秘书长索马里问题特别代表艾哈迈杜·乌尔德-阿卜杜拉就提出，索马里沿海的海盗活动已经对国际航运、海上贸易和海上安全构成严重威胁，这种情况绝不能再继续下去。④2008年底，已有10多个国家派军舰到索马里打击海盗，参与护航。我国政府于2008年12月20日宣布将派军舰前往索马里护航，12月26日我国的海军舰队已经出发前往亚丁湾。⑤

（二）索马里海盗的性质和特点

索马里海盗的形成有其错综复杂的原因。单就索马里海盗的性质来看，它应该是一种跨国犯罪的行为。在关于索马里海盗的评论中，有种观点认为索马里海盗是恐怖主义组织的集团犯罪，笔者认为此类观点值得商榷。这从索马里海盗的一些特点可以辨明。

第一，索马里海盗的构成与国际恐怖组织没有必然的联系。20世纪90年代初，索马里当地的一些军阀武装以“保护索马里海洋权益”为名，对那些在索马里领海或专属经济区内非法捕鱼或倾倒有毒废物的外国船只处以罚金。但他们很快发现，劫持船只，绑架船员，勒索赎金，是一项获利更丰的“行业”，从此形成了当今索马里海盗的雏形。目前，活跃在索马里海域的海盗主要有四大团伙：第一团伙叫“邦特兰卫队”(Puntland Group)，他们是索马里海域最早从事有组织海盗活动的团伙；第二团伙叫“国家海岸志愿护卫者”（National Volunteer Coast Guard)，规模较小，主要劫掠沿岸航行的小型船只；第三团伙是“梅尔卡”（Merkah)，他们以火力较强的小型渔船为主要作案工具，特点是作案方式比较灵活；第四团伙也是势力最大的，该海盗团伙叫“索马里水兵”（Somalia Marine)，其活动范围远至距海岸线200海里处。这四大团伙构成索马里海盗的主要部分。大部分索马里海盗出身渔民，与当地黑帮、军阀有千丝万缕的关系，但与国际恐怖组织却没什么关系。

第二，索马里海盗劫持的目的是为了金钱，并没有像恐怖组织那样通过劫持事件引起国际社会关注，提出政治诉求。索马里海盗劫持船只的目的非常明确，就是为了索取赎金，这是索马里海盗的显著特点。这一点不同于其他地方的海盗，印度洋的海盗以上船偷盗为主；东南亚马六甲和印尼的海盗则杀人越货，无恶不作；尼日利亚的海盗主要是冲着石油运输船而去，且多附加政治要求，尤其是在尼日尔三角洲一带的海盗。索马里海盗则只要赎金，并一再声明其行动与恐怖主义无关，不附带任何政治诉求。这种“纯商业化”操作模式（劫持船舶→绑架船员→勒索赎金→放船走人）从一个侧面反映了索马里战乱所导致的赤贫现实。[⑥]

索马里海盗通常劫持船只抵达港口后便要求对方支付赎金。报道称，2008年2月一艘丹麦拖船遭海盗劫持，丹麦政府据说支付了上百万美元赎金。3月中旬，一艘俄罗斯拖船和6名船员在被海盗劫持6周后获释，据称俄罗斯方面也支付了巨额赎金。总部设在肯尼亚东部港口城市蒙巴萨的“海员援助组织”负责人穆万古拉日前在接受采访时说，从过去发生的案例来看，索马里海盗每劫一艘船平均可以获得100万美元左右的赎金。11月以来获释的几艘外国船只交纳的赎金更是平均每艘高达200万美元。[⑥]由于海盗们装备有枪榴弹、机枪、手雷，外国军队一直避免与海盗发生正面冲突，船东们在大多数情况下会与海盗就赎金进行谈判。中东能源分析师塞缪尔－西斯扎克称，“由于索马里处于无政府状态，谈判人员没有其他选择，只能就海盗的要求作出回应。没有可以对此进行干预的政府”。赎金通常是以美元现金的方式支付的，欧洲和美国安保公司通常雇佣“中间人”向海盗支付现金，现金有时候直接交至被劫船只上。海盗会在收到赎金24小时内释放船只和船员，还没有出现收到赎金后未释放船只和船员的情况。赎金通常是船只或者货物金额的一部分，海盗们通常不会伤害船员。

第三，索马里海盗的武装劫持和作案方式。从武器装备到战术策略，如今的海盗都早已今非昔比了。法国最大的国防与安全专业服务私营公司“Secopex”专家奥利维耶说，索马里海盗堪称“强大的海上黑帮”。索马里海盗的可怕之处在于，他们装备有各种重武器和现代化通信系统等先进设备，从自动步枪、火箭筒到全球定位系统、卫星电话甚至雷达（这些东西在今日索马里很容易买到），应有尽有，而且往往“毫无预警就开枪”。从战术策略来看，索马里海盗的作案手法更为狡猾。海盗作案具有隐蔽性，较难事先防范，他们一旦控制了船只和人质，投鼠忌器的外国军舰就难以有所作为。索马里海盗通常是以改装过的普通民船作为“母船”，航行到距离较远的外海并找到目标后再放下快艇对目标船只实施包围。因此，在他们没有出手前，外国军舰很难从外表上判断出哪一艘船是海盗船。而在海盗登船控制船员后，考虑到人质的安全问题，外国军舰此时即使赶到现场也不敢轻易动用武力。鉴于亚丁湾的外国军舰越来越多，索马里海盗已开始改变策略，寻找其他地点发动袭击。2008年11月落入海盗之手的中国“天裕8号”渔船就是在索马里以南的肯尼亚沿海被劫持，那里距离亚丁湾有200多公里。[⑦]而沙特的巨型油轮“天狼星”号被劫地点则更遥远——位于肯尼亚东南部港口城市蒙巴萨以东700多公里的印度洋上。

第四，从跨国犯罪的类型来看，索马里海盗显然属于有组织的跨国犯罪的性质，但它的具体类型是海盗式的跨国犯罪。国际上对跨国犯罪的一般界定是，当犯罪行为超过了一个国家以上的范围，即为跨国犯罪。在联合国有关跨国犯罪的文件中，海盗是属于17种跨国犯罪类型的其中之一。索马里海盗的活动范围相当广阔，不但在索马里海域活动，甚至出现在也门海域、肯尼亚外海，而且还在不断地向南扩张。他们所劫持的船只几乎都是外国船只，构成较为典型的跨国犯罪特征。并且，国际法早就将海盗列入最古老的国际犯罪类型，在1982年颁布的《国际海洋法公约》中，就有8项条文涉及打击海盗的具体规定。

从根本上讲，索马里海盗问题的实质并不在海上，而是多方面的因素造成的。索马里海盗是“索马里政治、经济、社会、人道各方面深刻危机的表象。国际社会要重视打击索马里海盗，更要重视铲除海盗产生的根源”。[⑧]对打击索马里海盗的问题，中国代表在联合国表明了自己的观点，这包括以下几点：1. 应充分发挥联合国，特别是安理会在维护国际和平与安全方面的核心作用，以有效协调各国打击索马里海盗的行动；2. 国际社会应在《联合国海洋法公约》、安理会决议基础上开展合作。任何打击海盗的行动都应严格遵守安理会决议的授权，尤其要充分尊重沿岸国主权和领土完整，并事先征得索马里过渡联邦政府同意；3. 制定综合性战略。打击索马里海盗涉及政治、军事、经济、外交、司法等各领域工作，是一项综合、系统工程；4. 帮助索马里加强本国能力建设，并开展区域内协作。索马里海盗问题解决的关键归根结底在于索马里政府和人民。国际社会应通过各种途经帮助索马里政府提高自身能力建设。[⑧]显然，中国的观点既客观，又准确地反映了索马里海盗问题的本质。

(三) 国际社会对索马里海盗的反应

日益猖獗的索马里海盗不仅威胁着各国商船和船员的安全，也对国际海运贸易造成了不可估量的影响。由于亚丁湾是从印度洋经红海和苏伊士运河进入地中海及大西洋的海上咽喉，经过苏伊士运河的商船大多数要经过亚丁湾。如果它们改道好望角，航程就要增加5到10天，海运费的增加是必然的。[⑨]与此同时，索马里海盗还威胁到当地人道主义救援行动。日前，世界粮食计划署准备向因躲避战乱而逃离索马里首都摩加迪沙的12万索马里民众提供食品援助，但索马里海盗的频繁袭击已使这种援助面临瘫痪。海盗问题的影响越来越严重，远远超出了所在国家和地区，已成为威胁全球航运业的公害，引起了世界各国的关注。

面对索马里海盗的疯狂作案，联合国安理会通过多次决议要求国际社会对其予以重击。2008年10月24日，北约派遣3艘军舰前往索马里海域执行保护世界粮食计划署运粮船的任务，11 月 12 日，北约打击索马里海盗的军事行动正式结束。据北约欧洲盟军最高司令部发布的公告，在此次军事行动中，北约军舰共为 8 艘次世界粮食计划署运粮船提供护航，向索马里饥民运送了 3 万吨粮食和救济物资。北约方面还表示，正在考虑在索马里海域打击海盗的长期战略，不排除再次出动北约军舰的可能性。

继北约之后，欧盟于 11 月 8 日正式启动在索马里海域打击海盗的军事行动，代号为“阿塔兰塔”。此次欧盟军事行动由英国指挥，英、法等国将出动 6 艘军舰和部分空中力量进行巡逻。这是欧盟海军首次在海外的军事行动，期限初步计划为 12 个月。欧盟军事行动的任务有三项：保证世界粮食计划署运粮船的安全；保证该海域其他商船的安全；在该海域预防和打击海盗和其他武装抢劫行为。

10 月以来，英国、印度、韩国、俄罗斯、西班牙和美国等国海军也在亚丁湾加强巡逻。英国“坎伯兰”号护卫舰和俄罗斯“无畏”号护卫舰 11 月 11 日联手阻止了索马里海盗劫持一艘丹麦货船的企图。英国海军随后把在这次行动中抓获的 8 名索马里海盗移交肯尼亚警方。据报道，印度还计划在亚丁湾部署海军侦察机，以支援印度海军打击海盗的军事行动。

12 月 16 日联合国安理会通过了第 1851 号决议，决定把对打击索马里海盗的授权范围从海上扩大到索马里陆地，并提出重点加强国际合作与协调。12 月 20 日中国宣布，派舰队前往索马里护航。12 月 24 日，中国常驻联合国代表张业遂在接受采访时说，中国政府向亚丁湾和索马里海域派遣军舰护航的决定，是根据安理会授权并参照有关国家做法经过慎重考虑后作出的。[⑩]12 月 26 日，中国军舰护航舰队正式从我国海南省三亚出发，前往亚丁湾和索马里海域执行护航任务。国际舆论认为，除采取海上护航行动，阻止海盗袭击外，国际社会还应向索马里派遣维和部队，促进索马里实现和平与稳定。但鉴于索马里国内局势动荡风险犹存，联合国表示目前派遣维和部队的时机尚未成熟。

二、中国军舰护航亚丁湾的重要性

索马里海盗问题的升级已严重威胁到中国海上通道的安全。2008年1至11月，我国共有1265艘次商船通过索马里附近航线，平均每天3至4艘次，其中20%受到过海盗袭击。2008年涉及中方的劫持案件有7起，其中两起涉及中方2艘船只和42名船员。特别是进入2008年11月份，这一现象更为严重。短短21天，中国远洋集团所属的船舶就有20艘遭遇了海盗的袭扰，已经到了令人触目惊心的程度。[11]海盗事件已实际造成我方重大的人员、财产损失。中国的国家利益受到了极大的损害，中国已经成为海盗事件的受害方，参与解决海盗问题已经势在必行。现在，联合国已经授权各国可以出动海军到索马里打击海盗，使各国出兵具有法律依据。另外，索马里政府也希望并欢迎国际社会出动海军到索马里打击海盗，中国此时派军舰到亚丁湾巡逻打击索马里海盗师出有名，众望所归，有着十分重要的政治、经济和军事方面的意义。

第一，在政治上，体现了一个负责任大国对维护世界和平的重视，在参与国际事务中发挥积极的作用。正如中国常驻联合国代表张业遂所说："作为安理会常任理事国，中国对维护国际和平与安全承担着义不容辞的责任。中国政府派遣海军舰艇赴亚丁湾和索马里海域实施护航，是对国际社会打击索马里海盗活动的有力支持，体现了中国在国际事务中发挥的建设性作用。我相信，中国舰艇将严格按照联合国安理会的决议和相关国际法顺利完成护航任务。"[12]中国政府决定派遣海军舰艇赴亚丁湾护航，受到国际社会的广泛认可。英国《泰晤士报》发表评论说，现在中国可以通过对全球安全承担貌似无私的责任来展示其作为一个成熟世界大国的形象。它深知，联合国安理会成员国将欢迎北京这一举动。中国的时机选择恰到好处。[13]虽说这一评论并不准确，但多少也表明了西方一些国家对中国护航行动的无奈认可。

第二，在经济上，维护国际航运线的安全，也就是维护我国的安全利益。中国海上通道是否安全意味着我国发展所需的石油等战略性资源能源的海上输送通道是否畅通无阻，从而直接关系到国家发展的全局。作为制造业大国，中国的经济增长越来越依赖石油。据世界银行统计，中国原油储量占世界总量的2.43%，天燃气储量占世界总量的1.20%，石油天然气人均可采储量仅为世界均值的8%。有专家分析认为，中国将会在2015年迎来石油峰值——石油产量达到顶峰并从此开始下降。越过石油峰值后，中国将面临巨大的挑战：油气短缺的问题会进一步加剧；石油消费将更加依靠进口。但中国经济增长，以及工业化、城市化发展对石油的需求，却呈刚性增长。按目前的开采速度，中国将在14年后可能出现石油枯竭的局面，油气后备资源严重不足。中国石油进口依存度目前已经接近50%，今后还会不断提高。与此同时，我们的原油进口通道却相对单一。在目前的原油进口量中，从中东和非洲地区几个国家进口的原油约占75%，进口的原油和油料90%以上需要从海上船运。[14]而索马里海域恰恰是石油运输的重要通道，其北面扼住亚丁湾，东南面连接印度洋，我国从索马里、埃塞俄比亚、肯尼亚合作开采的份额油和进口石油，都必须从那里通过。海盗在那里拦劫商船，无疑对中国石油安全造成极大威胁。毫无疑问，中国派遣军舰赴索马里海域参加护航的行动，对维护我国海上通道安全以及维护国家安全利益是非常必要的。

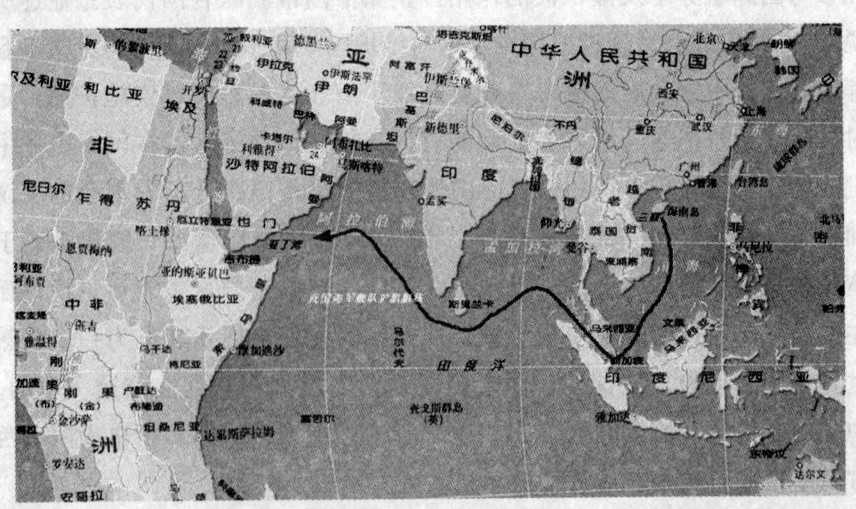

我国海军护航线路示意图

第三，在军事上，是对中国海军远离本土的远洋作战能力的一次全面检验。目前，我南海舰队“武汉”号多用途导弹驱逐舰、“海口”号防空导弹驱逐舰和“微山湖”号综合补给舰以及两架舰载直升机和部分海军特战队员共800余名官兵已奉命于12月26日启程赴亚丁湾、索马里海域，首次执行护航和打击海盗任务，开始15世纪郑和下西洋后最大的实战远征。根据联合国《公约》规定，我护航舰队享有无害通过权、豁免权和登临权等三项主要权利，对于嫌疑船只，可以依次采取如下程序：运用视听信号在可见范围内命令嫌疑船悬挂国旗，停船检查；如嫌疑船拒不停船，可鸣枪警告；鸣枪警告后仍不停船，可往船前打拦截炮，甚至使用武力；嫌疑船停船后，军舰可派一艘由一名军官指挥的小艇接近该船并登船检查；如条件许可，也可命令受检船船长携带船舶文件到军舰上接受检查；检验船舶文件，如有怀疑，可进一步在船上进行检查，但检查应尽量审慎进行。[15]根据不同情况，此次护航会有不同方式，包括伴随护航、在特定区域护航和特战队员随船护航等。对运送战略物资的船只，根据需要可派特战队员随船护航。特战队员将乘坐直升机降到这些船只上。一旦与海盗发生冲突，特战队员将做出警示性射击对海盗予以警告；在警告无效的情况下，特战队员将做精确射击。根据索马里海盗机动速度快、分散面大和舰艇吨位小等特点，导弹、鱼雷、主炮、副炮等传统海军主战装备在护航行动中使用机率很小。护航舰队将携带一些陆军常规轻武器，如自动步枪、轻重机枪、火箭筒等，并加强了官兵手雷、手榴弹等专项训练。舰载直升机具有快速机动性，既能起到警戒作用，与军舰配合，把海岸线封死，又可以起到快速拦截海盗船的作用，足以对付通常的海盗袭击行为。

长远来看，在维护世界和平和保卫国家利益方面，海洋上的军事行动是不可避免的。以前，中国海军缺乏远离本土的远洋作战经验和训练。此次中国海军护航亚丁湾，打击索马里海盗对锻炼和提高中国海军的远程作战能力是非常有帮助的。过去中国海军一直只在领海执行任务，但是严酷的现实已经向中国海军提出了新的要求，保护中国远洋船只和海洋利益是中国海军必将承担的任务。这与传统的海军作战方式完全不同，更不是到海外扩张，随着中国国际地位的不断上升，中国海军将承担更多走向世界、维护和平的任务。

三、关于我国海上安全战略的几点看法

索马里海盗事件的凸显无疑给世界各国敲响了警钟，为了确保全球海上通道的安全，各国联手打击索马里海盗，至少在短期内是会产生效果的。不过，海盗事件远远不会这么简单，在索马里海盗事件的背后，实际上是各种国际势力及各大国之间为争夺海洋权益的较量。对此，各方其实都是心照不宣的。我国作为发展中的大国，在打击海盗维护世界和平的同时，也应该从国家安全的角度来认识索马里海盗问题，维护我国在海洋方面的正当权益，制定较长远的海上安全战略，确保国家利益不受到损害，确保我国海上战略通道的畅通。

（一）我国海上通道的安全问题

全球化的进程促使世界各国越来越成为紧密联系、相互依存的整体。海洋在国际经济中的作用日益突出，国际贸易中货物运输量的80%以上依靠海上运输，海上通道是否安全与畅通，不仅关系到一国的对外贸易和运输安全，而且关系到世界经济能否正常运转。目前，我国战略资源进口以及对外贸易进出口主要集中在以下几个海上通道：第一条通道是从波斯湾，经阿拉伯海、印度洋，环绕印度次大陆，穿越马六甲海峡，进入南中国海，抵达我国沿海港口的海上通道，该航线长达5500到6500海里，进口石油约占中国进口石油的50%左右；第二条通道是从西非、东南非经好望角、印度洋、马六甲海峡、南中国海到达中国沿海各港口，该航线距离大约8000海里，进口石油约占中国进口石油的30%。该航线还承载大批运往国内沿海的铁矿石、锰矿石以及其他有色金属的重要任务；第三条通道是从中国沿海各港口经南中国海、南洋诸海到东南亚各国乃至大洋洲诸国，该航线承载着中国进口东南亚的石油、天然气、木材等战略物资和澳大利亚的铁矿石、锰矿石、铀矿石等有色金属

资源；第四条通道主要是中国沿海港口出第一岛链跨太平洋，经巴拿马运河到中南美等国港口的海上通道，该航线承载着中国进口中南美的石油、铁矿石等其他战略自然资源，随着中国与南美经贸往来的密切，该航线承担的战略自然资源进口额度将会进一步提升。[16]

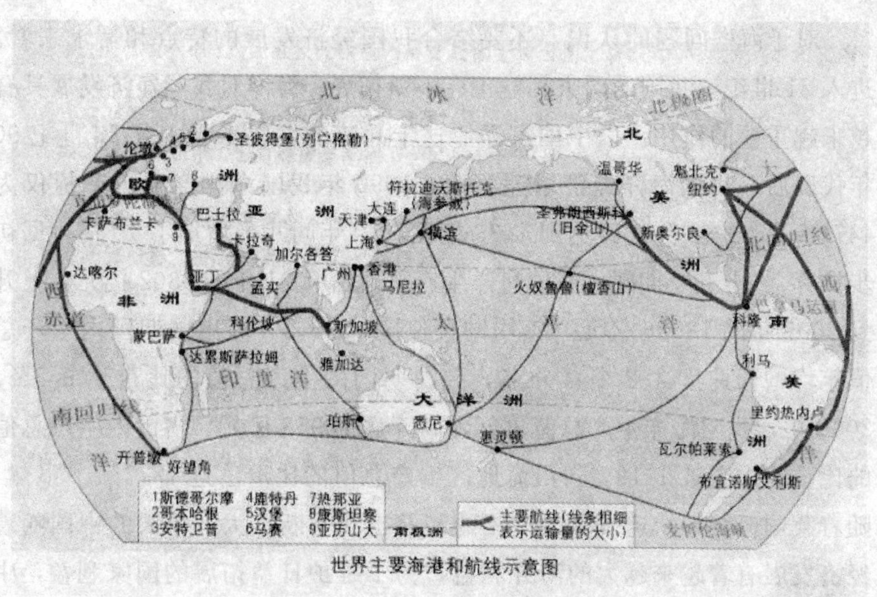

世界主要海港和航线示意图

在这些海上的战略通道中，对我国最重要的有台湾海峡、中国南海、马六甲海峡、印度洋、阿拉伯海等，这些都被称作是中国海上的生命线。而这些海域恰恰都不太平，尤其近几年索马里海盗以及马六甲海盗的兴风作浪，对我海上通道的安全形成了极大的威胁。目前，在印度洋我国的海运量是每年 4000 万吨，经过马六甲海峡运送的石油数量约占我国石油进口总量的 70％以上，每天通过马六甲海峡的船只近 60％是中国船只。[17]因此，保障战略通道畅通是我国在 21 世纪的一项重大战略任务。世界各国历来重视海上战略通道的安全问题。早在 20 世纪 80 年代初，美国就把控制全球 16 条海上战略通道作为海军战略的重要内容，并不断加强在战略通道地区的军事力量。日本自卫队在 20 世纪 90 年代中期也明确提出，要保卫海上“千里生命线”。印度海军最近几年提出了“远海歼敌”的作战思想，以实现“印度洋控制战略”等。面对严峻的形势，我们要有强烈的海洋忧患意识。对索马里海盗问题的认识，我们应该从国家安全战略的高度来考虑。我国是海洋大国，但还不是海洋强国，对海洋的安全战略必须要有长远规划。

(二) 日益拓展的国家利益

对于海盗问题的认识，还要结合我国经济发展的特点和需求来看。进入21世纪，我国的国家利益正在不断拓展，海洋对我国经济发展具有越来越重要的作用。以中国海洋业这十几年的发展来看，自20世纪90年代以后，我国海洋经济增速显著，1990年我国海洋产业总产值仅为447亿元，2000年已经达到4133亿元，10年间几乎增加了10倍。据初步核算，“十五”期间，我国海洋生产总值由2001年的9302亿元，上升到2005年的18026亿元，年均增长速度13.6%，高出同期国内生产总值年均增长速度4.2个百分点，占同期国内生产总值的比重达9.8%。2006年，我国海洋生产总值再创新高，达20958亿元，占国内生产总值的比重首次突破1/10，占沿海地区生产总值的比重已达18.2%。[18]显然，随着我国经济的快速发展，中国的利益也在不断扩大。今天的中国随着经济发展有着越来越大的海外利益，为了维护日益拓展的国家利益，中国除了要在国内实行可持续发展的战略外，还必须综合运用外交和军事等手段参与重大国际事务的协调。针对21世纪已经展开的海洋资源之争，中国应该有一个长远发展的海洋战略，这个战略应把确保海上通道和海洋资源的安全列为优先目标，要确保这一目标的实现：一是要加强国际间的交流与合作，包括国家和地区之间的军事交流，使国际社会认可中国的和平发展、互惠互利的理念；二是要加大对国防建设的投入。我国军舰护航亚丁湾已经明确地表明了中国维护世界和平的积极态度，而为了适合我国社会经济的发展，加快制定和实施我国的海洋强国战略就显得特别重要。

(三) 加强国防力量，构建海上安全战略

21世纪是海洋世纪，海上安全维系着国家未来重大的生存和发展利益，没有海上安全就没有国家安全。我国海上安全问题的整体性、综合

性特别强，必须依靠综合国力并运用多种手段去解决。积极防御是我国海上防卫政策的实质。我国海上防卫政策的性质，规定着我国建设和运用海上力量的根本目的只是为了有效遏制和抵御来自海上对我国的武装入侵，保卫国家领土主权完整，维护国家海洋权益，捍卫国家应有的尊严，为国家发展战略顺利实施提供可靠的安全保证，而不是为了谋求海洋霸权，侵犯别国利益。国家利益是维护和处理国家之间关系的最高准则，也是国家军事战略使命的最高体现。制定国家海上防卫政策的根本依据，是我们国家的海上利益。在新的历史条件下，全方位开发、利用和保卫海洋，是一项建立在雄厚的物质基础之上，需要依赖和运用多种物质手段的艰巨的战略任务，这就要求我们必须拥有强大的海上综合力量。

第一，加强国防力量，建设现代化海军。在全球化时代，国家利益的拓展是多方面的，维护海上资源和海上通道的安全，必须要有相应的措施和手段。历史证明，没有强大的海上军事力量就不能保证海权，没有强大的海上军事力量就不能有效维护国家海洋利益和海洋权益，没有强大的海上军事力量就不能有效防御来自海上的威胁。要强国，必须加强国防力量，加强我国海军的建设。而要建立一个现代化的蓝色海军，从物质条件来说，没有一只航母舰队的中国海军，显然是有所欠缺的。我们的邻国印度就有 3 只航母，泰国也有一只航母，中国目前仍然没有航母，这是一个亟待解决的问题。当然武器装备并不决定一切，但在现代化的进程中，从国家安全战略角度来看，增加必要的先进武器装备是符合国家利益的。在讨论我国舰队护航亚丁湾时，许多国际问题专家、军事问题专家，又一次地提出了我国建造航母的问题，这正是从国家的海洋经济发展以及我国长远的安全利益方面考虑的。

第二，确立中国的海洋战略，维护国家长远发展。我国的经济和国家安全对海洋的需求越来越大，确定我国的海洋战略势在必行。构建中国的海洋战略应注意以下的原则：其一，必须符合我国和平发展的大原则，即维护国家利益与促进世界和平是统一的。我们所指的海上安全和海上利益应该是共同安全和共同利益，不是搞霸权主义和强权政策；其二，坚持主权的原则，即对于我国领海和经济专属区这些完全属于我国的海洋利益，决不允许任何国家和任何势力侵犯，要坚决捍卫我国的主权和领土完整；其三，平等互利，共同发展的原则。对于公海，特别是国际贸易海上通道和能源供应通道的安全与畅通，中国应该勇于承担责任，与其他国家共同合作维护海上的安全和国际社会的稳定。总之，在海洋战略上，我国追求的是与世界各国的和平发展及共同进步，而不是谋求霸权或侵犯他国的利益。

第三，制定积极的海上安全战略。中国的国家安全战略是防御性的，一般而言，战略前沿与中国的自然边界相重合。随着全球化的发展和我国利益的拓展，海上安全战略的内容已经发生变化，制定积极的海上安全战略仍然符合我国防御性的安全战略的本质。这次中国军舰护航亚丁湾表明，我国海上安全战略有新的突破，具有积极进取的深远意义。我们不干涉别国内政，不谋求霸权，但在维护世界和平以及维护我国的安全利益方面，中国一定会主动担负起相应的责任和义务。

注释：

①“背景资料：索马里海盗问题”，新华网，http：//news. xinhuanet. com/world/2008－12/26/content _ 10562609. htm。

②“打击索马里海盗需要国际社会共同努力”，新华网，http：//news. xinhuanet. com/ world/2008－09/19/content _ 10081235. htm。

③“联合国海洋法公约”，联合国网站，http：//www. un. org/chinese/law/sea/。

④“多国代表举行会议 要打击索马里海盗”，中国网，http：//www. china. com. cn/v/news/world/2008－12/11/content _ 16930454. htm。

⑤“国防部介绍海军赴亚丁湾、索马里海域护航情况等”，中国网，http：//www. ce. cn/xwzx/gnsz/gdxw/200812/23/t20081223 _ 17758689. shtml。

⑥“索马里海盗一年获利上千万美元”，新华网，http：//www. huanqiu. com。

⑦“载有 24 名中国公民的货轮在索马里遭劫持”，新浪网，http：//news. sina. com. cn/c/2008－09－18/204716314196. shtml。

⑧“中国对于索马里海盗的观点”，联合国网站，http：//www. un. org/chinese/focus/somalia/china _ piracy. shtml。

⑨“海事组织秘书长在安理会强调索马里海盗造成的安全及经济影响”，联合国

网站，http：//www. un. org/chinese/focus/somalia/newsdetails. asp? newsID＝10785。

⑩⑫“联合国欢迎中国派军舰赴索马里海域护航”，人民网，http：//military. people. com. cn/ GB/1077/57992/8576906. html。

⑪“2008 年 12 月 18 日外交部发言人刘建超举行例行记者会”，外交部网站，http：//www. fmprc. gov. cn/chn/xwfw/fyrth/1032/t473858. htm。

⑬“英国媒体：中国出兵打海盗让日印内心苦闷难释怀”，环球时报，http：//www. huanqiu. com。

⑭“索马里海盗威胁中国石油安全”，中国新闻网，http：//www. chinanews. com. cn/hb/news/2008/12－22/1497751. shtml。

⑮ 李星光：“中国军舰赴索马里护航合理合法”，《解放军报》，2008 年 12 月 22 日。

⑯ 冯梁、张春：“中国海上通道安全及其面临的挑战”，《国际问题论坛，2007》(秋季号)。

⑰“东盟在我国能源安全中地位分析：战略安全不可忽视”，新华网，http：//www. gx. xinhuanet. com/ca/2006－01/06/content _ 6696719. htm。

⑱“我国海洋经济已步入新的发展期——访国家海洋信息中心研究员何广顺”，中国海洋信息网，http：//www. coi. gov. cn/oceannews/2007/hyb1639/31. htm。

全球化冲击下的中国非传统安全问题

王　辉

[内容提要] 2008年，全球化以其强大的震撼力冲击了现有的国际关系体系，国际金融危机的全面爆发预示着全球化风险在日益加大。在全球化的冲击下，凸显了中国的非传统安全问题：内政与外交的界限日益模糊；国际金融危机凸显了以出口拉动的经济增长模式的局限性；恐怖活动已经成为我国面临的现实威胁；"3·14事件"，暴露了中西方间潜在的文化价值观冲突；气候变暖与频繁发生的自然灾害，凸显了中国应当承担的大国责任。中国面临的战略选择是：警惕全球化阶段性倒退；转变经济发展模式；积极参与国际货币体系改革与全球治理。

全球化是当代最重要的政治、经济和社会现象，从物质到观念上深刻影响着整个国际社会，是推动社会、政治及经济快速变革的中心力量。全球化促进了国际贸易的发展，生产率的提高，国家合作意识的加强。然而全球化并不完全是一个发展与繁荣的神话，全球化大大增加了世界政治、经济的复杂性，正在重新塑造着世界秩序。

一、全球化的定义、内涵和实质

全球化本身是一个复杂的历史现象。由于全球化的影响无所不在，个人和国家在全球化进程中所处的位置，受到冲击的程度以及各自的传统、价值和认知背景等情况的不同，所以对全球化的解释也是仁者见仁，智者见智，学界尚存争议。

什么是全球化？在最简单的意义上全球化指的是全球相互联系的扩大、深化以及加速。因此，全球化概念首先意味着社会、政治以及经济活动跨越边界。全球化在政治领域促使权威、利益扩展到领土边界之外，各国政治相关性空前加强；在经济领域促使生产、贸易和投资向原产地以外扩展；在社会和文化领域则将观念、规范和习俗扩大到它们的原生环境之外。

把全球化视为经济的全球化是一种极为普遍的认识。认为全球化主要发生在经济领域，其他方面的变化可视为经济全球化的连带产物。国际货币基金组织对全球化的界定："全球化是指跨国商品与服务交易及国际资本流通规模和形式的增加，以及技术的广泛迅速传播使世界各国经济的相互依赖性加强。"其基本特征是：全球经济相互依赖不断加深，包括国际金融的全球性流动和配置；全球性产业与行业分工的全面形成；国际贸易与跨国投资急剧扩展；全球经济与贸易规则趋向统一。

全球化不仅是经济全球化，而且包含着政治、文化层面的全球化。学界对全球化更深层次内涵的认识是：全球化进程使全球性的人类活动不断增加，国际经济与国际政治的联系日益密切，各国政治交往不断扩大与频繁，国家不同程度地形成相互依赖，各国政府开始超越国家主权、制度文化、边界等社会与政治障碍进行合作与治理，形成所谓全球化政治。文化全球化则意味着文化的冲突与融合，在充分尊重各民族文化差异的同时，文化的内容及其认同趋向一定程度的一致性，形成人类共同的认识、共同的价值观。

值得注意的是，不能把全球化简单地理解为西方的资本主义在全球的扩展。虽然西方世界在全球化进程中发挥着主导性作用，但是全球化本质上是生产社会化和国际分工发展的结果。全球化发展不是人们主动选择的结果，实质上是生产力发展的必然要求和体现，是历史发展的趋势。因此，从根本上全球化进程蕴含的是生产力发展与社会进步的内容和意义。虽然全球化的直接动力是资本无限扩张的本性，但全球化不可等同于资本主义制度在全球的扩张。

二、2008年：全球化进程的新发展

2008年，全球化进程持续深入发展，各国经济空前开放和高度市场化，跨国性问题大量出现。国际投机活动蜂起，全球能源、粮食价格剧烈振荡；国家经济金融安全问题突出；气候变暖导致生态环境恶化，自然灾害频发；国际恐怖主义泛滥。所谓全球治理在金融危机面前脆弱不堪。国际金融危机的全面爆发，预示着全球化风险在日益加大。与全球化相伴随的全球性问题“改变着当代国际关系的主旋律”。全球化进程中出现的危机一定程度上已经超越了传统的国家间安全威胁与地缘竞争。

（一）国际金融危机迅速蔓延与金融安全问题

2008年9月美国次贷危机发展为金融危机，由于金融资本的全球化，危机通过美元的世界货币地位迅速传导到世界各国。到11月末，金融危机已使全球金融机构损失6万亿美元，全球股市市值蒸发超过32亿美元。日本、欧元区和美国，世界三大经济体在二战后首次同时陷入衰退，全球和各国经济增速明显放缓。危机迅速演变成20世纪30年代经济大萧条以来最迅猛的全球经济危机。危机的政治社会效应在不断显现。随着世界经济形势恶化，各国失业加剧，社会不满情绪在蔓延。法国、俄罗斯等国出现了反政府的示威游行。冰岛联合政府则在金融危机冲击下被迫辞职。社会矛盾的紧张与激化成为威胁各国政治稳定的潜在隐患。

这场由美国引发的危机，一方面表明美国长期形成的高负债、超前消费的经济增长模式的不可持续，另一方面暴露出在经济全球化的背景下，市场经济固有的消极性因素引发世界经济危机的全球性风险。全球化大大增加了世界经济的复杂性，导致了危机不断蔓延扩大。金融安全问题受到各国高度重视。美欧等国推出总额达数万亿美元的金融救援计

划。2008 年 11 月，美国主办 20 国集团峰会，专门讨论金融安全问题。

（二）国际油价、粮价剧烈波动

2008 年，国际石油价格的大幅飙升使世界经济持续发展压力倍增。2008 年 7 月 11 日一度达到每桶 147.27 美元的历史新高。此后油价又一路下滑，12 月跌破每桶 40 美元。国际油价大起大落，引发了人们对世界能源安全问题的担忧。由于石油是一种高度政治化的商品，石油价格的变动必然产生巨大的经济与政治影响。高涨的油价使产油国民族主义高涨，石油进口国开发替代能源，甚至一些国家寻求核能作为替代能源，潜在的核扩散危险将使核不扩散机制面临挑战。有关国家围绕油气产地的领土和领海争议也因此被激活，控制国际运输通道的争夺也日趋激烈。

2008 年一场严重的粮食危机袭击了整个世界。国际市场主要农产品价格超过历史最高位。迅速飙升的粮价在全球多个国家和地区引发粮食危机或社会动荡。塞内加尔、苏丹、尼加拉瓜等 40 多个贫穷国家相继陷入粮食困境。印尼、墨西哥、埃及和菲律宾等国的国民相继上街示威游行抗议粮价飞涨。发达国家也相继出现了程度不同的粮食危机。过去少数贫穷国家的“吃饭”问题在 2008 年陡然发展成一个新的全球性重大问题。粮食危机是全球治理失效的直接后果，全球性问题如气候变化以及其引起的各种自然灾害、能源价格波动、金融市场投机行为等均对粮食价格有深刻影响。虽然下半年，国际粮价随油价有所回落，但联合国粮农组织认为全球粮食安全问题将继续面临严峻局面。国际粮价波动，引发了人们对全球粮食安全问题的思考，并对国际援助、能源政策、贸易规则等全球治理提出了一系列新挑战。

（三）气候变化与自然灾害

随着全球生产网络的整合和产业转移，环境污染和生态破坏迅速从发达国家向发展中国家蔓延，世界各国都面临着严重的环境问题。国际社会未能有效地控制全球化对环境问题的破坏，环境问题已从过去一国内部的社会问题演变为当代国际关系中重大的政治、经济和安全问题。2008 年，中国南方发生大面积雨雪冰冻灾害和四川大地震；飓风在中美洲和加勒比海地区频频发难，“汉娜”、“古斯塔夫”、“艾克”和“帕洛马”在古巴造成近百亿美元的经济损失；强热带风暴在缅甸夺走了7.7万多人的生命，另有接近5.6万人失踪。据联合国统计，20世纪80年代初期，全球平均每年发生120场自然灾害，现在由于气候变暖全球自然灾害已增至每年500场左右，受灾人数也增加了68%。自然灾害频发是气候变化的直接结果。

(四) 国际反恐形势严峻

恐怖主义仍在不断滋生与蔓延，形成全球性的“恐怖运动”。这种“运动”已经把触角伸展到西方等阿拉伯以外的国家。截至2008年10月底，全球共发生恐怖袭击事件898起，造成4800余人死亡、8400余人受伤。恐怖事件数量较2007年同期增加17.7%，主要集中在中东、中亚、南亚和非洲部分地区，其中南亚地区已成为2008年国际恐怖活动引人注目的“高发区”。1—10月，南亚地区发生恐怖事件380余起，约占全球总数的42%。2008年11月26日，印度孟买发生连环恐怖袭击事件，造成174人死亡、300余人受伤，引起国际社会广泛关注。表面上恐怖主义仍是国际社会所面临的最大威胁之一，全球化使得我们的安全变得越来越脆弱。

严峻挑战促使人们重新认识全球化的负面影响。从达沃斯年会到八国集团同发展中国家领导人对话会，从亚欧会议到亚太经合组织领导人非正式会议，各国在可持续发展问题上正凝聚更多共识：金融危机促使人们思考现今发展、消费模式；在应对气候变化、能源技术、维护粮食安全、救灾和恐怖主义问题上，国际社会正在以更大的力度密切携手合作。

三、全球化对中国非传统安全问题的影响

随着经济的快速发展，中国已经进入全面与国际社会接轨的深度开

放时期，中国已深深卷入了全球化进程当中。中国认为全球化是一个重要的历史机遇，采取了积极的应对措施，取得了巨大成就。但中国长期的经济增长也掩盖了全球化的负面影响。

（一）经济全球化危及中国的经济安全

经济全球化的一个重要特征，是改变了传统的国际分工和专业化生产结构，这为中国赶超发达国家提供了机遇。2001年中国加入世界贸易组织后，中国出口迅速增长，其在GDP中的比重几乎翻了一番。2008年，中国进出口贸易额占GDP的比例高达67%。

2008年，中国经济遭遇改革开放以来最严峻的外部冲击。外汇储备遭受严重损失，出口受到极大影响。金融危机暴露了中国长期以来过分依赖出口、投资拉动的经济增长模式的严重不足。在一定意义上，中国经济的成长过程是一个对外依赖不断增强的过程。在过去的30年里已经形成了中国生产、西方消费的模式，形成了以出口为导向的外向型经济增长模式，这种模式依赖于出口。中国经济必然易受外部经济动荡的影响。

这次危机使中国的经济发展模式面临挑战，一个高度依赖于外贸而内需不足的经济体，其增长是不可持续的。无论是要解决危机还是要长期地发展，都必须要建设一个内需型经济体，必须使用适应全球化要求的方法来调节市场经济。

金融危机还直接威胁到中国对外金融资产的安全和金融稳定。中国为世界美元本位提供了重要支撑，同时美元本位也放大了金融危机对中国金融资产的影响。金融危机对中国外汇储备的国际购买力构成了重大威胁，凸显了中国作为全球外汇储备大国减轻储备压力的迫切性。对中国而言，如何确保外汇储备金融资产的安全，增强货币、汇率和外汇储备的影响力和抵御风险的能力是中国面临的挑战。

（二）中国的能源安全问题突出

以石油为代表的国际能源价格的暴涨，表明资源要素在经济增长诸要素中的作用将愈加显著，一国资源禀赋及配置的能力将成为国家持续发展能力的集中体现。中国经济快速发展，而油气资源相对不足。2008年，中国石油进口达到1.8亿吨，中国的石油消耗量占世界的7%，已经占到了世界石油总需求增加量的1/3，相当于美国石油进口的2/3。石油价格暴涨，导致我国面临输入型通货膨胀压力。保持海外原油供应稳定、妥善应对能源安全挑战，已成中国经济发展的战略问题。

中国经济模式的资源耗费必然会产生严重的外部依赖性。伴随经济的增长，中国必然与世界其他经济体陷入难以避免的贸易纠纷和资源争夺。

(三) 全球化与文化价值观冲突

随着经济、社会以及政治活动逐渐“扩展”到全球范围，国家政府无法控制自己边界中发生的一切。全球化正在调整国家政府的权威及功能。国内政治国际化的现象日益明显，国内事件往往带来了巨大的外部效应。2008年3月14日，西藏出现动乱，随即引发欧美国家在奥运圣火传递过程中形成一股反华浪潮。5月12日发生的汶川地震，中国政府和民众展现出的团结和不畏牺牲的精神，与在缅甸风灾中当地政府的不作为、2005年新奥尔良“卡特里那”飓风美国政府的行动迟缓形成鲜明对比，给中国带来了极高的国际声誉。随后，奥运会的成功举办证明了中国的实力和进步，极大改变了西方对中国的认识，中国在世界舞台上的面貌焕然一新。上述事件集中折射中国改革开放至今产生的各种问题，也表明在全球化时代，内政与外交的界限日益模糊。

西藏风波和奥运火炬传递风波，其实凸显了西方与中国在价值观上的冲突。中西价值观冲突的深层背景是：过去30年中，伴随着实力的增强，中国在价值观领域显得越发自信，广泛开展与西方国家在人权、法制等方面的对话，吸收西方的有益经验和做法，结合中国的国情进行自主创新，展现出极大的生命力。中国模式的影响力对西方自由民主制度加自由市场经济的发展模式构成了巨大的挑战。导致西方面对中国时，夹杂着从政治对抗到文化傲慢的复杂情绪。因此，与中国崛起相伴随的，是东西方民族心态的重整，以及对各自精神世界深层的梳理。在全球化的背景下，虽然中国与西方国家在价值观方面的重合度在不断加大，但所谓的“普世性”价值观和全球文明还远未出现。

(四) 气候变暖和自然灾害问题

全球气候变暖背景下，中国极端天气气候事件发生频率和强度明显增大。2008 年初南方出现历史罕见的低温雨雪冰冻灾害；4 月，建国以来登陆我国最强的台风“浣熊”在海南登陆；5 月，四川汶川发生特大地震；6 月，珠江发生流域性的较大洪水。环境问题已不再仅仅是一个经济问题，而是影响经济、制约社会发展的战略问题。中国吸收国际资本的同时承受着巨大的社会成本。改革开放以来，中国矿产资源的消耗增长了 40 多倍，单位资源产出水平仅相当于美国的 1/10，日本的 1/20，单位 GDP 二氧化硫和氮氧化物排放量是发达国家的 8－9 倍。由此带来的恶果就是环境状况恶化。发达国家上百年工业化过程中逐渐出现的环境问题，在我国快速发展的 30 年里集中出现。未来 15 年，中国人口将继续增加，资源、能源消耗将持续增长，环境保护面临的压力越来越大。气候变化以及频繁的自然灾害已经成为中国严重的经济社会问题。

(五) 国际恐怖主义威胁呈上升势头

2008 年 3 月 14 日，“藏独”分裂势力在拉萨制造严重暴力犯罪事件。接着，海外“藏独”分子、“东突”恐怖势力公开宣称要策划在我境内实施针对奥运会的恐怖行动。奥运会前夕，在我国新疆、西藏、青海等地连续发生多起暴力恐怖袭击事件，造成多人死伤。另外，中国驻外机构和人员也日益面临频繁的恐怖主义袭击。这表明，从根本上全球已经进入高风险社会，我国也很难独善其身。在全球化的背景下，暴力恐怖活动已经成为我国面临的现实威胁，其危险性空前提高。

四、中国的战略选择

在全球化的背景下，中国的非传统安全问题日益突出。面对来自生态环境、能源资源、经济金融等非传统安全领域的挑战和风险，必须制定政策以应对挑战。尤其需要注意的是，全球化时代许多危机是难以预见的，而应对未知的灾难更是中国政府必须面对的难题。

（一）警惕全球化阶段性的倒退，反对贸易保护主义

随着经济危机的蔓延，一些国家为了推动经济发展和扩大就业，被迫采取各种手段维持和扩大对外出口。由此带来的连锁反应可能是保护主义政策的加强，全球化可能出现阶段性倒退。经济危机冲击下对华贸易摩擦可能加剧。全球化是生产社会化和国际分工发展共同作用的结果，是人类历史发展的必然趋势。全球化本身并不是造成目前危机的根源，中国经济的迅速增长正是积极参与经济全球化的结果。虽然危机暴露出全球化的风险，但我们不能就此完全否定全球化的积极意义。中国对全球化进程应该施加某种程度的积极影响，倡导贸易自由化，反对贸易保护主义的重新抬头和消极的反全球化运动，加强国际协调，实现全球化有序与稳定的发展。

（二）调整中国的经济增长模式，减轻对全球化的依赖

经济危机暴露了中国经济发展模式的结构性问题。中国必须调整出口导向的发展战略，弱化对国外市场需求的依赖。长久以来，美欧等国的消费市场是世界最大的消费市场。尤其是美国，美国的消费增长一直远远超过其他发达国家的消费增长。危机后美国、欧洲的市场遭到重创，其消费行业的调整将破坏中国的外需支柱，可能会形成一场全球消费冲击，将拖累任何一个出口导向型的经济体。因此，中国必须把过度依赖出口的增长模型转向内需推动的增长模型。同时应加强东亚的区域合作，加速推进东亚经济一体化建设，推动东亚地区的贸易自由化，与东亚国家开展区域金融合作，防范全球化风险。

（三）参与国际制度的构建，承担国际责任

全球化必然要求各国间的协调行动。金融危机引起国际社会对现存国际金融体系实行全面改革的强烈要求。中国也应当承担外部责任，积

极参与国际货币体系的重组和国际经济组织的改革，与国际社会相互协调，共同应付危机。在经济全球化的形势下，如果每一个国家只关注自己的利益，那么危机就会向纵深发展。2008年，全球化带来的严峻挑战引起了各国政府和国际社会的高度重视。在达沃斯年会、八国集团同发展中国家领导人对话会、亚欧会议、二十国集团领导人金融市场和世界经济峰会、亚太经合组织领导人非正式会议等多数国际高级别会议上，各国政府和国际组织领导人对金融危机、能源和粮食安全、气候变化、自然灾害、生态环境恶化等问题产生的原因和严重性深入交换意见，取得了重要共识。这些共识对全球开放合作，将会产生重要的影响。

参考文献

1. [英] 戴维·赫尔德：《全球大变革》，北京：社会科学文献出版社，2001年版。

2. 庞中英：《全球化、反全球化与中国》，上海：上海人民出版社，2002年版。

3. 陶短房："全球股市已蒸发32万亿美元"，《环球时报》2008年11月24日。

4. "原油价高走变急落"，《瞭望新闻周刊》2008年12月29日。

5. "粮食危机日益严峻全球治理有待改善"，新华网，http：//news. xinhuanet. com/comments/2008－12/31/content _ 10583745. htm。

6. "全球气候变暖自然灾害剧增"，《科学之友》2008年4月。

7. 熊光楷："解读2008年国际安全形势"，中国网，http：//www. china. com. cn/book/zhuanti/qkjc/txt/2009－02/06/content _ 17238568. htm。

8. 李民骐："美国、中国、石油峰值和新自由主义的终结"，《国外理论动态》2008年8月。

9. "中国是世界上自然灾害最严重国家之一"，新华网，http：//news. xinhuanet. com/video/2008－07/15/content _ 8549778. htm。

试析台湾地区的第二次政党轮替

——2008年台湾地区与两岸关系重大事件回顾

杨建英

[内容提要] 2008年是台湾地区领导人换届选举之年，国民党籍候选人在多种因素的共同作用下，以绝对多数票再一次从民进党手中接过执政权，实现了第二次政党轮替。马英九做为台湾地区的新一届领导人，在两岸关系问题上主张结束军事对峙，在一个中国的前提下加强沟通交流，签署和平协议。于是有了2008年11月3日至7日的“一小步”跨过“六十年”的陈江会谈，这是两岸关系史上具有里程碑意义的重大事件，对于两岸关系的发展将起到巨大的推动作用。

2008年台湾地区实现了第二次政党轮替，从政治学的角度透视台湾的政党政治，这一次的政党轮替是台湾民主政治发展历程中的重要一步，标志着台湾政党政治的渐趋成熟。国民党的重新执政给台湾带来了新的希望，新一届领导人马英九在两岸关系上主张结束军事对峙，在一个中国的前提下加强沟通交流，签署和平协议。在两岸的共同努力下，2008年11月3日至7日大陆海协会会长陈云林访台，与台湾海基会会长江丙坤举行会谈，并签署了多项重大协议，这是两岸关系史上具有里程碑意义的重大事件，对于两岸关系的发展将起到巨大的推动作用。

一、国民党第二次执政的原因

2008年3月22日，台湾举行第12届“总统”选举投票，国民党“马萧配”以7659014票、58.45%的得票率赢得选举，民进党“谢苏配”仅得到5444549票，得票率为41.55%。[①]马英九以绝对多数票成为台湾地区的领导人，国民党大获全胜，继2000年大选失去执政权后再一次赢得执政权。国民党能够实现二次执政是多种因素共同作用的结果，既是国民党卧薪尝胆、力图革新的结果，也是民进党执政八年来失去民心的结果，更是台湾民众的历史选择。

国民党实现二次执政，最主要的原因是进行了励精图治的改革。早在2000年6月召开的国民党第15次全国代表大会临时大会上，连战当选为国民党主席后，便拉开了国民党改革的序幕。2005年7月马英九当选国民党主席，更进一步加大了国民党改革的力度。改革主要集中在以下几个方面：

第一，整合党内派系，加强党的组织建设，革除李登辉时代的弊端，推进党内民主。

李登辉时期，对外宣扬民主，而他在国民党内部却打击异己，实行独裁，造成了国民党的分化与分裂。为重新凝聚国民党，连战采取的具体措施有：首先进行党员重新登记，清除追随李登辉并在国民党内部搞分裂的成员。重新登记后的国民党党员数由250万人缩减到110万人，既整顿了党员队伍，凝聚了党内的精华，又便于对党员的管理。其次是精简党务干部，提拔年轻党员。将国民党中央原有的18个单位依功能重组为7个委员会，同时裁并了省级党部和各专业党部，党员干部由此得到精简，国民党党务机构过去那种人员臃肿、效率低下的缺点得到了改善。党员的年轻化，使国民党更有活力、更为接近民众，一改过去老人政党的形象，从某种程度上获得了新生。最后是推动党务革新，改革基层组织，扩大党的基础，在投票单位建立党的基层组织，使之与基层民众的利益诉求相结合，尽可能多地争取到中间选民。

为革除李登辉时期个人独裁专断的弊病，落实党内的民主改革，建立党内的民主运作机制，采取的主要措施有：一是党内各级干部和民选公职的提名，必须依照民主化程序产生，改变了过去参选“中常委”的种种特殊限制和自上而下的提名决策模式；二是实行党主席由党员直选产生，2001年国民党举行全党直选，在近六成的高投票率下，连战以97.09%的高票当选，成为国民党历史上首位由党员直接选出来的领导人；三是将决策权下放给党代表，改变了国民党的传统形象；四是成立智库，实现决策科学化、民主化，切实履行监督责任，发挥在野党的作用。

第二，明确党的定位和理念，整合泛蓝势力。

李登辉执掌国民党期间，背离了三民主义和一个中国原则，造成党的政治理念混乱，党员处于迷茫之中。所以连战当选为国民党主席后，为了塑造党的政治标志，凝聚认同基础，争取民众支持，重新定位了国民党的性质，明确了党的理念。在国民党“十五全大会”通过的改造案中，明确国民党为“民主的、公义的、创新的全民政党”，理念是“基于三民主义的理念，建设台湾为人本、安全、优质的社会，实现中华民国为自由、民主、均富和统一的国家”。② 2001年6月12日，连战访问英国，在牛津大学的演讲中再一次强调了国民党的理念，强调国民党要立足台湾，建设一个包容的、全民的政党。

2000年败选后，国民党痛定思痛，认为党内分裂是大选失败的重要原因之一，因此决定要变分裂态势为团结态势。此后，国民党加强了与从国民党中分裂出去的新党和亲民党的团结，三党本是同根生，在各种政治问题中更容易达成共识。三党利用问政机会，组成泛蓝阵营，共同对付执政的民进党。泛蓝势力整合后，在地方县市长选举中，国民党获得超过半数的席位，立委选举中更是获得了2/3的多数席位。

第三，清除国民党“黑金政治”的弊端，重树党的形象，改革党产和党营事业，提高执政能力。

过去由于李登辉大搞“黑金政治”，国民党背上了沉重的“黑金党”的包袱。在中国国民党第十六届“全国代表大会”上，连战郑重宣布，

“今天的国民党是与黑金势力一刀两断的政党”。为了向全岛人民表示决心，此次大会通过了“排黑排黄”的条款。甚至不惜罢免在高雄“议长”竞选中涉及贿选的议员，以示其反对黑金、反对贿选的决心。

2001年，国民党决心将党产及党营事业，以透明化、效率化、信托化、公益化的方式予以处理：一是透明化，即成立专门小组对党产做检查报告并公布于众，党的资产处理也将充分公开；二是效率化，将原旗下的国民党七大控股公司合并精简为三家；三是信托化，完成党产交付后，呼吁立法及行政部门尽速完成信托业法及相关法的制定，以作为党产信托的法律机制；四是公益化，决定将部分党产投资到公益事业。

2005年马英九接任党主席后，决定迅速处理党产。对于有争议的党产部分期待司法解决；对于合法拥有的部分，正常持有或出售。

第四，加强两岸交流，造福台湾人民。

2005年春，连战率领国民党访问团赴大陆举行“破冰之旅”，之后大陆宣布了“促进两岸交流合作，惠及台湾同胞的35项措施”。其中主要有扩大台湾水果、蔬菜、水产品准入品种，对其中部分产品实施进口零关税；进一步简化台湾居民入出和居留大陆；恢复对台渔工劳务合作业务等。[③]各项措施受到了两岸同胞的热烈欢迎和高度肯定，特别是给台湾民众带来了巨大的经济利益。经济基础决定上层建筑，政治权力不过是实现经济利益的手段。台湾同胞比以往任何时候都更深切、更强烈地感受到：和平顺应民心，发展造福两岸，合作带来双赢。国共两党友好而有效的合作有力地促进了台湾经济的发展，在政治上给国民党加了分。

上述四项是国民党自身的改革。与此同时，民进党执政八年期间造成台湾经济发展的缓慢，族群关系的紧张，台湾社会的倒退，也是国民党能够二次执政的客观原因。民进党在其执政时期的主要表现有：

第一，黑金政治盛行，贪污腐败增多。民进党竞选时，就打出清廉的口号，可是陈水扁上台后，陈水扁家族和身边近臣不断爆出贪腐丑闻。台湾民众痛恨贪污腐败，多次走上街头，游行抗议，要求涉嫌弊案的陈水扁下台。尤其是2006年的声势浩大的“红杉军”反贪倒扁运动，反映了台湾的民心。从此民进党的执政地位变得摇摇欲坠。

第二，经济发展缓慢，台湾民众强烈不满。陈水扁当局执政八年，为维护台湾的“主体”地位，对两岸关系采取不合作态度，严格限制两岸的经贸往来，台湾失去了大陆这样一个庞大的投资消费市场，游离于东亚经济合作之外，严重损害了台湾经济的发展。台湾经济的表现在亚洲地区处于“包尾”状况，早已失去了当年蒋经国执政时期“亚洲四小龙之首”的雄风。民众期盼新的执政党来挽救台湾的经济，因此国民党提出的开放型经济发展模式则获得选民高度认同。

第三，执意推行台独路线，挑拨族群关系，造成社会动荡。陈水扁当政时期，实施了“去中国化”、“去蒋化”等一系列政治路线，违背了台湾的民意。更为重要的是，陈水扁为了转移民众对政治腐败、经济发展缓慢的不满，挑拨台湾外省籍人士和台湾本土人士的对抗与不满，分裂台湾社会。族群矛盾曾经对陈水扁上台，捞取政治选票发挥过作用，但随着台湾形势的发展和民众在政治上的成熟，它已不再是陈水扁执政的重要根基。

国民党通过改革，提升了自身形象与竞选能力，加之国民党候选人马英九清廉、正直的个人魅力，获得了台湾多数民众的认可。而民进党的贪腐、行政能力的低下，以及台湾经济的持续下滑，让台湾民众对其失去了信心，而把信任和希望的一票投给了国民党、投给了马英九。这种种因素帮助国民党在台湾地区实现了第二次执政。

二、陈江会谈——两岸关系史上的又一重要里程碑

2008 年 11 月 3 日到 7 日，由海协会会长陈云林率领的海协会代表团赴台访问，这是 1949 年以来大陆授权团体最高负责人第一次访问台湾地区，也是大陆第一次派出庞大协商代表团赴台，因此成为两岸关系史上的重要里程碑。

海基会已故董事长辜振甫和海协会已故会长汪道涵在 1993 年和

1998年的两次会谈曾被认为是两岸关系上重要的里程碑。1993年在新加坡举行的汪辜会谈是海峡两岸隔绝半个多世纪后的第一次接触对话，会谈上签署的“汪辜会谈共同协议”等四项重要文件对当时的两岸关系起到了积极的促进作用，是两岸政治沟通的历史性的一步，是两岸沟通机制的原点。1998年在上海举行的第二次汪辜会谈则是两岸沟通机制真正得到认可和起到实质作用。第二次的会谈内容不但包括了原则上的一些协议，同时还谈及更广泛的经济、政治等多方面的沟通和合作。1999年按预定计划的汪道涵会长访台，因李登辉抛出“两国论”的台独观点而搁浅。在后来的10年期间，海协会和海基会这两个致力于两岸沟通合作的团体没能再举行高级别的会面及商谈。而这次时隔10年之后，陈云林会长访台，不仅是继承了汪辜两位老人的遗愿，而且也是重启两岸沟通机制的一项重要行动。陈云林访台议程虽然都是以经济为中心，不涉及政治，但作为10年之后再启的一次高级别接触与对话，它的里程碑意义已经显而易见。

大陆国台办在2008年11月12日的新闻发布会上曾指出，此次陈云林访台的成就包括“商谈规划了下一阶段两会商谈的议题和加强两会会务联系与交流事宜”。[④]在当今的国际政治问题解决的方式中，被认为最有效的就是建立畅通的沟通机制。而此次的陈云林访台续写了汪辜会谈的后续篇章，同时也为未来两岸经常性、制度性的沟通打开了通道。在李登辉和陈水扁执政时期，正是由于两岸缺乏畅通的沟通机制，导致台独势力利用这样的弊端，在岛内大肆丑化大陆的对台政策，为台独做舆论宣传。高级别对话的缺失使得两岸在诸多问题上得不到有效的沟通、达成理解，从而使两岸关系在陈水扁执政时期跌至低谷。江炳坤董事长表示：“两岸制度化互动管道的建立，就是为‘沟通意见、促进了解、增加互信、推动交流’而服务。2008年6月两会正式恢复正常的联系与互动，这是两岸关系改善的征兆，也是双方关系朝积极、务实、合作、互利方向前进的新起点。”[⑤]陈云林这次的访台，是破除两岸互相缄默的隔阂，为两岸沟通在未来形成长期和固定的制度打开大门，为沟通机制的重建跨出了主动的第一步。而这一机制的形成将在很大程度上帮助两岸在更广阔的范围内展开沟通和合作，以实现关系和解和两岸在经济、政治等方面的共赢。

实现两岸真正意义上的大三通是两岸各界人士的强烈愿望。陈云林此次访台所签署的4个协议就标志着两岸大三通的正式到来。

海上和空中的直航是金门、马祖、蓬莱的小三通和台商包机之后，最终得以实现的真正大三通目标。距离上的缩短不仅仅是为来往于两岸的人们节约了时间，无论从政治意义还是经济意义上，大三通的实现都为拉近两岸距离发挥着重要作用。自1979年大陆《告台湾同胞书》中提出两岸实现三通以来，30年后，陈江会谈签下的协议标志着大陆方面从务实角度提出的这一政策终于真正成为现实。

两岸三通的实现带来的经济效益是显而易见的。近年来两岸虽然在官方往来上出现了冻结，但民间和商界的往来在近几年越发地频繁。大陆作为台湾地理上最靠近也是最具潜力的市场吸引了众多的台湾商人与大陆方面建立经贸关系、在大陆投资或者长期居住。海上和空中直航的实现，为到大陆经商和探访的台湾人提供了更快捷更廉价的交通方式，从此也促使更多的人前往大陆探亲或经商。两岸在经贸上的往来就是依靠众多的台商来往其中，并且为两岸民众沟通搭起了最便捷的桥梁。全国台湾研究会副会长许世铨指出，三通对台湾企业的生存与发展至关重要。三通的实现会增加更多台企与大陆的经贸往来，从而提供更多的就业，帮助台湾经济的恢复，尤其在全球经济危机的环境下，三通直航所节约下的费用也将是一笔缓解企业负担的重要资金来源。以两岸快捷的交通为渠道，促进共同的经济发展，并在这一基础上产生更多的合作需求和可能，从而加强两岸的联系。同时三通带来的频繁经贸往来，也能增加两岸人民的相互了解，从与人们生活息息相关的地方开始，深入两岸民间的联系程度。这些协议完成协商及签署，充分体现了民众对两岸往来便利的期待，以及共同面对解决攸关人民权益等重大问题的需求，代表着一个新的两岸互动关系的展开。

马英九在当选台湾地区“总统”之后，强调在九二共识前提下进行协商，两岸政治现状则保持“不统、不独、不武”的原则。较陈水扁时期，马英九的大陆政策是相当温和的。但在上台后不久，马英九及其政府的支持率严重下跌，一是因为岛内经济复苏缓慢，又加上全球经济危机的影响，再者就是民进党对马英九执政能力的质疑，对陈水扁贪腐的处理不得力也是其原因之一。在这个时候，陈云林的到访是同马英九的大陆政策相符合的。通过陈云林来访从而达到与大陆趋向和解，对于马英九实践自己在上台前的缓解与大陆关系的许诺也是一致的。经过与台关系几十年，大陆以平等对话的角度来处理台湾关系，陈云林作为第一位访台高官，给台湾带去了三通的政策协议，也带去了大陆从务实出发、以平等地位来对待台湾这一重要信息。同时，陈云林访台之前所做出的绝不涉及政治和绝不涉及岛内政治的承诺，对毒奶粉事件给台湾人民造成伤害的道歉，也都是其诚意的体现。

陈云林在海协会副会长张明清在台南遇袭之后，仍坚持访台，也是表现出了相当的决心和诚意，希望借此机会，和台湾能够有进一步的交流和合作，以达成两岸真正的和解。

民进党以及部分“台独”分子千方百计地阻挠陈云林的访台。不但在陈云林访台之前袭击海协会副会长张明清，同时在陈云林访台期间各处举行抗议游行等活动，试图阻挠陈江会谈，破坏合作协议的签署，以此来打击马英九对大陆和解的政策。

在民进党以及“台独”分子看来，陈江会谈本身以及将在此期间达成的一系列协议，都是两岸和解的重要步骤，不希望看见两岸和解的台独分子必然试图破坏这一会谈。一是利用毒奶粉事件造成的群众影响，大肆宣传大陆在食品等方面的监管不力和负有责任，一是各处制造混乱试图让陈云林知难而退。但其目的并没有达到。陈云林在到台之后，即对由于毒奶粉事件受到伤害的台湾民众表达了歉意，并且在陈江会谈上也签署了食品安全的相关协定。这使得“台独”分子的企图完全落空。另外，身陷贪污弊案的陈水扁也在积极煽动绿营对陈云林的访台采取行动。因为此举若成功既可以转移积聚在陈水扁身上的关注，同时也能再度赢回绿营对他的信心。

陈云林的成功访台虽说内容不涉及岛内政治，但显然此行取得巨大收获的不单是陈云林和始终致力推动两岸沟通合作的北京方面，借助此次访问的成功，也能逐渐恢复岛内对大陆的信任，暴露民进党和“台独”分子的面目，对台湾政治和经济的发展，对国民党的执政影响都是具有重要意义的。

陈云林此次访台的成功，其对两岸关系的意义不仅在于实现了真正意义上的三通，更深远地影响则是它作为重建沟通机制的第一块垫砖石，为两岸的相互信任沟通，合作共赢，共同防御经济危机，实现台海和平与稳定，打下了重要的基础。

陈云林的此次访问，使得两会协商制度化、常态化后，两岸关系进入协商谈判、和解合作、良性互动的新时期。两会将本着“建立互信、搁置争议、求同存异、共创双赢”的精神和“先经济后政治、先易后难”的原则，不断推进商谈进程，不断积极、务实、科学地面对和解决两岸同胞关心的各种问题，包括岛内民众极为关心的台当局政治定位、台湾国际空间等敏感问题，经由“协商谈判、达成共识、签署协议、深化合作、互惠双赢”这一模式，不断推进两岸和平发展进程。在两岸经济关系稳固后，通过协商谈判解决两岸间的政治分歧，为两岸签署和平协议创造条件。

陈云林的访问将为两岸深化了解创造良好的契机。一方面，让台湾民众感受到大陆发展两岸关系的决心和魄力。此次陈云林访台前夕，尽管民进党及极端台独势力及尽所能阻挡破坏，其支持者不断游行示威，向马英九当局同时也向大陆、向两岸关系和平发展示威，但大陆并不为所动，毅然决定陈云林如期赴台访问，让台湾民众看到大陆在发展两岸关系及推进祖国统一大业方面的决心与魄力。另一方面，让台湾民众感受到大陆发展两岸关系的立场和诚意。此次陈云林访台本着两岸是“共同家园”、两岸人民是“生命共同体”的原则与立场，主动帮助台湾抵御金融风暴，努力做到大陆经济发展的成果由两岸人民共享，这将改变台湾民众对大陆的看法，感受到大陆发展两岸关系的立场和诚意，将有益于台湾民众对祖国大陆的认同。

与此同时，我们也必须看到，影响两岸和平发展的不利因素依然存在。美日等西方反华势力将继续推行“以台制华”战略，台独势力将千方百计破坏两岸和平发展进程，“台湾主体意识”上升的趋势短期内仍难以遏制，这使目前仍较脆弱的两岸关系充满不确定性，未来发展仍面临挑战。但是，我们可以坚信，只要两岸同胞共同努力，不断深化交流和发展，创造两岸共赢的和平环境，实现祖国统一大业可以期待。

注释：

① 罗清，黄跃荣："2008 年台湾'大选'结果探析"，《现代台湾研究》2008 年第 2 期。

② 李雪松："国民党退台后的三次'改造'及其对台湾政治的影响"，《东北师范大学报》2008 年。

③ 贾庆林在"中共中央台办海研中心与国民党国政研究基金会共同主办的第三届两岸经贸文化论坛"上的讲话，2007 年 4 月 28 日。

④ 新华网："国台办：陈云林访台取得六大成果"。

⑤ 海峡交流基金会网站："江陈会谈新闻"。

权威的瓦解与重构

——对2008年社会安全形势的总结与分析

储 殷

[内容提要] 对于转型社会而言，最大的危险往往在于社会结构调整时的内部张力。既有的权力结构和精英团体与成长中的市民社会的融合程度，往往决定了转型的成败。和谐社会理念的提出，无疑是一种解决转型社会内部矛盾的重大理论突破，然而它的实践却面临诸多问题。2008年以来，以网络为表达平台的草根政治，突出彰显了传统治理结构的合法性危机，这既是中国社会转型的重大危机，也是推动中国社会转型的历史机遇。

一、爱国主义激情下的合法性危机——2008年的安全形势分析

2008年的中国既承受了汶川地震的悲恸，也经历了奥运会的光荣。在大悲大喜之间折射出的社会心态，颇有意味地昭示出了共同体在转型期间的内部张力。

在意识形态日益被作为功能主义理解的当代，凝聚由于市场经济所带来的高度分化的社会的唯一元素，无可避免地寄托于民族主义这棵最后的乔木之上。就严格意义而言，自近代以来，爱国主义和民族主义一

直处于合法性的第一来源。任何主义的主张，都是以救亡图存、民族解放为其立足基点。统一战线的形成、社会主义的胜利，其根本原因也正是在于民族解放的诉求。对于国家安全来说，民族主义和爱国主义更是其价值核心。

在国家主义情结浓厚的亚洲国家，对于爱国主义这一道德高地的占领，直接决定了权力结构的稳定性。谁垄断了对爱国主义诠释的话语权力，谁就获得了最大的对社会的动员效能。这种广义的泛灵论的爱国主义，超越了功能主义的国家结构，而构成了事实国家的彼岸－规范性存在。在国家－社会治理关系中存在的事实国家并不当然具有合法性，它只构成一个被附加意义的对象。这种爱国主义的实质是一种高度抽象的民族主义，它往往是由国家权力精英为获得合法性而有意动员的结果。在这种动员过程当中，权威型政府以国家的名义获得了对社会自上而下的道德优势，进而为后发现代化国家的计划之路提供强有力的制度保障。然而随着初期的原始积累时期的过去，以意识形态为指向的政教合一的凝聚态国家不可避免地向以功能主义为指向的世俗主义国家转变。尤其是在强调个人理性的市场经济中，民族性共同意识的权威地位为个人主义的经济理性和民主法治国家的公民意识所取代，启蒙时代的民族运动逐步丧失了持续生存的能力。当代的民族运动无论从运动的内涵还是从运动的表象上都发生了重大的重构。抽象的国家利益和民族利益逐步为在爱国主义和民族主义口号下凝聚的具体利益诉求所取代。在爱国主义运动中，现实的多元利益聚合取代了单一的民族利益诉求。当抽象的利益无法满足动员的需要时，对于民族利益的世俗诠释就成为争取受众的必需途径，民族问题只是一个称谓、一个符号，而被这个符号遮蔽的实质却是参与者各自不同的动机。

我国在计划经济时代的单位制与市场经济时代的高度个人主义决定了当代中国社会缺乏凝聚合意的能力，对于高度多元且离散的中国社会，爱国主义成为了一个共同的符号。虽然国家话语努力赋予这种符号以统一的内涵，然而随着草根群体的壮大，尤其是网络空间的兴起，这种话语控制在效果上并不乐观。对于爱国主义的多元解读已经成为了一个必须面对的事实。建国初期动辄组织十数万人爱国游行的革命时代，已经无可挽回地过去了。今天的政府必须在爱国主义这一原本不证自明的道德高地上面对民间的竞争。虽然至今为止，尚没有出现民意裹胁国家外交路线的情况出现，但是精英对于草根民意的顾虑却已经大大胜于以往。

危险的情况在于，随着话语权的分散，爱国主义的标签已经不再局限于国家的领域之上。从医疗、教育甚至到春运买票都可以聚集在爱国主义的旗帜之下。在道德危机加重的转型时期，这种动辄诉诸爱国主义的做法，反映了人们缺乏共同信念的事实，也带来了爱国主义对既有权力结构的巨大冲击。因为以爱国主义为合法性基础的权力结构一旦面临爱国主义的诘问，其存在的合理性就将面临根本性的挑战。由于爱国主义的内涵高度个性化和多元化，传统的以爱国主义为驱动力的国家一社会动员模式面临根本的困境。一方面，在重大危机面前，政府仍然会让社会团聚在爱国主义的旗帜之下，呈现出高强度的动员能力；另一方面，作为日常治理的权力结构则已经完全丧失了民族性这一神秘色彩，呈现出退魅之后的苍白，甚至还会直接面临以爱国主义为旗帜的多种冲击。最为典型的案例就是2008年的汶川地震。一方面，胡主席和温总理作为国家的代表，受到举国一致的支持；另一方面，具体到现实治理层面的地方权力结构却一直受到同样激烈的怀疑与冲击。无论是主席、总理还是解放军，中央来人更多地被视为一种国家的符号，因此它具有语境中的正当性与合理性，而地方政府由于进入了具体的利益博弈过程当中，因此它只是国家之下的一个既得利益结构，从而难以获得如中央一般的合法性。同样是在天安门参加爱国游行、高呼中国加油的人群，在面对灾区地方政府时却可能采取截然相反的攻击性态度。“秋雨含泪事件”充分表明在具体治理情境中传统爱国主义动员模式的失范。在该事件中，余秋雨在博客上劝告灾区死亡学生家属停止上告，以免影响国家形象，为反华势力利用。这种体现出强烈的国家至上的传统话语引起的却是完全相反的政治效应，招来了普遍而强烈的厌恶。同样引起舆论大哗的还有“兆山慕鬼”事件。在这些事件中，引起民间强烈反弹的并不仅仅是社会对御用文人品性的厌恶，还有社会对于凌驾于人本主义之上的传统爱国主义的日益反弹。诸如王兆山、余秋雨类似的言辞如果在10年前、

20 年前可能并不会引起如此之大的民愤。但是，在这几起事件中，僵化的权力精英显然没有发现，沿用既有话语模式将可能带来巨大的风险。与内部高度凝聚的传统民族主义不同，当代的民族主义运动从内核上而言缺失了民族国家早期的那种对本民族价值的笃信不疑。因此，它迫切地需要一种危机状态。唯有在危机状态中社会的分裂与对抗才可以强化“我们一敌人”的这种识别模式。

随着同质性民族国家的消解，多元话语共存的后现代来临，作为族群神话的民族主义已经被严重消解，当代民族主义成为一种消费时代的符号，它成为了一种偶发的时尚，提供的是多余的精力和激情的消费，以及普通人对于平凡生活的反抗，对于存在意义的追求。在大多数时刻，它只是作为一种暗喻存在于观念世界的深处，这种暗喻将社会过程中失败者的被剥夺感符号化为某种受压迫的民族意识，从而将复杂的政治、社会、经济和文化等一系列问题重构为民族问题。在这个意义上，当代的民族问题并非是传统意义上的民族问题，它既是对一系列难以言表的失败情绪的概括，也是对诸多现实利益诉求的遮蔽。这种遮蔽注定了当代民族问题往往是一个无解的黑洞，因为它往往不是一个清晰的问题，而是一个意向，它要求的不是解决而是表演。爱国主义的激情在当代更显得戾气乖张，它比以往任何时候都充满了战斗性，它不再是既有权力结构动员社会、制造民意支持的有力工具，与此相反，它更有可能为体制外精英所运用，成为挑战既有体制的堂皇旗帜。追求话语霸权的自发的爱国主义运动，呈现出与多元社会不相容的战斗气质，它直接冲击了目前我国充溢着精英政治气息的权力结构，并可能构成后进现代化过程中的某种民粹主义倾向。这种民粹主义在政治过程中不仅可能构成绑架政府的外部力量，而且将带来对于既有权力体制的退魅。更为严重的是，这种退魅不仅存在于外部民间的评价，而且可能发生于内部精英组织的自我信念当中。这将造成精英阶层的责任感消退，并刺激国家机构的过度世俗化，从而加剧国家的合法性危机。

二、反官、反富、反智的民粹倾向

公民社会作为相对独立于国家公权力的次级组织，有其内在的治理结构。这种自治是否完善，首先取决于其交往基础——公共议题的产生是否具有相对于大众传媒的独立性。这种独立性彰显出公共领域的参与者对于单向度人的抗拒，以及公民社会对于消费社会的抵抗程度。以2008年末的某高校弑师案为例，可以看出，公共领域内的议题选择与大众传媒存在密切的关系。一方面，公共事件中议题的选择与偏移仍然受到媒体报道的决定性影响；另一方面，网络作为公共领域的特殊性，也的确为多元信息的出现提供了场域，并发挥了有别于大众媒体的影响力。

高校弑师案自2008年10月28日晚6点40分案发，至10月31日，经历了由内部事件发展为公共事件，尤其是网络公共事件的全过程。根据该事件发展的时间、空间与特点，其发展阶段可以分为5个基本阶段：

时间	领域	特点
第一阶段：案发当晚	校园内部论坛	（1）传递信息 （2）表达情绪 （3）开始出现知情人的小道消息
第二阶段：29日	报纸、门户网站	（1）事件的基本要素（主要根据学校的发布会） （2）没有出现对于该事件的深入挖掘（有别于事发院校的内部论坛） （3）评论大多局限于泛泛讨论师生关系

续表

时间	领域	特点
第三阶段：30日	报纸、门户网站	(1) 门户网站与部分报纸出现绯闻流言 (2) 对教授与女学生之间的关系、教授的家庭状况尤其是婚姻状况、凶手背景尤其是情感生活的深入报道 (3) 评论内容开始涉及大学生心理、现存教育体制以及青年生存状况
第四阶段：31日	报纸、门户网站	(1) 关于“警方对绯闻女生的调查”的报道 (2) 对有涉女生情况的挖掘 (3) 议题发散化：针对该高校的评论、对于教授、大学生的评价、关于师生恋的讨论、关于教育制度的讨论以及对于该校封锁消息不满追求事情真相的议题
第五阶段：31日之后	相关贴吧	(1) 大众传媒的冷处理 (2) 仅做简单案件进展的报道 (3) 门户网站的焦点转移 (4) 小众贴吧上的继续关注

在这5个阶段当中，公共领域内的议题经历了由小众话题到大众话题再到小众话题的类型转换。相比于第一和第五个阶段，第二、三和四阶段在参与人数与议题范围上都表现出明显的增量。然而这种增量在构成了对公共事件价值内涵的进一步发掘的同时，也构成了议题的转向。除了少数发布内幕消息的知情人，大多数人的参与并未构成围绕特定议题的交流，而更倾向于符号化的情绪表达。从围绕事件而阐发的议题当中可以看出，对话是热烈的，但是对话的焦点是分散的、跳跃的和模糊的。

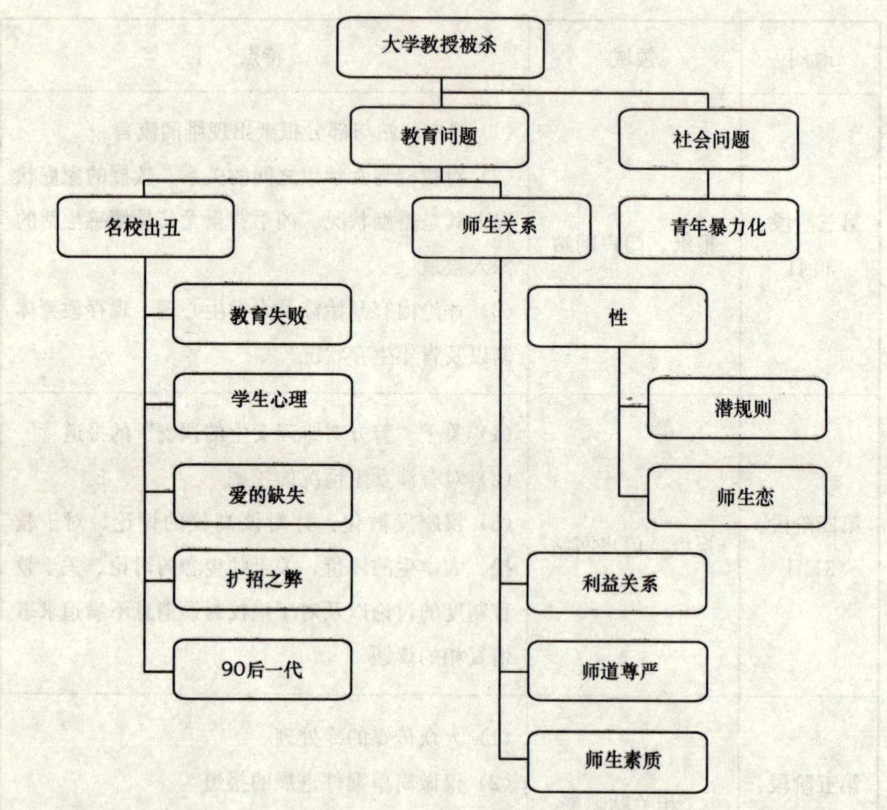

网络空间的话语模式彰显出公共空间的发展已经呈现出相对于国家权力话语的独立性。虽然主流话语仍然保持了话题选择中的强大影响力，然而这种影响力已经不足以决定公共话语的褒贬走向。在2008年的“俯卧撑”事件中，公共舆论表现出对国家权力的高度不信任。在周正龙华南虎二审案中，这种心态表现的更加淋漓尽致。

2008年11月17日，周正龙案二审开庭审理。经过13个小时的审理，法院宣布判处周正龙有期徒刑两年六个月，缓刑三年执行，并罚款人民币两千元。

自11月11日周正龙二审开庭日被确定为11月17日后，主流媒体报道与评论案件的文章数量激增，11日至16日共有24篇，开庭当日文章数量达到51篇，从18日至12月中旬共26篇。

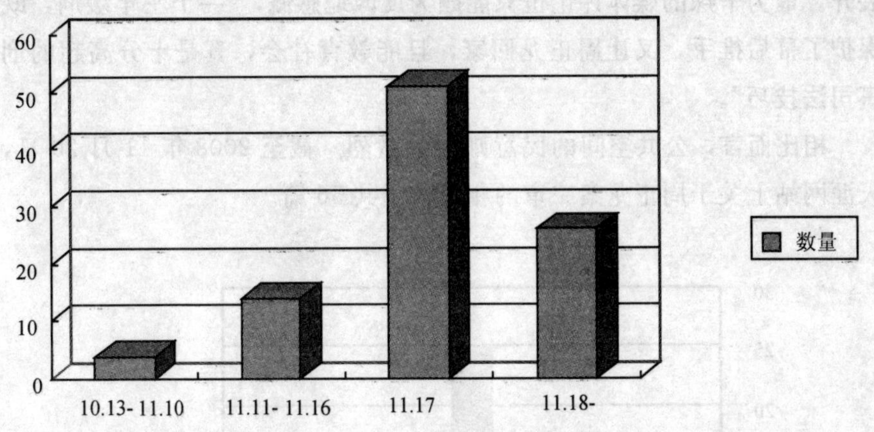

文章可分为：新闻报道类、解读类、媒体评论类、图片新闻类、视频新闻类。具体数量分布如下：

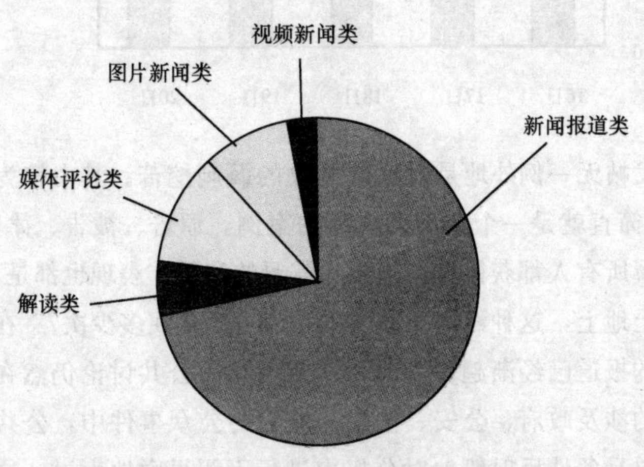

虽然对本案的意料之中又意料之外的结尾有诸多不满，但是主流媒体仍然倾向于对法庭选择低调结案的同情与理解。当“虎照门”呈现为“周正龙涉嫌诈骗和非法持有弹药案”，主流视野中的“尘埃”便已“落地”。司法只能在明规则上发挥作用，法院遵循的是“不告不理”，检控方移送审判的只是“周正龙案”而非“假虎案”，被告也只有周正龙一人而不包括众官员在内的涉嫌对“虎照门”负责的责任人，那么法院在审理“周正龙涉嫌诈骗和非法持有弹药案”中，只能围绕着“周正龙”而展开。最为辛辣的媒体评论也只能颇为反讽地感慨，“一个三年缓刑，既保护了幕后推手，又让周正龙回家，且能教育社会，真是十分高超的刑事司法技巧”。

相比而言，公共空间的民意则更为激烈。截至2008年11月20日，天涯网站上关于周正龙案二审的相关帖子共56篇。

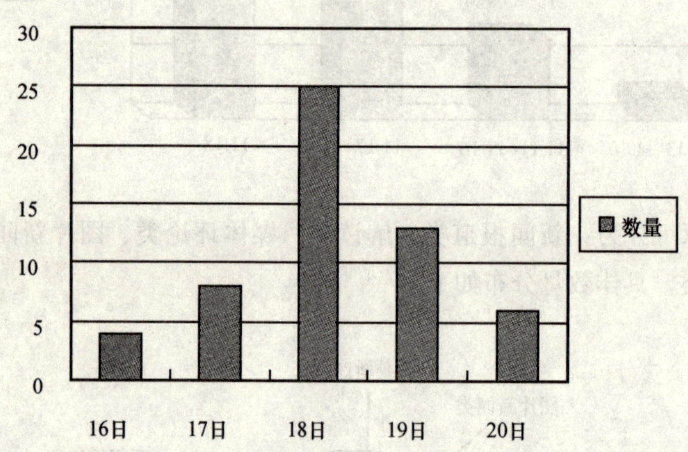

所有发帖无一例外地是对法院判决的讽刺挖苦。其中较为温和的一贴为：“这简直就是一个典型的全赢的案例，原告、被告、律师、法官、官员、家属所有人都获得自己想要和需要的利益，表现也都是可圈可点。在神奇的土地上，这种经典的案例不知道可以重演多少次?”在主流媒体对该事件的报道已经渐趋平静时，网络空间的公共讨论仍然在继续。在几乎所有的涉及政府、公安、法院和城管的公众事件中，公共空间中的民意几乎总是条件反射般地对公权力进行不假思索地声讨。这种见官则反的非理性反应，既让网络空间充斥着对权力阶层满怀敌意的情绪化语言，也让公共舆论显示出专横粗暴的任意与危险。在哈尔滨六个警察殴伤人命案中，网络空间随着当事人身份的变化而一波三折。本案的发生经历了从“警察殴死大学生”到“警察还击衙内”再到“警察有意误导公众”的三个基本阶段。

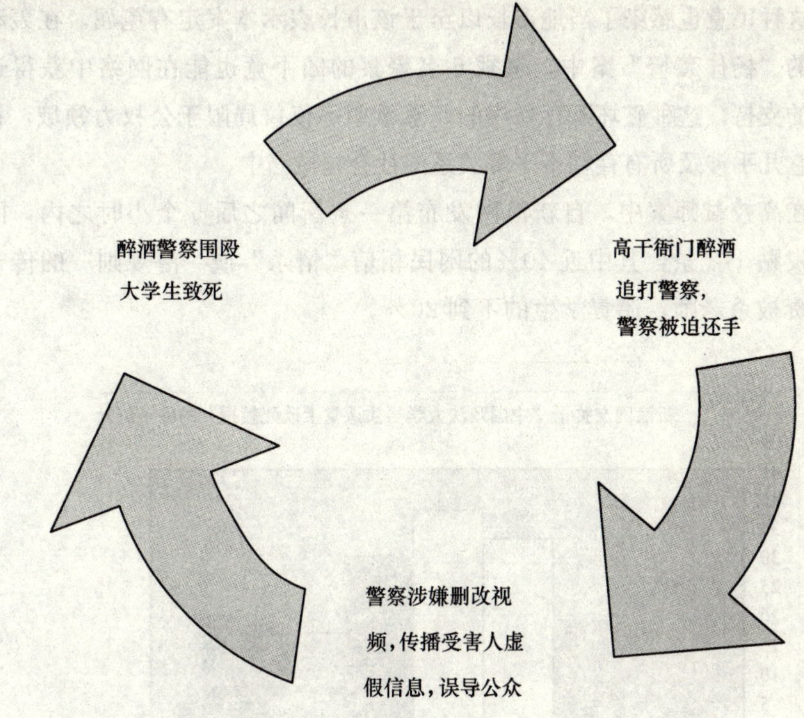

网络空间中的民意也相应地表现为一边倒：

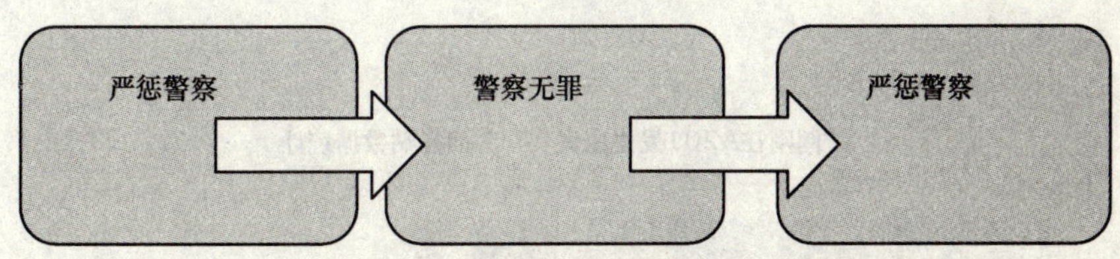

在诸如此类的案件中，网络空间的民意表现出令人战栗的盲目，即对于事实的高度符号化反应。只要涉及强势群体，如富商、干部、警察、专家等，民意几乎一边倒地呈现出否定性评价。这也许证明了随着平民话语权的增长，精英阶层与平民阶层的矛盾正空前激化。既有秩序的公正性和合法性正受到强烈质疑。这种民粹倾向的质疑，并非是有助于改进制度的积极性力量。相反，它在多数时刻构成了对于现实秩序的狂暴反抗，体现出危险的无政府主义倾向与激进的暴力诉求。在“湖南老汉相邀法院院长决斗事件”中，要求与法官一绝生死的当事人受到了几乎一致性的支持，甚至这种民意也感染了当地市长以至于该市长表示本案定有冤屈。在轰动一时的“杨佳袭警”案中，杀戮6名警察的凶手竟也能在网络中获得近80%的支持。这种破坏既存秩序的高涨欲望不仅仅局限于公权力领域，相反，它几乎涉及所有存在不平等关系的社会领域当中。

在高校弑师案中，自新浪网发布第一条新闻之后5个小时之内，网民共发贴177条，其中近40%的网民相信“情杀”或“潜规则”的传言而谴责被杀老师，谴责学生的不到20%。

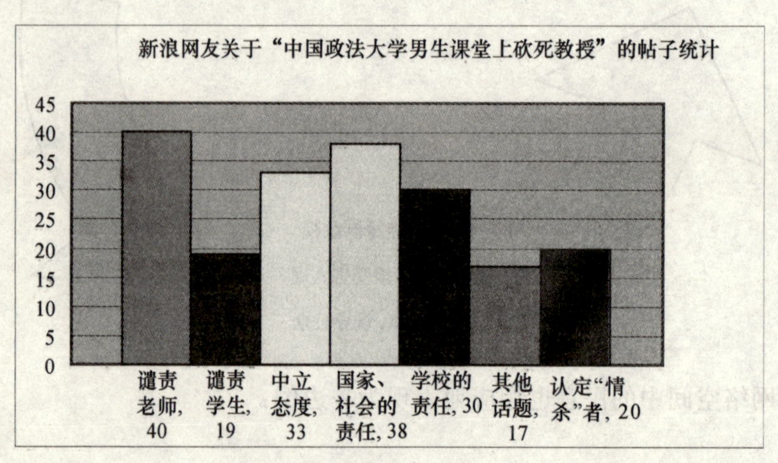

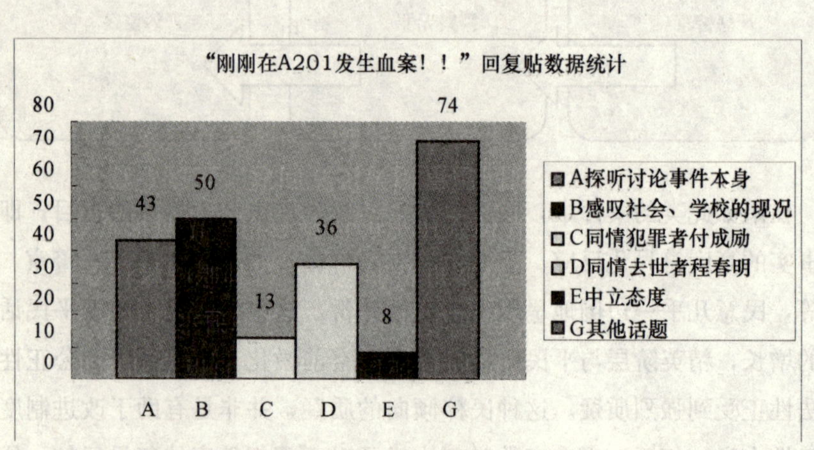

即便是在该高校内部的公共论坛当中，在一篇名为“刚刚在A201发生的血案!!”的帖子的5小时之内的回帖中，同情受害教授的回帖也未

超过 40%，而同情杀人学生的则高达 13%。

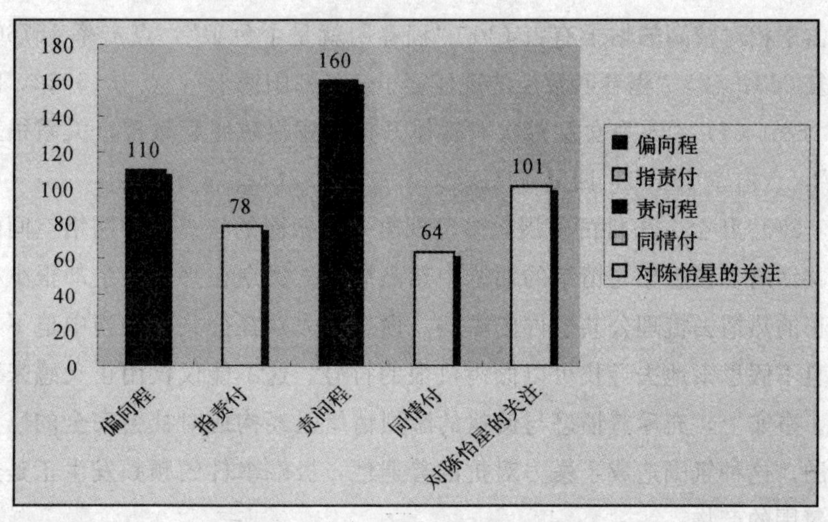

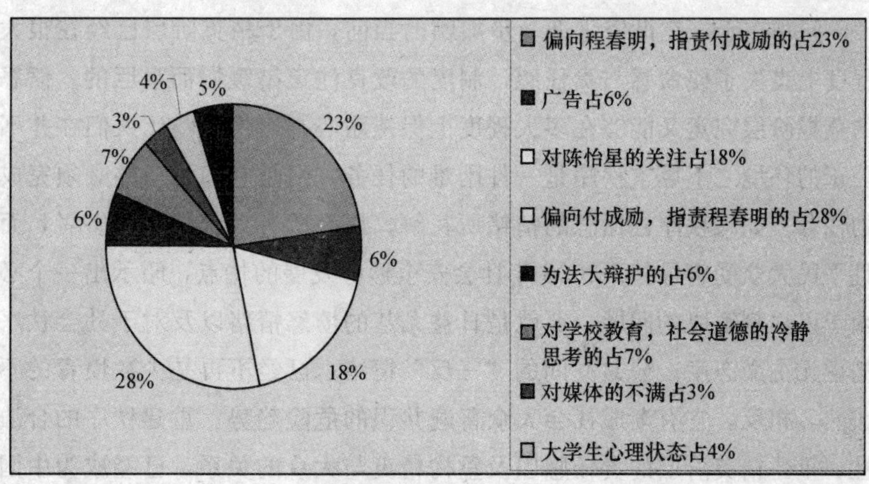

网络上无论是对受害教授，还是对绯闻女生的关注都占了相当大的比重。特别是后期，有关该女生的跟帖已经占据了整个论坛的主导。不论是对程的辩护还是攻击，都明显反应了社会大众对于事件以外信息的热烈反响。而前期单纯表达反对程春明的激烈言辞远远超过同情付成励的数量，超过幅度达到 20%，其视角大多为对高校教师道德底线的责问、“潜规则”玷污校园净土等。这些跟帖发展到后期转变为对当代师生关系的疑问和对校园管理制度的追问。截至12月28日，百度贴吧讨论区有关中国政法大学弑师案的主题数为853个，跟帖数为8291篇。其中点击率相对较高的帖子有：(1)“程春明就是个色狼”，点击率15766，回复263；(2)“程春明教授的现任妻子——韩阳博士”，点击15022，回复168；(3)“凶手女友首次对媒体开口：我很敬佩程教授，关系很正常”，点击率13486，回复196。

2008年公共事件的发展大多呈现出一个相同的特点，即网络空间的公共话语多在想象与情绪的纠结中热烈展开。民众在兴奋之余却很少有真正的热情去梳理公共事件的事实。愤怒的大众在公共事件当中迫不及待且不假思索地去寻找可以倾泻仇恨的符号。这不能仅仅用正义感来看待。事实上，充斥着愤怒与偏执的激烈情绪已经构成对社会安全的巨大威胁。这种氛围造成了暴力对抗的普遍性，极端事件的频频发生正是这种氛围的产物。

问题在于，在世俗化进一步加剧的当前，由于精英阶层已经在很大程度上丧失了使命感与责任感，制度的改良注定是缓慢而艰巨的，愤怒的草根阶层究竟又能够在多大程度上保持耐心与理性呢？让人们在并不公正的环境之下尊重秩序是一件困难的任务，但是它却是一件必须完成的任务。如果秩序被愤怒的情绪所瓦解，那么所有人都将是受害者，而且平民大众受害最甚。2008年社会安全形势发展的特点，昭示出一个必须予以立刻解决的问题，那就是日益尤甚的愤怒情绪以及对于社会秩序的虚无主义态度。公共空间的“三反”情绪，已经不再是少数愤青的不成熟，相反，它有渐成社会大众普遍共识的危险趋势。重建秩序的合法性、重建精英阶层的责任感以及重构精英与大众的关系，已经成为中国国家转型与和谐社会建构所面临的最紧迫问题。

三、和谐社会中的民主与参与

当代公共治理的实质在于在公共领域采取以公民社会自治为主的治

理方式。公民社会如何介入公共领域以及如何在公共领域内逐渐发展壮大是公共治理走向善治的关键。这其中既涉及公民社会伦理价值的规范性建构，也牵涉到不同文明体内具体的事实性存在。规范与事实的不确定组合，集中表现于公共领域与公民社会的具体关系，并直接决定着公共治理的质与量。

欧洲社会公共治理的一个基本特点在于市民社会自治内在逻辑的确立先于公共事务参与范围的扩大。在大众传媒时代到来之前，以咖啡馆、茶室、沙龙、剧院、博物馆、音乐厅等场所为活动空间，以对报刊的阅读及讨论为主要内容，通过私人社团、学术协会、阅读小组、共济会、宗教社团等形式成长起来的欧洲公民社会已经发育成熟。[①]因此西方公民社会的规范性治理是在西方社会漫长社群生活习惯这一事实之下发生的。也正因此，公共治理视野之内的公共领域与公民社会的关系往往是共生性质的，如哈贝马斯认为，对于公民社会而言，公共领域既是其发展产物，又是其现实基础。[②]在公共领域中个人对于公共事务发表自由看法，通过讨论和论辩达成共识。

对于中国的公民社会而言，其发展之踯躅往往源于公共领域的急速扩大先于公民社会的成熟。相比于西方公民社会的发展，中国公民社会的发展并不是循着一个治理范围日益扩大的渐进式路径展开的，相反，它的发展是在爆炸性增长的公共领域中由混乱走向规范的一个过程。在此过程中，网络的公共领域由于其自发生之日起就相对独立于国家权力所控制的主流媒体，因而成为公共民意引人注意的舞台。自2002年“黄静案”伊始，网络公共领域内的民意、民情已经逐渐成为不容忽视的话语力量。而2008年的“华南虎事件”、“南京房管局长天价香烟门”等事件，更是网络公共力量巅峰性的展现。然而，公共话语力量的增强不仅不足以带来网络公共领域的善治，而且缺乏理性共识的力量的滥用还有可能带来公民社会的暴政。公共治理有两个基本的指标：“质”与“量”。“质”强调的是公共事件中，理性和批判性话语的质量与形式；“量”强调的则是公众参与的数量或者公共领域自身的开放性。网络技术的进步让公共事件的参与之“量”，获得了飞跃式的膨胀。然而这种“量”的飞跃与“质”的提升却存在着内在的紧张关系，如杰斐逊所指出的理性交流存在规模效应，几百人的讨论也许优于几个人讨论的质量，但是几千人的讨论却几乎肯定毫无效益可言。网络技术的进步也许的确可以在相当程度上扩大参与的范围，个人独自面对电脑的参与模式也或许的确可以消解部分被群氓裹胁的危险。然而这仍然不意味着“量”的膨胀总是令人乐观的。网络中个人的高度离散性既提供了广泛参与的自由度，也构成了理性交流的障碍。围绕不同视角的各自表达以及由此产生的话题偏移构成了网络公共事件的重要特点。表达空间的高度拓展与交流议题的相对离散催生了网络中情绪化的大众参与模式。在这种模式当中往往既缺乏清晰稳定的议题也缺乏真诚和理性的交流。它不仅无助于公民社会以公共事件为契机的组织与发展，而且还可能造成公共领域内的无序并瓦解公民社会的重叠共识。

如何在网络空间中进行权力结构的合法性重塑，如何在公共舆论当中实现精英与大众的和解，成为了构建和谐公民社会的两个基本主题。长期以来，后发现代化模式塑造了一部凌驾于社会之上的强大国家机器并孕育出一个与权力过分紧密的精英阶层。这种依附于权力而生的精英阶层在社会主义经典体制向社会主义市场经济转型的世俗化过程中，在大众眼中被视为一个渐渐远离正义的既得利益集团。在长期的一元权力结构下，这种日益强烈的对合法性的质疑带来近乎灾难性的后果，那就是大众对精英阶层整体性的反叛与疏离。由于民间社会的高度离散，这种近乎完全消极的解构性力量并不具有建构合理秩序的知识与能力。因此在现有权力结构之下，加强国家对社会的吸纳作用就已经成为了唯一可能有效的解决途径。这种途径要求在体制内部给予体制外精英以某种共融空间，并且要小心翼翼地避免让这种共融成为同化。一种保持相对独立而非完全附庸的公民社会可以对转型期间的极端情绪进行最大限度的梳理，并可能在公民话语深入的过程中，将这些非理性的情绪凝聚成为温和的合作意识。就此而言，国家对社会有意识的塑造对国家合法性的重构具有重要的功能性意义。

服务型政府的产生首先是作为一种缓解合法性危机的对策而出现的。然而有鉴于目前我们所遭遇的合法性危机的根源在于权力体制与精英阶层的高度一体化，所以加强国家能力的做法可能只会取得一时之效。根本的解决之道在于构建出某种制度途径，既能缓解公民在现代化过程中的疏离感，又可以适当消解公民过分狂暴的参与热情，从而为至今为止仍然行之有效的精英治理模式提供免于被民意裹胁的治理空间。就此视角而言，构建并完善次级政治空间几近是目前为止唯一的制度选择。

注释：

① 展江："哈贝马斯的'公共领域'理论与传媒"，《中国青年政治学院学报》2002 年第 2 期。

② 哈贝马斯著，曹卫东等译：《公共领域的结构转型》，上海：学林出版社，1977 年版。

奥运安全问题与北京奥运会

孙志明

[内容提要] 北京成功举办奥运会，不仅是2008年中国的一件大事，也是国际上的重大事件。从北京筹办及举办奥运会的过程来看，北京奥运安全问题早已超出了奥运会本身。围绕北京奥运会发生的国际、国内的诸多事件，使奥运安全问题成为2008年中国国家安全问题的重要组成部分。奥运安全问题由来已久，随着奥运会影响力的不断扩大，奥运安全问题日益突出。北京奥运安全问题既具有一定的特殊性，也有奥运安全问题的普遍性。在各方的艰苦努力及精心准备下，北京奥运会克服了各种困难，确保了奥运安全，"平安奥运"成为奥运成功的根本保障。

2008年，举办一届有特色、高水平的奥运会成为中国乃至整个世界最为绚丽、华彩的乐章。北京奥运会的成功举办，不仅让全世界华人感到无比光荣和自豪，也让世界感受到中国文化的强大魅力和当代中国的健康形象。

然而，北京奥运会的成功却不是一帆风顺的。这个漫长而曲折的过程，使我们对奥运安全问题有了全新的认识。而且，随着形势的发展变化，这种认识也变得越来越直观、越来越深刻。

从狭义上讲，北京奥运安全问题就是指奥运会的安全，即影响北京奥运会顺利举办的赛事组织安全问题。但从奥运安全问题来看，从北京筹办、举办奥运会的实际情况来看，北京奥运安全问题已经远远超出了奥运会本身，围绕北京奥运会发生的国际、国内的诸多事件，使奥运安全问题成为2008年中国国家安全问题的重要组成部分，甚至成为2008年国际关系中的重大问题之一。

因此，奥运安全问题不是北京奥运会特有的问题，而是奥运举办国、举办城市都会面临的具有共性的问题。由于2008年奥运会在中国举行，奥运安全问题也就成为2008年中国国家安全问题中的一个重要组成部分。

一、奥运安全问题的主要内容

从历届奥运会的情况来看，影响奥运安全的因素主要有政治因素、经济因素、赛事组织因素和自然条件等。此外，还有一些与奥运毫不相干的问题，由于发生在奥运会期间，也会对奥运安全带来消极影响。具体地讲，奥运安全问题主要包括以下三个方面：

（一）政治因素对奥运安全的影响

现代奥运会从一开始就明确了其反对奥运政治化的主张。但是从奥运百年的历史来看，作为一个国际体育盛会，奥运会从申办、筹办到举办就不可避免地与政治因素形成紧密的联系。比如举办国、举办城市巨大的财政投入必然反映出国内政治力量的意志和主张，各国在申办、筹办和举办奥运会时也都会通过“奥运外交”扩大对外合作交流等等。体育竞赛是可以超越国界、超越政治的具有人类共性的活动，相互了解、友谊、团结和公平竞争的奥林匹克精神也有利于促进国家间政治、经济、文化、外交诸领域关系的交流和发展，这也是符合奥林匹克宗旨的。因此，“奥运政治”是不可避免的，尤其是在奥运年，这几乎成为了一个规律。而“政治奥运”则是利用奥运会的巨大影响，将奥运会变成破坏和平、破坏团结、制造矛盾甚至制造仇恨的政治工具和舞台，这是违背奥林匹克精神、阻碍奥运会发展的，这才是我们所说的要坚决反对的奥运政治化问题。

在百年奥运史上，由于国际政治、国内政治、社会矛盾延伸到奥运会且造成严重后果的并不罕见。1896年，第一届现代奥运会举办时就受到了国内政治的巨大干扰。当时的希腊首相特里库皮斯因国力衰弱，反对举办奥运会而遭到政敌的强烈反对，最终导致他下台并流亡。就在第一届奥运会举办过程中，这位流亡首相在痛苦和压抑中病逝。现代奥运会从一开始，就这样不幸地成为国内政治斗争利用的工具。

1968年，墨西哥国内政治斗争不断加剧，首都频繁爆发学生示威活动，示威学生还占领了国家大学。墨西哥政府采取高压政策但收效不大。10月2日，距离第19届墨西哥奥运会开幕还有10天，墨西哥军警包围了国家大学，并向抗议人群开枪。冲突结束后，墨西哥政府宣布有35名暴乱分子被击毙，媒体则称至少有267人死于冲突之中，1200多人受伤。惨案震惊了世界，不少运动员提前离开了墨西哥，退出了奥运会。开幕式虽然场面热烈，但全世界媒体都报道称"所有的观众都是身穿便衣的墨西哥警察"。这届奥运会也因此被称为"最黯然失色的奥运会"。2004年7月，当年的墨西哥内政部长、后来担任总统的阿尔瓦雷斯因下令镇压示威行动而被起诉。

汉城奥运会开创了官办奥运会盈利3亿美元的纪录，被萨马兰奇誉为"最成功的一次盛会"。在筹备奥运会的七年时间里，韩国人均GDP从2300美元增长到6300美元，促使韩国完成了从发展中国家向新兴工业化国家的转变，创造了"汉江经济奇迹"。然而，就在国家经济飞速发展的过程中，韩国国内政治斗争日益尖锐。在西方大国的舆论支持、暗地帮助下，韩国国内反对派利用奥运会不断给执政当局施加压力，爆发了一系列大规模的反对、示威事件，有的还演变成流血冲突，造成严重的社会动荡，最终导致总统下台、政府更迭。

国际政治斗争对奥运会影响更是屡见不鲜。最极端的就是两次世界大战导致了三届奥运会被迫取消，这就是虽然保留了届数但并没有举办的1916年第6届柏林奥运会、1940年第12届赫尔辛基奥运会和1944年第13届伦敦奥运会。

两次世界大战造成的灾难，即使是主张休战、倡导团结友谊进步的奥林匹克也难以独善其身。现代奥运史上发生的四次严重的"抵制事件”，就集中反映了当时国际斗争中的突出矛盾，也直接导致了奥运会在申办、筹办和举办过程中一系列尖锐复杂的国际政治斗争。

1974 年，莫斯科获得奥运会主办权被苏联视为外交上的一大胜利。1979 年苏联出兵阿富汗却引发了前所未有的奥运抵制运动。国际奥委会发表声明，坚持奥林匹克运动与政治无关的原则，一致同意奥运会仍在莫斯科举行，但还是有 2/5 的奥林匹克成员宣布抵制本届奥运会，并撤销了许多商业赞助、转播合同、预订门票、邮票发行等计划，从而使这届奥运会成为奥运史上投资最大、收益最小的奥运会被称为“残缺的奥运会”。这也是奥运史上最大的一次抵制事件。

第 20 届慕尼黑奥运会申办成功后，西德政府和人民特别希望通过一届和平的奥运会改变世界对德国的印象。第一个奥运吉祥物就诞生在这届奥运会上。但在奥运会筹办过程中发生的一系列外交事件却仿佛预示了这将是一届不平静的奥运会。开幕前夕，国际奥委会邀请刚刚宣布成立不久、因实行种族歧视政策而不被国际社会所承认的罗得西亚（即后来的津巴布韦）参加奥运会，引发了非洲国家的抵制浪潮。国际奥委会被迫撤回邀请。而国际奥委会坚持允许以色列参加奥运会，又引起许多阿拉伯国家的抵制行动。但国际奥委会没有改变决定，这就为本届奥运会上发生的“慕尼黑惨案”埋下了种子。惨案发生后，当时的国际奥委会主席基拉宁悲伤地说：“这是恐惧和混乱的时刻，比赛虽在继续，但世界不得不承认，仇恨和偏见仍是人类生活的一部分。”

(二) 公共安全问题对奥运安全的影响

奥运会是一个影响广泛的世界性的体育盛会，对于举办国、举办城市的市政管理、运行系统、保障系统都提出了很高的要求。

从历届奥运会来看，奥运公共安全问题主要包括交通、通讯、电力供应、社会治安、赛事保障、餐饮服务、食品供应、卫生医疗，以及协调机制和应急体系建设等诸多方面。这些方面的工作不仅体现了一个城市的管理水平和形象，也直接关系到奥运赛事及相关活动能否顺利进行，因此成为奥运安全的重要组成部分。

交通问题是各大城市的共同难题。亚特兰大奥运会期间，经常出现运动员因交通问题而耽误比赛，严重影响了奥运会的有序进行。悉尼奥运会也多次发生交通问题，交通事故还导致运动员伤亡。悉尼机场煤气泄漏、致命病毒侵袭奥运邮轮、机场发现错误的无线电信号等意外情况更是令各方高度紧张，奥运公共安全问题也引起了广泛的关注。

奥运食品供应和安全保障一直被视为一个复杂的工程。莫斯科奥运会的安全工作做得很出色，但发生了60多名爱尔兰运动员因饮食不卫生而被送医院抢救。食品安全从此倍受重视。

治安和内部安全保卫工作也非常重要。巴塞罗那奥运会开幕前夕，两座五星级饭店接连失火，萨马兰奇就下榻在其中的一个饭店，影响很大。这届奥运会也因此成为首届禁烟的奥运会。奥运会开幕当天，距会场50公里的煤气管道发生大爆炸，引起火灾。这些事故促使警方采取了更加严密的防范措施，严阵以待。巴塞罗那奥运会的安保工作被认为是空前复杂的，不仅动用了各种防卫力量，还有25000名执法人员和志愿者参加了奥运安保工作。1964年第18届东京奥运会发生了奥运圣火被盗事件，20年后才发现竟然是工作人员的坚守自盗。这成为奥运史上一个不小的笑话，严重影响了举办国、举办城市的形象。

当然，对奥运安全威胁最大的公共安全问题就是恐怖主义。

恐怖主义是有别于传统安全的、对世界和平与稳定产生巨大影响的一种新的安全问题。当前，恐怖主义行为日益呈现出隐秘性、多样化、国际化、网络化的特点，通过制造恶性事件和恐慌情绪，引起轰动效应，破坏性极大，尤其是奥运会这样规模大、有巨大影响力的国际盛事，更是成为各种恐怖组织攻击的重点目标。恐怖主义已经成为威胁奥运安全的毒瘤。“慕尼黑惨案”、亚特兰大奥林匹克百年公园爆炸案都成为奥运会永远的伤痛，而利用奥运会制造的恐怖事件或恐怖威胁的还远不止于此。

1986年10月，国际奥委会正在准备投票表决1992年奥运会举办城市。为阻止巴塞罗那申奥，恐怖组织“埃塔”在巴塞罗那市中心制造了一起汽车炸弹事件。

1996年7月18日，一名男子在亚特兰大持“炸药包”企图抢劫银行，被警察制服。奥运会开幕前一小时，警察发现一名男子带枪进入了会场，迅速采取措施，才没有造成严重的后果。

正因为如此，近些年来，奥运会举办国都在反恐方面做了大量工作。1984 年洛杉矶奥运会改变了“官办”的传统，但美国政府却在安保方面投入了大量经费，不仅对国际形势、国际恐怖组织进行了深入的研究，而且成立了“反恐怖行动中心”，采取各种措施，确保安全。美国警方从全国抽调 17000 名警察、私人警卫和 8000 多名大学生，在奥运村等部位巡逻警戒。美国政府提出的“安全是举办奥运会的首要条件”这一思想也被广泛接受。

悉尼奥运会筹备期间，美国联邦调查局发出预警：悉尼奥运会将成为恐怖分子拉登的袭击目标。美澳之间开展了反恐合作，组织精锐部队进行反恐训练。澳大利亚成立了专门的奥运会安全指挥中心，设想出 800 多种可能出现的危险情况，其中邮包炸弹真的出现了。[①]虽然破案后查实这与恐怖主义无关，但警方仍然加强了戒备，并处理了大量未遂的恐怖事件，其中包括奥运会开幕前针对悉尼城外核反应堆的恐怖袭击计划、悉尼地铁发现可疑炸弹等等。

“9・11”事件后，奥运会更是成为了国际恐怖组织关注的重点。雅典奥运会称为“反恐奥运会”，安保预算高达 15 亿美元。2004 年 2 月底，国际奥委会在雅典召开执委会，一个叫“雅典娜与菲沃斯”的极端组织制造了一起炸弹爆炸事件，焚烧了内政部的几辆卡车，宣称是送给国际奥委会的一份“见面礼”。5 月 5 日，距离奥运会开幕还有 100 天，市中心一个警察局遭到 3 枚炸弹袭击，建筑物严重受损，一人受伤。一个名为“革命斗争”的极端组织声称对此负责，并开列出一份“不受欢迎者”名单。7 月 22 日清晨，雅典文化部门前发生爆炸。

此外，一些政治势力、非政府组织甚至个人也企图利用奥运，借机生事，扩大自己的影响，也已成为奥运安全的重大隐患。奥运会是体育盛会，但随着奥运会的规模、影响不断扩大，奥运会自然也成为国际矛盾汇聚的场合，成为各种政治力量企图捞取政治利益的舞台。这严重危害了一直倡导体育非政治化的奥林匹克精神，也给奥运会和人民生命财产安全带来了巨大的威胁。

(三) 赛事及奥运相关活动的组织安全

尽管奥运会已经被赋予了太多的超出体育范畴的内容，但竞赛仍然是奥运会的主要内容。奥运竞赛汇集了世界最优秀的体育选手，也吸引了来自世界各地的大批观众，还会有许多高官政要出席，赛事安全尤其重要。概括地讲，赛事安全主要包括赛事组织安全和人员安全两个方面。

1960年第17届罗马奥运会是奥运史上具有划时代意义的一届奥运会，从场馆建设到交通管理，从赛事报道到电子仪器的大量应用，都极大地推动了奥运会的发展。悉尼奥运会上，电子设备、网络技术被更广泛地使用，奥运会成为各种先进技术集中使用的场合，自动化程度越来越高。2000年悉尼奥组委的7300台电脑全部联网，39个场馆的基础资料、赛程、运动员数据、比赛结果等都以电子传输的方式公布在官方网站上。为防止恶意攻击、篡改比赛及运动员信息等，澳大利亚组成专家小组，专门打击“网上恐怖袭击”。网络安全问题成为奥运安全的重要组成部分。

运动员的安全也是赛事安全的重要组成部分。在罗马奥运会男子团体100公里自行车赛中，丹麦运动员詹森、约根森突然栽倒，詹森经抢救无效死亡。这是奥运史上第一次发生运动员服用兴奋剂致死事件。从此，反兴奋剂行动成为奥运会长期而艰巨的任务。

体育赛事常常吸引大量观众到场观战，但发生恶性的球迷骚乱、突发情况引发严重踩踏事件也造成了许多悲剧，特别是足球比赛。据统计，从1902年到2000年近100年间，全球共发生23起球迷伤亡事件，造成至少1380人遇难。奥运会也不能幸免于这类惨案的发生。[②]

此外，气象等自然因素也是赛事安全中不容忽视的一个方面。暴雨、地震、高温、雷电等气象灾难都会对奥运赛事及相关活动产生影响，处置不当也会演变成为安全问题。[③]

精彩的奥运会赛事举世瞩目，也必然吸引大批观众到现场观赛。如何确保赛事组织有序运行、确保人群高度密集场所的人员安全，如何应对、处置奥运竞赛及相关活动中发生的各种突发情况、意外情况，这些问题构成了现代奥运会最基本的安全问题。

二、北京奥运会的安全问题

2001年，北京赢得第29届奥运会的举办权。这是现代奥运史上第一次来到中国，同时也是现代奥运会第三次来到蓬勃发展、充满活力的东亚，第二次在一个社会主义国家举办。这些特殊的含义使北京成功申办奥运会倍受瞩目。在七年多的筹办过程中，北京奥运会也经历了各种压力和挑战，奥运安全形势不容乐观。其中，影响最为突出的安全问题就是奥运政治化问题和恐怖主义及分裂势力的蓄意破坏活动。

（一）奥运政治化问题

事实上，从北京申奥那天起，西方敌对势力就一刻没有停止过借奥运话题诋毁中国的努力。奥运政治化的问题始终是干扰北京奥运会申办、筹办工作的重要问题。随着北京奥运会开幕日期的临近，针对北京奥运会的活动也愈演愈烈。

2008年2月中旬，西方一些人士借达尔富尔等问题集中发动抵制北京奥运的活动。2月14日，英国《独立报》头版刊登了一封致中国政府的署名信函，敦促中国采取更多行动以结束达尔富尔冲突。名单中包括国际奥委会主席罗格的署名。罗格当天即公开否认签署过该信函。2月15日，《独立报》在其网站上轻描淡写地说这是一个“疏忽”。与其高调在头版刊登的信函相比，这个解释似乎不足以改变已经给北京造成的负面影响。

《独立报》刊登的那封信函并非原创，而是由一个成立于2004年、名为“危机行动”、总部设在伦敦的西方人权组织炮制的。在这份长长的名单中，包括了诺贝尔奖得主、奥运会选手、政治家和娱乐明星。

也是在2008年2月14日，美国好莱坞导演斯蒂芬·斯皮尔伯格宣布辞去北京奥运会开闭幕式艺术顾问一职。他在声明里声称：“现在我的时间和精力不该用在奥运会仪式上，而应竭尽全力帮助终止达尔富尔地区反人性的持续犯罪行径。”这种说法与《独立报》那封公开信上所说的几乎如出一辙。

英国《泰晤士报》披露，斯皮尔伯格受到了来自63岁的美国演员米亚·法罗与其他一些好莱坞名人的压力。在米亚·法罗个人网站的显眼位置，列着与苏丹问题有关的十几篇文章，其中不乏恶意歪曲事实、大肆攻击中国、呼吁抵制北京奥运会的文章。

针对这些事件，国际奥委会和各国奥委会公开表态，坚决反对奥运政治化。对于斯皮尔伯格的退出，罗格说：“个别人的缺席无损于奥运会的质量，北京奥运会比个人强大多了。”他还警告运动员如果利用奥运会作为政治舞台将受到惩戒。多国政要也纷纷表示不会抵制出席北京奥运会，世界主要媒体也就此展开广泛讨论。2月16日，英国《泰晤士报》发表题为《请别在中国问题上哗众取宠》的评论文章，建议英国政府不应效仿斯皮尔伯格的举动。一时间，是否抵制北京奥运会成为国际舆论的热点话题。

然而，抵制风波并未就此结束。特别是在西藏发生“3·14”事件后，西方一些政客、非政府组织开始打着“人权”的旗号，对北京奥运会发难，引发了更加严重的奥运泛政治化问题的纷争。

3月18日，法国外长库什内说：“欧盟应考虑用抵制北京奥运会开幕式的方式，就西藏问题惩罚中国。”由于欧盟其他国家或明或暗的反对，当晚他改口说：“我们不支持这个想法了”，“人权问题不能始终是国际关系的主要考虑因素”，“在和中国这样重要的国家打交道时，经济决策有时是以牺牲人权为代价的”。

3月25日，萨科奇关于抵制北京奥运会“一切皆有可能”的含糊表态迅速被媒体捕捉、放大，这充分暴露出西方媒体在西藏事件平息后的失望情绪，急于找到新闻焦点的急迫心情。

4月7日，美国参议员希拉里公开要求布什抵制北京奥运会开幕式，遭到包括克林顿在内的多数人反对。

4月24日，萨科奇称：“法国在担任欧盟轮值主席国后将推动欧盟全体就是否抵制北京奥运会开幕式达成一致意见。”法国超市在中国遭到严重抗议事件之后，他的语气软化了许多，还派出多名特使访华，试图弥合受损的中法关系。奥运会开幕前夕，他一改抵制的立场，参加了北京奥运会开幕式。

在这个过程中，西方政客们表现出了极度矛盾的心理：一方面希望给北京奥运会附加种种条件、制造重重障碍，另一方面又无法放弃中国这个巨大的市场和重要的合作伙伴，无法阻碍北京奥运会迈向成功的步伐，在奥运会筹办过程中上演了一幕幕奥运政治化的丑剧。

（二）恐怖主义、分裂主义与极端势力蓄意破坏北京奥运会

北京奥运会面临的最直接的现实威胁就是恐怖主义、分裂主义和极端势力，特别是“疆独”、“藏独”、台独、法轮功邪教组织和海外民运分子。他们都把北京举办奥运会看作重要的机会，伺机制造破坏活动，以达到其不可告人的目的。北京奥运会前夕，这些组织活动频繁，针对奥运会制造事端的企图明显。

2007 年 1 月，“东伊运”[④]派遣骨干分子进入新疆，纠集一伙暴力恐怖分子潜入我帕米尔高原山区，建立恐怖活动训练营地，进行恐怖训练活动。在 1 月 5 日的搜捕中，这伙暴力恐怖分子进行武装反抗，公安民警 1 人牺牲 1 人负伤。在还击中，警方击毙恐怖分子 18 名，捕获 17 名，缴获自制手雷 22 枚、半成品手雷 1500 多枚。

2008 年 1 月底，一批武装恐怖分子开始聚集在乌鲁木齐最大的居住小区——天山区幸福花园，策划在 2 月 5 日制造爆炸等恐怖暴力事件。提前掌握了准确情报的新疆警方于 1 月 27 日晚上展开抓捕行动。恐怖分子反抗拒捕，警方击毙恐怖分子 2 名，抓获 15 名。警方在现场搜查到了一批枪支、自制爆炸物、暴力恐怖活动的训练装备及宗教极端思想的宣传资料。在审讯中，这伙恐怖分子承认是受到境外恐怖组织的指使，预谋在境内进行暴力恐怖活动。

3 月 7 日，一架从乌鲁木齐飞往北京的南航飞机紧急迫降在兰州。事后调查证实，这是一起由境外恐怖组织精心策划的、企图以一名 19 岁少女为“人体炸弹”制造空难的未遂恐怖事件。

3 月 10 日，拉萨出现事件苗头。与此同时，中国多个驻外使领馆受到海外“藏独”分子冲击。3 月 14 日，“藏独”分子在拉萨发动了打砸

抢烧事件，造成了人员和财产的重大损失，也引起了国际社会的广泛关注。西藏自治区党委、政府采取措施，平息了事件。

3月23日，新疆和田地区发生了“疆独”分子发动的打砸抢事件，很快得到平息。

这些事件发生后，中国政府采取了积极、有效的措施，通过各种方式，向全世界公开事件真相，揭露了“藏独”、“疆独”分子的罪恶行径，赢得了国际社会的理解和支持。

3月17日，俄罗斯外交部发表声明：企图将北京奥运会政治化的做法是不可接受的。“俄罗斯密切关注来自中国的、与西藏自治区近期事件有关的消息。我们希望，中国政府将采取一切必要的措施，制止非法行动，尽快实现西藏局势正常化。”“俄罗斯多次声明，俄罗斯认为西藏是中国不可分割的一部分，调整与达赖喇嘛的关系是中华人民共和国的内政。”“俄罗斯相信，中方将提供最高水平的奥运组织工作，包括解决运动员和宾客的安全问题。”

3月20日，罗格在接受路透社采访时说，“至今没有一个政府因为西藏问题而要求抵制北京奥运会，欧盟和世界主要国家政府的立场让我们深受鼓舞，他们几乎一致表示，抵制不是解决问题的办法。”

3月28日，欧盟外长在斯洛文尼亚召开会议，一致表示：欧盟成员国将不会抵制北京奥运会。

4月12日，曾领导抵制1980年莫斯科奥运会的美国前总统卡特说：“现在用类似的行动抵制北京奥运会是不对的。”他认为“发起抵制北京奥运会的行动将是一个严重的错误”。“我希望所有国家政府、所有的参与者届时都参加这届奥运会。”对于有人拿西藏问题当借口，卡特说：“包括达赖喇嘛在内的每个人都承认，西藏是中国的一部分。”

而在奥运火炬海外传递过程中发生的多起“藏独”、“疆独”、法轮功邪教分子干扰破坏的事件，更是引起了国际社会的广泛谴责，也激起了全世界华人的强烈愤慨。在成功举办北京奥运会这个民族大义面前，全球华人空前团结，成为2008年最为激动人心的历史画面。

三、“平安奥运”是北京成功举办奥运会的根本保障

北京奥运会是在奥林匹克运动史上留下辉煌一页的体育盛会。来自204个国家和地区的1万余名运动员参加了北京奥运会，规模空前。[⑤]中国体育代表团取得了51枚金牌、100枚奖牌的优异成绩，第一次名列奥运会金牌榜首位，创造了中国体育代表团参加奥运会以来的最好成绩。

国际奥委会主席罗格在北京奥运会闭幕式上说：“这是一届真正的无与伦比的奥运会，16个光辉的日子将在我们心中永远珍藏。”他代表国际奥委会感谢中国人民，感谢所有出色的志愿者，感谢北京奥组委。

而在成功的背后，是“平安奥运”为北京奥运会、残奥会撑起了安全的屏障。

(一) 始终把反恐、防暴放在奥运安全的首要位置

2001年12月13日北京奥组委成立，标志着北京2008年奥运会的筹办工作正式启动。

从国际恐怖分子的袭击目标表上看，北京当时并没有被列入热点地区，国际奥委会安全顾问、悉尼奥运会安保总指挥官彼得·瑞恩先生甚至认为：北京奥运的反恐工作难度比雅典奥运小。但在全球反恐的大背景下，北京奥运安全保卫工作还是把恐怖主义作为奥运安全的首要威胁，全力以赴地做好反恐准备。

早在北京奥组委成立之前的2001年10月，北京反恐怖工作协调小组就成立了。针对奥运安保的形势和任务，北京警方制定了《安全保卫专项规划》。奥运会期间，北京提供参与安保工作的人力资源约八万人。奥运会帆船比赛和足球预赛城市也将配备足够的安保力量。

2002年7月13日，北京奥组委公布了《北京奥运行动规划》。[⑥]这个

指导奥运筹办工作的纲领性文件也系统地部署了奥运安保工作。

2002年7月，北京正式启动反恐怖综合演练，旨在检验多警种、跨行业协同作战的能力。这次演练历时两个月，参演力量3000余人，各种专业车辆300余辆。北京警方还针对地铁易受恐怖袭击、危害后果严重、处置难度大的特点，专门组织了“处置地铁生化恐怖袭击事件指挥系统室内模拟演示”等专项演练。韩国大邱市发生地铁特大纵火事件后，北京再次举行由北京卫戍区防化团、市公安局、市卫生局以及地铁运营公司等单位参加的军、警、民地铁灾难处置“室内指挥系统和实兵实地灭火抢险救援演练”。通过这些演习，完善了处置恐怖袭击的组织体系、救援程序，提高了各级领导的决策指挥和现场处置能力。2003年7月17日，北京市政府提出了“安全奥运”的目标，确定了“反恐防暴、立体防范”的工作核心，并公布了确保奥运安全的十项重点建设任务。

（二）加强指挥、协调、合作，形成合力，确保北京奥运安全

2004年12月，国家级的奥运安保工作协调机构——北京奥运安保协调小组正式成立，北京奥运安保工作全面启动。奥运安保协调小组由公安部、国家安全部、军队、武警、外交部、海关总署、北京市等二十多个相关单位组成，统一领导2008年的奥运安保工作。这样高规格的庞大指挥机构，是新中国成立以来体育运动会或社会活动前所未有的最高级安保。协调小组下设安保指挥中心和安保情报中心——安保指挥中心主要负责要人警卫、场馆保卫、防爆安检、要害部门保卫等工作；情报中心主要负责奥运风险因素的评估、相关的背景审查、专业情报信息的收集和编报等工作。

为确保北京奥运会的安全，北京奥组委还广泛开展了国际合作，派出大批人员对雅典奥运会、都灵冬奥会、德国世界杯等国际大型体育赛事进行了实地和现场考察，向有关国家的警方、安全部门学习。从2003年起，仅北京警方就选派了133名警察赴英、德、澳、加等国受训。北京奥组委还聘请数十名国际奥委会的安保专家、往届奥运会安保指挥人员作为北京奥运会的安保顾问。北京奥组委先后举行了十余次国际安保合作会议，与各国驻华使馆的安全官建立了定期的情况通报机制。有数

据表明，仅奥运会开幕前两年内，北京奥组委就先后邀请各国专家参与论证了900多个涉及奥运会安保的工作方案。

北京奥运安保部门还与国际奥委会、国际刑警组织、上海合作组织，以及多国的安保、情报、反恐怖部门建立了合作机制，互通情况、信息，共同做好北京奥运会的安保工作。美国一位资深反恐专家说："至少有80个国家直接或间接参加了北京奥运会的安保行动。当然，东道主中国唱主角，其他国家是配角。"⑦

在奥运开幕前，京、津、冀、辽、晋、鲁和内蒙古七省区市警方联合启动"护城河"工程，全面提高安保等级，共同确保奥运安全。作为打击宗教极端势力、民族分裂势力和国际恐怖势力的最前沿，新疆军警民处在奥运安保战斗的最前线。除新疆武警举行的"虎啸天山"等系列反恐演习外，新疆警方还先后打掉多个预谋破坏奥运会的恐怖团伙，仅喀什一年就打掉境外恐怖分裂组织团伙12个。新疆警方和周边省区市的有效行动，最大限度地减轻了北京奥运会面临的恐怖主义、暴力行动的压力。

按照国际惯例，北京奥运会还动用了规模空前的武装力量参与奥运安保工作。军队的任务是保证赛区外围安全，其中包括空中安全。如采取航空管制措施，在奥运举办城市和重要场馆周围布设空中打击力量、防空力量和装备等。"雪狼"突击队是中国奥运官方的安保部队，被称为北京奥运会的守护神，担负着奥运核心区、中心区的武力突击任务。北京警方组建的由120名特警精英组成的"蓝剑"突击队则部署到各个场馆，确保突发事件发生时在第一时间到达现场。

此外，根据国际奥委会的规定，所有的奥林匹克区域内禁止商业的或者非商业的宣传活动，包括涉及到政治、宗教、种族等问题的活动。因此，对于可能发生的示威游行，北京也做好了充分的准备，专门划定三个离赛区和市区较近的公园，作为示威游行区域，示威人员必须正式申请并获得批准，才能在规定区域内活动。

（三）安全先行，突出重点，全面落实奥运安全各项目标

为了确保奥运安全，北京奥运会把奥运场馆列为安全保卫的重点，

奥运场馆的安防设施、安保科技系统与场馆的规划建设同步规划、同步设计、同步建设、同步验收、同步投入使用，这就避免了以往国际上大型活动中经常出现的安保设施建设介入较晚、易造成拆改、破坏场馆的情况。奥运场馆实行分类管理，依据举办活动的特点、场馆容量、群众关注度、风险评估、控制难度和以往发生的问题等因素，将所有场馆被分为ABCD四类，以采取不同的安保措施。

公共安全问题也是北京奥运安全的重要组成部分。2005年10月27日，北京市政府第94次市长办公会审议通过了《2008年北京奥运食品安全行动纲要》（京政办发［2005］54号），作为此后三年确保首都及奥运食品安全的纲领性文件，着力完善首都食品安全的监管网络和责任体系、食品安全检测体系、食品安全信用体系、北京建立了食品安全监测网络，对食品进行全面、系统、持续监测，每年抽样十万个。北京食品市场上的绝大多数产品实行了条形码和电子监管码，基本实现全程追溯。奥运前夕，针对境外媒体关于部分外国运动员因所谓的北京食品安全问题要自带食品入境的报道，北京市政府郑重表示：北京奥运食品安全标准参照并超过国际食品安全委员会确定的标准，食品安全完全可以保障。

北京奥运会的信息化、网络化程度极高，网络安全形势不容忽视。在过去的几年里，中国破获了上千起黑客案件，黑客造成的损失达数十亿元。2008年，北京奥运官方网站的访问量超过千亿次。奥运会期间，近三亿中国网民通过网络观看奥运赛事并参与互动。此外，来自数万名体育官员、教练员、裁判员、运动员、记者，数以百万计的中外志愿者，数以千万计的观众有不同的通讯需求，电信行业面临着前所未有的挑战。为此，电信和网络运营商全面提升了服务奥运的工作等级，确保网络和通讯安全。国家计算器病毒应急处理中心、北京奥组委技术部等单位会同国内一流的网络安全专家、数字专家，为北京奥运会的网络安全拟定了多套应急预案。2007年8月，在为期四天的“好运北京”应急综合演练中，应急通信保障经受住了考验，为北京奥运会成功举办做出了贡献。

(四) 重视应急体系建设，坚持群防群治原则，构建起“平安奥运”的坚强屏障

根据以往奥运会的经验教训，北京奥运会特别加强了对突发事件应急措施和建立预案的工作。2005 年 4 月，北京市突发公共事件应急委员会成立，确立了“3+2”的应急管理模式，即建立市级、区县、13 个专项应急指挥部这三级应急管理部门，市紧急报警服务中心、市非紧急救助服务中心两个应急机构，形成了运转很好的应急管理信息系统。截至奥运会开幕之前，北京市各级机构已编制了各类应急预案六万余件，形成了“横向到边，纵向到底，覆盖全市”的应急预案体系。2007 年 2 月起，全市按照“预防与应急并重、常态管理与非常态管理结合”的原则，全面启动奥运期间突发公共事件风险评估工作，应急管理从以事件管理为主向事件管理与风险管理并重转变，建立了科学、规范、完整、系统、动态的应急管理长效工作机制。

2005 年，北京成立了特警总队，集结优势兵力，提高对地铁等公众场所发生突发事件的控制能力和反击能力。所有队员都经过反恐专项训练，积累了处置劫持、绑架、爆炸等恐怖事件的经验。北京警察的快速反应能力正在提升。一项统计显示，奥运前，北京市区“110”平均出警速度提高到 4.5 分钟，有抓获条件的警情在 5 分钟内到达现场的抓获率达 58%。

在北京奥运安保体系中，社会辅警力量和安保志愿者则是一道更广泛的防线。北京市委、市政府提出了“平安奥运重于泰山、奥运平安人人有责”的号召，在社会面、志愿者和有关部门中广泛开展奥运安全宣传教育活动，形成了广泛参与、人人有责的社会氛围。50 万名首都治安志愿者走上街头，5000 余名首都民兵镇守桥梁道路，6525 名政府特派员“进驻”社区和乡村，13 万名党员、公务员参与基层治安巡逻。全市直接参与奥运会安保工作的群防群治力量高达 110 万人，创造了近 30 年来重大活动安保之最。奥运期间，北京未发生恐怖和爆炸事件，警情连续 41 天处于良好等级，创四年来良好等级持续时间最长纪录，涉奥场所

等60个重点地区实现“零发案”，刑事警情、刑事立案数量等指标达到了近八年来的历史低位。在2008年北京奥运会、残奥会取得了巨大成功的背后，首都人民用自己的实际行动实现了“平安奥运”，在国际上树立了“平安中国”、“平安北京”的良好形象。

四、成功举办奥运会的重大意义

北京奥运会的成功在许多方面创下了难以超越的纪录——空前的赛事规模，壮观的开幕式、现代化的赛场、近乎完美的组织工作、优秀的志愿者……都为北京赢得了全世界的喝彩。奥运期间，80多位外国政要出席了奥运会开幕式和相关活动，刷新了出席奥运会开幕式领导人的人数纪录。中国国家领导人与美、日、俄等多国元首与政要分别进行了70多场会见。来自世界各地的3.2万名记者采访了北京奥运会，超过了历届奥运会的记者人数。

2008年9月30日，国际奥委会主席罗格全面总结了北京奥运会所取得的成果并大加赞赏。罗格表示，北京奥运会期间交通顺畅，安全得到保证，电视转播的质量很高。他说，北京奥运会是有史以来第一届自始至终全部用高清晰度图像转播的奥运会，也是第一届完全被数码技术覆盖的奥运会。国际奥委会对北京奥运会的电视收视率和媒体报道情况特别满意。在很多国家，北京奥运会的收视率比雅典奥运会增加了20％～30％。

罗格对北京奥运会的反兴奋剂工作表示满意。北京奥运会共进行了4500次兴奋剂检测，超过了雅典的3500次。赛前有45名运动员因药检阳性被取消参赛资格。比赛期间共有8人、4匹赛马在兴奋剂检测中呈阳性，还有3例在调查中。国际奥委会反兴奋剂的努力取得了成果。

在列举北京奥运会遗产时，罗格印象最深的是“被智能化地融入到各个大学中的体育场馆”，鸟巢、水立方和其他奥运场馆都是杰出的建筑文化和高质量的代表，最重要的一点是中国在建设这些场馆之前充分考虑到了以后的利用。首都机场三号航站楼、新建的地铁和公路等基础设施建设也都会使北京获益。

罗格表示，北京奥运会、残奥会为中国留下了重要的遗产。中国在奥运会前采取了许多措施保护环境，普通大众保护环境的意识也越来越强，残疾人在中国受到的待遇日益改善，大众体育日益普及，这些都必然将持续下去。他强调："最重要的一笔无形遗产，就是通过奥运会，全世界都在详细审视中国，中国向全世界开放，全世界进一步了解中国，中国进一步了解外部世界。双方彼此加深了了解，我相信这将带来长远而积极的影响。"

"两个奥运同样精彩"是中国对世界的庄严承诺。北京残奥会同样以出色的赛事组织、完善的无障碍设施、人性化的服务，赢得了运动员、教练员和国际社会的广泛赞誉。在残奥会赛场上，来自147个国家和地区的4000多名残疾人运动员顽强拼搏、奋勇争先，刷新了279项残疾人世界纪录和339项残奥会纪录。中国体育代表团获得89枚金牌、211枚奖牌，名列金牌榜和奖牌榜首位，创造了中国体育代表团参加残奥会以来的最好成绩。国际残奥委会主席克雷文在残奥会闭幕式上称赞北京残奥会"是有史以来最伟大的一届残奥会"，并用中文饱含深情地大声说："谢谢香港，谢谢青岛，谢谢北京，谢谢中国！"

由此我们可以看到：北京奥运会、残奥会的成功举办，有利于中国树立良好的国际形象，通过体育盛会，加强国际合作，促进国际交流；有利于进一步推进中国的改革开放事业，促进国家经济发展、社会进步；有利于在面对困难、面对压力时激发民族凝聚力，增强全体人民的公民意识、法律意识、国际意识，促进社会建设；有利于加快奥运举办城市的城市建设和运行管理水平；有利于提高国家和各级政府、各个行业处理危机、控制风险的能力和水平。这些不仅是我们在筹办、举办奥运会过程中形成的共同认识，也是北京奥运会、残奥会为北京、为中国留下的一笔宝贵财富，必将对未来中国的发展起到积极的推动作用。

注释：

① 1998年12月2日，堪培拉邮件分拣中心发生邮包爆炸，一名分拣员的手被炸伤。警方迅速行动，又发现了21个邮包炸弹。指挥中心向全国发出指令，展开搜查，发现数十件邮包炸弹。

② 1964年5月24日，奥运会足球南美洲预选赛阿根廷与秘鲁的比赛在秘鲁利马举行。裁判有争议的判罚引起球迷骚乱，进而发展成为暴乱，造成318人死亡、500多人受伤。

③ 1996年，亚特兰大遭遇罕见的高温，300多名来宾、奥委会官员病倒，波兰一名官员抢救无效而死亡。

④ 2003年12月，根据联合国有关反恐怖决议和中华人民共和国刑法、国家安全法等法律法规，经过严密审慎的甄别、审核，公安部决定正式认定4个组织为恐怖组织，分别是东突厥斯坦伊斯兰运动、东突厥斯坦解放组织、世界维吾尔青年代表大会、东突厥斯坦新闻信息中心；认定11人为恐怖分子。其中的东突厥斯坦伊斯兰运动即"东伊运"，已于2002年9月11日被联合国宣布为恐怖组织。

⑤ 2008年9月30日，国际奥委会主席罗格在日内瓦举行招待会上对北京奥运会进行总结时说，北京奥运会在奥林匹克运动普及性方面创造了新纪录：全球205个国家奥委会中的204个都派团参加了北京奥运会，只有文莱因国内局势未能参赛。

⑥《北京奥运行动规划》指出："结合奥运安全和社会安全的需求，针对新时期出现的新的安全问题，集成世界最新科技成果，研制新型安全设备和器材；运用生物技术的最新成果，建设绿色食品生产基地，为奥运会提供全方位的、万无一失的安全保障。重点开展爆炸物、危险品便携式检测设备研制（警犬替代型）；机场、场馆等公共场合的安全检查及搜寻探测技术研究；危险化学品应急决策系统研究；北京公众紧急救助系统实施研究（999系统）；奥运场馆火灾及联动控制指挥系统（消防系统）；奥运村及周边地区安全评价、安全体系及应急预案研究；生物安全防范技术研究；绿色食品生产、检测技术及标准体系研究；绿色食品生产示范基地建设等。"这也是北京奥运会第一次系统地阐述奥运公共安全、保障安全和赛事组织安全的问题。

⑦ 有关数据来源于2008年7月21日《四川在线—华西都市报》，以及《青年参考》、《解放军报》、《潇湘晨报》，http：//news. 163. com/08/0721/10/4HCCMNJ60001124J. html。

2008 年中国石油安全形势分析

丁豪　谭秉禹　孙薛程

[内容提要] 2008 年中国石油安全形势依然保持相对稳定。中国与主要石油供应国之间的关系继续深化和发展；贯穿全年的国际油价大波动给中国的石油安全形势既造成了挑战又提供了机遇；年底中国首度派遣舰队赴亚丁湾执行护航任务，对保障我国石油运输安全具有重要影响；2008 年中国的战略石油储备得到进一步加强和完善，成为保证石油供应、稳定供求关系、平抑油价、应对突发事件、保障国民经济安全和社会稳定的有效手段。

近年来，大量的石油消费保证了我国经济实现持续的高速增长。但与此同时，我国石油安全形势也日益严峻，国内石油产量已远远不能满足经济的高速发展，石油缺口逐年增加，对外依存度节节攀升。根据国家统计局及行业协会的统计数据，“十五”期间，我国石油消费量年均增长 7.73%，但同期石油产量却始终保持小幅增长，年均增长率只有 2.12%。

在“十一五”期间，石油供求形势更加严峻。2008 年，受国内原油加工亏损等因素影响，上半年特别是二季度国内原油生产受到一定影响。上半年原油产量同比增长 1.7%，二季度原油产量同比只增长 0.8%。下半年，国内原油加工利润上升，原油产量增速有所回升。2008 年全年原油产量 1.89 亿吨，同比增长 1.07%。然而，2008 年国内石油需求仍然保持较快增长。全年我国石油表观消费量达 38965 万吨，比 2007 年增加 2395 万吨，增长 6.5%，增幅较 2007 年上涨 1.7%。石油对外依存度为 51.3%，比 2007 年的 50.5%增加 0.8%。

在国内原油产量增长缓慢的情况下，加大石油进口已成为维持我国经济持续高速发展的唯一途径。自2005年以来，我国的石油进口总量始终保持在一个较高的水平。根据中国海关总署公布的统计数据，2006年，我国原油进口1.4517亿吨，成品油进口3637万吨，共1.8154亿吨。2007年，我国原油进口1.6317亿吨，成品油进口3380万吨，共1.9697亿吨，同比增长8.5%。2008年我国累计进口石油21853万吨，比2007年增加2156万吨，增长10.9%。其中，全年累计进口原油17888万吨，同比增长1571万吨，增长9.6%。同期，累计出口石油1868万吨。进出口相抵，全年石油净进口19985万吨，同比增加2228万吨，增长12.55%。

从过去几年来看，我国的石油需求总体上保持着每年10%左右的增长速度。2008年5月公布的《2008年中国能源发展报告》对我国未来一段时间的石油消费做出预测，2007—2020年期间，我国石油消费仍将保持较高增长速度，其中2010年和2020年石油消费量将达4.07亿吨和5.63亿吨，分别比2006年提高17.42%和62.47%；2007—2010年石油需求年均增长率为4.5%；2010—2020年石油需求年均增长率为3.3%，成品油消费需求将分别达到2.2亿吨和3.35亿吨。

综上所述，我国石油消费总量快速增长，近年石油进口数额“一路飙升”，石油对外依存度将越来越大。能否保证充足的石油供应关系着我国现阶段和未来的高速发展能否持续，甚至可以说是我国在战略机遇期内能否抓住时机、顺利崛起的关键所在。因此，我国石油安全问题已迫在眉睫。笔者认为，我国石油安全问题主要表现为以下三个方面：一是石油进口的来源安全；二是国际油价对我国石油安全的影响；三是石油进口来源地到国内的运输安全。

一、石油进口的来源安全

石油作为一种战略资源，其稀缺性不言而喻，供求形势必然日益严峻。毫无疑问，世界各主要大国围绕石油资源的竞争愈演愈烈。全球石油资源生产地和消费地的不平衡则又加剧了石油消费大国在主要产油地区的竞争。

为积极应对石油安全，我国注重开展“能源外交”，参与全球石油资源的竞争与合作，加强同主要产油国之间的能源合作，以保证充足的石油供应。中国海关总署公布的统计数据显示，2008年我国进口原油的50%来自中东地区，进口量8970万吨，同比增加1696万吨，增长23.3%；其次为非洲地区，进口量5395万吨（占30%），同比增加90万吨，增长1.7%；欧洲和西半球进口量3025万吨（占16.9%），同比减少138万吨，下降4.4%；亚太地区进口量498万吨（占2.8%），同比减少76万吨，下降13%。由此可见，当前中东地区依然是我国石油进口的主要来源，非洲地区占据第二把交椅，西半球和亚太地区随后。在进口来源中，进口量排名前五位的国家分别为沙特、安哥拉、伊朗、阿曼和俄罗斯。

（一）中东地区

在我国石油进口来源排名前五位的国家中，有三个属于中东地区。2008年，我国从沙特进口3637万吨，从伊朗进口2132万吨，从阿曼进口1458万吨。目前，我国已与沙特、伊朗、阿曼、也门、卡塔尔和阿联酋等国签订了长期进口原油合同。据悉，沙特正在追赶一个在2010年底前每天向中国出口100万桶原油的目标。伊朗和阿曼也将继续向我国大量出口石油。另外，2008年11月，中国石油天然气集团公司总经理蒋洁敏与伊拉克石油部长侯赛因·沙赫雷斯塔尼在巴格达签署《艾哈代布油田开发服务合同》。这是伊拉克战后第一批对外石油合作项目之一，对于进一步扩大中伊能源战略合作具有重要意义。可以预见，在未来的几十年内，中东仍将是我国主要的石油来源地。故从某种程度上说，中国石油安全问题的本质是确保中东石油来源安全。

同样，中东石油资源也是世界其他石油消费大国的主要需求来源。石油消费大国在中东地区的竞争成为必然。中东地区局势变化也就必然成为世界关注的焦点。2008年，影响中东地区局势、威胁我国石油来源安全的因素主要有以下几个方面：首先，伊朗核问题仍然为中东地区最大的潜在冲突。伊朗总统内贾德也曾表示，如果其核设施遭到袭击，将封锁霍尔木兹海峡，切断中东地区石油供给。2008年6月，以色列展开大规模军事演习。7月9日，伊朗伊斯兰革命卫队成功试射多枚导弹，中东紧张局势令人瞩目。一旦中东地区石油供给中断，我国石油进口必然受到沉重打击；其次，巴以冲突升级。2008年12月27日，以色列对加沙地带实施空袭，造成大量伤亡。空袭发生后，加沙局势骤然恶化，中东安全形势不容乐观；再次，土耳其政府与库尔德武装之间的矛盾冲突可能加剧中东地区安全形势的恶化；另外，伊拉克局势于2008年有所好转，美国将从伊拉克撤军，但伊拉克的乱局效应仍然不能忽视。

因此，我国为尽力保证中东石油来源的稳定，应采取以下举措：一是继续开展能源外交，加强与中东国家的双边贸易与经济技术合作，大力发展与中东各国的良好关系；二是继续积极拓展中东的石油资源，确保充足的石油供应；三是坚持在联合国框架内，通过协商和谈判等和平途径解决中东地区的冲突和矛盾；四是积极参与和推动中东地区的和平进程，维护中东局势的稳定。

（二）非洲地区

非洲石油对中国石油安全的战略价值，将在减轻或降低中国对中东石油的过度依赖方面日益显现。2005年，安哥拉和赤道几内亚成为中国七大进口石油来源国中的两个非洲国家。2007年，安哥拉首次成为中国原油进口的第二大供应国。2008年，安哥拉向我国出口石油2989万吨，继续保持第二的位置。非洲不仅是中国石油进口来源的重要地区，而且是中国“走出去”战略、参与海外油气资源开发与生产、获取“份额油”的重要战略地区。苏丹业已成为中国海外最大的石油生产基地。截至2008年，中国与非洲的能源投资与贸易扩大到阿尔及利亚、利比亚、安哥拉、加蓬、尼日利亚、尼日尔、赤道几内亚和乍得等国家。中国与非洲国家的能源关系不是单纯的进口贸易，而是以投资为主，积极参与当地的石油勘探、开发和生产活动。2008年6月，中国石油天然气集团公司和尼日尔签署了一项有关开发阿加德姆陆上石油区块的合作协议。中国石油集团将在今后三年里投资50亿美元对该区块进行开发。与中东相比，中国在非洲的投资更多，涉及的项目更大，对非洲能源经济和社会发展的积极作用更为明显。中非能源关系的发展既符合中国的能源利益，又能较好地体现非洲国家的能源利益。尽管如此，中国目前仅吸收了非洲石油出口总量的小部分，中非能源投资与贸易仍有进一步发展的战略空间。

同时，2008年非洲地区安全形势复杂动荡，存在威胁我国石油来源安全的潜在因素。部分非洲国家国内社会危机严重，恐怖和暴力活动频发。非洲产油大国尼日利亚国内局势持续动荡，如2008年，其石油工业设施多次遭到武装分子袭击，出现人员伤亡。此外，苏丹问题也没有根本性进展。2008年10月，九名中国石油员工在苏丹遭遇绑架，其中五人遇害。上述类似事件给我国非洲石油来源安全造成不利影响。

我国现阶段要保证非洲地区石油来源安全，笔者认为应采取以下措施：一是继续保持同非洲国家的友好关系，加强中非在各个领域内的互信与合作；二是继续积极开拓非洲石油市场，以确保充足的石油供应；三是坚持在联合国框架内解决非洲地区冲突和矛盾，反对动用武力；四是促进非洲地区的和平与稳定。

（三）俄罗斯

2008年，我国从俄罗斯进口原油1164万吨。俄罗斯是中国进口原油的第五大供应国，现已探明的石油资源大多分布在西西伯利亚地区，远东和东西伯利亚的探明储量也不少，这三个地区都邻近中国。因此，中俄之间的石油合作具有很大的现实意义。而且，俄石油不经过第三方就可运抵中国，俄中管道可以不受第三方局势的影响，且经济成本较低。

2008年，中俄两国副总理级能源谈判机制在北京启动。国务院副总理王岐山在人民大会堂同俄罗斯副总理谢钦举行会谈时表示，两国元首决定建立副总理级能源谈判机制，为中俄能源合作注入新的动力。此举推动了地区能源合作与安全。

从地缘角度来看，中俄石油合作的意义胜于我国与中东和非洲的石油合作。尤其是在今天，我国来自东南沿海的安全压力持续增大，能否借重俄罗斯的力量对中国的生存和发展有非常重要的意义。而对俄罗斯而言，在安全方面也存在对中国的需求。因此，为改善地缘环境，中国应努力扩大与俄包括石油合作在内的贸易投资活动，以此作为双方友好关系的实质支撑。对此，俄罗斯问题专家认为："进口俄罗斯及中亚国家的石油，是中国对外能源战略的一个重要组成部分。中国还需要采取一些措施，继续稳定并扩大该地区的石油进口量。因为对中国来说，这个地区的石油来源安全系数最高。"

2008年10月，在莫斯科举行的中俄两国政府总理第十三次定期会晤期间，中俄两国签署了《关于在石油领域合作的谅解备忘录》，中国石油天然气集团公司和俄罗斯管道运输公司签署了《关于斯科沃罗季诺—中俄边境原油管道建设与运营的原则协议》等能源领域合作文件。根据协议，中俄双方将在俄罗斯远东原油管道一期工程的基础上，共同建设和运营从俄罗斯远东城市斯科沃罗季诺经漠河到大庆的中俄原油管道。该支线管道建成后，俄罗斯石油公司将与中方签署新的长期原油购销合同，从而实现俄罗斯与中国长期原油贸易的合作目标。

我国应继续保持同俄的战略协作关系，继续深化两国政治互信，加大双方的双边贸易与经济、技术合作力度，打消俄方的疑虑，从而保证俄罗斯能够成为我国石油进口多元化政策中的重要来源之一。

（四）中亚地区

2005年12月，中哈原油管道一期工程正式竣工投产。2007年，我国来自哈萨克斯坦的原油进口量大增，增幅为123.5%。截至2008年底，中哈原油管道累计进口原油1252.8万吨。据阿拉山口海关统计，阿拉山口口岸原油进口稳步增长，2008年累计进口原油635.34万吨，同比增长10.8%。近年来，我国与中亚以上海合作组织为平台加强了合作。2008年10月，中国石油天然气集团公司与乌兹别克国家油气公司签署合作协议，合资开发乌国明格布拉克油田。

我国与中亚的石油合作有助于中国石油进口来源的多元化。从地缘角度看，中亚距离我国较近，石油进口运输安全可得到较好的保证。但中亚地区石油勘探开发程度较低，技术水平有待提高，需要国际合作。

而且，中亚油气资源多地处内陆，油气外运主要依靠管道和铁路。冷战结束后，中亚地区出现“权力真空”。美、俄等国展开了对中亚的新一轮争夺，其内容之一就是中亚油气外运管道的控制权。

中亚在全球地缘政治中的地位突出，是世界“心脏地带”的一部分。保持中亚的稳定和发展，与中亚国家发展友好关系，避免大国控制中亚符合我国的战略利益。与中亚国家友好关系的长期保持，需要有强有力的经济联系作为支撑。其中，石油贸易与合作应成为双方经贸合作的重要组成部分。

(五) 拉丁美洲地区

我国与拉丁美洲部分国家始终保持着能源领域合作。拉丁美洲是我国石油来源多元化战略的组成部分。2008 年 5 月，国务院副总理回良玉访问委内瑞拉期间，中国石油天然气集团公司与委内瑞拉国家石油公司分别签署了《开发奥里诺科重油带呼宁四区块成立合资公司的框架协议》和《中国炼厂项目合资框架协议》。这两项协议的签订表明，中、委石油上中下游一体化合作进入实施阶段。2008 年 11 月，中国石油天然气集团公司与古巴国家石油公司在哈瓦那签署了《关于在石油领域扩大合作的框架协议》。根据协议，中国石油集团与古巴国家石油公司将在油气田开发、工程技术服务和石油设备进出口等方面开展合作。

同样，从地缘政治角度考虑，拉丁美洲被美国视为其“后院”。无论是在政治、经济、军事还是其他方面，美国对该地区的敏感度和控制意志都不容小觑。可以认为，美国不会允许任何一个国家在自己的“后院”点火。现阶段，一旦该地区爆发突发性事件，从拉丁美洲到我国的石油运输航线将受到根本性的威胁，甚至被切断。故从近、中期来看，拉丁美洲不能算作我国石油进口来源的最佳选择。但是，我国应当继续保持与拉丁美洲国家的良好关系，维持已有的石油进口水平，适当加强在该地区的投资和双边贸易与合作。

二、国际油价影响我国石油安全

2008年国际油价呈现过山车走势，经历了戏剧性的大起大落，在世界石油史上实属罕见。年初伊始，国际原油价格突破100美元一桶大关后一路飙升，到7月11日达到每桶147.27美元的盘中历史最高纪录。此后，油价高位逆转，接连跌破100美元一桶和50美元一桶。12月18日，纽约商品交易所一月份交货的轻质原油期货价格盘中一度探至每桶35.98美元，并收于每桶36.22美元，成为近五年以来的最低油价水平。2008年最后一个交易日，纽约商品交易所原油期货价格小幅上涨，收于每桶44.60美元，但与2007年收盘价相比已经下跌超过50%，与7月份创下的每桶147.27美元历史纪录相比跌幅达70%。

国际油价上半年疯涨，我国石油行业也承受了油价上涨的巨大压力。2008年，国内原油进口成本急剧上扬，全年进口平均价格为每吨723.03美元，比2007年的每吨488.9美元上涨了234.1美元，涨幅达到47.9%。但是，上述情况并未影响2008年我国国际收支平稳。全年我国外汇储备、对外贸易顺差和国际收支经常项目都出现了大幅度增长，但增速明显放缓，为五年来首次下降。

除此之外，国内成品油价格也在上半年进行了上调，但上调幅度远远不及国际原油价格的上涨幅度。国内与国际油价倒挂现象严重，国内石油炼化行业处于亏损状态，石油企业减少成品油销售引发“油荒”蔓延，各地加油站排队加油，车队绵延数公里之长。另外，上半年高油价加剧国内通货膨胀压力，经济增长趋势明显减缓。

2008年下半年，随着国际油价迅速坠落，我国国内石油供应面临的巨大压力也得到缓解，此前上调的国内成品油价格终于回落。12月18日，国家发改委发出成品油降价令，从12月19日起国内成品油价格下降，其中汽油每升下降0.91元，柴油每升下降1.08元。对中国而言，油价下跌令国有油企背负的炼油亏损压力大为减轻。国家发改委能源研究所主任助理姜鑫民指出，在高油价背景下，政府承担了巨大的补贴压力，随着油价下滑，这种压力会有所减轻。同时，油价回落对两大石油集团，尤其是原油进口量较大的中石化集团来说也是一大利好，意味着它们的炼油亏损将减少。另外，呼唤多年的成品油价格机制改革和燃油税政策也出台了。国家发展改革委、财政部、交通运输部、税务总局等四部委指出，这次改革坚持国内成品油价格与国际市场原油价格实行有控制的间接接轨原则。此举主要基于三方面考虑：一是国际市场原油属世界性流通产品，而中国有一半原油需要进口，原油价格不接轨，国际市场资源就难以进入国内市场，国内市场供应就难以得到保证；二是近年来国际油价因受基金投机炒作等不正常因素影响，严重扭曲，国内成品油价格与国际市场有控制地间接接轨，将避免国际市场油价大幅波动对国内市场带来的不利影响；三是国内成品油市场需求基本由国内加工能力提供，按国际市场原油价格、加工成本、税收和合理利润确定国内成品油价格，更符合中国国情。

尤其值得注意的是，当前相对较低的油价水平给燃油税的推出和成品油价格形成机制的理顺提供了难得的契机。2008 年 12 月 5 日，国家发改委、财政部、交通运输部和税务总局联合发布公告，就《成品油价税费改革方案（征求意见稿）》向社会公开征求意见，并决定于 2009 年 1 月 1 日起实施。至此，这项迁延逾十年、影响深远的改革终于启动。

此外，我国战略石油储备趁此油价低位运行时期全面加速。我国第二批战略储备基地之一，也是我国最大的石油储备基地——新疆鄯善基地一期工程于 2008 年 12 月建成投产，开始注入来自哈萨克斯坦的原油。

三、石油进口运输安全

世界石油运输方式主要有海运、管道运输和铁路运输。就国际石油贸易而言，主要有轮船、管道运输两种，铁路运输作为补充。海运的成本较低，管道运输相对可靠，铁路运输则运量有限。我国目前的石油进口方式主要以海运为主，石油进口总量的90%以上需要海运实现。采用管道运输的石油主要来自中亚和俄罗斯，另有部分石油通过铁路运输。

海上石油运输是现今最引人注目的战略问题之一，海运安全的重要性日益显现。目前，我国来自中东、非洲的石油进口的海上运输线路主要包括以下三条：一是波斯湾—霍尔木兹海峡—马六甲海峡—中国；二是地中海—直布罗陀海峡—好望角—马六甲海峡—中国；三是西非—好望角—马六甲海峡—中国。由以上线路可以看出，我国海运路线比较单一，高度依赖马六甲海峡。此外，日本、印度、东南亚国家和美国等国家均对马六甲海峡有高度依赖性。毫无疑问，谁控制了马六甲海峡，谁就控制了上述国家的“海上生命线”。

在当今世界形势下，大国军事封锁与禁运的可能性不大。目前对我国海上石油运输安全最现实的威胁主要来自于海盗、恐怖主义等。频繁的海盗活动是人们提及较多的对能源运输的现实威胁。西非沿岸、索马里半岛、红海、亚丁湾、孟加拉湾及马六甲海峡等附近水域为海盗多发地区。2008年11月，沙特阿拉伯巨型油轮“天狼星”号遭索马里海盗劫持，全年约有几十艘商船在索马里附近海域被劫。联合国安理会相继通过四份打击索马里海盗的决议，授权外国军队经索马里政府同意可进入其境内打击海盗。美国、法国、丹麦、俄罗斯、印度等多国战舰陆续开进亚丁湾附近水域。海盗活动对我国海上原油运输构成严重威胁。12月26日，我国也派遣三艘军舰前往亚丁湾、索马里海域执行护航任务。另外，重要水道因天气恶劣而暂时关闭，或油轮发生原油泄漏而要将部分水域划为禁区，或浅海区发生沉船事故堵塞航路等类似因素，都可能对石油海上运输安全产生重大影响。

除海上运输线安全问题，我国海上运输承载能力问题则是我国海运安全的另一个隐患。我国目前控制的大型油轮承运能力与石油进口增长不成比例，而且从中国船队实际运输进口石油的具体份额来看更是不成比例。据不完全统计，中国船队所承运的进口原油仅占进口原油的10%左右。另一方面，中国大部分油轮船队以服务国际油轮运输市场为主，尤其是在远东航线上为日本和韩国承载了部分原油进口运输。这种错位现象说明，中国石油公司与中国油轮公司之间，缺乏有效的协调沟通和长期的战略合作。毕竟，中东和非洲航线是中国原油进口的命脉。

针对以上问题，我国现阶段要尽力保证海上石油运输安全，应采取以下措施：一是加快原油进口运输船队的组建以及大型油船码头建设；二是建立健全突发事件快速应急保障机制；三是合理把握经济发展和国防建设的平衡，增强我国远洋海军实力；四是积极发展同重要水道沿岸国家的友好关系，加强国家间双边及多边合作，共同致力于维护重要水道的稳定运行。

相对于海路石油运输的安全问题，陆上输油管道安全性则要好得多。而且，油气管线一旦建成投产，即意味着资源必将输往管线到达的消费市场，具有很强的排他性。

中哈石油运输管道已于2005年投入使用，我国成为有输油管道通往世界上可开采石油储量最大的里海地区卡沙甘油田的第三个国家。俄罗斯石油也可从这里“借道”出口中国。据乌鲁木齐海关统计，2008年阿拉山口口岸通过管道进口原油594.5万吨，同比增长15.3%，占同期口岸原油进口总量的93.6%，其中有俄原油近百万吨。

中、俄泰纳线一期工程截至2008年底已部分建成并注油，并预计于2009年底全部建成投产。中、俄10月签署的协议中拟建的中国支线属于泰纳线的一条支线，始于俄罗斯的斯科沃罗季诺，终点为我国的大庆市。一期工程管道输送能力设计为每年3000万吨，其中2000万吨原油提供给我国。

2008年，中哈天然气管道有限责任公司在哈萨克斯坦正式注册成立。其主要负责中亚天然气管道在哈国境内1293千米管道的建设和运营。中乌（乌兹别克）天然气管道有限责任公司也已正式成立。此次中哈天然气管道有限责任公司的成立，意味着建设和运营乌、哈两国管道的法律实体均已组建完成，可以正式开展融资和招投标等工作。

中缅油气管线在经过长达近四年的纷纷扰扰后，终于有了阶段性成果。2008年6月，中石油宣布与缅甸联邦政府、大宇联合体签署了《缅甸海上A1、A3区块天然气销售和运输谅解备忘录》等合同。这标志着中缅跨境输气管道项目转入正式实施阶段。由于石油管线涉及多个东南亚国家，需平衡的利益关系众多，因此输油管线尚在论证阶段。如中缅输油管道最终能够实施，则可在一定程度上缓解我国进口原油过分依赖马六甲海峡的紧张局面。

从安全角度考虑，管运并不能从根本上解决运输安全问题。军事打击、恐怖袭击、运行事故等也对陆上油气管道形成不可忽视的威胁。此外，跨国油气管道的建设还受地缘政治和国家间关系等因素的影响。巴库—杰伊汉管线就是一条典型的政治化管线，该管线在美、英等国的极力支持下最终得以完成，而经由伊朗的管线却因西方的反对而搁浅。但同时，管运也是我国采取石油进口多元化的选择之一。尤其是在现阶段，我国远洋军事实力不足，尚没有能力为海运护航，陆上油气管道的大力发展可有效缓解海上运输的风险性。

铁路运输是海运和管运的重要补充形式。铁路运量有限，运输成本较海运、管运相对较高，但是在大陆上缺乏管道的地方，它是目前唯一的选择。中、俄铁路运输有两条线路：一是俄罗斯伊尔库茨克—中国满洲里；二是哈萨克斯坦—中国新疆阿拉山口。据乌鲁木齐海关统计，2008年阿拉山口口岸通过铁路进口原油40.84万吨，占同期口岸原油进口总量的6.4%。在没有管道可供使用的情况下，通过铁路进行石油运输不失为一种现实、有效的方法，但其受油价波动影响巨大，从长远来看，通过铁路运输进行国际石油贸易是权宜之计。

四、中国战略石油储备

2008年8月8日，国家能源局正式挂牌。其具体职责之一即管理国家石油储备。2003年之前，国家因没有建立石油储备体系，在国际油价处于低位时无法大量购入，油价上涨时又不能减少进口，形成“低油价不买、高油价不得不买”的现象，极大地削弱了国民经济的抗风险能力。建立战略石油储备体系，是国家石油安全应急保障体系的重要组成部分，是保证石油供应、稳定供求关系、平抑油价、应对突发事件、保障国民经济安全和社会稳定的有效手段。

我国目前已计划建立“四级石油储备体系”，分别是国家战略石油储备、各个地方政府的石油储备、三大石油公司的商业石油储备和中小型公司的石油储备。其中，国家战略石油储备和三大石油公司的商业石油储备已在建设当中，而地方政府的石油储备和中小型公司的石油储备还处在初级可研阶段。同时，国家也正在考虑制定相关的石油储备管理法规。

2003年，我国正式启动国家战略石油储备第一批工程，分别为镇海、岱山、黄岛和大连四个基地。四个战略石油储备基地的总储量约为1.02亿桶，预计相当于十余天原油进口量，加上全国石油系统内部21天进口量的商用石油储备能力，我国总的石油储备能力将超过30天原油进口量。国家能源局局长张国宝在2008年12月29日的《人民日报》上发表了题为《当前的能源形势：“危”中之“机”》的文章。文章透露，国家石油储备基地一期已基本建成，将积极推进石油储备二期基地建设，库容将达到2680万立方米（合1.7亿桶）。文章中有关“基本建成”的表述，很难确定一期储备基地是否已完成注油。有能源专家解读称，这意味着目前第一批1.02亿桶战略石油储备基地可能已全部储满。

另外，由中国石油承建的新疆鄯善原油储备库一期工程也于2008年12月正式建成投产，来自于哈萨克斯坦的原油同时开始注库储备。新疆油库为中国最大的原油储备库，是国家建设的二期原油储备库中第一个开始注油的项目。由此可见，我国的战略石油储备正借当前国际油价处于低位的时机提速。张国宝在《人民日报》发表的文章中也称，中国应利用全球能源需求下降的时机增加石油储备，并且鼓励企业利用闲置的商业库容积极增加石油储备。

关于2009年我国的战略石油储备计划，主管能源政策制定的国家发展和改革委员会曾于2008年11月表示，已完成第二期战略石油储备基地建设的规划工作，预计储量将达2680万立方米，约合1.7亿桶，分为八个储备基地，但未公布具体工程选址和建设进展。考虑到当前我国有意加快战略石油储备步伐，第二批八个战略石油储备基地有望在2009年全面开建。

回首2008年中国石油安全形势，我们发现当前的石油安全仍存在很大隐患。我们应结合中国实际情况，在宏观上尽快制定完善的石油安全战略，提早建立相关的应急机制，尽量避免由国际油价波动所带来的冲击，使石油供应多元化和稳定化，以确保我国能够从容应对石油安全面临的风险和挑战。

注释：

①“我国石油天然气行业2008年回顾及2009年展望”，中国石油新闻中心网，http：//news. cnpc. com. cn/system/2009/02/10/001221784. shtml。

②“中缅管道大棋局”，新浪网，http：//finance. sina. com. cn/roll/20080802/04215159724. shtml。

③ 孙晓蕾、王永锋：“浅析我国石油进口运输布局与运输安全”，《中国能源》2007年第5期。

④“四部门就成品油价税费改革目标和总体思路等答记者问”，中华人民共和国中央人民政府门户网站，http：//www. gov. cn/zwhd/2008－12/06/content _ 1170611. htm。

⑤“2008年油价变动回顾”，新华网，http：//news. xinhuanet. com/fortune/2009－01/05/content _ 10608441. htm。

⑥ 蔡娟、杨中强：《中国能源外交与地缘政治》，《科学发展观：构建中国石油安全战略的新视角》，2006年。

⑦ 张志龙、李兴：“美俄对非洲的能源外交与中国的对策思考”，《中国与世界》2008年第9期。

⑧“中国外汇储备5年来首降”，新浪网，http：//news. sina. com. cn/c/2008－12－26/145016927230. shtml。

⑨“中国启动四级石油储备体系化建设”，新浪网，http：//news. sina. com. cn/c/2007－07－20/112113491326. shtml。

⑩ 李仕婷、王欣：“中国石油安全现状及战略分析”，《西北工业大学学报》2007年第3期。

⑪ 张国宝：“当前的能源形势：‘危’中之‘机’”，《人民日报》2008年12月29日。

2008年国家文化安全热点问题分析

苏 娟

［内容提要］当今时代，文化已经成为综合国力竞争的重要因素，成为民族凝聚力和创造力的重要源泉，成为影响国家安全的重要因素。国家文化安全涉及到一个民族、一个国家的基本价值观和价值体系，是国家稳定发展的精神前提，对维护国家安全有独到的、不可替代的作用。2008年在中国历史上是极为不平凡的一年，既多灾多难，又喜事不断，国家文化安全的诸多热点值得我们欣慰与深思：民族精神空前升华、文化软实力快速提升、山寨文化迅猛崛起、非物质文化遗产从幕后走向台前。

当今时代，文化已经成为综合国力竞争的重要因素，成为民族凝聚力和创造力的重要源泉，成为影响国家安全的重要因素。国家文化安全是国家安全的重要组成部分，是指一个主权国家的文化价值体系，特别是一个国家的主流文化体系免于遭受来自内部和外部文化因素的侵蚀、破坏和颠覆，从而能够更好地保持自己的文化价值传统，在自主和自愿的基础上进行文化革新，吸收和借鉴一切对自己有利的文化价值观念和文明生活方式。[①]国家文化安全包括多方面的内容，其中主要有价值观念的安全、语言文字的安全、风俗习惯的安全、生活方式的安全等等。[②]国家文化安全涉及到一个民族、一个国家的基本价值观和价值体系，是国家稳定发展的精神前提，对维护国家安全有独到的、不可替代的作用。2008年在中国历史上是极不平凡的一年，既多灾多难，又喜事不断。人民经受了灾难的考验，也体验了胜利的欢悦。国家文化安全的诸多热点值得我们欣慰和深思：民族精神空前升华、文化软实力快速提升、山寨文化迅猛崛起、非物质文化遗产从幕后走向台前。

一、民族精神空前升华

民族精神是一种价值观念，关系到国家的文化安全。民族精神是指在长期的历史进程和积淀中形成的民族意识、民族文化、民族习俗、民族性格、民族信仰、民族宗教，民族价值观念和价值追求等共同特质，是指民族传统文化中维系、协调、指导、推动民族生存和发展的精粹思想，是一个民族生命力、创造力和凝聚力的集中体现，是一个民族的脊梁，是一个民族信心和力量的源泉，是一个民族赖以生存和发展的精神支撑和灵魂，是一个国家经济社会发展的精神动力。[3]党的十七大把中华民族精神阐释为以爱国主义为核心，团结统一、爱好和平、勤劳勇敢、自强不息等为具体体现的一种精神。在2008年接二连三的自然灾害和突发事件面前，包括海外华人在内的华夏儿女焕发出空前的爱国热情。2008年初南方19个省（直辖市、自治区）遭受建国以来最严重的雨雪冰冻灾害，给人民生命财产带来巨大损失时，全国人民同心同德、共克时艰；当达赖集团和西方敌对势力制造事端、奥运火炬在境外传递遭到严重干扰破坏时，全国人民和全世界华人空前团结起来，迅速形成了大规模的反分裂、支持奥运的爱国浪潮，让西方社会和媒体震惊。特别是在战胜“5·12”汶川特大地震这场史无前例灾难的过程中，中华民族伟大的民族精神得到了空前升华。这场里氏8.0级的特大地震造成69197人直接遇难，18341人失踪，经济损失达8451.4亿元，几百万人失去家园。这场地震震级之高、波及范围之广、破坏强度之大、救援程度之难，真是旷世罕见。地震发生后，在党中央、国务院的英明领导下，全国人民紧急动员起来，发扬“一方有难，八方支援”的优良传统，万众一心、同舟共济、众志成城、迎难而上、不畏艰险、百折不挠，以实际行动谱写出一曲曲感人肺腑、可歌可泣的壮丽诗篇。感动了中国，感动了世界，赢得了全国人民和国际社会的充分肯定和高度评价。正如北京大学邓小平理论研究中心主任赵存生教授所说“在这次汶川大地震面前，伟大的民族精神也进一步被激发出来，并被注入崭新的时代元素，得到锤炼和升华”。新加坡《联合早报》在2008年5月20日发表的题为《四川地震与中国民族精神的再现》文章中说：感动世界的是中国人在面临灾难时所显现的民族精神，是赈灾过程中不同角色所写下的一个个有关人的故事。这些故事正在形成一个巨大无比的“人”字。正是这个“人”字，体现出了中华民族的精神核心。正是因为对人的价值的重视，中国政府对地震做出了最快速的反应。从中央各部委到人民解放军到各级地方政府，各方面都把他们的动员和协调能力表现得淋漓尽致。西班牙《世界报》在2008年5月19日发表了题为《一个摧不垮的民族》的文章，称赞中国拥有举国动员的能力、勇往直前的决心和强大的团结互助的精神。文章说，为了挽救同胞的生命，志愿者、战士和救援人员以不屈不挠的精神，一周来一直战斗在四川汶川大地震的救援第一线。当国家处于危难时刻，中国国家领导人为人民做出了榜样，他们在地震发生后表现出了高效率和真诚的同情心。毋庸置疑，这个民族表现出的精神与力量将使她在前进的道路上坚不可摧。法国《欧洲时报》2008年5月16日发表的题为《地震废墟中站起大写的“中国人”》的文章说：5月15日，中国四川大地震进入揪人心魄的第三天。废墟中生命的最后呼唤，使整个救生使命也进入关键时刻。尽管灾害造成了生命和财产损失，以及千头万绪的救灾与赈灾工作远未到“盘点”的时刻，但世人已经从过去的三天中看到了一个巨大的、越来越清晰的身影——我们呼之为“大写的中国人”。所有这些看到的和没看到的，都说明了同一个事实：中国在进步，中国政府在进步，中国人的素质在进步，中华民族在灾难面前所表现出的民族精神在升华。

这次抗震救灾所体现的民族精神主要表现在：1. 体现了中华民族以人为本的仁爱精神。仁爱精神是中华民族精神的基本准则，源远流长，历来为中国人民所推崇。仁爱思想已成为中华民族构建伦理道德大厦的基石和标尺，并广为人民所认同，包含着人民在经济社会发展中的主体地位，成为民族精神可贵的价值取向。两千多年前，齐国管仲提出了“以人为本”的观点。这次抗震救灾充分体现了这种以人为本、人民利益高于一切的仁爱精神。地震发生不到半个小时，胡锦涛总书记就做出重要指示，党中央召开紧急会议，要求尽快抢救伤员，保证灾区人民生命安全；两小时后，国务院总理温家宝就赶赴灾区，亲临第一线坐镇指挥；三天之后，胡总书记亲临北川、汶川等重灾区视察灾情、慰问群众，实地指导抗震救灾工作。“只要有一线生还的希望，就要作出百倍的努力！”关爱生命，抢救生命，一切为了生命，全国人民超越自我、超越时空、超越极限，不惜一切代价，不计一切成本，全力抢救幸存者。即使是对已经遇难的同胞，国家也千方百计维护他们的尊严，为了悼念他们，中华人民共和国成立以来第一次设立全国哀悼日，第一次为自然灾害死难的普通百姓降半旗致哀。这一切都体现着以生命的价值为第一价值的民族精神特质，强烈地昭示了对每一个普通生命的极大尊重，对每一个普通百姓的真情关爱。2. 体现了中华民族不屈不挠的自强精神。自强不息的精神是中华民族生生不息的生命力和凝聚力，也是五千年中华文明传承发展的精神动力。古往今来，不畏艰难困苦，不屈服任何压迫，乃中华民族的本色。一部中华民族的发展史，就是一部中华民族自强不息，百折不挠与生存环境抗争、内外邪恶势力抗争的历史。周连顺、金仁2008年6月3日在《光明日报》撰文指出：“在抗震救灾过程中，各路救灾大军面对灾难，无所畏惧、顽强拼搏、坚韧不拔、绝不言弃，这正是中华民族自强不息精神的生动体现。”这次地震灾害损失之惨重、救援之艰难都是前所未有的。但是，从中央领导到普通百姓，从灾区人民到救援大军，大家都坚强镇定、充满信心。胡锦涛总书记称赞“任何困难也难不倒英雄的中国人民！”温家宝总理号召“昂起倔犟的头颅，挺起不屈的脊梁，燃起那颗炽热的心，向前，向光明的未来前进！”这些都激励着全中国人民。在巨大的灾难面前，全国人民不抛弃，超越时空急施援手；参加救援的各路大军，没有被灾难所吓倒，没有被困难所阻挡，为第一时间抵达灾区，为拯救更多的生命，为以最快的速度恢复交通，为妥善安置受灾群众生活，他们克服了种种困难，经历了种种艰辛，甚至不惜牺牲自己的生命。灾区人民也不放弃，超乎意志极限顽强自救。这种慷慨赴难的英雄主义气概，这种不屈不挠的坚强意志，正是中华民族自强不息精神的展现，让世界看到了一个生生不息、抗争不止、坚韧不拔、百折不挠的中华民族。3. 体现了中华民族忠于祖国的爱国精神。爱国精神是民族凝聚力和向心力的无尽源泉，是维护和保卫国家民族利益的永恒动力。民族利益高于一切，祖国荣誉重于一切。汶川地震使中国人民的爱国热情空前高涨起来，中华民族空前团结起来。中国伦理学会会长、研究员陈瑛说："在这次抗震救灾斗争中，以爱国主义为核心的民族精神被发挥得淋漓尽致，其突出表现就是爱祖国与爱人民的高度统一。"地震发生不久，国家领导人就飞往灾区一线指挥救灾工作。四川等受灾省份各级党委、政府和中央有关部门紧急行动，抢险救援、医疗卫生、群众生活安置、基础设施抢修、资金物资保障、信息发布等工作有序进行。全国各地区各部门和社会各界大力发扬"一方有难、八方支援"的精神，集中大量人力、物力、财力支援灾区，给受灾群众送去温暖和爱心。全中国地不分南北、人不分老幼，都紧急行动起来，捐钱、捐物、献血，为抗灾行动出力，为灾区人民解忧。所有这些都是爱国主义精神的生动写照。

新形势下怎样才能弘扬和培养民族精神呢？北大教授赵存生认为，在这次抗震救灾斗争中得到锤炼和升华的民族精神非常宝贵，在灾后重建以及以后的生活中我们必须百倍珍惜、大力弘扬。在民族取得成就时大力弘扬和培育民族精神固然重要，在民族遇到危机、灾难、挫折的时候大力弘扬和培育民族精神则更为紧要。北京师范大学教授杨耕认为，在新的历史条件下弘扬和培育民族精神，首先要正确对待传统文化，继承中华民族的优秀传统，把民族传统中优秀的并与当代实践所契合的东西在实际生活中加以弘扬，使其不是停留在书本上，而是成为现实的思维方式、价值观念、行为规范的组成部分。弘扬民族精神，在继承传统的同时还要做到把握时代的脉搏，与时俱进。弘扬和培育民族精神，是面向时代的一种创造，是在创造中继承，在推陈中出新，使民族精神与时代精神融为一体；同时还要加强宣传教育，使之转化为社会群体意识，发挥全民族的作用，从每一个人做起。抗震救灾的实践证明，只要每一个中国人都团结起来，昂起头、肩并肩、手牵手、心连心、同呼吸、共命运，共同担当，共克时艰，就一定能够谱写出中华民族精神的时代壮歌。

二、文化软实力快速提升

新世纪新时代，随着世界多极化、经济全球化的深入发展和科学技术的日新月异，文化的经济功能越来越强，文化越来越成为民族凝聚力和创造力的重要源泉，越来越成为综合国力竞争的重要因素。2007年胡锦涛同志在党的十七大报告中提出“要坚持社会主义先进文化前进的方向，兴起社会主义文化建设新高潮，激发全民族文化创新活力，提高国家文化软实力”。[④]在党的代表大会报告中首次把提升文化软实力作为国家的政策指向。2008年国家文化软实力得到了前所未有的提升。其中，举办奥运会、宣传人文奥运把文化软实力推向了高点。

奥运会是国际体育的最高盛会，也是世界文化交流的巨大舞台。一个国家的城市被授予奥运会的举办权，标志着这个国家拥有较高的国际认可度，预示着这个国家文化凝聚力和辐射力的快速增强。实践证明，奥运会的举办往往伴随着国家形象和民族文化国际影响力的扩大。日本是第一个举办奥运会的亚洲国家。日本通过1964年东京奥运会的筹办，展示了战后日本蓬勃发展的面貌和东方文化的独特魅力。1998年汉城奥运会的举办，标志着韩国经济腾飞、政治民主时代的到来。受惠于奥运会的“文化立国”方针，韩国的文化创意产业迅猛发展，向世界展现了“勤勉、诚实，具有成熟市民意识、团结”的韩国国民形象。人文奥运是2008年北京奥运的核心与灵魂，也是文化的奥运和以人为本的奥运。人文奥运理念的内涵实质是“和平、和谐、和爱”。人文奥运是北京奥运会的核心理念，它强调世界不同地域之间的文化交流，倡导人的素质的全面提升和充满友爱和平的和谐世界的创建，集中体现和发展了奥林匹克运动以人为本的人文内涵。

第29届奥运会的成功举办、人文奥运的成功实践，有力增进了中国文化与奥林匹克文化的有机融合，展示了中国和平友善的国家形象，大幅提升了国家的文化软实力：1. 奥运会前夕的一系列文化活动对实践人文奥运做了大量基础性的工作，有力地展示了国家形象、中华民族形象与中华文明形象。自2001年奥运会申办成功后，在国内外启动了人文奥运的宣传活动，在广泛征集的基础上，确定了北京奥运会会徽“中国印——舞动的北京”、北京奥运会口号“同一个世界，同一个梦想”、北京奥运会吉祥物“福娃”、北京残疾人奥运会会徽“天地人”、北京残疾人奥运会吉祥物“福牛”、北京奥运会火炬、文化活动标志、环境标志、志愿者标志、体育图标、纪念邮票等系列文化标志。这些标志经过在国内外大张旗鼓的宣传，深入人心，传达了人文奥运的理念，为奥运会的成功召开奠定了良好的基础。特别是开展的各类“2008北京奥运会重大文化活动”，更是把中国文化的宣传推向高潮。这次活动包括国内（含港澳台地区）和国际两大部分。其中国内部分分七大板块进行全国优秀剧目展演，约150台剧（节）目在北京各大剧场演出600多场，向世界展示当代中国艺术不断创新的丰硕成果和丰富多样的优秀民族传统文化。国际部分分为八大板块，展现30多个国家上千名艺术家的作品，推出了一批中国元素国际制作中外艺术家联合创作的文化精品，体现世界各地青年艺术家对流行、创意和交流的理解。据中华人民共和国文化部正式对外发布，从2008年3—9月，来自五大洲80多个国家的260多台优秀剧（节）目和近160项艺术展览在北京各大剧场和展览馆推出，有2万多名国内外艺术家参加演出和展览活动，到现场观看的观众达400多万人。文化部部长蔡武对这次活动给予了高度评价，认为奥运文化活动不仅给广大国内外观众带来了美好的文化享受，而且最大程度地体现了“全球参与、全民共享”这一宗旨，是中国实践“人文奥运”承诺的具体体现，是世界各国文化精品的一次集中展示，也是世界艺术家的一次大联欢。2. 第29届奥林匹克运动会是对中国文化最集中、最大规模的宣传，把人文奥运的宣传推向了顶点。整个奥运会期间，100多位外国政要、来自204个国家和地区的一万多名运动员、几十万世界各地的游客来到北京，超过三万名境外记者前来采访报道，全球40多亿观众通过电视信号看到了奥运盛况。残奥会期间，147个国家和地区的4000多名残疾人运动员齐聚北京，6000余名中外记者开展了采访报道。仅奥运会开幕式就有九万人在现场，还有全球数十亿人通过电视进行观看。上海博物馆馆长陈燮君认为，开幕式成功地运用了视觉艺术的世界语言，将中国故事、中国元素鲜明而美丽地表达出来，给人的印象非常深刻。特别是上篇，击缶、日晷、飞天，加上活字印刷、丝绸之路等中国故事，用全人类都能接受的表现方式讲述出来，很好地处理了世界性和民族性的关系，充分考虑到九万多现场观众和全球40亿电视观众的观赏力。国际问题研究专家沈丁立认为，北京奥运会开幕式成功地展现了中国古代辉煌的文明，把中华五千年历史有序、浓缩、美好、精炼地传播到全世界，从内容到包装都达到完美的地步。复旦大学教授葛剑雄认为，北京奥运会的开幕式就是宣传中国现代化建设理念和五千年文明的巨大舞台，并且是面向世界的。同时，也得到了外国媒体积极的评价，称这是艺术之美的杰作、中华文化的缩影。事实表明，世界对此是认同的。韩联社的报道说，中国著名导演张艺谋在实现中国人百年梦想的北京奥运会开幕式上，让神话成为现实。英国广播公司报道说，北京奥组委承诺一个盛大的开幕典礼，目前看起来已经实现。日本共同社报道说，盛大的文艺表演展现了中国悠久的历史画卷。法新社评论说，北京奥运会开幕式描绘了丰富多彩的中国历史。美国《世界日报》8月8日发表社论说，北京奥运会是让全中国、全中华民族的软实力又一集中体现的机遇，更是中华民族历经百年无尽折磨和严峻考验之后，得以主盟人类软文明的盛会，同时也见证了中国的再次崛起。以奥运会行销中国形象，正是主办奥运会的辐射效应。3. 北京奥运会留下了巨大的精神遗产，对中国文化软实力的提升将产生持久深远的影响。北京奥运会的成功举办，是中国现代化发展过程中的一个新起点，是中华文化伟大复兴的一个新起点，人文奥运的理念为社会发展树立了高质量的人文环境标杆，也培育了公民的理性思维、开放心态、创新精神和包容胸怀，为社会进步提供全面、协调、可持续发展的精神动力。鸟巢、水立方等一大批体育设施虽是比赛场馆，但已成为北京独特的人文景观，成为北京永久的奥林匹克遗产和文化遗产。它们的实际意义已经超越了体育，代表着现代中国的过去、现在和未来。胡锦涛主席在接受外国媒体联合采访时说："北京奥运会的举办将为我们留下一批体育场馆和基础设施。我们十分珍惜这些物质遗产。同时，我们认识到，北京奥运会的精神遗产更为持久、更为宝贵。”中国奥运会名誉主席何振梁认为，北京奥运会对中国未来的影响将是全面的，但真正有多大，恐怕要等到六年或八年以后才会知道。实际上，奥运会已影响着中国文化结构的变化，影响着中国人的思维方式，同样也影响着世界对中国的态度以及中国对世界的认识，这种影响将是长期的、持久的。

2008年以奥运会为契机，国家文化软实力虽然有了较大幅度的提升，但也面临着一些挑战，我们不能掉以轻心。当前，在经济全球化的大潮中，不同的文化相互激荡，文化竞争日益激烈。谁占据了文化发展的制高点，谁就能在激烈的国际竞争中掌握主动权。以美国为首的西方国家害怕我们这个世界上最大的发展中国家强大，为了达到经济和政治上的目的，极力传播美国的文化价值观念和生活方式，以损害别国本土文化为手段，图谋在新的历史条件下以新的方式延续和强化帝国主义和霸权主义对全世界的控制，力图对中国进行文化渗透和文化颠覆，中国在新世纪面临着来自外部的严峻的文化安全挑战。美国的一些媒体针对中国加强与世界各国的文化交往发出了“中国文化扩张”的议论。再如，面对全球日益兴起的汉语热，一些国家感到了压力，日本政府宣布将在海外加强推广日语，并计划于数年内在世界增建至少100个日语中心。印度政府还没有设置类似孔子学院这样的专门机构来推广中国的语言文化，但是一些媒体和学者也开始倡导印度政府学习中国的经验，设立类似“甘地学院”之类的机构。面对严峻的挑战，我们在做好国内文化工作的同时，要毫不动摇地做好文化输出工作。因为西方对中国的了解是有限的，在国际舆论环境中在有些方面还有一些误解、歪曲和攻击。我们的国际声音还是比较微弱的，中国的话语权在国际上的分量还远远不够，相比政治地位和经济地位，中国在国际舆论中的地位是低的，中国优秀的文化还不被认为是主流。文化输出方面，首先要尽快制定国家的文化发展战略，把对外文化输出作为这一发展战略的重要部分，通过这个战略使世界了解中国，认同中国，支持中国的主张；其次是要大力发展文化产业。奥运会的成功举办，使世界的目光都聚焦在中国，我们获得了难得的机遇，要尽量用中国文化产品去影响世界。对外输出的文化产品，要由传统文化，如中医中药、烹饪旅游等向现代科学文化产品转变；再次要把握好文化输出的尺度，既要展示中国人民的聪明才智，提高中华民族在世界民族之林的地位，促进各国文化互融，又要保护好我们民族文化瑰宝的独特性质。不能把一种文化产出简单地理解为是一件普通产品的出现，因为它所蕴藏的文化信息往往是多元的，而这些信息又属于这个国家或民族所独有，轻易输出则会给自己造成难以弥补的遗憾甚至严重的后果。中国人发明的指南针，首先被西方人用于航海；中国人发明的炸药，又首先被西方人制成坚船利炮"回馈"中国。类似的文化悲剧性输出应当引起我们足够的警示。

三、山寨文化迅速崛起

"2008年是山寨年，山寨手机之后，山寨相机、山寨电影、山寨春晚等山寨品层出不穷……"。这是《北京青年报》2008年12月10日刊登该报记者蔺丽爽一篇报道的开头。据《中国青年报》2008年12月9日报道，"山寨"太火，火到惊动了中央电视台。在接连几天被《新闻30分》等报道后，12月2日，"山寨现象"上了《新闻联播》。这是国家级电视台首度关注网络时代所形成的草根文化，也意味着由这一新兴词汇所代表的民间文化现象第一次进入官方视线。《新闻联播》的报道点燃了传统媒体对山寨文化密集式的报道及讨论热潮。2008年12月上旬，几乎所有重要媒体都刊发评论员文章，对"山寨现象"进行探讨。"山寨"已经从经济行为逐渐演变为一种社会文化现象，山寨文化成为2008年网络流行语。

"山寨"一词原为广东话，原代表那些占山为王的地盘，有着不被官方管辖的意味。目前，"山寨"一词被赋予了新的含义。先是广东某些地方的IT行业，利用自己的技术条件和经济力量，模仿市场上流行的手机样式，进行整合创新，生产出质量不错而又价格低廉的新颖手机。据

《新闻联播》报道，在记者采访的北京木樨园手机批发市场，每天有上万人出入，不少人都是冲着山寨机去的。不仅木樨园手机批发市场如此，全国经营山寨机的市场已经颇具规模，保守估计山寨机已经占去了1/3的手机市场销售份额。由于这种手机不是经过官方批准生产的，没有行业执照，有点“野”，故被称为山寨手机。由山寨手机开路，继后不断出现了各种“山寨”现象，涉及数码产品、游戏机等不同领域。另报道中称，在南京文安街有这样一处鳞次栉比的山寨店群，乍一看外观以为是一群国内外知名店铺，仔细一瞧才发现，屈臣氏、星巴克、必胜客、李宁、哈根达斯等已被“山寨”为屈晨氏、星八克、必生客、李零、哈龚达斯。由山寨手机引发的山寨狂潮，已经迅速形成一种山寨文化在年轻人中流行开来。无论是略带巧合的雷同，还是刻意模仿的恶搞，只要是内容带有一定的娱乐元素，都会被放到网上，冠以“山寨”之名，山寨总统、山寨鸟巢、山寨明星、山寨熊猫……，一时间，全世界到处都是“山寨”。那么什么是山寨文化？目前暂没有一个权威的界定。百度百科的释义是，通俗地说就是盗版、克隆、仿制等，一种由民间IT力量发起的产业现象。其特点主要表现为仿造性、快速化、平民化。主要表现形式为通过小作坊起步，快速模仿成名品牌，涉及手机、游戏机等不同领域，由此衍生的词汇有山寨机、山寨明星、山寨鸟巢等。这种文化的另一方面则是善打擦边球，经常行走在行业政策的边缘，引起争议。[5]绝大多数人赞同中山大学文化研究所所长李宗桂对“山寨文化”的定义，认为其是对山寨现象的高度概括，即对市场经济条件下不规范的、不受政府管束的民间性、规模性、群体性模仿（当然也有盗版）、创新活动的社会现象的概括。

山寨文化为什么能迅速崛起？李宗桂认为，山寨文化是发展中国家、市场经济不够完善国家一种必然的社会文化现象。南开大学语文教育研究中心主任周志强认为，山寨盛行源自人们奢侈消费的想象。复旦大学社会学系教授于海表示：“山寨文化能够出现并且风行，最基本的条件便是拥有了山寨技术，具体而言就是网络技术。当平民拥有了网络这样一个比较方便、便宜的表达技术后，山寨文化的出现是必然的。”山寨文化的产生实际上是一种自然现象，是民间孕育多年的“草根文化”的一次集中爆发，也是一种形式意义上的民意表达，它的产生是必然的，只不过时间早晚罢了。它实际上是一种草根文化，是满足普通大众的一种文化现象，这种现象的背后恰是目前文化逐渐远离大众的一种折射，说明我们现在的一些文化产品定位正在向贵族文化、富人文化倾斜，追求高档化、奢侈化。而普通大众接受不了这些产品，一方面他们没有那个经济实力，另一方面他们也没有那样的贵族思想，普通大众就陷入一种文化饥渴，山寨文化由此应运而生。

在对待山寨文化的态度上，目前争议比较大。归纳起来有三种观点：一是"挺"。这一派认为，山寨文化的出现有其合理性，对我们目前社会是利大于弊，应该保护并推进其发展。李宗桂认为，山寨文化无论在山寨产品创造和利益诉求的表达方面都是一种创新，是民间和谐文化的创新。山寨文化是对相关行业特别是垄断行业暴利行为的反抗，是促进技术创新、发展新型科技的重要力量，有利于促进社会进步。[6]《中国青年报》报道说，"山寨风"打破了产品消费链条，在夸大社会阶层消费能力的同时，直接把貌似高端的产品送到了普通百姓手中。2008年11月25日中国文化产业网报道说，山寨文化的流行，有时代发展必然性藏身其中，以草根对抗权威，以大众对抗精英，是其闪光点所在。二是"贬"。这一派认为，山寨文化其实就是盗版文化、侵权文化、强盗文化的替身，不能给山寨产品披上华丽的外衣而让其招摇过市。2008年12月4日新民网的一篇报道认为，山寨文化盗取他人的知识产权，经过组装、拼凑、换版、贴牌，以正版模样充斥着市场，成为消费者的新宠，而一旦被冠以文化之后，盗版之风、侵权之风就更加堂而皇之了，就如同座山雕一跃坐进了紫金城，成为主流文化。山寨文化是劣币驱赶良币，市场经济的自由也就像被贴牌一样，变得一文不值了。还有人认为，山寨文化的流行不仅对保护知识产权、鼓励创新和维护消费者的利益等是有害的，还折射出一个不好的苗头：对社会生活和消费领域里一些丑恶的东西习以为常、见惯不怪，甚至于还予以一定程度的认可。三是"放任"。这一派认为，山寨文化是一种民间文化、大众文化，与精英文化、主流文化、高雅文化对立存在，谁也消灭不了谁，谁也不应该利用文化权力打压谁，应该让其自娱自乐、自生自灭。"现在是一个多元的社会，每个人都应该走一条适合自己的道路，谈不上鼓励还是反对（山寨文化），顺其自然吧。”《百家讲坛》主讲人纪连海对《望东方周刊》如是说。

“山寨文化”的盛行已对人们的生活方式、生活态度和思想观念产生越来越大的影响，对主流文化和社会主义核心价值体系都具有一定的影响，是文化安全必须关注的问题。对于山寨文化，人们必须辩证地看待。山寨文化由于具有大众性、民间性、娱乐性、自发性、参与性等特点，使其一诞生便受到老百姓的热烈欢迎和追捧，如山寨机满足了低收入群体的生活需要，山寨明星实现了草根们的明星梦等。山寨文化的出现有其合理性，有较深厚的群众基础，这是其积极的一面。但是，“山寨文化”也确实存在良莠不齐、鱼龙混杂的现象。如山寨机的仿冒或伪造是一种侵权行为，山寨明星们的表演也有低俗的一面，让人难以接受。因此，要对山寨文化加大维护知识产权的力度，运用法律力量、道德力量、社会舆论进行严格有效的管束和正确引导，不能任其发展，使其弊的一面减少到最低，甚至消除，使山寨文化真正成为积极向上、健康文明的文化。

四、非物质文化遗产：从幕后走向台前

“非物质文化遗产”（intangible cultural heritage）是从英语国家翻译过来的外来语，是与“物质文化遗产”相对应的概念。不依靠物质或者物质载体无法涵盖的文化遗产都属于非物质文化遗产。根据联合国科教文组织通过的《保护非物质文化遗产公约》中的定义，“非物质文化遗产”指被各群体、团体、有时为个人所视为其文化遗产的各种实践、表演、表现形式、知识体系和技能及其有关的工具、实物、工艺品和文化场所。各个群体和团体随着其所处环境、与自然界的相互关系和历史条件的变化不断使这种代代相传的非物质文化遗产得到创新，同时使他们自己具有一种认同感和历史感，从而促进了文化多样性和人类创造力。⑦非物质文化遗产包括口头传统和表述，表演艺术，社会风俗、礼仪、节

庆，有关自然界和宇宙的知识和实践，传统的手工艺技能等。显然，非物质文化遗产由人类以口头或动作方式相传，是具有民族历史积淀和广泛代表性的民间文化遗产，曾被誉为历史文化的“活化石”、“民族记忆的背影”。中华民族五千年的文明史流传下了极为丰富的文化遗产，既有物质形态的有形文化遗产，也有通过口传心授的方式传承下来的以非物质形态存在的非物质文化遗产。非物质文化遗产充分体现了中华民族在历史进程当中逐步形成的优秀文化价值观念和审美理想，凝聚着中华民族深层的文化基因，展现了中华民族充沛的文化创造力。保护和弘扬我国非物质文化遗产，就是延续和保持中华民族的精神血脉和民族基因，对于增强民族自信心、自豪感，增强民族的认同感、归属感，促进经济、社会、文化的全面协调发展，构建社会主义和谐社会有重要的现实意义。[8]保护和传承非物质文化遗产，已成为人类社会发展的重要课题，已经上升为国家文化发展的战略。

世界各国对非物质文化遗产的保护非常重视。日本是世界上最早关注非物质文化遗产保护的国家。早在1950年政府颁布的《文化财保护法》中，就独树一帜地提出无形文化财（即非物质文化遗产）的概念，并以法律形式规定了它的范畴和保护办法。日本已有1000项无形文化遗产成为国家级保护项目，其中能、歌舞伎、文乐等三项已成功入选联合国教科文组织的“人类口头和非物质文化遗产代表作”名录。韩国自20世纪60年代开始就着力于传统民族、民间文化的搜集和整理，并于1962年制定了《韩国文化财保护法》。半个世纪以来，韩国已经陆续公布了100多项非物质文化遗产，还成立了专门的非物质文化遗产委员会。法国是世界上第一个制定历史文化遗产保护法的国家。1840年，法国颁布了《历史性建筑法案》，这是世界上第一部关于保护文物的法律，“文化遗产日”是法国人的首创，极大地推动和促进了欧洲对历史文化遗产和非物质文化遗产的保护工作。近年来，在党中央、国务院的高度重视下，我国非物质文化遗产保护工作稳步推进，有序开展。2005年，国务院出台了《关于加强我国非物质文化遗产保护工作的意见》，随后又发布了《关于加强文化遗产保护工作的通知》。胡锦涛总书记在党的十七大报告中特别强调指出：“加强对各民族文化的挖掘和保护，重视文物和非物质文化遗产保护。”温家宝总理在2008年政府工作报告中也提出要“加强民族文化遗产保护”。这些充分表明党和国家对非物质文化遗产保护工作的重视和关心。各级党委、政府对非物质文化遗产保护工作也非常重视，将非物质文化遗产保护工作纳入经济社会发展规划和文化发展纲要，纳入财政预算和重要议事日程。许多省、自治区、直辖市党委、政府把非物质文化遗产保护作为建设文化大省重要内容，在保护机制建设、地方政策法规制定、经费投入等方面积极采取措施，加大工作力度，取得了明显成效。现在，我国不仅加入了联合国教科文组织的《保护非物质文化遗产公约》，设立了“文化遗产日”，还建立国家、省、市、县四级名录体系，成为拥有联合国教科文组织“人类口头和非物质文化遗产代表作”数量最多的国家。

如果说几年前非物质文化遗产对很多人来说还是一个陌生的词汇，而今天许多濒临失传的民间艺术却越来越为人们所了解和熟知。民间艺人凭着祖辈相传的独特技艺，走上舞台，走出国门，改变了自己的生活。非物质文化遗产正从幕后走向台前。2008年，我国非物质文化遗产保护取得前所未有的成就。其中，开展第三个“文化遗产日”活动把非物质文化遗产保护推向高潮。国务院《关于加强文化遗产保护工作的通知》决定从2006年起，每年六月的第二个星期六为我国的“文化遗产日”。在2008年我国的第三个“文化遗产日”期间，全国各地非物质文化活动精彩纷呈。文化部、国家文物局和北京市人民政府共同举办了“2008文化遗产日——奥运北京”系列活动，一直持续至北京奥运会和残奥会后的九月份结束。北京市16个区县都举办了“文化遗产日”的各项活动，如门头沟区举办了“华影争艳迎奥运”全国皮影展，丰台区文化馆举办了民间手工技艺类非物质文化遗产保护展，石景山古城公园举办了民间传说故事会，海淀区博物馆举办了剪纸、刺绣、风筝等非物质文化遗产手工艺技艺展览等等。河南省举办了非物质文化遗产精品展，展出500多件非物质文化遗产精品，吸引了大批参观者。内蒙古展出了托克托县的双墙秧歌、九曲，清水河的骡驮桥、布艺，土默特的《马市图》和林格尔县的厂圪洞庙会及剪纸艺术等。河北举办了非物质文化遗产进校园暨河北省首届民俗文化节活动，为国家级和省级非物质文化遗产项目代表性传承人颁发了证书和奖牌，并为河北科技大学“河北省非物质文化遗产传播基地”揭牌。江苏省展演了南京的“追寻大明遗风，感受朝圣之旅——明太祖朱元璋奉安孝陵610周年大型祭典表演”、镇江的“中国人类非物质文化遗产代表作展演”、淮安的国家级非遗“淮海戏”和“海州五大宫调”展演等。福建省为第一批省级非物质文化遗产项目代表性传承人颁发了证书，为福建省非物质文化遗产保护中心授了牌，《福建非物质文化遗产名录》也进行了首发。西藏在拉萨举行了西藏自治区国家级非物质文化遗产项目代表性传承人颁证仪式暨专场演出活动。在山西，晋剧、锣鼓、太原莲花落、清徐背棍、民间杂技走进了山西大学音乐厅，让青年学子通过近距离接触了解非物质文化遗产，唤起他们对非物质文化遗产的保护意识等等。2008年，我国已公布两批国家级非物质文化遗产1028项，国家级非物质文化遗产项目代表性传承人777名。

我国虽然非物质文化遗产保护工作有了良好开端，但工作中仍存在着不少问题，保护工作有待进一步加强。在2008年全国非物质文化遗产保护工作会上，文化部副部长周和平指出非物质文化遗产保护工作主要面临四大问题：一是认识需要进一步提高。一些地方对非物质文化遗产保护工作的重要性和紧迫性认识不足，未能充分认识到其在传承民族文脉、提高国家软实力和促进社会和谐发展方面的重要作用。非物质文化遗产保护工作没有列入各级党委、政府的重要工作日程和当地的经济社会发展规划，工作进展缓慢。二是保护机制需要进一步完善。许多地方还未形成科学有效的保护机制。如有的地方“重申报，轻保护”，对列入名录体系的非物质文化遗产项目，缺乏科学的保护计划和具体的保护实施措施，非物质文化遗产珍贵实物资料流失现象还未得到有效制止，破坏性开发的现象还比较严重。三是队伍建设亟待加强。有些地方尚未建立起一支比较稳定的保护工作队伍。现有的保护工作队伍数量不足，素质参差不齐，难以承担繁重的保护工作任务。四是理论研究和政策研究还相对滞后。基础理论和应用理论的探索及科学研究还明显存在不足。特别是保护工作实践中遇到的一些重大问题和新课题，缺乏相应的理论指引和政策支撑。一些相关的理论政策研究与保护工作和实际结合不紧，未能提供有针对性的指导意见。对于非物质文化遗产的保护要做的工作很多，首要的是要加强立法。全国政协委员、中国艺术研究院院长兼党委书记、中国非物质文化遗产保护中心主任王文章建议全国人大尽快将《中华人民共和国非物质文化遗产保护法》列入立法规划重点项目，以加快我国非物质文化遗产保护法的立法进程，改变目前这一领域立法滞后的现状。全国政协委员、著名作家冯骥才认为，如果没有非物质文化遗产保护法，大量非物质文化遗产就会流失出去，当务之急就是要尽快出台非物质文化遗产保护法。其次是要加强国际间的交流合作。抓住联合国亚太地区非物质文化遗产保护中心在我国建立的良好机遇，进一步加强国际间的交流合作。要学习借鉴外国的先进经验，展示我国非物质文化遗产保护成果，与世界其他国家一起共同推进非物质文化遗产的保护工作。再次是要进一步完善非物质文化遗产保护机制。中国民间文艺家协会副主席陶思炎认为，我国在“非遗”项目申报、遗产名录评定、传承人的选评等方面取得了很大的成绩，但不论是评审环节、理论探索，还是保护实践、督察机制等方面，都需要改进、完善和加强。他建议成立非物质文化遗产保护基金会，接受政府拨款及国内外机构和个人的捐赠，对重点保护对象和重大项目给予较充足的经费支持。

注释：

① 欣荣：“建立文化安全体系 捍卫我国文化安全”，《国家安全通讯》2002年第3期。

② 刘跃进：《国家安全学》，中国政法大学出版社，2004年版。

③“我国的民族精神”http：//baike. baidu. com/view/507061. htm。

④ 胡锦涛：《高举中国特色社会主义伟大旗帜，为夺取全面建设小康社会新胜利而奋斗》，人民出版社，2007年版。

⑤“什么是山寨文化”，http：//baike. baidu. com/view/1704790. htm。

⑥ 李宗桂：“山寨文化利大于弊”，http：//new. sina. com. cn/pl/2008－12－05/093016789376. shtml。

⑦“非物质文化遗产”，http：//baike. baidu. com/view/11090. htm。

⑧ 孙家正：“提高民族文化自觉，做好我国非物质文化遗产保护工作”，《中国非物质文化遗产保护研究（2005. 苏州）》，北京师范大学出版社，2007年版。

2008年中国生态安全总体状况研究

齐　琳

[内容提要] 2008年我国生态安全较少重大突发事件，喜忧并存、稳中有进。在国家战略和方针政策层面上，生态安全工作的历史地位和社会地位继续提高，但在具体执行、实践落实等基础层面上，生态安全依然形势严峻、任重道远。总体来说，全国生态环境质量一般。

2008年是我国生态安全工作更受重视的一年。这年3月27日，我国生态环境问题的主管部门由国家环境保护总局升格为中华人民共和国环境保护部。组建环境保护部充分体现了党中央、国务院对生态安全、环保工作的高度重视，不仅意味着机构的升格，而且标志着环保地位的提升和发展战略决策的调整，对促进生态工作的安全化将起到历史性转变的作用。

同时，根据中国环境监测总站公布的《2008年全年环境质量状况》报告，2008年全国生态环境质量"一般"，[①]全国的生态赤字不容乐观，仅山西省的人均生态足迹赤字*就高达3.578782公顷，是人均生态承载力的6.1倍。[②]

---

* "生态足迹"也称"生态占用"，是由加拿大大不列颠哥伦比亚大学规划与资源生态学教授威廉和其博士生瓦克纳戈尔提出的一种度量生态环境的生物物理方法。"生态足迹"通过测定现今人类为了维持自身生存而利用自然的量来评估人类对生态系统的影响，比如一个人的粮食消费量可以转换为生产这些粮食所需要的耕地面积，他所排放的二氧化碳总量可以转换成吸收这些二氧化碳所需要的森林、草地或农田的面积。因此它可以形象地被理解成一只负载着人类和人类所创造的城市、工厂、铁路、农田……的巨脚踏在地球上时留下的脚印大小。它的值越高，人类对生态的破坏就越严重。大自然可提供的人均生态承载力减去人均生态足迹需求即为人均生态足迹赤字。

因此，总体上，2008年我国生态安全形势在国家战略层面成绩卓著，而在实践操作层面依然形势严峻，在保持前进势头的同时也暴露出更多的问题和危机。

一、在国家战略层面上，生态安全工作的历史地位和社会地位继续提高

2008年，我国生态环境政策呈现出不断创新、不断完善的态势。这一年，我国不但组建了环境保护部，而且成功发射了“环境一号”A星和B星。环境卫星的发射，从技术上提高和加强了生态环境保护工作的主动性，并为建立“天—空—地”一体化的环境监测预警支撑体系，完善环境监测、预警、评估、应急救助指挥体系提供了重要平台。[③]这些都是在我国生态安全、环境保护史上具有里程碑意义的重要事件，标志着我国生态安全工作在国家战略地位上的提高。

2008年恰逢改革开放30周年。30年来，主管生态环境工作的部门从临时办公室上升到国家环境保护部，执政职能日益强化；相关规定从寥寥数语扩展到国务院专门印发的文件法规，执政内容逐渐丰富；管理队伍和手段从单一走向综合、从幕后走向前台，执政力度不断加强。

30年来，我国共制定9部环境保护法律、15部自然资源法律、50多项环保行政法规，主要包括：《环境保护法（试行）》（1979年，我国第一部环境法律）、《海洋环境保护法》、《水污染防治法》、《大气污染防治法》（1982—1990年）等，《固体废物污染环境防治法》、《环境噪声污染防治法》、《放射性污染防治法》、《可再生能源法》、《环境影响评价法》、《环境影响评价公众参与暂行办法》、《循环经济促进法》（20世纪90年代至今）等，其中《环境影响评价法》（2003年）是通过环境保护法律加强前期预防的代表，《环境影响评价公众参与暂行办法》（2006年）则是我国第一部推进公众参与环境保护、促进国家政治民主化进程

的部门规章。[4]这些法律、法规的出台，逐渐形成了适应市场经济体系的环境法律和标准体系。需要特别指出的是：2007年，在党的十七大报告中首次提出要“建设生态文明”，其历史意义重大而深远。这一新概念的提出，标志着生态安全在我国越来越受到重视。

在此基础上，2008年，我国又制定颁布了《国家酸雨和二氧化硫污染防治“十一五”规划》、《中华人民共和国水污染防治法》、《国家环境监管能力建设“十一五”规划》、《全国土壤污染状况评价技术规定》、《循环经济促进法》、《全国生态脆弱区保护规划纲要》等法律法规。其中，《循环经济促进法》成为通过法律推动优化经济增长的重要立法。

这些变化反映出我国生态安全工作从防治污染、处罚破坏行为到保护环境、建设生态文明，从行业政策到国家战略，从偏重经济利益到重视可持续发展的变化轨迹。这一发展过程表明我国的生态环境政策思路已经日趋明晰，日益朝着科学发展观统领下的促进经济、社会、生态环境协调发展的方向前进。同时，我国的环境政策也更加成熟，日益发挥着调控经济活动规则、优化经济产业结构、转变经济发展方式的“经济杠杆”的作用。

二、在方针政策层面，生态安全工作迈出了坚实的步伐，并获得了相应回报

从决策理念到行动落实，中间往往存在很大落差，生态安全工作尤其如此。这是由于可持续发展、循环经济等科学理念尚未在全社会、全民心中建立起来，科学理念的实施必然遭遇现实的违反、破坏和抵制。因此，目前生态安全工作所取得的成绩主要是方针政策、科学理念层面的，在现实行动方面也取得了一定的成果，但大大低于政策理念层面的成绩。

（一）生态环境保护工作从被动应对、事后查处转向主动出击、预先防控，并在这方面取得了巨大进步

继2007年推出绿色信贷后，2008年环境保护部联合相关部门又陆续推出了多项环境经济政策：建立环境污染责任保险制度；加强上市公司环保核查，推出绿色证券政策；公布了“高污染、高环境风险”产品名录，为制定绿色贸易政策奠定了基础；出台“以奖促治”、“以奖代补”的农村环保政策，环境经济政策由城市向农村拓展。

首先，环境准入制度继续从源头上防控对生态环境的破坏。截止2007底，我国共提高了电力、钢铁、石化等13个高耗能、高排放行业建设项目的环境准入条件，对总投资近1.5万亿元的377个项目做出了不予审批或暂缓审批的决定；对全国9000多个新开工项目开展了环保专项清理检查，对不符合环评要求的1194个项目依法予以严肃处理；进一步严格企业上市环保核查，否决或暂缓10家企业84亿元的上市融资申请；采取“区域限批”、“流域限批”措施，暂停10市、2县、5个开发区和4个电力集团的环评审批。⑤

其次，环保后督察日益走向制度化，提升了环境执法效能。2008年1月，原国家环保总局通报对130家存在环境违法行为的跨国公司进行环保后督察；2月通报了2008年第一批“高污染、高环境风险”产品名录，共涉及6个行业的141种“双高”产品。针对名录中当时还享有出口退税的农药、涂料、电池及有机砷类等39种产品，环保总局向财政部、税务总局提出了取消其出口退税的建议，同时还向商务、海关等部门提出了禁止其加工贸易的建议。⑥为进一步完善环保后督察机制，2008年7月环境保护部召开会议，要求加快制定《环境保护后督察办法》，从而将后督察工作纳入制度化、法制化轨道。截至11月底，全国共出动各类执法人员160余万人（次），检查各类企业70多万家（次），对1.5万家环境违法企业予以立案查处，依法追究责任人员100余人，对保障群众健康、震慑违法行为、推进减排工作发挥了重要作用。⑦

（二）生态恢复建设得到进一步重视并取得一定进展

首先，2008年，在《关于加强农村环境保护工作的意见》（2007年5月）、《关于开展生态补偿试点工作的指导意见》（2007年8月）、《全国生物物种资源保护与利用规划纲要》（2007年10月）、《国家重点生态功能保护区规划纲要》（2007年10月）等文件的基础上，环境保护部又印发了《关于加强土壤污染防治工作的意见》（2008年6月）和《全国生态脆弱区保护规划纲要》（2008年9月）两个指导文件，从法规政策方面加强了对生态恢复、保护和建设工作的重视。

其次，根据第一次全国农村环境保护工作会议的部署，2008年中央财政安排5亿元支持农村环境综合整治。其中约4.5亿元用于“以奖促治”方式支持600个村庄，引导和推动农村环境综合整治工作；约5000万元用于“以奖代补”方式支持100个村镇，促进开展农村生态示范村创建工作。[8]2008年11月，国务院出台10项扩大内需促进增长的措施，预计到2010年底投资约4万亿元，其中3500亿元将投向生态环境建设。[9]2008年新增1000亿元中央投资，共安排25亿元用于十大重点节能工程、循环经济和重点流域工业污染治理工程建设，涉及项目468个。[10]这些又从资金上对生态环境建设予以保障。

再次，生态省建设成为推进生态文明建设的重要载体和组织形式。通过建设生态省，可以将自然保护区建设、物种资源保护与利用、矿山水利资源开发过程中的生态保护与恢复、土壤地质保护等工作落到实处。目前，全国已有海南、吉林、黑龙江等14个省（自治区、直辖市）开展了生态省（区、市）建设。生态省建设的工作机制不断完善，循环经济和生态产业发展初见成效，环境保护和生态建设力度不断加大，生态县（市、区）、环境优美乡镇、生态村建设等生态省建设的细胞工程不断夯实，生态省建设的理念、思路不断创新，生态省建设作为落实科学发展观、推进生态文明建设的重要载体和组织形式，已得到各地的广泛认同。[11]例如，海南省自2000年正式启动了以“优化生态环境、发展生态经济、培育生态文化”为主要内容的文明生态村创建活动后，截至2008年底已建成文明生态村9174个，占全省自然村总数的39.4%。[12]

三、在实践操作层面上，生态安全工作取得了一些成绩，但生态安全形势依然严峻，问题和矛盾依然突出

总的看来，虽然近年来无论在思想观念和国家战略上，还是在法规政策和技术资金上，生态安全工作都得到了一定的重视，但由于我国的可持续发展观尚未真正建立起来，普遍的观念仍然是重眼前经济利益，轻长远生态效益，企业甚至地方政府的生态安全意识、环境责任意识仍然普遍淡薄，加上环保执法、监管惩治力度偏软偏弱，因此2008年生态安全工作在保持继续前进态势的同时，也暴露出了很多新问题，主要表现为环境污染还在发展、污染范围和领域不断扩大、污染危害还在加剧、生态环境还在恶化等。

首先，大气安全方面。2008年上半年，全国主要污染物排放总量实现双下降。其中，二氧化硫排放量同比下降3.96%，化学需氧量同比下降2.48%，约束性指标的效果开始显现。[13]值得一提的是，2008年北京成功举办了一届“绿色奥运会”，兑现了向国际社会做出的环境质量改善的承诺，空气质量达到10年来最佳，并相应带动了周边地区省份的空气质量改善。

不过，2008年全国酸雨污染仍然较重，20个省份10%以上城市（区）受到酸雨影响，酸雨发生面积约150万平方公里，与上年相比略有增加，与2005年相比基本持平。[14]

2008年，我国北方共发生6次大规模沙尘天气，81个环保重点城市的空气质量受到影响，重于2007年。累计造成空气质量超标283次，重污染34次。[15]同时，极端气候事件也造成了严重的危害和损失。2008年初，历史罕见低温雨雪冰冻灾害横扫中国南方十几个省份，造成的直接经济损失高达1516.5亿元。春季，东北、华北等地发生严重冬春连旱，黄河发生建国以来最严重凌汛，新疆遭受严重低温冷冻害。夏季，台风

登陆个数、时间、比例之高破历史纪录，在西北太平洋和南海海域生成的21个热带风暴中有10个在我国登陆，造成珠江流域、湘江上游、长江中上游、淮河流域发生严重暴雨洪涝灾害。夏秋之交，新疆出现近20年来最严重干旱，南方地区则出现1951年以来最强秋雨。2008年10—11月，西藏出现罕见雪灾，入冬以来最强冷空气自西北向东南席卷中国，中国大部分地区先后出现大风、降温和雨雪天气。[16]

其次，在水资源安全方面，2008年水环境质量与2007年相比总体稳定，地表水环境质量持续改善，七大水系Ⅰ—Ⅲ水质断面比例为55.0%，与2007年相比升高5个百分点。其中，长江、黄河、珠江干流水质良好，松花江、淮河干流为轻度污染，辽河干流为中度污染，海河干、支流均为重度污染。重点湖泊未出现大面积水华和水体大面积黑臭，但湖泊富营养化仍突出，滇池、太湖为重度污染，巢湖、洪泽湖、洞庭湖为中度污染，鄱阳湖为轻度污染。饮用水源地取水仍有23.6%超过Ⅲ类标准，重点流域水污染防治规划总体进展缓慢。全国近岸海域总体水质为轻度污染。一、二类海水占70%，与上年相比略有好转，劣四类海水比例大于40%。[17]

2008年，中国沿海海平面为近10年最高，比常年（1975—1993年平均海平面）和2007年分别高60毫米、14毫米。南海沿海升幅明显高于北部。海平面上升加剧了风暴潮、海岸侵蚀、海水入侵、土壤盐渍化及咸潮等海洋灾害。[18]

目前，水资源污染已经成为我国生态安全中最严重的问题。虽然，与以往相比，劣Ⅴ类水质的比例正在下降，但仍然超过了1/5。可以说，目前我国的水系是“有水皆污”，即使经过大力整治，仍然收效甚微。例如，太湖治污已经花去270亿元，今后（2007—2020年）还将投入1114.98亿元巨资。尽管如此，2008年3月至11月间，绿色和平的工作人员先后7次在太湖采集了25份水样，其中20份的总氮含量都超过了国家规定的地表水五类的上限，即太湖水不仅不能作为饮用水源、不适于人体直接接触，甚至都不能用作农业灌溉或工业生产，已经丧失了所有的水体功能。[19]因此，污染减排仍然面临着巨大压力，距离完成“十一五”规划纲要提出的主要污染物排放总量较2005年减少10%的目标依然有较大差距。

同时，水资源短缺的危机依然没有解除，国内660个城市中，有400个正受到水资源缺乏的影响，政府已将水资源缺乏作为影响经济发展的首要障碍之一。[20]

此外，重大水资源安全事件时有发生。2008年6月，云南发生重大水污染事件，九大高原湖泊之一的阳宗海，水体中的砷浓度超出饮用水安全标准，直接危及两万人的饮水安全。从2008年7月8日起，沿湖周边民众及相关企业不得不全面停止从中取水作为生活饮用水。[21]自2008年9月开始，阳宗海已降为劣V类水质，主要污染物就是砷，整个湖泊呈中度营养状态。[22]这是我国2008年最严重的水资源污染事件。此外，2008年2月份，汉江遭受严重污染，汉江下游三条支流沿线的20余万人无法正常用水，其中六万余居民生活用水被迫停止供应，五所学校全部停课。[23]2008年9月，湖北阳新驰顺化工厂排水管发生废水泄漏事故，11公里水港被污染，并直接排向长江，沿途约3000亩鱼塘、近2000亩水田受损。[24]

第三，生物物种安全方面。我国的物种安全工作主要集中于林业建设、濒危物种保护、外来物种入侵、物种灾难暴发等方面，这些问题往往不是单独出现，而是与湖泊涵养、植被保护、水土保持、生态恢复等问题结合在一起。

林业承担着保护建设森林、湿地、荒漠生态系统和维护生物多样性等多项职责，是满足人们对良好生态需求的重要途径。近年来，林业建设在生态文明建设中的地位逐渐提高，也取得了一定成效。目前，我国已累计造林超过四亿亩（其中2008年全年7157万亩[25]），投资总量达4300多亿元，涉及一亿多农民。[26]其中，“三北”防护林体系建设工程共完成造林1876.98万亩，森林覆盖率由当初的8.9%提高到23.07%，林草植被迅速恢复，生物多样性明显增多，昔日“沙进人退”的历史正在被改写。[27]我国城市绿化覆盖率也由2000年的28.15%上升到2007年底的36%，人均公共绿地面积由2000年的6.52平方米增加到8.6平方米。[28]此外，建立生态补偿机制以来，全国重点公益林补偿范围已达到6.99亿亩，25个省区市建立了地方森林生态效益补偿制度，地方年补偿资金达18亿元。[29]

但是，2008年我国林业也遭受了严重损失，仅年初的南方雨雪冰冻灾害就造成3.13亿亩林地受灾，占全国林业用地面积的7.4%；受灾的森林蓄积达到3.7亿立方米，占全国森林总蓄积的3%；直接经济损失573亿元。[30]另外，2008年第一季度，全国共发生森林火灾6351起，火场总面积59776公顷，受害森林面积24910公顷。[31]

在物种安全方面，2008年中国鸟类学者周放、蒋爱伍发现并公布了一个以往世界上从未描述过的鸟类新种——弄岗穗鹛。[32]同时，国家林业局林业有害生物检验鉴定中心也发现了一种新的外来入侵物种——桉树枝瘿姬小蜂，该有害物种在广西境内的发生面积已达三万余亩，受害严重地区有虫株率达100%，涉及防城港市、钦州市、崇左市、百色市4市9县（市、区）。[33]另外，2008年我国不但成立了首家动物保护法研究机构——西北政法大学动物保护法研究中心，以及中国野生植物保护协会药用植物保育委员会，而且为世界最濒危羚羊——普氏原羚建成了首家特护区首批保护工程，[34]在生物多样性和动植物保护方面前进了一步。

总体上，生物物种安全是我国生态安全中最薄弱的方面，无论理论科研还是现实工作，力度都十分薄弱，因此物种保护工作总体很不乐观。长江是我国的生物基因宝库和生物多样性最具典型性的生态河流，因开发过度、利用过度、污染过度，其水域生态环境受到破坏，水生生物资源已经处于全面衰退之中，不少物种濒临灭绝。[35]作为我国第一大河的长江尚且如此，其他物种资源基地的物种研究和保护工作就更加滞后和式微。

物种灾害方面，除广西桉树枝瘿姬小蜂入侵之外，河南驻马店三架山水库大坝被数亿白蚁掏空。[36]2008年夏季，干旱导致草原鼠害猖獗，呼伦贝尔草原新巴尔虎右旗草原受灾面积高达810万亩，占全旗可利用草场的40%，其中460万亩为重灾区；[37]新疆鼠害面积达7463万亩，严重危害3531万亩。[38]8月，黑龙江省草地螟虫受灾面积多达4300万亩，见虫范围之广、发生面积之大、虫口密度之高，为历史同期罕见。[39]

第四，土壤和岩石圈安全方面。加强生态恢复建设以来，特别是实施退耕还林、退耕还草政策后，我国森林覆盖有较大增长，局部地区水土流失和荒漠化蔓延特别是沙化面积急剧恶化趋势有所缓和。例如，甘肃省目前沙化土地面积比1999年减少了8.36万公顷，平均每年减少1.67万公顷。这表明甘肃省以河西走廊沙区为主的土地沙化得到有效遏制。[40]

但土地荒漠化、水土流失、冻土退化、冰川退缩、土壤污染等问题依然严峻。当前，我国近1/5的国土仍然是沙化土地，全国有一半的贫困人口分布在沙区，沙化土地威胁着近四亿人口的生存与发展，并且全国仍有50多万平方公里的可治理沙化土地亟须治理，32万平方公里的潜在沙化土地需要进一步加强保护。[41]由于我国的土壤污染状况调查到2010年才能全面完成，[42]根据现有数据，目前全国受污染的耕地约有1.5亿亩，污水灌溉污染耕地3250万亩，固体废弃物堆存占地和毁田200万亩，合计约占耕地总面积的1/10以上，其中多数集中在经济较发达的地区。全国每年遭重金属污染的粮食达1200万吨，造成直接经济损失超过200亿元。[43]

目前，在我国一共分布着八个类型的生态脆弱区：东北林草交错生态脆弱区、北方农牧交错生态脆弱区、西北荒漠绿洲交接生态脆弱区、南方红壤丘陵山地生态脆弱区、西南岩溶山地石漠化生态脆弱区、西南山地农牧交错生态脆弱区、青藏高原复合侵蚀生态脆弱区和沿海水陆交接带生态脆弱区。这些生态脆弱区经济增长方式普遍粗放，人地矛盾突出，生态监测与监管能力不足。它们面临的生态形势十分严峻，主要表现为五个方面：草地退化、土地沙化面积巨大；土壤侵蚀强度大，水土流失严重；自然灾害频发、地区贫困不断加剧；气候干旱、水资源短缺、资源环境矛盾突出；湿地退化、调蓄功能下降、生物多样性丧失。[44]

2008年上半年，全国共发生地质灾害19201起，其中滑坡9763起、崩塌6374起、泥石流484起、地面塌陷466起、地裂缝2061起、地面沉降53起。这些地质灾害共造成390人死亡、16人失踪、603人受伤，直接经济损失161.3亿元。因灾死亡30人以上或者直接经济损失1000万元以上的特大型地质灾害有481起，因灾死亡10人以上、30人以下或者直接经济损失500万元以上、1000万元以下的大型地质灾害有321起。[45]

另外，2008年5月，我国四川省汶川县发生里氏8.0级地震，地震灾害虽然没有造成环境质量的明显变化，但却导致植被丧失64314公顷，占地震重灾区自然生态系统面积的2.8%；耕地受损面积达13466公顷，占重灾区耕地面积的0.6%；地震导致大熊猫栖息地受到严重影响及破坏的面积占灾区栖息地面积的11.5%。㊻

综上所述，延续近年来生态安全工作日受重视、稳步前进的趋势和惯性，2008年我国的生态安全工作在国家战略、方针政策等高端层面上取得了显著进展，但在具体执行、实践落实等基础层面上却依然形势严峻、任重道远。无论是大气安全、水资源安全形势，还是生物物种安全和土壤岩石圈安全形势，都是老问题尚未根治，新问题又接踵而至；改进的步伐很缓慢，治理的成本却十分惊人。造成这种局面的根本原因是可持续发展观尚未在我国全社会、全民心中深入确立，只看重当前、地方、局部的收益，短期经济发展模式依旧大行其道。因此，树立科学发展观，明确生态文明观，践行可持续发展观，是当代中国人建设生态文明的根本之路。

注释：

①⑭⑮⑰㊻ 中国环境监测总站："2008年全国环境质量状况"，《中国环境报》，2009年1月12日。

② 张可兴："山西生态足迹全国最大人均生态赤字是生态承载力的6.1倍"，《中国环境报》，2008年4月30日。

③"环境保护事业的历史性突破"，中国环境网，http：//www.cenews.com.cn/xwzx/zhxw/hjwxfscg/200809/t20080908_589552.html。

④ 步雪琳："发展之法制篇：修典明法三十年"，《中国环境报》2008年12月16日。

⑤"环境保护部发布2007年中国环境状况"，http：//www.zhb.gov.cn/cont/wrjp/zxfb/200806/t20080604_123464.htm。

⑥"国家环保总局发布2008年第一批'高污染、高环境风险'产品名录"，http：//www.zhb.gov.cn/xcjy/zwhb/200802/t20080226_118672.htm。

⑦ 周文颖："周生贤主持召开环境保护部常务会议听取2008年环境保护部监察

部第二批联合挂牌督办情况汇报”，http：//www. zhb. gov. cn/hjyw08/200812/t20081219 _ 132607. htm。

⑧“‘以奖促治’推进农村环境综合治理400万群众直接受益”，http：//www. zhb. gov. cn/xcjy/zwhb/200811/t20081125 _ 131597. htm。

⑨“2008年国内国际十大环境新闻”，http：//www. zhb. gov. cn/hjyw08/200901/t20090105 _ 133295. htm。

⑩㉑ 陈玮英：“2008中国环保十大事件：阳宗海砷污染引政府行政问责”，人民网，http：//env. people. com. cn/GB/8609570. html。

⑪ 原二军、潘骞：“吴晓青强调要以生态省建设为主体 大力推动生态文明建设”，http：//www. zhb. gov. cn/hjyw08/200810/t20081022 _ 130372. htm。

⑫ 赵叶苹：“海南省文明生态村将占自然村总数45%”，人民网，http：//env. people. com. cn/GB/8614102. html。

⑬“上半年全国主要污染物排放总量双下降”，http：//www. zhb. gov. cn/xcjy/zwhb/200809/t20080910 _ 128471. htm。

⑯“2008年度十大天气气候事件评选结果揭晓”，http：//www. weather. com. cn/static/html/article/20081230/21322. shtml。

⑱ 赵凡：“中国沿海海平面总体呈波动上升，专家称未来30年将继续保持上升趋势”，国土资源网，http：//www. clr. cn/bao/read. asp? ID=150228。

⑲ 刘语：“太湖治理一线报告”，南方报业网，http：//www. nanfangdaily. com. cn/21cn/200811060089. asp。

⑳ 刘慧：“中国400个城市水资源缺乏，淡水保护刻不容缓”，人民网，http：//env. people. com. cn/GB/6370808. html。

㉒“阳宗海成劣五类水公司代理律师提天灾论”，搜狐绿色频道，http：//green. sohu. com/20081224/n261399976. shtml。

㉓“汉江三支流遭受严重污染20万人无法正常用水”，人民网，http：//env. people. com. cn/GB/6925224. html。

㉔“湖北阳新化工厂废水泄漏11公里水港被污染”，人民网，http：//env. people. com. cn/GB/8096238. html。

㉕ 齐联：“我国林业2008年保持稳步发展趋势”，国家林业局网，http：//www. forestry. gov. cn/distribution/2009/01/15/lyyw－2009－01－15－26441. html。

㉖“中国退耕还林累计造林4亿亩”，人民网，http：//env. people. com. cn/GB/8570697. html。

㉗ 丁铭："三北防护林改写科尔沁沙地'沙进人退'历史"，人民网，http：//env. people. com. cn/GB/8566725. html。

㉘"2008北京国际新闻中心举行新闻发布会披露：我国城市绿化覆盖率达到36%"，国家林业局网，http：//www. forestry. gov. cn/distribution/2008/08/26/lyyw－2008－08－26－17418. html。

㉙"2008：奋力前行，现代林业取得新进展——2009年全国林业厅局长会议报告解读（上篇）"，国家林业局网，http：//www. forestry. gov. cn/distribution/2009/01/12/lyyw－2009－01－12－26195. html。

㉚"冰冻灾害致中国林业损失573亿元"，中国环境生态网，http：//www. eedu. org. cn/news/envir/homenews/200802/21687. html。

㉛"国家林业局通报8起损失较大的森林火灾"，http：//www. anquan. com. cn/News/News/China/200804/75153. html。

㉜㉞"2008动物植物十件大事"，国家林业局网，http：//www. forestry. gov. cn/distribution/2009/01/12/lyyw－2009－01－12－26198. html。

㉝"警惕外来有害生物—桉树枝瘿姬小蜂（2008第1号）"，国家林业局网，http：//www. forestry. gov. cn/distribution/2008/10/06/zllh－2008－10－06－1658. html。

㉟ 李忠将："长江水生生物物种资源处于全面衰退"，新华网，http：//news. xinhuanet. com/newscenter/2008－01/15/content_7427397. htm。

㊱"河南驻马店水库大坝被数亿白蚁掏空"，人民网，http：//env. people. com. cn/GB/8572665. html。

㊲"效呼伦贝尔新巴尔虎右旗灭鼠初见成效"，中国草原网，http：//www. grassland. gov. cn/GrasslandWDB/fzjz/ShowArticle. asp? ArticleID=670。

㊳"新疆面临10多年来最严重的鼠患灾害"，中国草原网，http：//www. grassland. gov. cn/GrasslandWDB/fzjz/ShowArticle. asp? ArticleID=898。

㊴"黑龙江虫灾面积达4300万亩 波及全省 历史罕见"，东北网 http：//heilongjiang. dbw. cn/system/2008/08/16/051445191. shtml。

㊵"沙化土地减少8万公顷河西走廊生态环境好转"，人民网，http：//env. people. com. cn/GB/8590296. html。

㊶ 本报评论员："防沙治沙任重道远"，《人民日报》，2008－06－1（11）。

㊷ 环境保护部文件环发〔2008〕48号："关于加强土壤污染防治工作的意见"，http：//www. zhb. gov. cn/info/bgw/bwj/200806/t20080612_123857. htm。

㊸ 王冬梅、任飞："我国土壤污染形势相当严峻1.5亿亩耕地受到污染"，新华

网，http：//news. xinhuanet. com/politics/2006－07/19/content _ 4851796. htm。

㊹ 宗边："加强生态脆弱区保护 促进人与自然和谐发展"，《中国环境报》，2008年12月23日。

㊺ "全国地质灾害通报（2008年1－6月）"，中国地质环境信息网，http：//www. cigem. gov. cn/BigClass. asp? typeid＝11&BigClassid＝81。

2008年公共卫生安全与中国国家安全

黄日涵

[内容提要] 2008年公共卫生问题备受公众关注，这和其本质和特点是分不开的。只有准确地了解全球化背景下的公共卫生问题及其产生的原因，才能真正全面地把握中国公共卫生问题的核心所在。2008年公共卫生安全问题在非传统安全方面的比重有上升趋势，对国家安全的影响日趋突出，对中国社会造成了极大的冲击。如何有效应对公共卫生安全问题已经成为新时期有效维护国家安全的重要组成部分。

一、2008年公共卫生安全领域现状及发展

2008年我国公共卫生安全出现了许多重大案例，使得整个2008年公共卫生安全备受广大民众关注。其实不仅在2008年，最近几年公共卫生安全在非传统安全中的比重一直处于上升阶段，对国家安全的影响也日益突出。

2008年在整个公共卫生安全领域，食品安全显得越发重要，已经衍变成一个全球性问题。由于全球食品链的脆弱性和世界卫生的相互关联性，各国加强食品安全的检查就显得极为重要。

(一) 食品安全问题

2008年初的日本"毒饺子"事件引发了中国的食品安全危机。随后

又发现人造“新鲜红枣”流入乌鲁木齐市场。人造“新鲜红枣”主要经过两道工序——着色和着味。铁锅里放进酱油，使青枣变成红色，并保持光泽，接着放进加有大量糖精钠和甜蜜素的水池中浸泡，使其口感泛甜。这一系列问题让大家对食品安全开始重视起来，但真正让全体国民不安的却是三鹿毒奶粉事件。

2008年9月，甘肃等地报告多例婴幼儿泌尿系统结石病例事件，引起了相关部门的高度重视。2008年9月11日晚，中国卫生部指出，近期甘肃等地报告多例婴幼儿泌尿系统结石病例，调查发现患儿多有食用三鹿牌婴幼儿配方奶粉的历史，经相关部门调查，高度怀疑石家庄三鹿集团股份有限公司生产的三鹿牌婴幼儿配方奶粉受到三聚氰胺污染。石家庄三鹿集团股份有限公司11日晚则发布产品召回声明，称经公司自检发现2008年8月6日前出厂的部分批次三鹿婴幼儿奶粉受到三聚氰胺的污染，市场上大约有700吨。三鹿集团公司决定立即全部召回2008年8月6日以前生产的婴幼儿奶粉。

三鹿婴幼儿奶粉事件发生后，党中央、国务院迅速启动了国家重大食品安全事故Ⅰ级响应机制，对患儿诊断治疗、问题奶粉封存回收、相关企业停产整顿、事故责任查处、所有奶制品检验和相关行业整顿等问题做了重大部署，同时对地方政府以及负有监管职责的主要部门领导依法实行了严肃的责任追究。

问题奶粉事件震惊全国，随后三鹿奶粉事件扩展到国内多个品牌，进而蔓延到国际名牌如雀巢、台湾品牌如金轮等奶制品，受害人数增至数万。由于奶粉、液态奶消费链的突然崩塌，中国奶制品产业正遭受重灾。中原大地，烽烟四起。外国也对中国奶产品产生了怀疑，诉诸封查、限制等手段。

这起事件无疑阻碍了中国民族工业的成长。假如对后果不予及时消弭，势必对中国经济发展带来不利的影响。总体上说，要根究食品安全、整治食品工业，必须审视其社会、系统、政治层面的因素，这是一个相当复杂的系统工程。

食品安全涉及严重的社会问题，中国部分民众已经丧失道德准则，到处充斥着对物质财富的无限贪婪，仿佛置身于一个失去道德罗盘的社会之中。人们为了追逐物质财富，什么都敢造假。尤有甚者，人们在造假的过程中一味遵循“短、平、快”的法则。不法之徒出于快速地追逐物质财富，其求财心切，已经达到了“不畏死”的地步。[①]

我国政府必须从这个事件中吸取教训，及时建立适应新形势下的食品安全监管体制，并健全食品安全立法工作，让我国整个食品安全监督体系得到进一步完善和改进。

（二）流行性疾病事件

流行性传染病成为影响社会发展的全新问题。[②]谈到流行性疾病问题，我们首先想到的是2003年那场令世人震惊的SARS。从2003年开始流行性疾病的问题逐渐凸显。而近年来禽流感问题也让许多国家感到头疼，中国也不例外。

禽流感是禽流行性感冒的简称，是一种由甲型流感病毒的亚型（也称禽流感病毒）引起的传染性疾病，被国际兽疫局定为甲类传染病。按病原体类型的不同，禽流感可分为高致病性、低致病性和非致病性禽流感三大类。非致病性禽流感不会引起明显症状，仅使染病的禽鸟体内产生病毒抗体。低致病性禽流感可使禽类出现轻度呼吸道症状，食量减少，产蛋量下降，出现零星死亡。高致病性禽流感最为严重，发病率和死亡率均高，感染的鸡群常常“全军覆没”。人类感染禽流感病毒的概率虽然很小，但是近年来世界各国依然出现了多例人感染禽流感导致死亡的案例。2008年在中国的深圳地区也出现了人感染禽流感导致死亡的案例。随着鸟类的迁徙以及病毒的不确定性，我国出现人感染禽流感的可能性也在不断增加，希望相关部门能逐渐重视起来，及早做好相关措施。

（三）艾滋病问题

中国新闻网2007年12月1日报道，据卫生部网站消息，卫生部、联合国艾滋病规划署和世界卫生组织联合对中国艾滋病疫情进行估计，截至2007年底，中国现存艾滋病病毒感染者和病人约70万，其中艾滋病病人8.5万，全人群感染率为0.05%。[③]截至2008年9月30日，我国累计报告艾滋病例264302例，其中病人77753例，报告死亡34864例。

2008年1—9月共报告发现艾滋感染者和病人44839例，报告死亡6897例。据联合国艾滋病规划署估计，全球范围内约有3300万人感染艾滋病，中国占70万。[4]

由此可见，目前中国艾滋病疫情处于总体低流行、特定人群和局部地区高流行的态势，主要呈现四个特点：一是艾滋病疫情上升速度有所减缓；二是性传播已成为主要传播途径；三是艾滋病疫情的地区分布差异大；四是艾滋病流行因素广泛存在。

通过上述这些数据我们可以看出，2008年我国现存艾滋病病毒感染者情况依然严峻。下一步中国将继续加大对疫情较重、边远地区和农村等重点区域和流动人口、青少年等重点人群的艾滋病宣传教育；继续加强行为干预工作，稳步推进美沙酮社区维持治疗和安全套推广使用工作，加大在暗娼和男—男性行为人群中的干预力度，扩大干预措施的覆盖面，减少新发感染。

二、公共卫生安全事件的特点

通过对2008年公共卫生安全事件的了解，我们可以看出公共卫生安全事件在2008年度的关注程度有了前所未有的提高，其主要原因在于公共卫生安全事件关系着每个人的身体健康。

随着公共卫生危机的凸显，各国对公共卫生问题的研究日益升温。公共卫生安全已经受到全世界不同种族和不同肤色人群的重视。而不同的时代，公共卫生安全的威胁及影响因素不尽相同。因此，审视公共卫生安全事件，我们必须认识到，公共卫生事件的定义也应该随着时代的发展，从内涵与外延上均作相应的改变和拓宽。而新时代的公共卫生安全事件也随着内涵和外延的变化产生了许多新的特点。

（一）成因的多样性

公共卫生安全事件爆发的成因趋于多样化。各类自然灾害如水灾、旱灾、火灾、地震、事故灾难和核泄露、环境污染、生态环境破坏、交通事故还有致病微生物、食品药品安全、职业危害、动物疫情等，都可能危害到一定区域的人们的健康，因此都可以是公共卫生事件或危机的成因。

冷战结束以后，随着恐怖主义的发展，公共卫生安全事件也越发受到人们的关注。近年来，中国食品安全事件频繁发生，如2003年的“毒奶粉”事件，2005年的“苏丹红”事件，2006年的“瘦肉精中毒”事件、“多宝鱼”事件、“红心鸭蛋”事件，2008年的三鹿“毒奶粉”事件等，这些都让中国百姓每时每刻都处在食品安全危险的阴影中，在面对形形色色的食品时提心吊胆。

（二）时间、地点与人群分布差异性

由于公共卫生安全事件成因多样化，各类公共卫生安全事件的分布各不相同，且同一事件在不同地区发生的情况也会有所差异，如疫病的发生一般与事件的关联比较大，某些疫病较易在春秋发生大流行，如2003年的SARS，另外也有一些疫病容易在夏季流行。某些自然灾害在一年中的某个特定时节比较容易发生，比如台风、暴雨在夏季更为常见，暴风雪一般在冬季多见。另外，根据成因，某些生态环境破坏事件也有较特异的事件发生，如光化学烟雾一般发生在温度低、气温在24－32度的夏季晴天的中午或者午后。但是其他一些公共卫生事件的事件特征不是很明显，如环境污染、职业危害等。

（三）传播的广泛性

跨国性、广泛性是近年来公共卫生安全事件的显著特点。公共卫生安全事件不仅在一个国家内的不同地区蔓延，同时也会影响到其他国家，以致对全球的公共卫生安全构成威胁。最明显的例子就是传染病的世界大流行。无论是公元前雅典的神秘疫病还是之后出现的鼠疫、天花、梅毒、霍乱、流感，或者是新发传染病如艾滋病、SARS，它们无一例外地保持了传染病的“优良传统”，即强烈的传播能力。只要具备了传染病三个基本环节（传染源、传播途径和易感人群），它们就可以肆无忌惮地传播开去，令人谈虎色变。[5]

（四）影响的复杂性

随着人类的发展与进步，医学水平不断提高，与疫情作斗争的能力不断增强。这时候，虽然疫病不能再像以前那样嚣张，但由其他原因引起的公共卫生事件却在逐渐增多，它们对健康带来的各种各样的影响较之以前有过之而无不及。除了影响人类健康，现代公共卫生事件对环境、经济等也都造成了深远、复杂的影响。

（五）防治的综合性

公共卫生安全事件非常重要的特点是治理的综合性。鉴于现代公共卫生安全事件的成因复杂，时间、地点、人群特征不一，传递快速而呈广泛性，造成的影响复杂深远，因此现代公共卫生事件的治理更应当强调综合性。它已经不仅是对传染病三个环节的控制，或是一次洪灾的灾后处理，强调的是针对原因，跨领域、全社会多机构动员的综合治理。同时基于其传播广泛性的特点，跨国合作与全球合作也是综合治理与维护的一大主要趋势，如抗击艾滋病已不是一国之事，而需要形成对艾滋病防治的全球战略，在多国的联合努力下进行疫苗的研制、治疗方案的临床试验等。同时，还需要制定法规，加强管理与宣传教育，多管齐下，方能有效遏制艾滋病进一步蔓延的势头。

三、公共卫生安全事件的影响

2003 年 SARS 爆发以来，我国开始对公共卫生安全逐渐重视，但依然存在许多的不足。2008 年的三鹿“毒奶粉”事件更让中国的公共卫生安全问题面临巨大的考验。进入新公共卫生时代后，中国的公共卫生体系将走向何方？这一点非常值得我们去深思。

众所周知，公共卫生问题直接涉及人的健康和生命，关乎人类的根本利益，是具有特殊重要性的社会安全问题。在当前时代条件下，表现为重大流行性疾病的公共卫生问题具有频发性、流行性、跨国性、复杂性等特点，并通过多种渠道施加其特有影响。

(一) 对人口这一基本生产力的严重摧残

重大流行性疾病造成的公共卫生问题直接危害人类的生命安全，往往导致大批人口在较短时间内集中死亡，严重损害人这一社会生产力中最宝贵的要素和社会活动的唯一主体，极大地制约人类社会的物质和人类自身这两种再生产的正常进行，从而对人类社会形成最根本的危害。欧洲黑死病猖獗时期，人口大量死亡导致劳动力奇缺，许多村庄被废弃，农田荒芜，粮食生产急剧下降，许多地区发生了饥荒。这些年来，全世界每年因艾滋病死亡的人数在300万左右。2002年死亡310万人，包括成人250万人（其中妇女120万人），15岁以下儿童61万人。[⑥]由此可见，重大公共卫生安全事件对人口这一基本生产力有严重的摧残作用。

(二) 对人类经济活动及其成果的严重破坏

重大流行性疾病恶化经济发展环境，严重干扰甚至中断经济活动，大大降低社会生产的效率。疾病流行期间及其后一个显著的现象是经济发展资源被大量转用于保持人类的健康和繁衍。

(三) 对社会运行的严重干扰

重大流行性疾病往往会通过人的行为、人际关系、人的观念和社会组织结构等等的改变，对既存的社会运行秩序和格局产生深刻的影响，直至酿成严重的社会危机。黑死病在欧洲造成的深刻社会危机，要人们花费几百年的时间去加以消除。从歧视和恐惧的角度讲，艾滋病已经造成严重的人际关系危机。

(四) 对政治秩序的严重影响

当重大流行性疾病引发严重公共卫生问题之时，一般会立即对政府的公信力形成严峻的考验。如果政府反应失当，后果将是无情的。疫病流行指数必然上升，政府的公信力必然下降。从统计学的角度看，二者之间存在着非常密切的负相关关系。每当这种情况发生，公共卫生问题就必然演化成政治问题，对国家的政治秩序造成程度不等的冲击。政府反应失当，既可以由相对单纯的经济技术因素如公共卫生资源缺乏所引起，也可以由复杂的政治、社会、文化因素如政治体制封闭和僵硬所引起。美国旧金山1906年的大地震，引发了1907—1908年的黑死病，成为首次在美国得到确认的瘟疫。当时旧金山有35万人口，先后共有280人感染了鼠疫，其中172人死亡，总体来讲鼠疫蔓延的状况并非十分严重，但政府在事态发展过程中的表现至今还在受人们的批评。由于首先患病并死亡的是一个华人木材商人，市政卫生部门立即把矛头对准了华人社区，进行隔离封锁，但并未隔离在唐人街开业的白人经营的商店，也未对传播疾病的老鼠采取措施。接着，当华人将这种以种族为依据的政府行为告上法庭并胜诉之后，州长和卫生部门的官员由于担心破坏了旧金山作为“西部健康灯塔”的声誉，也附和反对将此病诊断为黑死病的意见，结果给鼠疫的正确防治工作产生了很大的阻碍。

这个事例说明，正确处置公共卫生问题，不能仅仅依靠知识、医疗技术、政府的权威性力量和经济实力，还必须依靠或者说更加依靠对资源和权力的正确运用。如果掺杂诸如种族歧视这类政治与社会因素，如果将经济、政治利益甚至官员的个人利益置于人民的生命之上，政府注定将陷入足以使之没顶的政治泥潭之中。2003年中国爆发非典，在事件初期因为应对失当，导致疾病的蔓延加剧，对政府的国际和国内公信力形成了明显冲击。所幸的是种种失当状况得到了迅速的矫正，避免了公信力危机的发生，抗击非典的阶段性重大胜利使党和政府在人民群众中的威信有了进一步提高。2008年的三鹿“毒奶粉”事件更是给中国的公共卫生安全敲响了警钟。

四、构建公共卫生安全保障体系

冷战后，随着国际政治研究对象的扩展，非传统安全已经成为安全研究领域的一个有机组成部分。[7]而公共卫生安全在非传统安全中的比重也在日益上升，因为公共卫生安全的实质在于维护公众健康，公众健康的前提则是个人健康。而这一切的实现均有赖于在大公共卫生的战略思维框架下，依据循证原则、伦理学原则与公平性原则，建立多层次全方位的公共卫生体系。通过开展以社区为核心的公共卫生服务，为基层居民尤其是广大农村群众提供最基本的医疗卫生保健服务；通过科学构建突发公共卫生事件应对体系，完善公共卫生危机管理，提升国家抗公共卫生危机的能力；通过加强日常与公共卫生事件突发后的个体与群体心理干预，提升民众心理健康水平；通过优化生态，达到改善人与自然关系的目的，从源头上减少公共卫生问题的发生。[8]

（一）建立大公共卫生的战略思维

当前公共卫生涵盖内容广泛，几乎包罗万象。与狭义的公共卫生概念相比，大公共卫生内容极为丰富。最近几年来，我国的公共卫生战略也一直在调整，如政府成立了食品药品监督管理局、疾病预防控制中心和卫生监督局。国家环保总局也开始关注人们的健康状况变化。劳动和社会保障部在医疗保障制度建设中发挥了至关重要的作用。作为公共卫生产品的提供者，政府的思维已经发生了重大变化，健康的重要性已经被普遍接收，大公共卫生已经得到很好的诠释。然而这其中也存在诸多问题。如政府各部门在执行卫生职能时往往从自己的利益出发，卫生工作流于部门主导，大量精力浪费在协调部门利益上。因此成立统一的领导组织是中国大公共卫生战略不得不考虑的问题。

（二）建立多维综合防控的公共卫生体系

公共卫生安全保障体系涉及公共卫生建设的方方面面。从层次看，个人安全、国家安全、全球安全等领域成为公共卫生安全普遍关注的对象；从全局看，公共卫生安全保障体系包括公共卫生服务体系建设、突发公共卫生事件预警与应急处理、生态环境的优化和恢复、社会心理干预、基本的医疗保障制度、国际卫生合作网络以及特殊公共卫生危机的干预等。

公共卫生服务体系已是各个国家公共卫生安全保障的基石。在我国，“预防为主”的公共卫生服务体系已有50多年的历史。在经历了几个艰难的发展阶段后，目前我国已经初步形成三级公共卫生服务体系网络。实践证明，完善的公共卫生服务体系是核心系统之一，将实现个人与人群对疾病的预防、公共卫生危机的早期预警、健康的保证以及已有公共卫生问题的缓和及化解等。

突发公共卫生事件预警与应急处理是整个保障体系中的另外一个核心系统。该系统针对突发公共卫生事件，展开危机化解、管理、干预和安全的重构等方面工作。2003年SARS爆发前，我国卫生部门未对突发公共卫生事件预警与应急处理体系进行认真的考虑和系统的建设。若有一个成熟的应对体系存在，SARS病毒不会造成当时那样的恐慌局面。

社会心理干预系统在公共卫生安全保障体系中占有举足轻重的地位。迄今为止，在公共卫生建设范畴内，社会心理扮演着可有可无的角色，或者被认为只是关系到少数人的事情。事实上，各类人群都存在不同程度的心理压力和心理不健康状况。青少年的心理教育、职业人群的压力管理、老年人群的心理调节等，都需要大量的人力、物力投入。目前，无论何种心理干预都具有一定的效果，但也都尚存一定的缺陷和不足，需要构建系统完善的社会心理干预系统作为公共卫生安全的另一个支撑点。

总之，公共卫生安全对广大民众来说是一种集体的愿望，也是一种共同的责任。全球卫生的安全与否将对经济和政治稳定、贸易、旅游、商品和服务可及性等产生影响。[9]只有得到人民的信任和支持，并努力解决人民群众的健康问题，才能巩固政府的地位。一旦公众的利益得到了政府的维护、公众的健康权获得了真正保障，我们相信这个国家的各个民族和各个群体将更加坚定地拥护政府。这样将能从根本上解决国家安全可能面临的困境，也是治国永恒的准则。

注释：

① 联合早报网，http：//www. zaobao. com/special/china/milk/pages/milk081003. shtml。

② 傅勇著：《非传统安全与中国》，上海人民出版社，2007年版，第273页。

③ 中国新闻网，http：//news. qq. com/a/20081201/000663. html。

④ 新华网，http：//news. xinhuanet. com/newscenter/2008－11/30/content_10433622. htm。

⑤ 陈坤著：《公共卫生安全》，浙江大学出版社，2007年版，第50页。

⑥ 肖勤福："公共卫生对社会安全的影响"，《中国党政干部论坛》2004年第1期。

⑦ 王缉思总主编，查道炯分册主编：《中国学者看世界——非传统安全卷》，新世界出版社，2007年版，第1页。

⑧ 陈坤著：《公共卫生安全》，浙江大学出版社，2007年版，第85页。

⑨ 世界卫生组织："2007年世界卫生报告—构建安全未来：21世纪全球公共卫生安全"，http：//www. who. int/mediacentre/news/releases/2007/pr44/zh/print. html。

食品安全与国家安全

张　莉

[内容提要] 国以民为本，民以食为天，食以安为先。近年来发生的食品安全事件不仅对国内老百姓的切身生活产生了很大的负面作用，在国际社会上也引起了很大的反响。食品安全问题伤害了消费者的生理健康，影响了中国产品的出口贸易，丑化了中国产品的国际形象，在一定程度上威胁了我国的社会稳定和国家安全。如何预防和减少食品安全事件，已引起社会各界的高度关注，从国家安全的角度来分析食品安全问题，将有助于进一步了解食品安全，从而更有效地维护国家安全。

国以民为本，民以食为天，食以安为先。从早几年安徽阜阳的劣质奶粉到近年的苏丹红、注水肉、福寿螺、红心鸭蛋、多宝鱼等食品安全事件，关乎人民生命健康的食品安全问题连续不断走入大家的视野。2004 年阜阳“大头娃娃”劣质奶粉事件在人们心头留下的阴影尚未完全散去，2008 年我国乳制品标杆企业三鹿集团又演绎了一起“问题奶粉”事件，这些食品安全事件不仅对国内老百姓的切身生活产生了很大的负面作用，在国际社会上也引起了很大的反响。食品安全问题伤害了消费者的生理健康，影响了中国产品的出口贸易，丑化了中国产品的国际形象，在一定程度上威胁了我国的社会稳定和国家安全。如何预防和减少食品安全事件，已引起社会各界的高度关注，从国家安全的角度来分析食品安全问题，将有助于进一步了解食品安全，从而更有效地维护国家安全。

一、人类安全视角下的食品安全

纵观国内食品安全研究文献，诸多是从技术层面来进行探讨，很难发现国际关系领域中对食品安全的理论思辨和概念梳理。笔者认为，要从国际关系或国家安全的视角来研究食品安全，有必要先了解一下安全观念的变化轨迹。

安全是国际关系的核心问题，也是国际关系学科的一个基本概念，迄今为止人类的安全观念经历了从传统到非传统、从单一到多元的演变过程。传统安全观是以现实主义为指导思想的，主要局限于"国家安全"和"军事安全"的范畴，当时的安全议题归根到底就是如何管理和防止国家间的军事冲突，避免和阻止因领土、种族和宗教因素引起的冲突以及由掠夺财富的野心而诱发的战争。[①]这种理念长期支配着人们的思维方式，尤其在冷战时期得到最充分、最典型的体现。那时在全球范围内投入于军事的资金达到了占世界49%人口的总收入，各国在外交政策分析上也投入了大量的人力物力去调研、思考、争论。冷战结束以后，整个世界终于从两级对峙的全球性冷战中得以喘息，随着各种新现象和新问题的产生与蔓延，安全关注的焦点逐渐从国家和军事转向了人类自身。尤其是20世纪90年代，人们开始认识到一国的领土安全并不能保证该国国内公民的安全，日益增加的跨国共同难题，如艾滋病、毒品、环境污染等，也要求我们改变过去的传统思维，达成新的共识和促成新的合作。于是，加拿大、澳大利亚、新西兰和北欧等国家的一些政要和学者首先提出了"人的安全"的概念，重点强调民主发展、人权、基本自由、法制、良好的政府等含义。随后，"人类安全"逐渐成为西方诸多国家关注的议题，并由于其更多关注人的生命、自由和尊严的普世价值而受到推崇。巴瑞·布赞更明确把安全概念沿垂直和水平两个方向向外延伸，认为人类安全比国家安全更重要，国家只是安全的手段而非最终目的。[②]联合国开发署在1993

年《人类发展报告》中明确指出:“安全概念必须改变——由单独强调国家安全转向更多强调人的安全，由通过军备实现安全转向通过人类发展实现安全，由领土安全转向食物、就业和环境安全。”[③] 1994 年《人类发展报告》将人类安全分解为 7 个部分：经济安全、食品安全、健康安全、环境安全、个人安全、社区安全以及政治安全。[④]不难理解，食品安全作为关乎人类生存发展的最基本条件，自然成为人类安全的一个重要内容。

食品安全是一个不断发展的概念。在国际上，联合国粮农组织(FAO) 于 1974 年将食品安全定义为：所有人在任何情况下维持健康生存所必需的足够食物。1983 年，FAO 前总干事爱德华·萨乌马对食品安全最终目标的解释为：确保所有人在任何时候既能买得到又能买得起他们所需要的基本食品。1984 年世界卫生组织（WHO）把“食品安全”等同于“食品卫生”，但是 1996 年又对这两个概念进行了区别，食品安全被解释为“对食品按其原定用途进行制作和（或）食用时不会使消费者受害的一种担保”。2003 年，FAO 和 WHO 在《保障食品的安全和质量——强化国家食品控制体系指南》中再次定义了“食品安全”，指出食品安全涉及那些可能使食品对消费者健康构成危害的所有因素，这些危害因素是毫无商量余地必须消除的，食品安全具有不可协商性，其关注的重点是接受食品的消费者的健康问题。[⑤]

在中国，由于长期受粮食短缺的影响，许多学者界定“食品安全”都是从“粮食安全”开始的。在 2004 年《中国粮食经济》的“专家谈食品安全”栏目中，数位专家都将“粮食安全”视为“食品安全”。随着经济的发展以及人们生活水平的提高，越来越多的食品安全学者开始将研究重点转向食品的质量安全上，两者才逐渐分开。目前，大部分学者认为食品安全可分为两个层次：一是食品数量安全（Food Security)，涉及食品供给数量的保证，以满足人们的基本需求；二是食品质量安全(Food Safety)，涉及食品质量的保证，以避免食品可能含有有害物质对人体造成危害。两个层次的内容对人类健康有共同的影响。[⑥]

二、盘点2008年主要食品安全事件

(一) 2008年初的日本“毒饺子”事件

2008年1月30日，日本某电视台在晚间新闻报道称，自2007年12月底至2008年1月22日，日本千叶、兵库两县三个家庭共有十人，在食用了中国河北省天洋食品厂生产的速冻水饺后，先后出现了呕吐、腹泻等中毒症状，其中一名5岁的女孩一度“丧失意志”。“毒饺子事件”发生后，日本厚生劳动省分别向日本各都道府县政府下达通知，要求报告类似事例，同时公布了进口河北省天洋食品厂其他产品的19家公司的名称和产品名单，要求各地方政府勒令各公司停止销售这些产品，中国产食品大量下架，日本食品生产厂家、食品流通企业等必须暂时停止使用中国进口的食品原材料。同时，日本媒体开始大肆宣传中国食品不安全，日本政府发言人还对中国政府对待食品安全问题的态度提出质疑。

(二) 乌鲁木齐流入人造“新鲜红枣”

2008年8月，乌鲁木齐市头屯河区卫生、药监等部门联合执法，在辖区内就查获一起人造“新鲜红枣”的黑窝点，现场查获10吨原料及成品，同时还发现14袋甜蜜素、11袋糖精钠和一袋明矾。所谓人造“新鲜红枣”，主要经过两道工序：着色和着味。铁锅里放进酱油，使青枣变成红色，并保持光泽。再次放进加入大量糖精钠和甜蜜素的水池中浸泡，使其口感泛甜。造假者没有工商执照、食品加工许可证和卫生许可证，加工环境卫生条件差，加工工艺等不符合食品卫生法的要求。同时，过量食用甜蜜素和糖精钠将对人体产生直接危害，尤其是在短时间内过量食用糖精钠会引起血小板减少，酿成急性大出血。

(三) 婴幼儿奶粉中检测出“三聚氰胺”

2008年9月12日，甘肃等地陆续报告多起婴幼儿因饮用含有三聚

氰胺的三鹿牌奶粉导致泌尿系统结石的病例。随后，卫生部在对全国生产婴幼儿奶粉的百余家企业质量检查中发现，有 22 家企业（约占 1/5）生产的 69 批次产品检出含量不同的三聚氰胺。三鹿牌部分批次婴幼儿奶粉中含有三聚氰胺，是牛奶收购机构为了虚增牛奶的数量，在牛奶里加水，同时为保障牛奶中含有合格的蛋白量而人为加入的。据卫生部披露，截至 2008 年 11 月底全国诊疗问题奶粉导致泌尿系统出现异常的患儿达 29 万余人。

三聚氰胺（英文名 Melamine），是一种三嗪类含氮杂环有机化合物、重要的氮杂环有机化工原料。据 1945 年的一个实验报道：动物长期摄入三聚氰胺会造成生殖、泌尿系统的损害，膀胱、肾部结石，并可进一步诱发膀胱癌。

（四）银鱼和螃蟹中含有甲醛

2008 年 10 月，继江苏无锡出现“甲醛银鱼”后，浙江温州又在活螃蟹体内发现甲醛。根据当地工商部门检测结果，抽样调查的 33 批次螃蟹中全部含有甲醛，每公斤蟹黄约含 10 毫克，基本排除人为注入甲醛可能，有人认为事件由螃蟹受到污染引致。甲醛的水溶液俗称“福尔马林”，系较高毒性物质，在中国有毒化学品优先控制名单上高居第二位。甲醛也被世界卫生组织确定为致癌和致畸形物质，是公认的变态反应源，也是潜在的强致突变物之一。

（五）“蛆橘事件”

2008 年 10 月，继四川广元等地的柑橘被曝发现蛆虫后，河南郑州一市民吃柑橘时也发现了蛆虫。接着，媒体相继报道重庆、乌鲁木齐、哈尔滨等地也发现了蛆虫柑橘。25 日又有媒体报道北京柚子包装膜外发现小白虫。一时间，“蛆橘事件”在全国闹得沸沸扬扬，给柑橘产业造成了沉重打击。

（六）鸡蛋、方便粉丝中的“三聚氰胺”

2008 年 10 月 25 日，香港食物安全中心证实，他们在香港百佳超级市场一批进口自辽宁大连的鸡蛋中检出浓度为每公斤 4.7 毫克（即 4.7ppm）的三聚氰胺，比当地法定上限每公斤 2.5 毫克超标 88%。当天，日本进口商“龙口食品”宣布，收回市面上出售的中国“福州龙福食品有限公司”生产的蔬菜加蛋口味的“龙口春雨”系列杯装方便粉丝，因为在该类产品的汤包中检测出了 2.3ppm 的三聚氰胺。

三、食品安全问题对国家安全的影响

随着科技的发展和全球化的推进，国家安全要素已深入国际国内社会的各个领域，国家安全的脆弱性从未像如今这样凸显，国家安全的维护也从未像如今这样需要国内国际社会的普遍参与。21 世纪以来，传统安全因素对国家的威胁逐渐退居幕后，而金融安全、能源安全、食品安全等非传统安全威慑则成为国家安全的主要威胁来源，其中食品安全对国家安全的影响主要表现在以下几个方面：

（一）食品安全问题影响我国国民的生理素质安全

对于任何一个民族和国家来说，国民的生理素质和健康状况都是决定其族运或国运兴衰的最基本因素，这个道理适用于社会发展的任何阶段。在科技相对落后的过去，体力是创造社会财富的主要生产力，也是战争中的主要战斗力；在高科技发达的现代社会，身强力壮仍然是一个国家综合国力的集中体现，世界性体育竞技比赛便是展示一国国民生理素质的广阔平台。强壮的体质是孕育充沛的精力、超常的智力和坚强自信心的母体，是一个民族生命力的体现。国民生理素质的安全关系到民族的兴衰、国家的安危，而决定一国国民生理素质安全与否的重要因素之一就是该国食品的安全程度。

食品直接与人们的生活息息相关，食品安全一旦出现问题，消费者首当其冲会受到侵害，服用了有毒有害的食品，轻者身体不舒服，重者会危及生命。“三鹿奶粉”事件发生后，据卫生部披露，截至 2008 年 11

月底，全国诊疗问题奶粉导致泌尿系统出现异常的患儿达 29 万余人，全国各地数万名婴幼儿中毒、患上了疼痛难忍的肾结石和危及生命的肾衰竭，期间还出现数例死亡。尽管事发后国家给患儿家庭提供了及时的医疗救助，尽管三鹿集团借款 9.02 亿元付给全国奶业协会用于支付患病婴幼儿的治疗和赔偿费用，但消费者的身心均受到巨大伤害。婴幼儿都是祖国最鲜艳的花朵，一副强健的体魄对于他们承载祖国未来的千秋大业是最必不可少的基础。然而他们却在幼小年纪便遭受了身体受损之灾，而且这些灾难并非自然界造化弄人，纯属人为事故，这些惨象不能不令人深思。更进一步，发生在奶粉市场上的共性“三聚氰胺”事件，给广大婴儿的父母也即乳业市场的消费者们带去了最直接的恐惧感和危机感，严重影响了消费者福利。在消费水平日益提高的今天，市场为消费者提供了极多可供选择的产品种类，消费者对产品质量的要求越来越高。奶粉事件使众多年轻父母不愿也不敢相信国产奶粉，在给孩子选择哺育方式的时候倍加茫然和失落。根据《世界人权宣言》，维护“人的安全”首先强调的就是必须让所有人都摆脱恐惧和摆脱贫困，而大家这种发自内心的对食品安全问题的恐惧，恰恰说明我国国民在“人的安全”方面受到了严重的影响。

（二）食品安全问题影响我国的经济安全

1. 食品安全问题影响产品出口

据海关统计，2008 年前 11 个月，我国食品进出口合计 536.2 亿美元，比 2007 年同期增长 20.8%。其中，出口 310 亿美元，增长 13.8%；进口 226.2 亿美元，增长 32.1%。自 3 月份起，我国食品出口增速连续 8 个月保持在两位数以上。由于“三鹿奶粉”事件的影响，食品出口增速由 9 月份的 28.9%回落至 10 月份的 15.6%，加上全球金融危机的深化，11 月份我国食品出口由增转降，当月出口 30.2 亿美元，同比下降 4%。海关总署分析认为，这一时期影响我国食品出口的主要原因之一即是食品安全问题。

近年来，国内食品安全事件不断，不但引起国内消费者的恐慌，而且引起国外媒体对我国出口食品安全性的特别关注，导致当地消费者对

2008年前11个月我国食品月度进、出口值及同比走势图

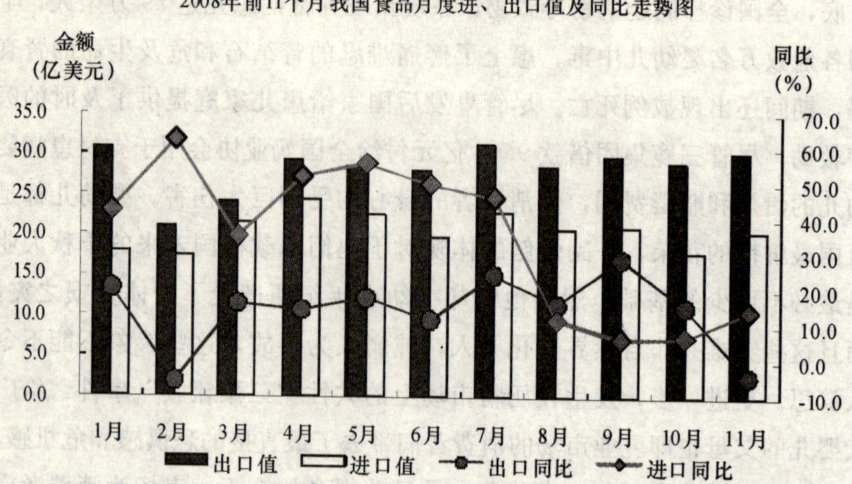

我国食品产生不信任和排斥心理，国产食品的市场需求进一步下降。年初“毒饺子事件”引发了我国输出食品安全的信任危机，致使我国对日本食品出口急剧下滑。韩国也有所行动，对中国食品进行清查并限制产品进口。9月份发生的“三鹿奶粉”事件及随后的三聚氰胺鸡蛋事件再次重创食品行业的形象，对我国食品出口产生了较大的负面影响。事发之后，欧盟禁止从中国进口含有任何牛奶成分的婴幼儿食品；意大利对中国进口食品实行额外检验，要求食品进口商显示这些食品没有任何牛奶成分；法国禁止所有含有中国奶制品的食品，并下令查找法国市场上是否存在任何源自中国的婴幼儿奶粉。同时，美国、德国、日本、马来西亚和坦桑尼亚等20多个国家和地区禁止中国奶制品的进口。“三鹿奶粉”事件由“个别企业”、“个别产品”上升为我国食品行业的信任危机，严重影响了中国乳品行业的发展进程。三鹿集团最终破产，乳业两大巨头伊利、蒙牛陷入困境，直接损失达百亿元人民币。“三鹿奶粉”事件的负面效应还辐射到其他食品领域，澳大利亚和新西兰政府针对从中国进口的蔬菜和水果是否含有三聚氰胺进行调查；部分韩国在线购物商城开始停止出售原产地为中国的巧克力、饼干类产品；许多国外客户出于安全考虑纷纷取消或减少订单，国内部分食品生产企业经营陷入困境。⑦

2. 食品安全问题影响我国的产业结构

食品安全问题的存在会影响消费者心理和观念，进而影响消费者的

行为，而消费者行为的变化又会影响生产者的行为，最终对我国的产业结构产生一定的影响。

2004年阜阳“大头娃娃”事件的爆发，一度引起了消费者的恐慌，导致多家奶粉企业倒闭，但牵涉的多是中小企业。[8]作为中国乳业的领头人，三鹿集团曾连续6年入选中国企业500强，奶粉产销量连续15年实现全国第一。2007年的奶粉市场中，三鹿继续领先于其他品牌，市场占有率达到18.26%，比位居二、三的其他品牌分别高出5.68%和9.43%，集团实现销售收入100.16亿元，同比增长了15.3%。多年来，三鹿早已在人们心目中树立了诚实可信的形象，突然发生的“三鹿奶粉”事件令消费者们大跌眼镜、措手不及。而随后卫生部检测出除三鹿外的22家企业（约占1/5）生产的69批次产品含不同量的三聚氰胺的事实，则使人们对中国乳品行业产生彻头彻尾的怀疑。至此中国乳品业迎来了历史上真正的寒冬，国内消费者对奶农和乳企的质量信任跌至冰点，对国产乳品的质控能力失去信任。在一项共有20多万人参加的网络调查中，82.42%表示不信任相关品牌奶粉质量，93.32%表示不会购买相关品牌奶粉，部分受访者表示会优先选购进口婴幼儿奶粉。[9]据来自海关的一组数据显示，2007年8月，我国奶粉进口量仅为4685.799吨；9月三聚氰胺事件发生之后，奶粉进口量上升至6779.644吨，同比上升44.6%。此后两月，奶粉进口量仍然保持大幅增长状态，分别为7569.971吨和9612.444吨。据奶协人士介绍，进口奶粉主要是来自新西兰、澳大利亚的大包装工业用奶粉。[10]本土乳业遭遇消费诚信危机和进口奶粉替代的冲击，市场需求增速大幅下降，同时由于政府加大监管力度、追加质检投入等成本上升冲击，乳品行业景气程度明显下降。据国信证券估计，奶粉方面估计3—5年内整个国产品牌可能都难以恢复元气，这只会给进口奶粉可趁之机，进一步加强进口奶粉在国内的统治地位，吞噬国产奶粉的市场份额，从而影响我国的乳业结构。

（三）食品安全问题影响我国的国际形象

最近几年，备受关注的食品安全事件接踵而至，不过国际社会一致公认的是中国食品形象遭到破坏始于两轮“三聚氰胺”事件。2007年3月份之后，“中国输美宠物食品三聚氰胺事件”的引爆，美国媒体率先对中国出口食品的安全问题大面积炒作，欧盟、加拿大、新加坡、日本、韩国、澳大利亚等国媒体紧随其后，由点到面不断扩大炒作声势和影响，人为制造了“中国食品安全威胁论”。继而，以美国为主的一些国家，对中国出口食品等产品采取了一系列限制进口措施。2008年9月11日，“三鹿奶粉”事件发生，“三聚氰胺”事件再度在中国乳品中公开引爆，导致国内乳品市场几近冰封，并造成食品出口的三聚氰胺危机，给我国的食品国际形象再次蒙上了巨大的阴影。食品安全事件的频繁发生，引发了境外对我国食品安全的高度关注，也发生了多种外媒报道不真实、不客观的情况。大部分媒体认为我国产品均存在质量问题，尤其是美国媒体大肆渲染我食品安全问题，甚至美国消费联合委员会官员都发表评论：“中国出口的商品安全问题日益严重且涉及多个领域。”而美众议院农业拨款小组委员会主席德劳罗称：“中国商品几乎每天都出现新问题，已到了无法控制的地步。”[11]这些措辞都是对客观事件的任意夸大，并无确凿证据。还有媒体建议，目前最有效的办法是把“中国制造”的标签视作假冒伪劣的警示，进口商、零售商不要经营中国商品，消费者应当拒绝购买任何中国产品。特别是其中一些外媒，不惜用“有毒”、“致癌”、“污染”等字眼，把个别食品问题说成是整个中国食品的问题，把个别不法企业的问题说成是中国政府监管体制的问题，引起国际社会对中国食品乃至“中国制造”的普遍怀疑和担忧，破坏中国产品在国际市场上的整体声誉，制造“中国产品安全威胁论”，经济上严重影响我产品出口贸易，政治上大肆破坏我国的国际形象。

（四）食品安全问题影响我国的社会安全

中国自古就有“民以食为天”的说法，智慧的中国祖先把食品的重要性与天连在一起，将食品比喻成天，说明食品安全是一个国家的头等大事。毋庸置疑，食品安全对于民众的生理素质安全，对国家社会的稳定、成长和发展都是无比重要的。

纵观近年来发生的食品安全事件，尽管某些食品的安全隐患早已存在，但真正公布并广为人知都是在导致较严重事故或者产生较恶劣影响之后，所以人们普遍没有心理准备，很容易造成心理上的恐慌。再加上信息不畅通，尤其是一些谣言的传播，人们甚至会采取某些非理性的行为，使恐慌进一步蔓延。即使政府采取了有效控制，公众心理逐步平静也需要一个过程，而且这些经历会改变人们的很多生活习惯。当然其中不乏选择更健康、更安全的消费方式等进步行为，但是也会出现消极的误解或者抵制，如三聚氰胺造成国内消费者对乳品市场的极度恐慌，导致众多买者不愿也不敢选择国产奶粉。另外，食品安全问题对其直接受害者影响更甚，由于食品本身的特点，一般食品安全事件的辐射面比较大，受害者范围比较广。仍以三鹿奶粉为例，事件发生后庞大的受害婴儿家长群体不仅对问题奶粉的忠诚度急剧下降，严重的还可能导致群体性、集合性行为，大家会采取过激的方式去宣泄自己的愤怒。静心反思，食品的安全问题不仅是涉及一个民族健康的问题，更是涉及一个国家生死存亡的大事。这些年食品安全事件发生的事件之多、频率之高、影响之大，都反映出隐藏于事件背后的国人社会道德的普遍缺失和伦理观念的日益淡薄。这些已经不仅是影响人们身心健康的因素，还会影响整个中华民族的民族士气，影响到整个社会的稳定，使人们对社会、对政府产生一种信任危机，不利于经济的持续健康发展，对社会安全造成很大的负面影响。

四、应对食品安全问题的方法与举措

（一）加强国家间交流，积极建立合作平台

随着经济全球化的迅速发展，尤其是食品贸易的不断扩大，食品安全问题已经超越国界而变成世界性问题，食品安全对人类健康的影响成为各国政府和人民共同关注的焦点。世界卫生组织总干事陈冯富珍 2007 年 10 月 31 日在会见国家质检总局局长李长江时说：“世界卫生组织与联合国粮农组织及我们的成员国承认食品安全是一个全球性的挑战，食品

安全影响着地球上的每一个人，食品供应正在越发全球化，这就需要国际合作来确保消费者的信心。”[12]在食品安全国际合作方面，有关食品法律法规、食品安全信息的交流十分重要，加强国际食品安全领域的交流与合作是解决食品安全问题的有效途径。

中国作为世界上最大的发展中国家，是一个食品生产和消费大国，同时也是一个食品贸易大国。随着食品安全问题的日益蔓延，中国一贯表示愿意与国际社会一道，为维护全球食品安全作更大努力，这表现在：1. 积极参与国际食品安全活动。中国政府一贯倡导并积极参加各类国际食品安全组织活动，包括派团参加各类国际食品法典委员会（CAC）、国际植物保护公约（IPPC）会议以及其他相关国际性会议，并和澳大利亚一起主持成立了APEC食品安全合作论坛。2007年5月，中国正式加入世界动物卫生组织（OIE）。2007年10月20日至21日，中国政府在广西南宁同东南亚国家召开“中国—东盟质检部长会议”，会议目的是研究建立中国与东盟食品安全合作机制，增进中国与东盟各成员国食品安全主管部门间的交流与合作，确保相互进出口食品的质量、安全和卫生。2. 重发展国际食品安全合作。中国国家质检总局同日本、韩国、澳大利亚、香港等国家和地区定期、不定期地举行研讨会或专家互访。中国国家质检总局同美国、欧盟、俄罗斯、日本、韩国、新加坡等30个国家和地区签署了33个涉及食品安全领域的合作协议或备忘录，签署了48个进出口食品检验检疫卫生议定书，从而确立了中国与有关进出口食品贸易伙伴国家或地区的长效合作机制。在此基础上，中国国家质检总局与许多国家和地区在食品安全合作机制下建立了年会制度。3. 加强食品安全技术交流与合作。中国积极创造条件，鼓励和支持技术专家参与各类食品安全技术培训、研讨、交流和水平比对等活动，并欢迎国外技术专家来访、学习和培训。除积极参与世界卫生组织的相关活动外，自2001年以来先后同美国、欧盟、意大利、加拿大、德国等国家开展了一系列食品安全和实施卫生与植物卫生措施协定（SPS）领域的技术培训与交流项目。2006年8月，为14个南太平洋国家的专家代表举行了食品安全培训。为了及时了解国外食品相关法规要求，保障出口食品安全，组织编译了美国、欧盟、俄罗斯、韩国等国家和地区的食品安全卫生法规和要求，并先后邀请美国、欧盟、日本的专家来华举行 HACCP 指南及应用、贝类卫生控制计划、残留监控、肯定列表制度等专题培训。[13]

2007 年 11 月 27 日，在北京举行的“国际食品安全高层论坛”通过了《北京食品安全宣言》。其宗旨是为了应对全球的食品安全事件，无论是发达国家，还是发展中国家，都应该相互学习、借鉴食品安全经验；各国政府要极力构建食品安全信息网络体系，这样可以避免在一个国家发生的食品安全事件重新在另外一个国家中发生；发达国家应帮助发展中国家建立从农田到餐桌的整个食品安全监控体系，保证发展中国家的食品安全。[14]宣言敦促所有国家通过发展中国家和发达国家之间以及发展中国家之间的有效合作，加快食品安全能力建设，以确保大家获得更安全的食品。这标志着国际社会就采取具体措施共同应对食品安全这一全球性问题首次达成共识。世界卫生组织食品安全司司长苏伦特对此宣言给出了高度评价：“这次会议使我们达成这样一种共识：食品安全问题是一个全球性问题，不仅在发展中国家存在，在发达国家中同样存在，各国发生的食品安全频率差异并不是事情的关键，关键是各国应当携起手来寻找一条出路解决这个问题，北京宣言恰恰指出了这样一条路。”[15]

（二）对内提升食品安全意识，对外改善食品国际形象

近些年，食品安全问题的频繁发生暴露出我国现有食品安全体制存在严重的问题，老百姓对食品缺乏安全感。来自中国科学院的方新委员曾经列出一组数据说：2007 年 9 月份，科技部对北京市几千名公众做的关于食品安全的随机调查报告，30％多的人把食品安全放在最不安全因素的第一位。[16]这充分表明国内消费者对食品的非充分信任感已上升到一定的程度。同时，中国食品近年来屡遭国际舆论质疑，接连在国际媒体上曝光，食品安全问题的个案还被上升到“中国威胁论”的高度并加以政治化，对我国的国际形象造成了很大的负面影响。无怪乎中国国务院法制办主任曹康泰说：“我国食品安全总体状况不断改善，但是食品安全问题仍然比较突出，不少食品存在安全隐患，食品安全事故时有发生，人民群众对食品缺乏安全感。食品安全问题还影响中国产品的国际形象。人民群众对此反应强烈。”[17]对此，相关部门要采取各种措施，对内提升

全民食品安全意识，对外改善中国食品国际形象。

为了解决食品安全问题，中国政府重拳出击，采取了一系列措施。对内加大对食品安全问题重视的程度，进一步完善生产、加工、包装、流通、消费等各个环节的监管，切实提高中国产品质量，提升民众的食品安全意识，具体表现在：中央政治局第41次集体学习，内容是我国农业标准化和食品安全问题研究；2007年7月25日，温家宝总理主持召开国务院常务会议，并在会上指出全面提高产品质量水平既是一项当前紧迫的重要工作，又是一项长期艰巨的重大任务，同时决定成立国务院产品质量和食品安全领导小组，审议并原则通过《国务院关于加强食品等产品安全监督管理的特别规定（草案）》；8月，中国国务院发布了《中国的食品质量安全状况》白皮书，中国开始在全国范围内开展为期4个月的产品质量和食品安全专项整治工作，这一期间吴仪副总理分别于9月、10月和11月主持召开三个现场会，通过实地检查了解专项整治行动进展；将跨入2008年之际，全国人大常委会开始审议食品安全法草案到如今《食品安全法》已经通过……对外充分利用食品行业的国际组织、各种多边或双边平台，加强宣传，改善我国食品出口企业的国际形象，如12月中日双方在首次经济高层对话中表示将在产品质量和食品安全方面合作，以及中美在第三次战略经济对话中就产品质量和食品安全签署了多项合作协议……从这诸多举措中，我国政府狠抓产品质量和食品安全的决心与行动可见一斑。

事实表明，我国食品质量危机很大程度上来自于西方媒体的夸大其辞，缺乏客观真实性的媒体宣传使得西方消费者把中国食品跟不合格食品画上了等号，对产品的出口产生了极大影响。中国政府的相关部门、各种食品行业协会及相应组织抓住机会，利用各种食品安全国际会议、峰会、论坛，多方面、多角度、多渠道宣传中国产品，对境外媒体以偏概全的炒作加大对外交涉力度，主动澄清基本事实，旗帜鲜明地反对假借食品安全之名行贸易保护和歧视之实的行为，在困难的背景下使中国食品以正面形象冲破各种国际壁垒，提高了我国食品行业在国际上的地位和影响。

(三) 建立国家食品安全体系，加强政府监管，提高我国的食品质量

国内外关于食品安全的研究表明，食品安全是一个综合概念，影响食品安全的因素很多。食品生产、加工、流通、销售、消费等各个环节都可能出现问题，所以解决食品安全问题的可行性思路之一便是从食品供应链的各环节入手寻找有效对策。

要将提供“充足的、有营养的、安全的食品”作为一个完整目标纳入国家的可持续发展体系中，构建一个系统的、强大的国家食品安全体系是必不可少的。国家食品安全体系应包括法规体系、管理体系、监控体系、科学支撑体系等单元。食品安全体系的建立应涉及所有利益相关者，各个部分为了共同的目标一起工作，共同建立一套确保食品安全的方法，允许不同风险的比较和平衡，在现有资源基础上取得最好的效果。在首届食品安全管理者论坛上，联合国粮农组织经济社会司助理总干事德·哈恩博士强调了食品安全体系的重要性，呼吁所有国家都要建立和强化食品安全系统，并要加强合作。[18]国内学者郑风田[19]、张永建[20]等提出了加快建立中国食品安全体系的建议，认为应该尽快建立健全食品安全法律体系，建立统一协调、权责明晰的监管体系，食品安全应急处理机制，完整统一的食品安全标准和检验检测体系，食品安全风险评估评价体系，食品安全信用体系，食品安全信息监测、通报、发布的网络体系，中介及研究单位的推动体系九大体系，以促进食品安全水平的全面提高。叶永茂认为，应从改革食品安全管理体制和运作体制、加强食品安全立法、建立强制性的食品安全标准化体系等方面着手建立中国食品安全质量控制体系。[21]

在食品市场中，由于外部性、人的有限理性及生产者与消费者之间存在严重的信息不对称等原因，食品安全管理与一般消费品的管理存在很大的差异。除依靠市场主体建立在维护自身利益基础上的自律来规范外，更要依靠政府超经济的强制力量来规范。目前，发达国家都建立了适合本国且与国际接轨的食品安全和农产品质量管理体系，横向以“危害分析与关键控制点”为特征，纵向实施“从农田到餐桌”的全过程管理。我国与之不同，关于食品安全研究主要集中于对政策的描述及对现

有政府管理失灵的分析上，主要涉及几个方面：1. 食品质量安全管理法制化；2. 推广速测技术，创建专销网点，实行追溯与承诺制度；3. 消费者教育；4. 完善保障体系，包括健全标准体系、完善检验检测体系、加快认证体系建设、加强基础研究和推广、建立信息服务网络等。

无论是建立食品安全体系还是加强政府监管，其最终目的都是为了提高我国的食品质量，预防和减少食品安全事件的发生，改善我国食品在国际上的形象，维护我国的国家安全。

注释：

① 朱锋："非传统安全呼唤人类共同体意识"，《瞭望新闻周刊》2006年第1期。

② Barry Buzan. People, States and Fear: An Agenda for International Security Studies in the Post－Cold War Era［M］. Hemel Hempstead: Harveter－Wheat 2 sheaf, 1991.

③ United Nations Development Programme. Human Development Report. New York: Oxford University Press, 1993.

④ 关信平、郭瑜："人类安全概念分析、国际发展及其对我国的意义"，《学习与实践》2007年第5期。

⑤ 刘为军、潘家荣："关于食品安全认识：成因及对策问题的研究综述"，《中国农村观察》2007年第4期。

⑥ 徐晓新："中国食品安全：问题、成因、对策"，《农业经济问题》2002年第2期。

⑦ 海关总署："2008年1－11月中国食品进出口安全问题分析"，http://www.cmrn.com.cn/cygc/a/200901/684155.html。

⑧ 陈兴乐："从阜阳奶粉事件分析我国食品安全监管体制"，《中国公共卫生》2004年第10期。

⑨ 韦承武："消费者对国产乳品企业失去信心"，《经济观察报》2008年9月17日。

⑩ 杨颢："进口奶粉数量激增考验我国乳品产业链"，《四川日报》2009年1月15日。

⑪ 李长江："全面加强产品质量安全监管 坚决维护人民利益和国家形象"，四川省资阳质量技术监督局公众信息网。

⑫ 金果林、高海燕："全球化背景下的食品安全"，中国人大复印资料，2008年

第1期。

⑬ 国务院新闻办公室："中国的食品质量安全状况白皮书"，中国网。

⑭ 周清春："《北京食品安全宣言》获得通过"，《科技日报》2007年11月27日。

⑮ "国际社会通过《北京宣言》共同应对食品安全问题"，《食物与生活》2008年第1期。

⑯ 罗凯："食品安全法三审草案补充全程监管规定"，《21世纪经济报道》，2008年10月28日。

⑰ 王岩："保障食品安全 中国在行动"，《中国新闻》，2007年12月26日。

⑱ 叶志华："首届食品安全管理者论坛：交流经验"，《农业质量标准》2003年第2期。

⑲ 郑风田："从食物安全体系到食品安全体系的调整——中国食物生产体系面临战略性转变"，《财经研究》2003年第2期。

⑳ 张永建、刘宁、杨建华："建立和完善我国食品安全保障体系研究"，《中国工业经济》2005年第2期。

㉑ 叶永茂："关于建立中国食品安全质量控制体系的构想"，《世界标准化与质量管理》2002年第4期。

㉒ 侯瑜："我国食品安全现状、差距及建议"，《食品研究与开发》2008年第1期。

㉓ 邹爱花："经济全球化背景下食品安全问题探析"，《中国食品》2008年第3期。

㉔ 陈君石："食品安全——现状与趋势"，中国农业科学院农产品加工研究所编印，2004年。

㉕ 邱礼平：《食品安全概论》，化学工业出版社，2008年版。

㉖ 魏益民、刘为军、潘家荣：《中国食品安全控制研究》，科学出版社，2008年版。

㉗ 邵继勇：《食品安全与国际贸易》，化学工业出版社，2006年版。

2008年中国国家安全研究概述

南普随　刘跃进

［内容提要］2008年国内的国家安全研究，延续了近年来持续发展的势头。在数量与往年基本持平的同时，研究质量有了明显提高，主要表现为国家安全研究论域进一步扩大，非传统安全研究持续深入，国家安全基本理论仍受关注，国家安全法治研究有所拓展和深入。同时，本年度举办了多种形式的国家安全研讨会，并且成立或重组了一些新的国家安全研究机构。

一、公开出版的国家安全论著

2008年国内的国家安全研究，延续了近年来持续发展的势头。虽然论著数量与2007年相比略有下降，但基本保持了近年来的发展趋势，且质量也有明显提高，国家安全学术活动也日趋活跃。

（一）2008年公开发表的国家安全类文献数及其与往年的比较

对公开发表的国家安全研究论文的精确统计，是一件非常复杂而艰巨的工作，因为这不仅需要统计论文标题中包含“国家安全”一词的论文，而且还需要统计论文标题中包含“安全战略”、“安全观”、“传统安全”、“非传统安全”、“安全利益”等语词的论文，如果更准确的话，那还需要通过对论文内容的分析，把那些在标题中没有直接显示“国家安全”甚至没有显示“安全”但事实上是研究国家安全的论文包括进去。虽然我们在此无法完成这一需要花费大量时间和精力的严密统计，但还是找到了一种能够较好记录2008年国内公开发表的国家安全研究论文的方法。

具体来说，我们就是利用“中国学术期刊网络出版总库”提供的检索功能，将“国家安全”、“安全战略”、“安全观”、“传统安全”、“安全利益”这5个术语作为检索词，并且排除“安全生产”、“安全监管”、“安全技术”这3个词，对这一数据库中2008年数据进行“篇名”、“精确”检索，结果得到246条记录。这些通过“电脑”机构检索到的记录虽然在某些方面并不准确，例如把与“国家安全”相去甚远的《客车制造商要确立大安全观》、《客车制造商要确立大安全观——2008海格客车安全大讲堂收官活动记》等条目列入其中；再如把《国内首套系统介绍非传统安全问题丛书出版》等并非论文的学术信息也列入其中（诸如此类的文章已用删节线标明），但是这一检索结果在整体上还是反映了2008年我国国家安全研究论文的一些基本情况。

把如上检索到的2008年记录数，与1979年以来历年的相应数据相比，我们非常明显地发现30年来中国学术期刊中有关“国家安全”的数据有一明显的增长过程。在此，我们把1979年后各年度的检索记录数罗列如下（由于篇幅限制，各年的具体文献名不能一一列出，但关于2008年的情况可参考书后附录）：1979年共有记录1条、1980年2条、1981年0条、1982年0条、1983年2条、1984年1条、1985年2条、1986年4条、1087年8条、1088年6条、1989年7条、1990年14条、1991年9条、1992年12条、1993年12条、1994年23条、1995年36条、1996年41条、1997年47条、1998年59条、1999年181条、2000年170条、2001年190条、2002年218条、2003年277条、2004年244条、2005年294条、2006年287条、2007年244条、2008年246条。

为了更形象地反映这一变化，我们再把这30年间的数据图示如下：

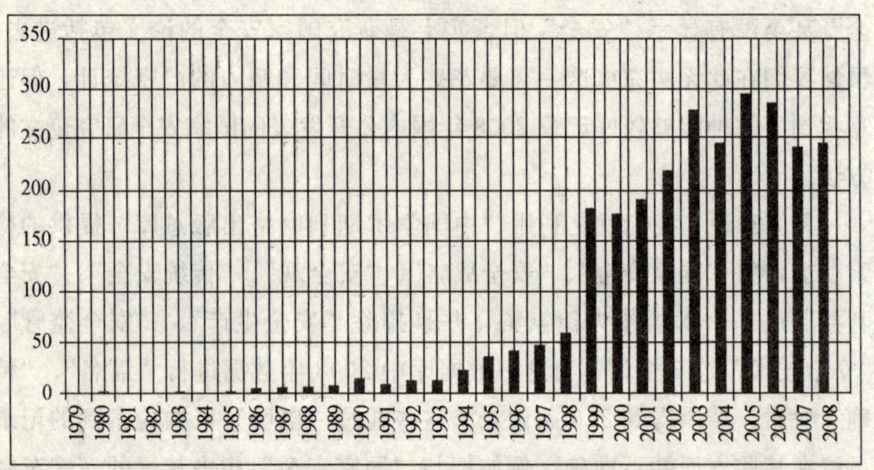

（二）2008年公开出版的国家安全类图书

对于2008年出版的国家安全研究著作，我们通过国家图书馆提供的检索功能，以“多库检索”为检索方式、“其他题名”（自然包括“正题名”）为检索字段，“中文及特藏数据库”中的“中文普通图书”为检索数据库，“国家安全”为检索词，并通过“二次检索”排除“安全生产”题名，得到2008年的数据15条。虽然如同前面所述，这种检索结果不可能完全准确反映国家安全研究图书出版状况，但可以大致反映某种情况。由于图书数量相对较少，故而抄录如下：

1. 上海社会科学院世界经济与政治研究院编：《国家安全与非传统安全》，北京：时事出版社，2008年版。

2. 吴庆荣著：《国家安全行政法基本论》，北京：时事出版社，2008年版。

3. 孙成岗著：《冷战后日本国家安全战略研究》，北京：解放军出版社，2008年版。

4. 巴忠倓主编：《城市发展与国家安全：第六届中国国家安全论坛论文集》，北京：时事出版社，2008年版。

5. 张世琦编著：《中国刑事犯罪立案·定罪·量刑标准》，北京：法律出版社，2008年版。

6. 张文木著：《全球视野中的中国国家安全战略》（上卷），济南：山东人民出版社，2008年版。

7. 曹峻、杨慧、杨丽娟著：《全球化与中国国家安全》（扬泰文库·社会文化系列），北京：社会科学文献出版社，2008年版。

8. 李彬、吴日强主编：《国际战略与国家安全：科学技术的视角》，北京：中国传媒大学出版社，2008年版。

9. 杨毅主编：《国家安全战略理论》，北京：时事出版社，2008年版。

10. 王京建著：《国家安全法学教程》，北京：中国社会出版社，2008年版。

11. 綦常清、费雅君、高旗著：《中国现代化下西部开发与国家安全》，北京：时事出版社，2008年版。

12. 翁里、徐公社著：《国家安全与反渗透问题研究》，北京：群众出版社，2008年版。

13. 韦祖松著：《帝国生存环境的诠释：北宋国家安全问题研究》，北京：中国社会科学出版社，2008年版。

14. 高中著：《国家安全与表达自由比较研究》，北京：法律出版社，2008年版。

15. 刘代志主编：《地球物理环境探测和目标信息获取与处理》，中国地球物理学会国家安全地球物理专业委员会、陕西省地球物理学会军事地球物理专业委员会编，西安：西安地图出版社，2008年版。

此外，我们又以“安全战略”、“安全观”、“传统安全”、“安全利益”为检索词等单独进行与上述其他条件相同的检索，并都通过二次检索排除已在前面检索过的“国家安全”，结果又得到如下一些图书。

首先，通过以“多库检索”为检索方式，“其他题名”（自然包括“正题名”）为检索字段，以“中文及特藏数据库”中的“中文普通图书”为检索数据库，“安全战略”为检索词，得到2008年的数据6条，排除上述“国家安全”检索已经检索到的《冷战后日本国家安全战略研究》、《全球视野中的中国国家安全战略（上卷）》、《国家安全战略理论》3本之外，另外3本书是（序号接上）：

16. 吴永平著:《煤炭资源安全战略研究:基于我国能源安全战略》,北京:煤炭工业出版社,2008年版。

17. 武桂馥著:《战略环境与安全战略研究》(当代中国军事学资深学者学术精品丛书),北京:解放军出版社,2008年版。

18. [美]金骏远(Avery Goldstein)著:《中国大战略与国际安全》,王军、林民旺译,北京:社会科学文献出版社,2008年版(当代中国研究译丛)。

其次是通过以"安全观"为检索词,进行与上述条件相同的检索,又检索到1条:

19. 李小华著:《中国安全观分析:1982—2007》,上海:上海人民出版社,2008年版。

再次以同样方法检索"传统安全"(自然包含了"非传统安全")时,得到如下2条结果:

20. 蒋正华、米红著:《人口安全》(非传统安全与现实中国丛书),杭州:浙江大学出版社,2008年版。

21. 金征宇、彭池方著:《食品安全》(非传统安全与现实中国丛书),杭州:浙江大学出版社,2008年版。

我们还以"安全利益"作为检索词进行了同样条件的检索,但没有检索到记录。

然而在当当网上,我们看到了其他一些在2008年出版的国家安全类图书:

22. 周学广等编著:《信息安全学》,北京:机械工业出版社,2008年版。

23. 杨云龙著:《〈中国经济结构变化与工业化〉(1952—2004)—兼论经济发展中的国家经济安全》,北京:北京大学出版社,2008年版。

24. 施峰主编:《信息安全保密基础教程》,北京:北京理工大学出版社,2008年版。

25. 社会问题研究丛书编辑委员会编:《文化安全与社会和谐》,北京:知识产权出版社,2008年版。

26. 赵丕、李效东主编:《大国崛起与国家安全战略选择》,北京:军事科学出版社，2008年版。

27. 修光利、侯丽敏编著：《能源与环境安全战略研究》（21世纪中国时代学术文库），北京：中国时代经济出版社，2008年版。

28. 张凯主编：《经济信息安全》（高等学校教材），北京：清华大学出版社，2008年版。

还有一本需要记录在案的，是2008年由上海三联书店出版的我们前些年的研究成果：

29. 马立斌、刘跃进、张世铨主编：《中国国家安全概览》（2005—2007），上海：上海三联书店，2008年版。

上述29种图书，当然不是2008年国内出版的所有国家安全类图书，但起码可以说是2008年国内出版的国家安全类主要图书。

在此，我们不准备对各年度书名含有“国家安全”、“安全战略”、“安全观”、“传统安全”、“安全利益”这5个词之任一个图书进行数量统计，而仅以“国家安全”作为检索词进行历史比较。

根据检索，国家图书馆所藏书名含有“国家安全”且排除“安全生产”等后的中文图书最早出现于1962年，此后一直到1989年，此类图书总共只有5本，1962、1965、1985、1987和1988年各一本，其中前3本都是外国人作品的中文译本，书名分别为《情报工作和国家安全》（美国人H. H. Ransom著，何新译，群众出版社出版）、《国家安全：今后十年的政治、军事和经济战略》（美国人D. M. Abshire和R. V. Allen主编，柯任远译，世界知识出版社出版）、《实力与原则：1977－1981年国家安全顾问回忆录》（美国前国家安全事务助理Z. Brzeinski著，邱应觉等译，世界知识出版社出版）。1987年出版的《国家安全有关法规选编》虽然不是外国人的作品，但也不是研究著作，且署名为“《国家安全有关法规选编》编辑组”，好像此类著作只能由有关权威部门集体来编，个人甚至学者无权涉足“国家安全”。1988年3月解放军出版社出版的《动荡中的国家安全》，是目前在国家图书馆保存的最早一本中国人所著的国家安全类著作，其作者是孙明明、蔡小洪，为《国家与未来》丛书中的一本。1989年，国家安全类图书在国家图书馆藏书中又消失了——这基本上可以说明国内当年没有出版此类图书。

正是由于1990年之前许多年份没有国家安全类图书，有些年份则只有一本，因而我们以1990年为起始点，对国家图书馆所藏“国家安全”中文图书进行了检索统计，得到的各年数据为：1990年4本、1992年3本、1992年0本、1993年0本、1994年1本、1995年3本、1996年1本、1997年2本、1998年2本、1999年12本、2000年9本、2001年5本、2002年7本、2003年6本、2004年10本、2005年7本、2006年20本、2007年11本、2008年15本。对此，我们图示如下：

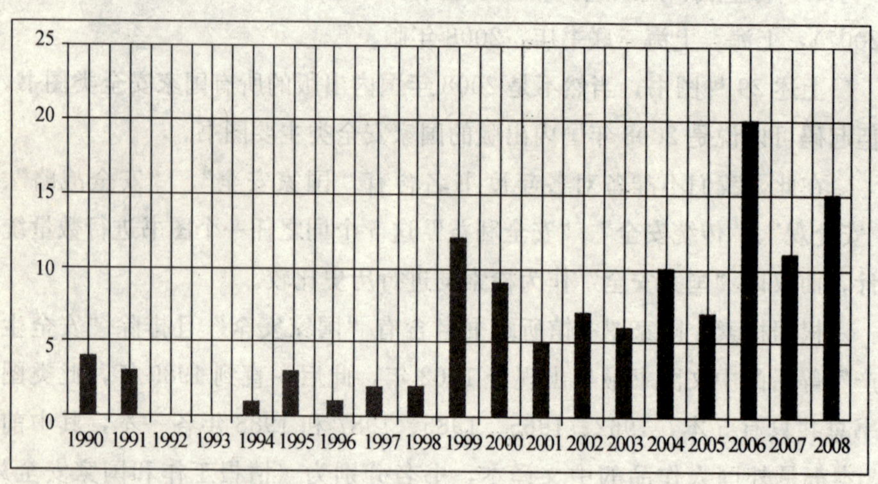

二、研究的主要进展

由于本年度国家安全研究论著数量庞大，无法在此一一论及，因而仅就我们所见图书做一大致描述。

（一）国家安全研究论域不断扩大

2008年国内国家安全研究的一个显著特点，就是国家安全论域继续扩大，非传统安全问题依然是学者关注的主要内容。

由于非传统安全观和非传统安全思维的确立和发展，国内外的国家安全研究近年来都在不断拓展范围，以至于人们用“安全化”或“安全泛化”来形容甚至是批评这种状况。但是，无论这种批评有多少道理，都没能阻止包括国家安全研究在内的整个安全研究论域的不断扩展。这种趋势在2008年不但没有减弱，而且得到进一步的加强。从上述检索到的文章和图书目录中，我们就可以明显地看到这一点。

首先，浙江大学出版社继2007年10月出版“非传统安全与现实中国丛书”中的《非传统安全与公共危机治理》（余潇枫）、《粮食安全》（卢良恕、王健）、《文化安全》（潘一禾）、《信息安全》（沈昌祥、左晓栋）、《公共卫生安全》（陈坤）5本之后，2008年11月又出版了该丛书中的另外2本《人口安全》（蒋正华、米红）和《食品安全》（金征宇、彭池方），而且按出版社公布的计划，还将出版《能源安全》、《产业安全》、《金融安全》3本，使这套有关非传统安全的丛书达到10本。根据报道，浙江大学出版社今后还将陆续推出非传统安全研究系列丛书的第二批、第三批甚至更多的成果，涉及范围将逐步扩展到非传统安全研究所有新开拓的领域，同时还将引进国外非传统安全研究领域著名学者的相关著作。

浙江大学出版社在这套丛书中涉及的安全领域，在2008年国内公开发表的学术论文及其他各类文章中，也同样有所体现。以“粮食安全”为例，在浙江大学出版社出版金征宇、彭池方《食品安全》一书的同时，“中国学术期刊网络出版总库”收录的有关粮食安全文章也大量涌现，主要有：彭克强的《旱涝灾害视野下中国粮食安全战略研究》（《中国软科学》2008年12期）；徐娟娟的《马铃薯——粮食安全战略中的重要角色》（《农业工程技术（农产品加工业）》2008年第10期）；曹峻的《试析中国特色粮食安全观》（《毛泽东邓小平理论研究》2008年第9期）；李立敏、黄跃东的《福建粮食安全战略构想及政策建议》（《发展研究》2008年第9期）；龙方、曾福生的《中国粮食安全的战略目标与模式选择》（《农业经济问题》2008年第7期）；李社潮的《关于农机在粮食安全战略中地位现状的评估与对策》（《中国农机化》2008年第3期）；曾福生、吴雄周的《树立农产品恢复性、结构性通货膨胀形势下的粮食安全观》（《粮食科技与经济》2008年第3期）；何天祥、彭世逞的《中国保障粮食安全战略》（《西昌学院学报（自然科学版）》2008年第1期）

等论文。其实，如果不附加其他条件，仅仅以“粮食安全”为检索词对2008年进行检索，“中国学术期刊网络出版总库”还会有更多的条目被检索出来。事实上，一经如此检索，就发现了379条记录。

从浙江大学出版社出版的上述丛书的书名，以及“中国学术期刊网络出版总库”收录的“粮食安全”论文，再加上我们平时对相关资料的关注和观察，可以看到“安全研究”似乎真的出现了某些人批评的“安全化”或“安全泛化”，而且从那些在标题中并没有出现“国家”二字的“安全研究”论著在内容上百分之八九十论述的都是从“国家安全”来看，也可以说“国家安全研究”领域也存在所谓的“安全化”或“安全泛化”问题。但是，我们如果以非传统安全思维来看，这一趋势在现阶段非但不能给予否定，相反还需要在很大程度上给予肯定。我们这样说时，首先就在理论上肯定了“非传统安全观”、“非传统安全思维”。事实上，在南方大雪、西藏骚乱、四川地震、北京奥运、奶粉加毒、金融海啸等一系列事件和危机的刺激下，2008年国内的安全研究及国家安全研究领域都进一步扩大了，而且从上述各类事件中确实可以真实地找到这种“安全化”或“安全泛化”的客观根据。无论是面对南方大雪、四川地震等“天灾”，还是面对西藏骚乱、奶粉加毒、金融海啸等“人祸”，以及面对像举办奥运会这样大规模的国际活动，许多人都会想到“安全”以至“国家安全”，的确也有一些学者就这些问题与国家安全的关系进行了学术研究和探讨，写出了专门的论文或著作。例如，在“中国学术文献网络出版总库”2008年数据中，用“奥运”和“安全”作检索词进行“主题”检索，就得到记录2824条；用“奥运”与“国家安全”进行“主题”检索，也得到了124条记录；而用“奥运”和“国家安全”作检索词进行“全文”检索时，更是得到1740条记录。这种情况表明，这些文章的作者或多或少将“奥运”与“安全”及“国家安全”联系了起来，这种联系一方面是把奥运“上升”到“国家安全”高度来认识的结果，另一方面则是把“国家安全”扩展到“奥运”领域来观察的表现。

2008年国家安全研究论域的扩展，通过考察上述检索出来的题名含“与国家安全”及“国家安全与”的文章，可以得到进一步证实。在上述从“中国学术期刊网络出版总库”2008年度检索到的246条记录中，题名含“与国家安全”的有17条，分别是：

[11] 刘骞：“美国宗教学者关于宗教与国家安全关联性的研究述评”，《社会主义研究》，2008年第6期。

[17] 卢俊勇：“浅论宋代厢军与国家安全”，《大庆师范学院学报》，2008年第6期。

[43] 杨闯：“准确认识经济全球化与国家安全”，《高科技与产业化》，2008年第10期。

[55] 阎静：“后冷战时期美国环境政策与国家安全战略评析”，《南京农业大学学报》（社会科学版），2008年第3期。

[65] 胡加祥：“国际贸易争端的解决与国家安全利益的保护——以GATT第二十一条为研究视角”，《上海交通大学学报》（哲学社会科学版），2008年第4期。

[66] 卢俊勇：“宋代厢军与国家安全”，《晋中学院学报》，2008年第4期。

[79] 晋继勇，郑军超：“和谐社会建构中‘人的安全’与国家安全的关系”，《中国石油大学学报》（社会科学版），2008年第4期。

[87] 杨斌、林浩、徐南、陈冯妤、蒋凌燕、刁丹：“反恐怖与国家安全和边疆稳定——云南反恐怖斗争形势分析及对策研究”，《云南警官学院学报》，2008年第4期。

[109] 刘跃进：“奥运安保与国家安全”，《江南社会学院学报》，2008年第2期。

[112] 李凤雏：“论国家审计与国家安全”，《商业会计》，2008年第12期。

[115] 张相轮，武善彩：“生态建设与国家安全”，《南京理工大学学报》（社会科学版），2008年第3期。

[144] 曹露丹：“国债与国家安全”，《税务与经济》，2008年第3期。

[176] 杨恕：“反恐与国家安全研究专题”，《兰州大学学报》（社会科学版），2008第2期。

[214] 晋继勇：“试析和谐社会建设中‘人的安全’与国家安全之关系”，《四川行政学院学报》，2008年第1期。

［222］王忠勋，王华悟："着力培育与国家安全利益相适应的国家安全观"，《国防》，2008年第2期。

［238］言雅娟："浅议人民币升值与国家安全的联系"，《企业家天地下半月刊》（理论版），2008年第1期。

［244］李长久："跨国并购与国家安全"，《新视野》，2008年第1期。

同时，在上述2008年出版的21种图书中，有3种"与国家安全"类图书，还有3种"国家安全与"类图书，总共有如下6种：

1. 巴忠倓主编：《城市发展与国家安全：第六届中国国家安全论坛论文集》，北京：时事出版社，2008年版。

2. 李彬、吴日强主编：《国际战略与国家安全：科学技术的视角》，北京：中国传媒大学出版社，2008年版。

3. 綦常清、费雅君、高旗著：《中国现代化下西部开发与国家安全》，北京：时事出版社，2008年版。

4. 上海社会科学院世界经济与政治研究院编：《国家安全与非传统安全》，北京：时事出版社，2008年版。

5. 翁里、徐公社著：《国家安全与反渗透问题研究》，北京：群众出版社，2008年版。

6. 高中著：《国家安全与表达自由比较研究》，北京：法律出版社，2008年版。

这些文章与图书非常明显地反映了这样一个事实：在学术领域，国家安全几乎已经"扩展"到社会生活的每个角落，国家安全研究也几乎要"扩展"到人类已有的全部学科中。当审计、国债、跨国并购、人民币升值、城市发展、自由表达等都可以通过"与国家安全"或"国家安全与"而与国家安全联系起来进行讨论和研究时，我们就不知道世界上还有什么问题与国家安全无关了。

但是，"安全"特别是"国家安全"还是有其界限的。无论是在学术研究中，还是在现实实践中，"安全"与"非安全"、"国家安全"与"非国家安全"都需要做出相对的区分。虽然这一问题当前还没有得到很好解决，甚至还没有在学界得到应有的关注和重视，但这却是学界必须解决一个重要理论问题。在这个意义上，"安全化"和"安全泛化"的批评者有其应予肯定的功劳。他们的批评应该引起目前正在热情洋溢地研究“非传统安全问题”的人们的足够重视。

对于在“非传统”旗帜下出现的国家安全论域不断扩大的现象，当然还可以通过其他更多的资料和数据来证明，但这里不再就此进行下去，而只是进一步指出，这一趋势在今后一段时间内还会继续发展，而我们需要做的则是：既要重视“非传统安全思维”提出的各种各样新的安全问题，也要逐渐明确“安全”与“非安全”的界线，而这正是国内和国际、“安全研究”者和“国家安全研究”者都需要认真思考和科学解决的一个重要的基本理论问题。

（二）非传统安全研究继续深入

与往年一样，2008年依然能够观察到的国家安全论域的扩展，主要或者说基本上没有表现为学术触角更多地伸向“传统安全领域”，而是表现为更多的“非传统安全问题”进入研究者的视野，成为国家安全研究的崭新课题。除了上述有关“粮食安全”的论著外，“城市安全”也由于两本书的出版而在非传统安全视角下给予了比较深入的研究。这两本书分别是沈国明主编、华东师范大学出版社2008年4月出版的《城市安全学》和巴忠倓主编、时事出版社2008年6月出版的《城市发展与国家安全：第六届中国国家安全论坛文集》。

《城市安全学》属2007年度上海市人民政府政策咨询研究重点课题“上海构建和谐社会的社会管理框架与突破口研究”（课题编号为2007－A－09－H）的研究成果，是一本主要从国家安全和管理两个方面论述城市安全的学术专著。在本书绪论部分，作者在简要说明当代安全主体的多样性、安全研究的多学科性、国家安全系统的丰富性和复杂性之后，专门论述了城市安全在国家安全系统中的特殊位置，以及“超越国家安全的城市安全问题”。作者认为，如果按城市和乡村来划分社会结构和国家构成，那么国家安全可以分为城市安全和乡村安全两大部分。这样的划分虽然不像把“国家安全”分为“国际安全”与“国内安全”、“外部安全”与“内部安全”等那样在国家安全研究中普遍流行，但由于城市在当代社会中重要性的日益提高，因而通过这种划分把“城市安全”作为当代国家安全研究的重要内容，还是具有特殊重要性的。正如书中所述，城市安全在整个国家安全系统中所占比重不断上升，日益成为国家安全的更为重要的内容。这是因为人类历史在某种意义上可以说就是城市化的过程，城市化是现代化的重要标志之一。随着城市化进程的加剧，城市在人口、资源、经济、金融、政治、军事等方面的所占总量比重，都将大大超过乡村。根据世界银行的统计，2003年时，全世界的城市人口占总人口的比重已达48.7%，其中美国为77.9%、加拿大为79.3%、法国为75.9%、德国为88.1%、英国为89.7%、日本为79.2%、中国为40.5%。2007年更是人类文明发展史上具有划时代意义的年份，世界城市人口比重已经超过总人口的50%，也就说人类有一半居住在城市，人类由此进入了城市时代。对于中国来说，城市人口比重虽然长期没有达到世界平均水平，与发达国家相比差距更大，但从2003年前后几年看，城市人口的增长却比较快。在世界银行的上述统计中，1990年中国的城市人口比重还只有26.4%，到2000年时已达36.2%、2001年为37.7%、2002年为39.1%、2003年达到40.5%。此后，中国城市人口随着中国经济和社会的迅速发展继续迅速增加，据权威部门预测，再过两年，到2010年时，中国城市人口也将占到50%。由于城市人口不仅在数量上所占比重日益增大，而且在密集程度上远远高于乡村，城市人口的安全不仅成为整个国民安全的重要组成部分，而且是整个国民安全工作的重点。当然，城市不仅在人口方面已经或者即将占据比乡村更大的比重，而且在经济、金融、政治、军事等方面所占比重都将大大高于乡村，由此使得城市安全在整个国家安全系统中占据了越来越重要的地位。城市作为国家的政治中心、经济中心、文化中心、军事中心、信息中心等，在国家政治安全、经济安全、文化安全、军事安全、信息安全的地位越来越重要，对保障国家安全也发挥着越来越重要的作用。任何国家的第一城市——首都，都是国家的政治中心，是国家安全的重要象征。无论是在以军事安全为核心的传统安全活动中，还是在安全范围已经大大扩展后的非传统安全活动中，首都的安全保卫从来都是整个国家安全保卫重点中的重点。除了政治中心之外，包括首都在内的许多大城市，如美国的纽约、华盛顿，中国的上海、北京等，常常还是国家的经济金融中心、文化中心、科技中心、信息中心，其安全状况直接关系到整个国家的经济安全、金融安全、文化安全、科技安全、信息安全等。

在《城市安全学》出版之前，中国国家安全论坛主席巴忠倓和著名国际问题专家陆忠伟分别于2008年1月和3月为该书写序。陆忠伟的序以“城市文明与城市安全学”为题，主要从城市的起源发展和变化的角度，谈了当代城市安全问题的复杂性，具有较浓厚的非传统意味。而巴忠倓的序则直接以“城市安全是国家安全的战略重点”为题，强调“城市安全已经成为国家安全的战略重点”，“要把城市安全提到国家安全的战略高度上来充分认识与应对”。

巴忠倓于2008年对城市安全的关注和论述，不仅体现在为《城市安全学》所作之序中，而且体现在《城市发展与国家安全》这本论文集中。这本以2007年12月在北京举办的第六届中国国家安全论坛论文为主的集子，共收录论文23篇、领导讲话2篇。作为中国人民武装部队前司令员和中国国家安全论坛主席，巴忠倓在收录于论文集第2篇（第1篇是顾秀莲的讲话）的“深入贯彻落实党的十七大精神，着力推动城市安全科学发展”的讲话中指出，之所以选择“城市发展与国家安全”作为第六届中国国家安全论坛的主题，“是因为我国城市安全形势的发展，需要我们研究应对我国城市安全挑战。城市安全集中体现了国家利益、人民利益，特别是大城市，往往是一个国家、地区的政治、经济和文化中心。在全球化、城市化的背景下，城市安全已经成为我国国家安全中重要的战略问题”。他还说，“城市安全任何时候都是国家安全的重要部分，要把城市安全提到国家安全的战略高度来认识和应对”。

正是由于要把城市安全提高到国家安全的高度来认识，《城市发展与国家安全》论文集不仅涉及到了生态建设、社会管理、危机处置、灾难预防、信息化、反恐等非传统安全问题，而且收录了《对城市发展中人防建设的思考》、《我国内地大城市防空袭的思考》、《城市安全发展与国防建设的思考》、《对建立特大城市处置突发事件跨部门军地联动指挥决策机制的思考》、《城市重要军事目标的危机管理及应急防护》等以传统军事安全为主要内容的论文。但是从总体上说，城市安全主要还是一个非传统安全问题。

通过对比《城市安全学》和《城市发展与国家安全》，我们发现这两本书的出版并不是两个相互孤立的事件，而是具有紧密联系的事件。这种联系除巴忠倓的“序”和“讲话”分别出现在《城市安全学》和《城市发展与国家安全》两书中外，还表现在两本书有若干重要的共同作者，如顾定国、陈洁华等，还有若干共同特点，如把城市问题“安全化”，提升到国家安全的高度来认识和研究，同时也表现在二者都与上海即将举办世博会相关，甚至可以说都是以此为契机的。

能够表明非传统安全研究在2008年深入发展的另一本书，应该是在书名中出现“非传统安全”一词的由上海社会科学院世界经济与政治研究院编的《国家安全与非传统安全》一书。其分“国家安全的新发展”、“非传统安全”、“聚焦能源安全”、“中国的新安全问题”4个专栏，共收录论文27篇，其中多数论及的是某些具体方面的非传统安全问题，如经济、贸易、能源、气候、反恐、危机管理等、但也有一篇题为“非传统安全及其相关概念辨析”的论文，对非传统安全的理论和概念作了深入探讨。事实上，在近年非传统安全问题研究中，对“非传统安全”这一语词或概念进行探讨的文章并不在少数。从目前能够检索到的资料看，国内在文章题目中最早涉及“非传统安全”的是傅梦孜发表在《现代国际关系》1999年第3期上的《从经济安全角度谈对“非传统安全”的看法》。而在文章内容中有“非传统安全”一词的是陈宁萍发表在《方言》1985年第1期的《宁波方言的变调现象》（根据CNKI检索）。但真正最早从国家安全角度谈及“非传统安全”的，则是王勇发表在《世界经济与政治》1994第6期的《论相互依存对我国国家安全的影响》，其中提到：“国际安全要求传统的军事安全领域将有比以前更多的谈判。非传统安全领域，比如各种国际组织、环境、毒品、难民等领域也都要求我国更多地参与和合作。”

在此需要指出的是，“非传统安全研究”在国内不断扩展和深化，但“非传统安全”一词在汉语却是一个不能成立的概念。在国家安全论域中，许多问题都有传统与非传统之别，都可以区分为传统与非传统两种情况，从而形成许多由“传统”与“非传统”作为限定词的概念。在这众多概念中，多数是真实的概念，是可以成立的，但“传统安全”与

“非传统安全”这对概念却是虚假的、不能成立的，而真实又能够成立的则包括“传统安全威胁”与“非传统安全威胁”、“传统安全威胁因素”与“非传统安全威胁因素”、“传统安全观”与“非传统安全观”、“传统安全思维”与“非传统安全思维”等。汉语中的“传统安全”与“非传统安全”之所以是两个不能成立的虚假概念，是因为在汉语中，安全指一种不受威胁和危害的客观状态，而这种客观状态并没有传统与非传统的区别，因而既不存在“传统的安全”，也不存在“非传统的安全”。但是，由于在英语中，“SECURITY”一词既可以表达一种不受威胁和危害的客观状态，还可以表达人们对是否受到威胁和危害的感觉，甚至还可以指安全机构、安全活动等等，其中有些方面（例如安全活动或安全工作）是有“传统”与“非传统”之别的，因而可以用“传统”与“非传统”这两个词来修饰它们，从而形成特定意义上的“传统的SECURITY”与“非传统的SECURITY”，即“TRADITIONAL SECURITY”与“NON－TRADITIONAL SECURITY”，并且使这两个语词表达一对能够成立的真实概念。

其实，国家安全研究近年来虽然逐渐红火起来，但也存在“现象描述”多、“理论研究”少的现象，更缺乏对基本概念进行合乎逻辑的科学研究和定义。当然，“概念不清”的问题不仅存在于国家安全研究领域，而是广泛存在于当代社会科学的各门学科之中，甚至可以说社会科学中几乎没有一个概念是完全清晰而不存在争论的。但这并不证明可以在国家安全研究中逃避“概念困境”，恰恰证明“概念研究”需要认真对待。

（三）国家安全问题的理论探讨

国家安全基本理论研究的贫乏，并不意味着国家安全个别领域中也没有深入的理论研究。事实上，2008年有两本专著各具特色地研究了国家安全领域的两个重要问题，一个是多年来时常挂在人们嘴边的“国家安全战略”，本年度的一本专著对其作了深入的“理论探讨”；另一个则是国内极少涉及的“国家安全与表达自由”问题，由本年度另一本重要专著作了具有开拓性的深入研究。

杨毅主编的《国家安全战略理论》，是国防大学战略研究所承担的

2006年度国家社会科学基金重大项目“中国国家安全战略理论与安全构想”的子课题研究成果，由时事出版社于2008年9月出版。这部以“理论”为特色的著作共有9章内容，另外还有“前言”和“后记”。为了展示其理论研究的特色，特把其章节目录罗列如下：第一章“国家安全与国家安全战略”包括2节：一是“安全与国家安全”，二是“战略与国家安全战略”。第二章“国家安全战略的制约因素”共4节，分别是“国家安全利益”、“国家实力”、“战略环境”、“战略文化与安全观”。第三章“国家安全战略的构成要素”共5节：“国家安全战略目标”、“国家安全战略指导方针”、“国家安全战略原则”、“国家战略能力”、“国家安全战略途径”。第四章“国家安全战略模式”共3节：“国家安全战略模式的内涵”、“国家安全战略模式的基本类型”、“国家安全战略模式的转换”。第五章“国家安全战略决策”共二节，“国家安全战略决策体制”和“国家安全战略决策程序”。第六章“国家安全战略的实施”共4节：“国家安全战略目标的分解”、“国家安全战略实施阶段的划分”、“国家安全战略途径的选择”、“国家实力的配置与战略能力的运用”。第七章“国家安全战略调整”共3节：“国家安全战略调整的原因和作用”、“国家安全战略调整的内容”、“国家安全战略调整的方式和程序”。第八章“国家安全战略中的谋略”也有3节：“谋略的内涵”、“国家安全战略中谋略的分类”、“谋略运用的一般原则”。第九章“国家安全战略领导体制”还是3节：“国家安全战略领导体制的作用”、“主要国家的安全战略领导体制”、“国家安全战略领导体制的优化”。北京大学国际关系学院院长王缉思教授认为，《国家安全战略理论》一书阐述了国家安全战略中的重大理论问题，是迄今以来国内有关著作中内容最为全面、分析最为透彻、论述最为缜密的一部，其中的理论观点具有长远的战略意义和政策意义。外交学院党委书记兼常务副院长秦亚青教授指出，《国家安全战略理论》既是一部严谨的学术专著，也是一部高质量的战略学教科书，对我国新时期国家安全战略的制定、实施和调整有着重要的参考价值。

虽然上述专家对《国家安全战略理论》的评价都是正面的，但这并不说明该书在理论上没有缺陷。事实上，与国内外安全研究甚至整个社会科学研究都存在“概念不清”这一通病一样，《国家安全战略理论》一书在基本理论方面也存在着概念不清的问题。例如，在“安全”概念上，作者考察了众多观点，提出了“既要顾及安全的本原含义，更要考虑安全研究对安全概念的界定”这一认识方法，并且得出结论认为：“首先，安全是一种状态，这种状态包括两个方面因素：一是客观因素，既不受威胁，又没有危险；二是主观因素，即不存在恐惧心理。其次，安全还是一种行动上，即实现不受威胁或没有危险的过程。”（该书第9页）但无论是这里提出的认识方法，还是最后得出的结论，都与科学研究所需要的逻辑要求不符，违背了逻辑学定义概念的基本要求，更不符合“安全”一词在汉语中的习惯用法。对此，我们以前曾反复强调过，安全本身就是一种客观状态，至于主观方面“不存在恐惧心理”，虽然也是“安全问题”，但这不是“安全”，而是“安全感”，因而是需要用不同概念来表达的，而无法由“安全”这一概念来表达。同样的道理，“实现不受威胁或没有的过程”，也不是“安全”，而是“安全活动”、“安全保障行为”等，当然也可以把其与“安全”、“安全感”等一起称为“安全问题”。诸如此类的问题，虽然并不是《国家安全战略理论》特有的，但却是应该反复提出，以求将来给予科学解决的。

如果说《国家安全战略理论》是一部把“国家安全”作为必须予以绝对肯定的大前提而展开的政策性著作的话，那么由法律出版社于2008年8月出版的《国家安全与表达自由比较研究》则是一部把国家安全作为一种相对的社会事务加以研究的学院式著作。当作者在探讨如何在国家安全与表达自由之间取得一种“衡平”时，国家安全便不再具有绝对的至上性。

在当前中国的政治环境中，高中的《国家安全与表达自由比较研究》，书名本身就非同寻常，书前题记更耐人寻味，书中内容则引人深思。在“题记”中，作者写道：“不管存在着怎样的‘言论限制术’，也不管主流意识形态多么强大，在人类历史长河的任何一个时期，总会有那么一批人为了自己坚信的‘真理’，赴汤蹈火也在所不辞。他们或者被视为‘异类’，或者被尊称为‘殉道者’。细观中西方政治法律思想史，其中的许多杰出思想家恰恰是言论‘自律’和‘他律’的挑战者。在一定程度上，这种并不以权力意识和群体意识为转移的思想倾向，正是推动人类自由事业发展的精神动力之一。”从这样的话语中，人们可能会认为作者是个“愤青”，会思谋书中有什么样的“过激言论”。然而事实上，除了这个题词给人以错觉之外，《国家安全与表达自由比较研究》没有任何激烈言论，更不同于网络上“愤青”们的跟贴，而是一本认认真真、平平和和、不左不右、科学中允、国内少有的国家安全学术理论著作。除书前作者自序和书末结语外，全书正文共5章：第1章“绪论”，包括1.1国家安全与表达自由，1.2整合，1.3研究中的认识论与方法论；第2章“新安全观范式下的国家安全问题考察”，包括2.1新旧安全观的比较，2.2国家观念与国家安全，2.3国家安全与个人安全；第3章“国家安全与表达自由冲突的历史索源及成困探析”，包括3.1西方言论自由史简略回顾，3.2言论不自由的成因探析；第4章“整合国家安全与表达自由冲突的国际法律实践”，包括4.1概论，4.2“可能威胁国家安全的表达”之界定，4.3表达自由的“限制之限制”，4.4信息自由的保障与限制，4.5紧急状态下的表达自由，4.6战时或武装冲突时的表达自由，4.7启示：理想与现实之间抉择；第5章“整合国家安全与表达自由冲突的国别考察”，包括5.1美国，5.2英国，5.3中国。

高先生在自己写的“序言”中指出，“人类社会自国家产生始的漫长历史就是一部充满国家安全与表达自由冲突与整合的历史”，如今“应当抛弃过去那种关于主权绝对主义或表达自由绝对主义的片面立场，在确认国家安全与表达自由之恰当价值的前提下，对两者可能存在的冲突予以历史的、具体的和个案的衡平。在衡平过程中，必须贯彻一个国际人权法框架内所确认的、在形式上公平、合理的政治与法律整合机制”。事实也如同作者所说，《国家安全与表达自由比较研究》就是一部在概括剖析主要民主国家发展过程曾经有过的各种案例的基础上，力图为当代中国寻找一条解决国家安全与表达自由之间冲突的钥匙，使国家安全与表达自由在当代中国取得合理的衡平。通过总结域外及社会主义中国已有经验与教育，主张一种将国家安全与表达自由置于同一平台，予以具体、历史、力求客观而不是武断进行价值衡平的整合观，并且将这种符合国际人权法大趋势的衡平主义进路，贯彻到立法、行政和司法的整个过程。作者当然明白，在当前中国，其所主张的这种衡平进路面临的主要问题，不是对国家安全强调少了，而是对表达自由限制多了。因而作者不无所指地写道，批评政府的激烈言论确实有利也有弊，特别是在长期“言路”受禁不畅的国家，一旦突然打开言论的束缚，这种言论就可能形成一股洪流，顷刻间动摇政府的合法性，对社会秩序和国家整体稳定构成真正威胁。正是在此意义上，言论必须不断地自由，政府必须不断地培育宽容的心态，这对国家安全和个人安全都是十分必要的。政治性激烈言论本身并不可怕，可怕的是缺乏某种稳定的制度性框架，以使言说者处于民主与法治的规则游戏中不出格。只有通过不断地开放言论，方能逐渐培育执政党、政府、民众的宽容心态，从而在民主与法治不断健全的前提下，真正地保障包含执政党安全在内的国家安全。

《国家安全与表达自由比较研究》虽然不是专门研究国家安全理论的，但绪论第1节却对当前国际国内的国家安全理论研究，特别是“国家安全”概念研究，作了细致深入的概括分析，既归纳了当前学界的一些主要理论观点，也提出了自己相同或不同的见解。例如，在引述中国政法大学出版社2004年版《国家安全学》关于“安全”的定义和观点，承认“安全”和“安全感”是两个不同概念的同时，又指出“安全感”也是研究安全问题的一个重要概念，从而认同另一种更普遍的观点，即安全“既属于客观的存在，又体现为主体心理状态”。作为《国家安全学》的主编，本人虽然并不认同高先生这一观点，但却非常肯定其对安全概念和理论进行认真研究的学术态度，以及对《国家安全学》中一个史实错误的下述纠正，这就如同高先生在这本著作中既指出了《国家安全学》中某些论点的错误，又肯定了其中一些重要观点一样。高先生的大作正确地指出，并不像《国家安全学》及当前许多研究者“公认”的那样。“国家安全”一词最早出现在美国专栏作家李普曼1943年的《美国外交史》中，法律名称中最早出现“国家安全”一词的是1947年美国的《国家安全法》，而早在1919年，英国就曾考虑用《国家安全法》取代战时的《紧急状态法》，只是在提交议会讨论时，把标题改成了《官方保密法》。早在1939年，澳大利亚议会则正式颁布过一部《国家安全法》(the National Security Act，1939)。高中先生在书中对《国家安全学》中其他一些论点的肯定，我们当然非常高兴，但更令本人高兴的是，高先生对《国家安全学》关于“国民安全是国家安全的核心”这一论断的认同和评价。高先生在书中写道：“在过去很长一段时间，中国内地学界在讨论国家安全时，往往忽略了国家安全系统中的一个最基本也是最核心的内容，即国民安全。将国家安全的诸多要素作为一个有机整体来研究，并且将‘国民安全’置于国家安全系统中的核心和灵魂地位，可以说是中国国家安全学界近几年来令人瞩目的理论突破和日益摆脱思想束缚的体现。”

在此，我们无法将《国家安全与表达自由比较研究》中所有观点一一介绍，即使其中许多重要理论突破也无法论及，如果有人想深入了解作者的有关论述，就只好把该书认真阅读一遍了。

当然，能够代表2008年有关国家安全理论的研究的还有其他一些著作和论文，这里也不能一一述及了，好在前面已经把这些论著目录展示出来了，也可算是为需要者提供了一条最基本的线索。

(四) 国家安全法治研究进一步深化

高中的《国家安全与表达自由比较研究》一书虽然对国家安全理论作了必要且深入的研究，但这只不过是其主题展开的一个前提，而不是主题本身。这本书的主题不是国家安全基本理论，而是对如何在国家安全与自由表达之间取得合理衡平的法治研究。虽然在今天和今后相当长的历史时期内，国家安全依然是人类权利得以实现的前提和基础，但关键问题是“究竟如何界定合法、正当的国家安全利益”。许多关于国家安全与表达自由的冲突往往源于国家安全及其相关的一系列概念的不精确。“国家安全”概念的模糊，会被掌握国家权力的机构和个人用来压制那些有利于防止权力滥用以保障国民安全的言论，如揭露民主程序中的不正当活动、腐败、浪费公共资源以及其他一些政府官员的不良行为等。当政府以国家安全的名义克减公民基本权利时，世界各国的法院常倾向于妥协和让步，导致了一种“普通法院不理国家安全之事”的传统观念和模式。在此模式下，一旦政府宣称国家安全受到了威胁，那些诸如司法独立、正当程序、新闻自由、公开政府等防止政府权力滥用的制度性保障就被置于一边，而且“民主制度越是脆弱的国家，在面临危险（机）

时，就越是不能容忍合法、正当的政治性言论”。作者由此认为，在国家安全与表达自由存在冲突的这一棘手领域，通过对全球人权保障法律框架内涉及“可能威胁国家安全的表达”的相关司法案例进行比较与分析，方能对这一问题形成更为理性的认识。为此，作者在该书第一章和第二章探讨了有关国家安全与自由表达的一些基本理论后，从第3章开始从世界主要国家的历史和现实法治实践出发，来探讨有关国家安全与自由表达的法律实践。该书第3章的标题是“国家安全与表达自由冲突的历史索源及成因探析”，下分2小节，一是“西方言论自由史简略回顾”，二是“言论不自由的成因探析”；第4章标题是“整合国家安全与表达自由冲突的国际法律实践”，分节内容分别是“概论”、“‘可能威胁国家安全的表达’之界定”、“表达自由的‘限制之限制’”、“信息自由的保障与限制”、“紧急状态下的表达自由”、“战时或武装冲突时的表达自由”。在第5章也是最后一章中，作者进行了“整合国家安全与表达自由冲突的国别考察”，其中考察的国家包括英国、美国和中国。在当前我国有关国家安全的法制还远远不够完善，国家安全法治还没有得以很好落实的情况下，多研究一些其他国家的相关案例，是非常必要的

当然，国家安全法治是一个范围非常广泛的问题，“国家安全与表达自由的衡平”仅仅是实现国家安全法治的一个具体环节，真正实现国家安全法治，还需要我们科学地认识和处理其他更多的关系和问题，也包括国家安全法学专家吴庆荣在本年度出版的《国家安全行政法基本论》（时事出版社2008年10月版）一书中提到的国家安全行政法治问题。

《国家安全行政法基本论》以一般行政法的理论为向导，系统论述了国家安全行政法的基本理论，通过对外国国家安全法的考量检讨和对我国国家安全行政实务的实证分析，探索适合我国国情的国家安全行政法治路径。作者在书前“序言”中认为，该书的“新”表现在两个方面：一是对一般行政法理论具体化、个别化，使一般行政法的理论及制度得到了具体的落实、运用，同时也使国家安全行政法涉及的一些基本概念、范畴、原则、制度等得到科学的解读；二是将国家安全行政法理论与我国国家安全行政执法实践紧密结合，使行政法基本理论能够对国家安全行政事务有实际的指导价值。与高中《国家安全与表达自由比较研究》

一书中强调国家安全与表达自由之间的“衡平”不同，吴庆荣的《国家安全行政法基本论》虽然也认识到了国家安全并非至高无上，但同时强调国家安全行政与其他行政相比具有至上性。对此，作者在“序言”中指出，“国家安全已经被历史证明是一种容易对行政受体权利造成侵害的‘恶’，它与国家安全行政受体权利是一对天然矛盾，但即使在人权高扬的现代法制社会，这种‘恶’的存在对社会发展也是不可或缺的。因此，‘国家安全高于一切’作为国家安全行政法的统领原则、‘帝王’原则，取代了一般行政法上的‘帝王’原则，即比例原则”。作者强调，“国家安全行政执法不同于其他部门行政执法，它除了一般行政执法的特点外，还有其自身的隐蔽性、‘策略性’，即‘谋略执法’、‘参与执法’的特质。……国家安全工作的特殊性决定了国家安全行政执法及其救济的特别性，公开在国家安全行政法领域只是一种‘例外’，而保密才是一种‘原则’”。作者在“序言”中提出的这些设想和见解，在正文的不同地方都给予了比较充分的论证和阐发。例如，在本书第1章第3节“国家安全行政基本原则”中，作者就分别对“国家安全高于一切原则”、“政策指导原则”、“公开与保密相结合原则”等作了比较详细的论述。在论述“公开与保密”原则时，作者一方面根据现代行政法原理，对行政公开进行了讨论，同时又指出：“公开与保密这一对矛盾在当今人权高扬的背景下并没有水解，国家安全行政活动在一定的范围、一定的程度上的保密仍然是维护国家安全的需要。”

当然，学术研究过程也是一个不断纠错的过程。按照前述高中先生在《国家安全与表达自由比较研究》的考证，“国家安全”一词并不像吴庆荣先生在《国家安全行政法基本论》中所说的那样，是“在美国第一次使用并被第一次作为法律专用名词”。这一长期在国家安全研究领域具有“共识”的看法，在有了高中先生的前述考证后，也应该被纠正了。同时，吴先生还认为，从法律角度解读，“国家安全既不是一种‘能力’，也不是一种‘状态’，更不是一种‘措施总和’，而是一种特殊的行政法律秩序”。我们认为，这一解读不仅不适合普遍的国家安全概念，而且也不适合法律领域的国家安全概念。或许，这个问题还需要进一步讨论下去。

但是瑕不掩瑜，《国家安全行政法基本论》丰富的内容、具体的分析、独到的见解，不仅在理论上有其重要的学术价值，而且对于我国国家安全工作也具有重要的现实意义，甚至对于未来我国各类国家安全法律的制定和完善也具有重要参考价值。事实上，我国的国家安全法治目前还非常不完善，《中华人民共和国国家安全法》无论在法学理论和法治实践上都是一部需要进行重大修订的法律，甚至是一部需要废止后重新起草的法律，而为了在将来能够出台符合当代民主政治理念、对促进社会主义民主和法治建设起到积极作用的不同层次和不同类型的国家安全法，并由此形成完善的国家安全法律体系。我们特别需要一系列像《国家安全与表达自由比较研究》及《国家安全行政法基本论》这样的专著。

三、学术活动与学术机构

直到20世纪90年代初，国家安全研究都还不是一门“显学”，涉及这一领域的专家学者少之又少，把国家安全作为自己专门研究对象的专业人员几乎没有。时至今日，无论是在作为高等教育专业设置之根据的“本科专业目录”和“研究生专业目录”中，还是在作为图书分类之根据的“中国图书馆分类法”目录中，都还没有“国家安全”的身影。但是，在“冷战”结束之后，从20世纪90年代中期开始，“国家安全”在国内已经开始逐渐进入学者的研究视线之中，甚至成为一些专家学者研究的专门领域。我们相信，在不久的将来，在我国高等教育专业目录中会出现国家安全专业。我们得出这一结论的根据在于，近年来我国的国家安全学术活动日趋活跃，国家安全研究队伍逐渐扩大，选择国家安全问题作为硕博士论文选题的人日益增多。这一趋势在2008年同样可以略见一斑。

（一）国家安全学术活动

国家安全学术活动的活跃，主要反映在国家安全类学术会议时有举行。据我们所知，2008 年国家安全类学术会议有如下一些。

1 月 15 日，国际关系学院举办当前国际局势与安全问题研讨会暨国家安全战略研究中心更名和中国国情调查研究所挂牌仪式。中共中央对外联络部、中共中央党校、中共中央党史研究室、中国现代国际关系研究院、北京大学国际关系学院、中国人民大学国际关系学院、北京外国语大学国际关系学院、中国政法大学全球化与全球问题研究所、中国人民解放军军事科学院、北京师范大学政治与国际关系学院、国防大学战略研究所、国际关系学院等 30 余家管理部门、科研机构和高等院校的 60 余名专家、学者参加了“当前国际局势与安全问题”研讨会，就“当前国际局势特点”、“东亚安全形势”、“中国面临的安全挑战与政策建议”等课题进行了热烈而深入的讨论。

4 月 6 日，清华大学中国与世界经济研究中心（CCWE）在清华大学经管学院举办中国国家安全与国防现代化学术研讨会，来自国防大学、军事科学院、北京大学等部门和单位的人员就中国国家安全与国防现代化问题进行了热烈的学术讨论。

11 月 12 日上午，由中国地球物理学会国家安全地球物理专业委员会主办，中国海洋大学海底科学与探测技术教育部重点实验室承办的第四届国家安全地球物理学术研讨会在青岛举行。本届研讨会议题主要围绕国家安全地球物理环境信息获取与应用、工程地球物理信息获取与应用、遥感信息获取与目标识别技术这几方面展开。通过研讨，广大科技工作者能够进一步增进交流，并增进兄弟单位之间的协作关系，加深彼此的友谊，更重要的是在国家安全与军事地球物理学科建设和研究方面产生一些新热点，为下一步开展国家重大项目研究做好准备。

12 月 6—7 日，第七届中国国家安全论坛在北京召开，主题是“生态文明建设与国家安全”。据报道，此次论坛的召开得到了国家领导和环保专家的高度重视。十届全国政协副主席李蒙、中国环保基金会理事长曲格平先生、十届全国人大环境与资源保护委员会主任毛如柏等领导出席会议。来自各高校、研究机构和政府部门的百余名专家和学者参加了会议。中华环保基金会理事长曲格平应邀做了题为“关注中国生态安全”的主题报告。曲格平在报告中指出，长期以来，人们忽视生态安全在整个国家安全中的地位。如果生态安全不牢固，就意味着大片国土失去对国民经济的承载能力，这与国土的割让一样，会给国家造成无法衡量的损失；生态环境的破坏，会造成工农业生产能力和人民生活水平的下降，这与经济危机所带来的损失并无二致。从这个意义上说，生态安全与国防军事安全、经济安全同等重要，都是国家安全的重要基石。曲格平说，当前我国国土资源面临着诸多问题，对生态安全造成严重威胁，主要表现在水土流失严重、土地荒漠化加剧、土壤质量变差、非农业建设用地大幅度增加使耕地资源不断减少等方面。曲格平对我国生态安全建设提出建议：一要转变发展方式，实现可持续发展；二要建立国家生态安全的预警系统，及时掌握国家生态安全的现状和变化趋势，为国家最高部门提供相关的决策依据；三要完善生态环境法律法规体系建设，进一步健全各种单项资源与环境保护法。

（二）国家安全学术机构

近年来，一系列国家安全类研究机构陆续成立（有些机构后来有所变更），据我们搜集到的材料，按时间顺序，大致有如下一些。

1. 国际关系学院国际战略与安全研究中心

此研究中心的前身是2001年3月15日国际关系学院内部成立的“国家安全战略研究所”（对外名称为“国际战略发展研究所”）。研究所的任务当时被规定为：在广阔的国际关系背景下研究国家安全问题，其中最基本的任务是对国家安全基本理论的研究，同时包括对政治安全、经济安全、文化安全，以及国家安全法制、国家安全情报、国家安全侦察等等方面的普遍性理论问题和现实问题的研究。在2004年12月10日国际关系学院举办的“国家安全战略研究中心揭牌仪式暨第6次国家安全论坛”上，在“国家安全战略研究所”的基础上组建了“国家安全战略研究中心”，其目的是为了集中校内外力量，重点研究国家安全基本理论和实际问题。在2008年1月15日国际关系学院举办的“当前国际局势与安全问题研讨会暨国家安全战略研究中心更名和中国国情调查研究所挂牌仪式”上，“国家安全战略中心”更名为“国际战略与安全研究中心”。

2. 国家信息安全工程技术研究中心成立

2001年10月，国家信息安全工程技术研究中心成立。国家信息安全工程技术研究中心是受国家科技部领导，由国家密码管理局、国家保密局、公安部、安全部、工业和信息化部、上海市科委共同指导的专事信息安全工程技术研究与系统集成的研究机构。中心先后取得了国家密码管理局批准的商用密码产品生产定点单位和销售许可单位的资质；国家保密局批准的设计国家秘密的计算机信息系统集成单位和工程建设监理单位的资质；同时是国家信息安全标准化技术委员会的副主任委员单位及下属的WG3、WG4、WG7工作组的副组长单位。国家信息安全工程技术研究中心以国家信息安全为己任，以密码技术研究为核心，以密码技术应用为主线，一贯煎密码设备研发为重点，开展信息安全技术工程化研究工作。

3. 中国社会科学院地区安全研究中心

2002年10月，中国社会科学院地区安全研究中心成立。地区安全研究中心是中国社会科学院所属的专门从事组织协调有关地区安全问题的学术机构，其宗旨是对涉及中国周边安全以及地区重大安全问题进行综合性分析研究，开展学术交流，为政府提供决策建议。中心通过自身和与其他机构合作，对涉及我国周边安全以及其他地区重大安全问题及时组织研究、讨论，发表研究成果；通过开展学术交流，增进国内以及国内与国外学者、专家之间的了解，在重大安全问题上增加共识。中心的主要职能是组织协调有关中国周边以及地区重大安全问题的研究，组织有关地区安全问题的国内和国际研讨会，发表地区安全研究报告，向政府部门提供关于地区安全方面的政策性建议，并且倡议或自己设立有关地区安全问题的研究项目。中心的主要研究领域是中国周边安全问题，地区传统安全以及非传统安全问题，地区安全合作与机制建设，地区争端、冲突与危机处理等。

4. 北京大学计算机科学技术研究所信息安全工程研究中心

2004年，北京大学计算机科学技术研究所成立信息安全工程研究中心。该中心是北京大学网络与软件安全保障教育部重点实验室的核心单位，专门从事网络与信息安全领域的研究及成果转化工作。在软件漏洞发现、网络监控、恶意代码防范、安全多方计算等方向开展基础方法及关键技术研究。先后承担国家863计划、国家相关部委信息安全科研项目20余项。5年来，中心已发表学术论文40余篇，申请技术发明专利30余项，取得了一批有影响力的科研成果。

5. 武汉大学成立国家安全研究所

2005年3月26日，武汉大学成立国家安全研究所，其法学院党委书记莫洪宪教授任所长。武汉大学国家安全研究所主要围绕“中国和平发展与国家安全”进行机构布局和开展研究，以各种形式促进与我国国家安全决策部门之间实现资源共享，并向国家有关部门提供对策性的决策咨询报告

6. 上海交通大学国家战略研究中心

2005年9月12日，上海交通大学成立国家战略研究中心。中心挂靠于上海交大国际与公共事务学院，由上海交大常务副校长叶取源教授担任理事长，中国人民解放军军事科学院原副院长徐根初中将担任中心主任。上海交通大学国家战略研究中心主要针对我国非传统国家安全，如文化安全、经济安全等战略领域的重大问题和政策开展研究并进行交流和合作，其宗旨是成为我国有影响的思想库，依托上海市太平洋区域经济发展研究会这个联系平台，开展对外学术交流，加强对我国国家战略、政治和经济发展战略的研究，为我国外交政策、国家安全、经济发展及企业的战略决策提供咨询、人才培养和服务。

7. 中国地球物理学会国家安全地球物理专业委员会

2005年11月16日至17日，中国地球物理学会“国家安全地球物理专业委员会”和陕西省地球物理学会“军事地球物理专业委员会”在古城西安第二炮兵工程学院隆重举行成立大会和揭牌仪式。

8. 浙江大学非传统安全与和平发展研究中心

2006年11月30日，浙江大学成立“非传统安全与和平发展研究中心”。据其网站介绍，中心是一个立足中国、面向世界的国际性学术研究和咨询机构。中心拥有研究团队12个，相关研究成员近60名，由“关注人类非传统安全问题并且致力于社会改进和世界和平发展的科学家、人文社会科学学者、企业领袖、政府官员”组成，涉及安全哲学、能源

与国家安全、材料与国家安全、化工与安全、经济风险与安全、食品与安全、公共卫生与安全、土地开发与安全、电力与安全、公共危机管理等诸多非传统安全领域的研究。中心同时拥有来自牛津大学、哈佛大学、伦敦政治经济学院、北京大学、清华大学等知名大学教授及相关国际学术机构专家学者所组成的顾问团队。在此基础上，浙江大学于2008年12月又成立了“非传统安全与和平发展地方研究中心”。按照计划，这一研究机构将立足绍兴，对现实和潜在的非传统安全问题进行研究分析，全面开展创新“枫桥经验”的推广研究，从绍兴实际出发设计系列非传统安全问题的课程体系，形成以市委党校为中心的培养应对非传统安全问题危机的优秀地方领导干部的教学基地。

9. 中国政策科学研究会国家安全政策委员会

具体成立时间不详，但已经活动多年。据相关介绍，中国政策科学研究会国家安全政策委员会是从事国家安全理论与实践研究的全国性学术机构，对涉及国家安全和发展的诸多领域，进行战略层面的专业研究，并向中央领导和决策机关提供咨询建议。每年举办“中国国家安全论坛”，并系列出版中国国家安全战略问题研究专著等具有指导价值的理论著作，同时为城市和企事业单位提供安全管理方面的综合服务。

附录1：

2008年中国国家安全动态性资料

（大事记）

常凤君

1月1日 共同推进人类和平与发展的崇高事业 新年前夕，国家主席胡锦涛通过中国国际广播电台、中央人民广播电台、中央电视台，发表了题为《共同推进人类和平与发展的崇高事业》的新年贺词。

1月2日 《〈内地与澳门关于建立更紧密经贸关系的安排〉补充协议四》正式实施 《〈内地与澳门关于建立更紧密经贸关系的安排〉补充协议四》于2008年1月1日起正式实施。2003年10月，《内地与澳门关于建立更紧密经贸关系的安排》在澳门签署。其后陆续签署了多个补充协议，开放领域逐步扩大。

1月4日 外交部举行例行记者会 外交部发言人姜瑜3日主持例行记者会，回答了中外记者的提问。在回答朝鲜半岛核问题有关提问时，姜瑜表示，中方期待有关各方继续认真履行承诺，全面均衡落实六方会谈第二阶段行动计划。

1月5日 法将制订国家安全总体战略 法国总统萨科齐3日决定制订国家安全总体战略，以“保障法国人民的安全和承担法国的国际责任”，并为此确立了“情报预测、威慑、保护、预防、干预”等5个战略要点。

1月7日 中日共同历史研究第三次全会举行 为期两天的中日共同历史研究第三次全体会议6日结束。中日双方共计30多名委员以及外部执笔者参加。2006年底举行第一次全体会议。去年3月在东京召开第二次全体会议，双方共同确定了研究题目并撰写论文。本次会议双方分成“古代史”和“近现代史”两个小组，就已完成的论文进行了讨论。

1月8日 中欧纺织品贸易迎来新局面 自2008年1月1日起，欧盟对从中国进口的纺织品实行的配额限制宣告结束，取而代之的是一套中欧双方共同实施的双重监控制度。在经历了2005年引人注目的纺织品贸易摩擦后，中欧纺织品贸易再度迎来没有配额的日子。

我国今年将发射15箭17星1船　国防科工委秘书长黄强在7日召开的2008年国防科技工业工作会议新闻发布会上透露，我国今年航天计划发射15箭17星1船。

1月9日　我国对小麦等原粮及其制粉征收出口暂定关税　经国务院批准，国务院关税税则委员会决定从2008年1月1日至12月31日，对小麦、玉米、稻谷、大米、大豆等原粮及其制粉共57个8位税目产品征收5%至25%不等的出口暂定关税。此次征收原粮及其制成品出口暂定关税，主要是针对出口到国际市场的原粮及其制粉，不包括出口到香港、澳门特别行政区和台湾地区为供应港澳台同胞在本地区消费的同类产品。

1月11日　外交部举行例行记者会　外交部发言人姜瑜1月10日下午主持例行记者会，发布消息并回答了中外记者的提问。有记者问：据报道，欧盟官员表示将向中国提出建立双方在非洲开展合作的机制，中方对此有何评论？姜瑜说，中国和欧盟与非洲都有长期的交往与合作，双方都致力于维护非洲的和平与稳定，实现非洲地区的可持续发展，中方愿与欧盟探讨加强在非洲问题上的交流与合作。

1月12日　国家外汇储备突破1.5万亿美元　中国人民银行1月11日公布的2007年金融统计数据显示，截至2007年12月末，国家外汇储备余额为1.53万亿美元，同比增长43.32%。全年国家外汇储备增加4619亿美元，同比多增2144亿美元。12月末人民币汇率为1美元兑7.3046元人民币。

我国外贸总值首超2万亿美元　据海关总署11日发布的消息，去年我国外贸进出口达21738亿美元，同比增长23.5%。其中出口12180亿美元，增长25.7%，比上年回落1.5个百分点；进口9558亿美元，增长20.8%，比上年加快0.9个百分点。全年累计贸易顺差为2622亿美元。

1月13日　中国国防部筹建新闻事务局　自国防部决定正式设立新闻事务局以来，筹建工作正在紧张进行，有关新闻事务局制度建设、人员配备、办公地点、新闻发言地点等事宜正在研究论证之中。新闻事务局将在适当的时候正式开展工作，届时将为国际国内媒体提供中国国防和军队建设的相关信息。

1月15日 外交部发言人答记者问 外交部发言人姜瑜14日就陈水扁“过境”美国阿拉斯加回答了记者提问。姜瑜说，中方一贯坚决反对任何国家与台湾当局进行任何形式的官方往来。陈水扁是台海和平稳定的破坏者和中美关系的麻烦制造者。我们要求美方恪守在台湾问题上对中方所作承诺，不允许陈水扁以任何方式利用美国领土从事“台独”分裂活动，停止向“台独”势力发出任何错误信号。

1月16日 中方反对任何企图将奥运会政治化的做法 外交部发言人姜瑜15日主持例行记者会，在回答记者有关提问时，姜瑜表示，中方反对任何企图将奥运会政治化的做法。她说，奥运会是各国人民的体育盛会，成功举办一届奥运会，也是世界各国人民的共同愿望。中国政府正在认真履行申奥承诺，全力以赴地进行各项奥运会的筹备工作。“在这个时候，一些组织出于不可告人的政治目的，跳出来炒作一些议题，与奥运会挂钩，企图诋毁中国形象，企图向中国政府施压，这样做明显违背了奥林匹克的精神和原则，也是不可能得逞的。”姜瑜说。

1月18日 我国海洋近岸污染依然严重 国家海洋局1月15日发布了《中国海洋环境质量公报》、《中国海洋灾害公报》和《中国海平面公报》等3份2007年度海洋环境公报。公报显示，我国近岸海域污染形势依然严峻。

外交部举行例行记者会 外交部发言人姜瑜17日主持例行记者会，回答了中外记者的提问。姜瑜说，1月7日，中国海南省渔船在北部湾共同渔区正常作业时，遭越南武装船只抢劫，造成了经济损失。中方对此高度关切，已向越方提出交涉，要求越方进行认真调查和严肃处理，同时切实采取有效措施，杜绝类似事件再次发生。越方表示将配合中方调查。姜瑜表示，我们愿与越方共同努力，维护北部湾稳定和两国沿湾渔民的切身利益。

1月19日 布什政府反对国会提出制裁中国提案 美国贸易代表苏珊·施瓦布17日表示，布什政府反对国会提出的制裁中国的提案，美国将采取务实态度来处理与中国的贸易争端。

第五次中美战略对话结束　第五次中美战略对话于17日至18日在贵州省贵阳市举行，中国外交部副部长戴秉国和美国常务副国务卿内格罗蓬特共同主持此次对话，双方就国际形势的发展变化、如何确保中美关系长期健康稳定发展、加强两国在国际和地区问题上协调合作等问题坦诚、深入地交换了意见。

1月20日　中英签署“崇明东滩生态城”项目谅解备忘录　上海市市长韩正与英国首相布朗19日在此间共同见证了全球首个可持续发展生态城市“崇明东滩生态城”项目签署《中国可持续发展生态城市项目设计、实施和融资谅解备忘录》。东滩生态城位于上海崇明东滩。2001年，上海市政府将崇明岛定位为生态岛，明确崇明是上海未来城市发展战略空间。

1月23日　外交部举行例行记者会　外交部发言人姜瑜22日主持例行记者会，回答了中外记者的提问。在被问到关于目前中德关系的看法时，姜瑜说，中德双方在过去的4个多月中，为克服双边关系面临的困难都做出了巨大努力。两国外长多次沟通，双方在其他层次也保持了接触。德方在这些沟通中也向中方明确表示，德方高度重视发展对华关系，将继续坚定奉行一个中国政策，承认台湾和西藏是中国的一部分，坚决反对台湾“入联公投”，不支持、不鼓励谋求西藏独立的任何努力。

1月24日　外交部举行例行记者会　外交部发言人姜瑜24日主持例行记者会，回答了中外记者的提问。在被问及朝鲜核申报问题的新进展时，姜瑜说，在有关各方的共同努力下，六方会谈进程不断取得进展。宁边核设施已完成大部分去功能化工作，各方对朝鲜的重油和替代物资援助也在逐步落实，有关国家之间的关系也得到不同程度的改善。中方希望各方继续以诚意和耐心，按照“行动对行动”原则，全面、均衡履行各自义务，将第二阶段行动尽早落到实处。

针对一些人批评中国在苏丹达尔富尔问题上的立场将破坏北京奥运会的形象，姜瑜反驳说，对于这些指责，中国政府坚决不能接受。国际社会非常清楚，中国政府在苏丹达尔富尔问题上一直发挥着积极和建设性的作用。中国是第一个承诺和派兵参与达区维和行动的国家。目前中国的140名维和工兵先遣分队已经进驻达区，其他人员也将于近期陆续部署。姜瑜强调，将达尔富尔问题与北京奥运会挂钩，有明显的政治目的。一些组织利用奥运会炒作一些议题，实际上是对奥运会筹备工作的干扰和破坏，我们坚决反对将奥运会政治化的企图，这样做明显违背了奥林匹克的原则和精神，也是不可能得逞的。

1月25日 我国电子商务安全存在三大困扰 中科院信息安全国家重点实验室副主任荆继武26日指出，尽管我国电子商务安全服务前景广阔，但仍存在用户认同程度普遍低下、优质的产品和服务缺乏、从业人员技术水平不高三大困扰。据统计，目前采用合法第三方数字证书的网上银行不到3%，也只有30%的网上银行用户使用数字证书。

1月27日 维护台海地区和平稳定 争取两岸关系光明前景 在即将出版的2008年第一期《两岸关系》杂志上，中共中央台办、国务院台办主任陈云林发表了《维护台海地区和平稳定 争取两岸关系光明前景》的2008年新年贺辞。

1月28日 国务院召开电视电话会议部署安排当前煤电油运保障工作 国务院27日召开电视电话会议，针对当前大范围雨雪冰冻灾害给煤电油运造成的严重影响，部署各项保障工作。

1月30日 外交部举行例行记者会 外交部发言人姜瑜29日主持例行记者会，回答了中外记者的提问。在被问到中国是否会与俄罗斯在日内瓦裁军谈判会议上提交禁止外空军备竞赛的共同提议时，姜瑜表示，目前日内瓦裁军谈判会议正在举行，会议将持续到3月份。中国驻日内瓦裁军大使王群率代表团出席会议。姜瑜说，中方一贯致力于和平利用外空，反对外空武器化和外空军备竞赛。中国从来没有，今后也不会参加任何外空军备竞赛。中方一直主张并积极推动日内瓦的裁谈会通过谈判，缔结一项防止外空军备竞赛的国际法律文书。

有记者问：日方期待在胡主席访日前解决东海油气开发问题，中方对此持何立场？关于东海磋商问题，姜瑜说，中方愿与日方共同努力，按照两国领导人达成的新共识，继续以诚意和积极的态度保持磋商势头，在进一步发展两国关系的进程中争取尽早解决这一问题。

《中俄合理利用和保护跨界水协定》在京签署 外交部长杨洁篪29日会见来访的俄罗斯自然资源部部长特鲁特涅夫，并与他分别代表中俄两国政府签署了《中华人民共和国政府和俄罗斯联邦政府关于合理利用和保护跨界水的协定》。

1月31日 两岸关系发展正处在紧要关头 国务院台湾事务办公室30日上午举行例行记者会，发言人杨毅指出，当前陈水扁当局不顾广大台湾同胞和国际社会的普遍反对，仍一意孤行地推进“入联公投”等“台独”分裂活动，对台海地区和平稳定构成严重威胁。两岸关系发展正处在一个紧要关头。坚决遏制“台独”，维护台海和平，是两岸同胞面临的最重要、最紧迫的任务。

2月1日 美官员抵达平壤讨论核申报问题 美国国务院韩国科科长金成1月31日抵达平壤，将与朝鲜官员就朝鲜核计划的申报问题进行讨论。

2月2日 国务院成立煤电油运和抢险抗灾应急指挥中心 近期我国部分地区出现罕见的低温、雨雪冰冻极端天气，持续时间长，影响范围大，给受灾地区生产生活秩序带来严重影响。近日，国务院决定，成立国务院煤电油运和抢险抗灾应急指挥中心，负责及时掌握有关方面的综合情况，统筹协调煤电油运和抢险抗灾中跨部门、跨行业、跨地区的工作。

2月3日 中台办、国台办就陈水扁当局公告举办“入联公投”发表受权声明 2月2日，中台办、国台办就陈水扁当局公告举办“入联公投”发表受权声明。

2月4日 我国正在经历一场历史罕见低温雨雪冰冻灾害 中国气象局局长郑国光在人民日报上撰文谈到，1月10日以来，我国天气形势发生了显著的变化。从去冬以来的晴暖、少雨天气转变为低温、多雨雪天气。这次罕见的低温雨雪冰冻灾害主要由四次天气过程造成，发生的时间段分别为1月10日至16日，18日至22日，25日至29日和31日至2月2日。这次低温雨雪冰冻天气持续时间长，长江中下游及贵州雨雪日数为1954/55年以来历史同期最大值；冰冻日数为历史同期次大值。其中湖南、湖北省雨雪冰冻天气是1954年以来持续时间最长、影响程度最严重的，贵州43个县（市）的冻雨天气持续时间突破了历史记录。江淮等地出现了30—50厘米的积雪，贵州、湖南的电线结冰直径达到30—60毫米。总体上看，这次气象灾害具有范围广、强度大、持续时间长、灾害影响重的特点，很多地区为50年一遇，部分地区百年一遇，属历史罕见。

2月6日 外交部举行例行记者会 外交部发言人刘建超5日主持例行记者会，回答了中外记者的提问。在回答记者有关中日“饺子事件”的问题时，刘建超说，从“饺子事件”发生以来，中国政府高度重视，迅速行动。在得到消息的当天，就已经采取措施对有关问题进行调查，并且以最快的速度公布了阶段性的调查结果。他表示，中方决心把这个事情一查到底，查清楚问题出在什么地方、可能出在哪些环节。如果日方就有关合作方式有新的建议，可以提出来。只要对调查有利，中方都会予以积极考虑。在这方面，中方的态度是坚决的。

2月8日 加强突发公共卫生事件防范和应对 国务院煤电油运和抢险抗灾应急指挥中心7日发布第11号公告，要求遭受罕见雨雪冰冻灾害的地区加强突发公共卫生事件防范和应对工作。

2月9日 防范应对雨雪冰冻灾害引发的环境污染 国务院煤电油运和抢险抗灾应急指挥中心8日发布13号公告，要求受灾地区防范和应对雨雪冰冻灾害引发的环境污染事故。

2月11日 重视发展日中关系 日本外相高村正彦10日在慕尼黑安全政策会议上说，日本重视发展和中国的关系，并将抓住中国国家主席胡锦涛今年春天访日这个机遇，把日中双边关系提升到新的水平。

2月14日 我代表呼吁各国就气候变化问题进行实质性谈判 中国外交部气候变化谈判特别代表于庆泰12日呼吁各国在巴厘岛联合国气候大会成果的基础上进行实质性磋商和谈判。

2月15日 外交部举行例行记者会 外交部发言人刘建超2月14日主持例行记者会，回答了中外记者的提问。在回答有关中国在达尔富尔问题上发挥的作用问题时，刘建超表示，奥运会是世界人民的体育盛会，成功举办北京奥运会也是各国人民的共同愿望。将达尔富尔问题与奥运会挂钩，无助于达尔富尔问题的解决，也有违体育非政治化的奥林匹克精神。

2月16日 布什表示将按原计划出席北京奥运会 美国总统布什14日在接受英国广播公司专访时说，他将按原计划出席北京奥运会。针对国外一些人别有用心地要求把达尔富尔问题与奥运会挂钩，甚至鼓动抵制北京奥运会，布什说，“我将参加奥运会。奥运会在我看来是一个体育事件”，他不会利用奥运会公开谈论政治问题。

2月17日 不应由国际奥委会来解决全球问题 国际奥委会主席罗格15日在接受法国电视24台采访时说，国际奥委会是体育组织，不是政治组织，不应由它来扮演政治角色解决全球问题。罗格在采访中说，他不担心北京奥运会遭到抵制，“因为抵制行动只会让抵制者受到惩罚”。个别人的缺席“无损于奥运会的质量，北京奥运会比个人强大多了”。

2月18日 外交部发言人答记者问 外交部发言人刘建超17日就美国拟击毁即将坠落失控卫星一事回答了记者提问。刘建超说，中国政府高度关注事态发展，已经要求美方切实履行国际义务，避免有关行动对外空安全和有关国家造成损害。中国有关部门正在密切跟踪情况，研究采取相应防范措施。

2月19日 外交部发言人答记者问 交部发言人刘建超18日就台湾可能“承认”科索沃独立事答记者问时表示，台湾是中国的一部分，根本没有权利和资格进行所谓“承认”。

2月20日 外交部举行例行记者会 外交部发言人刘建超19日下午主持例行记者会，发布消息并回答了中外记者的提问。刘建超在回答有关科索沃单方面宣布独立的问题时表示，自1999年以来在科索沃的国际存在，包括其组成和任务，均由联合国安理会授权并核准。除非安理会另有决定应予以遵守，安理会第1244号决议目前仍然是解决科索沃地位问题的政治基础和法律依据。刘建超说，在安理会通过新的决议之前，任何解决科索沃问题的努力和行动均应符合第1244号决议的有关规定。中方会继续为科索沃问题的解决发挥积极作用。

2月22日 北部湾经济区开放开发纳入国家战略 国家于近日批准实施《广西北部湾经济区发展规划》。这标志着广西北部湾经济区的开放开发正式纳入国家战略，并作为我国第一个“重要国际区域经济合作区”全面拉开建设开发序幕，将在促进我国东中西地区良性互动发展和促进中国—东盟自由贸易区建设中发挥重要作用。

外交部举行例行记者会 外交部发言人刘建超21日下午主持例行记者会，发布消息并回答了中外记者的提问。刘建超在回答有关美国发射导弹击中失控卫星一事时说，中方正在继续密切跟踪美方此举可能对外空安全以及其他国家所造成的损害。中方要求美方切实履行国际义务，及时迅速地向国际社会提供必要的情况和相关数据，以便世界有关国家采取防范措施。美国东部时间20日22时26分（北京时间21日11时26分），美国海军从其位于太平洋北部海域的一艘巡洋舰上发射了一枚导弹，成功击中一颗失去控制的美国间谍卫星。

在回答有关六方会谈的问题时，刘建超说，中国、朝鲜、韩国三方于21日在北京举行协调会，进一步讨论在六方会谈框架内中韩向朝鲜提供相应经济、能源援助的事宜。中国外交部朝鲜半岛事务特使陈乃清率外交部、商务部官员组成的代表团参加这次会议。

2月23日 中俄签署两国2008年磋商计划 中国驻俄罗斯大使刘古昌21日在莫斯科出席《1999—2007年俄中文件汇编》首发式，并与俄罗斯第一副外长杰尼索夫代表两国外交部共同签署2008年磋商计划。

2月24日 中日第八轮战略对话在京举行 第八轮中日战略对话22日至23日在北京举行，外交部副部长王毅和日本外务省外务审议官薮中三十二分别率团参加。双方侧重就增进战略互信交换了意见，取得了有益成果。

2月27日 外交部举行例行记者会 外交部发言人刘建超26日下午主持例行记者会。在回答有关提问时，刘建超说，中方对改善中梵关系一直抱有诚意，始终坚持两个基本原则，即梵方必须断绝同台湾的所谓“外交关系”，不得干涉中国内政，包括不以宗教事务为名干涉中国的内部事务。我们愿意在此基础上继续同梵方探索改善关系的途径。他说，中梵之间是有接触的，我们愿意继续与梵方开展建设性的对话。

2月28日 大陆在医疗、教育、农业等领域再次推出惠台措施 国务院台湾事务办公室2月27日举行例行新闻发布会，有关部门再次公布了多项惠台措施。主要有：台湾地区永久居民同时具备三个条件可申请大陆医师资格；台胞子女在入学、入园和升学的条件、收费等方面均享受与当地大陆学生同等待遇；大陆将在福建、广东、湖北、江苏新设4个台湾农民创业园。

2月29日 外交部举行例行记者会 外交部发言人刘建超28日下午主持例行记者会回答了中外记者的提问。在回答六方会谈有关问题时，刘建超表示，六方会谈的有关各方都在努力履行自己的承诺，推进六方会谈的进程。目前确实出现了一些困难和问题，有关工作一定程度上被推迟了，但我们认为六方会谈仍在朝着实现朝鲜半岛无核化的目标迈进并取得重要进展。各方对此也持乐观态度，表示愿意继续履行各自承诺，推动六方会谈进程。中方作为六方会谈主席国，愿意继续在六方会谈进程中发挥自己积极的建设性作用。

奥运城市各显神通携手共保平安奥运　安全问题是历届奥运会的重中之重，从慕尼黑的人质事件到亚特兰大的爆炸案，安全牵动着历届奥运会举办城市的神经。在奥运会即将来临之际，主办城市北京和其他协办城市结合各自特点采取一系列安保措施，确保奥运会安全举行。

3月1日　外交部发言人答记者问　外交部发言人秦刚29日就美国会众院外委会通过涉台决议案回答了记者的提问。有记者问：据报道，美国会众院外委会2月27日通过了“支持台湾民主选举”决议案。中方对此有何评论？秦刚回答：美国会众院外委会不顾中方交涉，执意通过所谓“支持台湾民主选举”决议案，违反了美国政府的一个中国政策，向陈水扁当局发出了错误信号。中方对此表示坚决反对。中方要求美国会认清当前台海局势的复杂性和敏感性以及陈水扁当局的“台独”分裂本质，采取措施消除上述决议案的负面影响，停止向“台独”分裂势力发出任何错误信号。

中国—欧盟海运协定3月1日生效　中国与欧盟在交通领域的首个双边协定《中国—欧盟海运协定》缔结，于今年3月1日起正式生效，将为每年逾3000亿美元的双边货物贸易营造更安全高效的海运环境。

3月2日　中日科技合作会议确定百余合作项目　第十二届中日科学技术合作联合委员会27日至28日在东京举行会议。双方确定了106个政府间合作项目，与上一届联委会相比有大幅提高。两国众多政府部门派员参加了此次会议。中国代表团成员来自科技部、卫生部、水利部、农业部、环保总局、气象局、中科院等。日本代表团成员来自外务省、文部科学省等11个省厅。

3月3日　洛杉矶举行中国经济研讨会　美国加州大学洛杉矶分校安德森商学院2月29日举行了题为“增长引擎：中国与加州联系”的研讨会，探讨中国经济发展未来和如何加强美中特别是加州与中国的关系。

3月4日　中国和卡塔尔签署能源合作备忘录　中国国家发展和改革委员会和卡塔尔能源部2日在多哈签署了关于加强两国能源合作的备忘录。

3月5日　牢牢把握两岸关系和平发展的主题，为两岸同胞谋福祉为台海地区谋和平　中共中央总书记、国家主席、中央军委主席胡锦涛4日下午看望了参加全国政协十一届一次会议民革、台盟、台联委员，并参加联组会，听取委员们的意见和建议。他强调，要牢牢把握两岸关系和平发展的主题，真诚为两岸同胞谋福祉、为台海地区谋和平，维护国家主权和领土完整，维护中华民族根本利益。

外交部发言人答记者问　外交部发言人秦刚4日表示，中方坚决反对美国国防部日前发表的“中国军事力量年度报告”，并已向美方提出严正交涉。秦刚在就美国国防部日前发表的2008年度“中国军事力量年度报告”答问时说，美方的这个报告宣扬“中国军事威胁论”，严重歪曲事实，干涉中国内政，违反国际关系准则。秦刚说，中国始终不渝走和平发展道路，奉行防御性国防政策，是维护亚太乃至世界和平与稳定的坚定力量，不对任何国家构成威胁。我们要求美方摒弃冷战思维，正确认识中国和中国的发展，纠正发表“中国军力报告”的错误做法，以实际行动致力于增进中美互信和两国建设性合作。他说，我们要求美方恪守坚持一个中国政策、中美三个联合公报和反对“台独”的承诺，停止售台武器和美台军事联系，停止向“台独”分裂势力发出任何错误信号，与中方一道维护台海和平稳定和中美关系大局。

3月7日　外交部举行例行记者会　外交部发言人秦刚6日下午主持例行记者会，发布消息并回答了中外记者的提问。秦刚在回答有关提问时表示，中国政府一贯高度重视食品安全，采取的是对中外消费者都高度负责任的态度。对于在日本发生的“饺子中毒”事件，中方高度关切，中国政府的主管部门已采取一切必要措施，开展认真负责的调查，并已适时公布了初步调查结果。为查明真相，中方的调查工作还将继续进行下去。秦刚强调，这是一起跨境食品安全问题，解决问题离不开中日双方的合作。希望双方主管部门，特别是警方，继续加强沟通、密切合作，切实本着冷静、客观、公开、科学的态度开展协作调查，尽快查明事件真相，向两国人民给出负责任的交代。在此之前不应单方面发表结论。他还表示，为了从制度上保障双方今后遇到此类问题后开展更及时、有效的合作，中方愿尽早与日方建立两国食品安全合作的长效机制。

3月8日 胡锦涛有关两岸关系讲话在岛内引起热烈反响 中共中央总书记、国家主席、中央军委主席胡锦涛3月4日有关两岸关系讲话，在台湾受到高度关注，引起热烈反响。岛内舆论认为，胡锦涛的讲话理性务实，再次充分展示大陆方面对台湾同胞的善意和诚意，必将对两岸关系和平发展产生积极影响。

3月10日 中国充分发挥“议会外交”优势 十一届全国人大一次会议召开之际，全国人大代表、全国人大常委会副秘书长曹卫洲回顾和展望了全国人大对外交往工作。目前，全国人大与10多个国家的议会实现了机制化交流，与178个国家建立了议会之间的联系，保持不同形式的交往，成为12个国际议会组织的成员和3个地区议会组织的观察员，访华的外国议会代表团五年来超过400个，来访议员和议员助手超过4000人次，与外国议会对等成立了98个友好小组。

3月11日 《地质勘查资质管理条例》7月1日起施行 国务院总理温家宝3月3日签署第520号国务院令，公布《地质勘查资质管理条例》。这一条例将自2008年7月1日起施行。

3月12日 国际社会应形成合力坚决打击恐怖主义 外交部发言人秦刚11日在例行记者会上说，在对待恐怖主义问题上，国际社会应该用同一个声音，形成合力来予以坚决打击。在回答记者关于有人权组织妄称中国政府夸大在新疆的恐怖威胁的提问时，秦刚强调，恐怖主义是国际社会的公敌。“东突厥斯坦伊斯兰运动”（“东伊运”）是被联合国认定的恐怖组织之一。秦刚同时指出，不能把打击恐怖主义和特定的民族宗教挂钩。这些从事和参与恐怖主义行动的人代表不了广大维吾尔族群众。广大维吾尔族同胞和全国人民一样，是热爱和平的，是坚决反对宗教极端势力和分裂势力的。

3月13日 外交部部长杨洁篪就中国对外政策和对外关系答中外记者问 十一届全国人大一次会议12日上午在人民大会堂举行记者招待会。应大会新闻发言人姜恩柱邀请，外交部部长杨洁篪就中国的对外政策和对外关系回答中外记者的提问。

中国坚决反对任何国家借人权问题干涉别国内政　外交部发言人秦刚12日就美国国务院近日发表的《2007年度国别人权报告》回答记者提问时表示，中国坚决反对任何国家借人权问题干涉别国内政。美国务院发表所谓《2007年度国别人权报告》，其涉华部分继续歪曲事实，无端攻击中国人权状况，对中国民族、宗教和司法制度等说三道四，这种做法是十分错误的，其图谋是不会得逞的。我们奉劝美方不要再以"人权卫士"自居，而应多关注一下美国自身的人权状况。我们要求美方停止发表所谓《国别人权报告》，停止在人权问题上搞双重标准、干涉别国内政的错误做法。

3月14日　《武器装备科研生产许可管理条例》4月1日起施行　国务院总理温家宝、中央军委主席胡锦涛13日签署第521号国务院、中央军委令，公布《武器装备科研生产许可管理条例》。

外交部举行例行记者会　外交部发言人秦刚13日下午主持例行记者会，发布消息并回答了中外记者的提问。在回答有关问题时，秦刚表示，中方在东海问题上的立场和主张有充分的国际法依据。同时，根据《联合国海洋法公约》有关规定，中日双方应首先通过谈判协商解决有关分歧。目前中日双方都认为，应从两国关系大局出发，积极探讨"搁置争议，共同开发"问题，这对双方都有利。

2007年美国的人权纪录　国务院新闻办公室2008年3月13日发表《2007年美国的人权纪录》指出，2008年3月11日，美国国务院发表《2007年国别人权报告》，再次对包括中国在内的世界190多个国家和地区的人权状况进行指责，却仍然对自身的人权问题只字不提。为了让世界人民了解美国真实的人权状况，敦促美国反思其所作所为，我们特发表《2007年美国的人权纪录》。

3月15日　中俄两国国防部建立直通电话　中华人民共和国国防部和俄罗斯联邦国防部14日正式建立直通电话。中华人民共和国中央军委副主席、国务委员兼国防部长曹刚川上将与俄罗斯联邦国防部长谢尔久科夫通过两国国防部直通电话进行了首次通话。

外交部发言人答记者问　外交部发言人秦刚14日在回答记者提问时表示，中国政府在武器出口方面历来采取十分慎重的态度，一贯严格遵守联合国安理会决议，从不向受到安理会武器禁运的国家或地区出口武器。中国向苏丹出口的常规武器数量十分有限，仅占苏丹军品进口的一小部分。有关组织的报告是毫无根据和别有用心的。

3月16日 “中日青少年友好交流年”隆重开幕 3月15日下午，“中日青少年友好交流年”活动在中国人民大学隆重开幕。国家主席胡锦涛出席有关活动，国务院总理温家宝、日本首相福田康夫分别发来贺词。

3月17日 达赖集团破坏西藏社会稳定注定要失败 新华社记者撰文指出，西藏自治区首府拉萨市极少数人进行打、砸、抢、烧等破坏活动，扰乱社会秩序，危害人民群众生命财产安全。自治区有关部门依法采取有效措施妥善处置，维护西藏社会稳定，维护法律尊严，维护最广大人民群众的根本利益。目前局势已基本平稳。

3月18日 外交部发言人答记者问 外交部发言人刘建超17日在回答记者提问时表示，拉萨市发生的打砸抢烧严重暴力犯罪事件，是由达赖集团有组织、有预谋，精心策划和煽动，境内外“藏独”分裂势力相互勾结制造的。他呼吁有关国家尊重事实，明辨是非。

国际社会反对台湾当局推动“入联公投” 上海合作组织17日发表声明说，上海合作组织各成员国对陈水扁当局企图于2008年3月22日举行台湾“入联公投”表示反对。这一行径违背《联合国宪章》有关规定，将导致台湾海峡地区局势紧张，威胁地区稳定、千百万人民的福祉与安全。上海合作组织成员国认为，台湾是中国不可分割的一部分。各成员国将始终支持中华人民共和国政府在台湾问题上的立场，坚决反对台湾以任何形式谋求“独立”，认为台湾加入联合国以及其他国际组织的企图将是徒劳的和危险的。

3月19日 外交部发言人答记者问 外交部发言人秦刚18日就欧盟发表有关西藏形势的主席国声明答记者问时表示，希望欧盟尊重事实，明辨是非，与国际社会一道，共同制止达赖集团的暴力犯罪行径。秦刚说，我们注意到欧盟就西藏形势发表的主席国声明。中方已多次向欧盟及其成员国通报了拉萨发生的打砸抢烧严重暴力犯罪事件真相，以及西藏自治区有关部门依法予以处置的有关情况。这一事件是由达赖集团有组织、有预谋、精心策划和煽动，境内外“藏独”分裂势力相互勾结制造的，再次暴露了达赖集团的分裂本质及所宣称的“和平”、“非暴力”的虚伪性和欺骗性，是对基本人权和自由原则的严重践踏。

3月21日 外交部举行例行记者会 外交部发言人秦刚20日主持例行记者会，回答了中外记者的提问。在回答记者有关提问时，秦刚表示，中央政府与达赖对话的立场是一贯和明确的，没有改变。“达赖必须放弃所谓‘西藏独立’的立场，彻底停止一切分裂祖国的活动，承认西藏是中国的一部分，承认台湾是中国的一部分。”

拉萨近170名参与打砸抢烧事件人员投案自首 据西藏自治区有关部门介绍，截至19日22时，拉萨已有近170名参与打砸抢烧事件人员投案自首。自首的人员多为不明真相的普通群众，他们有的是被少数不法分子煽动，有的是被不法分子胁迫参与的。14日在拉萨发生了打砸抢烧严重暴力事件，给人民群众生命财产造成巨大损失。目前，拉萨社会形势更趋稳定，群众生产生活基本恢复正常。

一些国家政府支持中方依法处置拉萨打砸抢烧严重暴力犯罪事件 近日，一些国家政府纷纷就拉萨近期发生的打砸抢烧严重暴力犯罪事件公开表示，支持中国政府依法处置暴力事件，反对“藏独”分裂活动，反对将北京奥运会政治化。

3月22日 一些国家政府反对台湾当局推动“入联公投”法国、西班牙、葡萄牙、阿根廷政府20日分别重申坚持一个中国的立场，表示反对台湾当局推动“入联公投”。

中国驻外外交和领事机构遭“藏独”分子暴力冲击 3月10日以来，中国驻美国、英国、法国、荷兰、比利时、奥地利、印度使馆，驻纽约、芝加哥、多伦多、卡尔加里、法兰克福、慕尼黑、苏黎世、悉尼总领馆，驻欧盟使团和常驻世界贸易组织代表团共17个外交和领事机构接连遭到境外“藏独”分子的暴力冲击。一些“藏独”分子打着达赖的旗子，违反国际法和驻在国法律，以暴力手段冲击中国驻外机构，严重干扰了中国外交和领事机构的工作秩序，损害了中国驻外机构的尊严，威胁了中国外交人员的人身安全。中国外交部予以强烈谴责，驻在国表示将加强保护措施。

3月23日 陈水扁当局“入联公投”遭台湾民众否定 陈水扁当局不顾海内外强烈反对而执意推动的所谓“入联公投”于22日举行，因投票人数未达总投票权人数的一半，投票率仅35.8%，公投未获通过。公投结果说明，“台独”不得人心。同时举办的由国民党所提出的“返联公投”投票率仅35.7%，同样因投票人数不足而未获通过。

台湾地区领导人选举结束　台湾地区领导人选举22日举行了投票。中国国民党籍候选人马英九、萧万长获胜，得票765.87万张，得票率为58.45%；民进党籍候选人谢长廷、苏贞昌得票544.52万张，得票率为41.55%。

印方已向中方澄清没有会见达赖的安排　外交部发言人秦刚22日就有关印度副总统安萨里拟会见达赖的传闻答记者问时表示，印方已作出澄清，没有这一安排。秦刚说，印方已就有关传闻向中方作出澄清，没有这一安排。印方并表示，印度在西藏问题上的立场是明确和一贯的，今后也不会改变。

3月24日　搞“台独”不得人心 期盼为两岸和平发展共同努力　国务院台湾事务办公室发言人李维一22日晚发表谈话表示，“台独”分裂势力搞“台独”是不得人心的，期盼为两岸关系和平发展共同努力。李维一是在台湾地区领导人选举和“入联公投”的结果揭晓后接受媒体采访时作上述表示的。李维一说：我们注意到了台湾地区领导人选举的结果。陈水扁当局推动的所谓以台湾名义加入联合国的公投遭到失败，再次说明“台独”分裂势力搞“台独”是不得人心的。李维一指出：两岸关系和平发展是两岸同胞的共同愿望和期待，大家要共同为此而努力。

外交部发言人答记者问　外交部发言人秦刚23日就美国国务院称观看北京奥运的美国观众可能会受监控的说法回答记者提问时说，在中国公共场所以及旅店和写字楼等设施，没有超出国际普遍采用的安全措施的特殊安排。在中国，个人隐私依法受到保障，外国游客不必担心。美国务院领事事务局在其发布指南中的有关说法是不负责任的。

3月25日　北京奥运圣火成功采集　3月24日，第二十九届北京夏季奥运会圣火采集仪式在希腊古奥林匹亚遗址隆重举行。希腊总统帕普利亚斯，希腊总理卡拉曼利斯，国际奥委会主席罗格，希腊奥委会主席克里亚库，奥林匹亚市市长艾东尼斯，中共中央政治局委员、北京市委书记、北京奥组委主席刘淇等出席仪式。圣火将于3月31日抵达北京。

3月26日 外交部举行例行记者会 外交部发言人秦刚25日主持例行记者会，回答了中外记者的提问。有记者问：英国《泰晤士报》记者近日在文章中称，中国举办北京奥运会的目的和1936年德国举办奥运会的目的一样，是为了自吹自擂。发言人对此有何评论？秦刚说，北京奥运会是世界人民的体育盛会。各国人民都真诚希望通过奥运会，增进相互之间的了解、友谊和合作。《泰晤士报》把北京奥运会与1936年的德国奥运会相提并论，是对中国人民的侮辱，也是对世界各国人民的侮辱。他说，奥运圣火象征着人类的美好愿望和追求，也映照出了一些人阴暗和卑劣的心理，使世人看清了他们的真实面目。我们相信，在世界人民的共同努力下，北京奥运会一定会取得成功。

在回答有关奥运火炬传递受到“干扰”的问题时，秦刚说，任何干扰和破坏奥运火炬传递的行为，都是可耻的，都是不得人心的。那些干扰奥运火炬传递的破坏捣乱分子应该感到“羞愧”，他们在世人面前充分暴露了违背奥林匹克精神、违背世界各国人民共同愿望的行径。他说，中方相信，世界各国人民欢迎奥运火炬，支持北京奥运火炬顺利传递，支持北京奥运会成功举办，相信火炬传递途经国有关部门能确保奥运火炬传递顺利进行。秦刚说，西藏各族人民翘首企盼奥运圣火在西藏境内传递，我们相信，在西藏的火炬传递一定会受到西藏各族人民的欢迎，也会顺利进行。奥运火炬登顶珠峰的计划和安排没有变化。

3月27日 外交部发言人答记者问 外交部发言人秦刚26日就法国总统萨科齐有关奥运会言论回答了记者的提问。有记者问：据报道，法国总统萨科齐25日在被记者问及是否会抵制北京奥运会时称，目前不排除任何选项。中方对此有何评论？秦刚表示，2008年北京奥运会不仅是全体中国人民的盛事，也是全世界人民的盛事。我们希望通过北京奥运会增进同世界各国人民之间的了解、友谊和合作。我们要秉承奥运宗旨，不能把奥运会政治化。我们相信，在世界各国人民的支持下，北京奥运会一定能取得成功。

外交部发言人答记者问 外交部发言人秦刚26日就法国外交部官员有关西藏问题言论回答了记者提问。有记者问：法国外长库什内25日称，不能容忍中国对西藏的“镇压”。法国外交部负责外交与人权事务的国务秘书亚德称，如果达赖访法，她会毫不犹豫地会见达赖。中方对此有何评论？秦刚说，拉萨事件是一起达赖集团精心策划、蓄意挑起的分裂主义暴力行径。中国政府依法采取行动，使拉萨等地的秩序恢复了正常。任何持客观、公正态度的国家都应理解并支持中方为保持社会稳定、保护人民生命财产安全采取的必要和正当措施。事实上，已经有100多个国家的政府表明了这一正确立场。这表明国际社会是站在我们这一边的，而不是站在达赖集团和暴力分子那一边。

中方对美国防部误运导弹头锥至台湾表示严重关切和强烈不满　外交部发言人秦刚26日就美国防部误运导弹头锥至台湾答记者问。有记者问：据报道，美国防部表示，4枚弹道导弹头锥于2006年秋天被美国防部后勤局误运至台湾，目前美方正在运回这批导弹头锥。中方对此有何评论？秦刚说，我们对此表示严重关切和强烈不满，已向美方提出严正交涉，要求美方彻底调查此事，及时向中方如实通报详细情况并消除由此产生的消极影响和恶果。秦刚说，我们再次敦促美方恪守在中美“八一七”公报中向中方作出的严肃承诺，停止售台武器和美台军事联系，以免损害台海和平稳定和中美关系健康稳定发展。

3月28日　希望美方恪守在台湾问题上的承诺　外交部发言人秦刚27日在例行记者会上表示，中方希望美方恪守坚持一个中国政策、遵守中美三个联合公报、反对“台独”、反对台湾加入其他只有主权国家才能参加的国际组织的承诺。秦刚是在回答记者关于中方如何看待美国国务院一名官员表示期待改善美国和台湾关系并希望中方减少对台军力部署的问题时作上述表示的。

3月29日　中越开通国际信息高速公路　3月27日，中越双方在南宁举行开通仪式，庆祝中国网通集团和越南最大的国际运营商VTI共同建设的中越国际陆缆传输系统工程顺利竣工。该系统的开通，为中国与东盟开辟了一条新的国际信息高速公路，有利于推动中国—东盟自由贸易区建设。

达赖集团“中间道路”的真正用意就是要“西藏独立”　3月14日，拉萨发生的令世人震惊的打砸抢烧暴力事件，让人看到了达赖集团妄图分裂祖国的本质。长期以来，达赖集团采用的都是两面手法：一方面由达赖出面到世界各地宣扬“中间道路”、“非暴力”；另一方面由激进的“藏青会”等出面四处煽风点火，鼓动“藏独”分子用暴力手段制造事端。两种手法，一个目的，就是图谋“西藏独立”。

3月30日 中越加快推进跨境交通合作 随着泛北部湾经济合作不断深入，广西与越南的跨境交通合作正在快速推进。目前，南宁至友谊关高速公路已建成通车，广西与越南已开通10条跨境运输线路，防城港至东兴高速公路、中越东兴北仑河二桥、龙州水口河二桥前期准备工作取得较大进展。

外国驻华外交官“3·14”事件后访问拉萨 15名外国驻华外交官28日至29日访问了拉萨，实地考察在“3·14”打砸抢烧严重暴力事件中被烧毁的商铺、学校，探视受伤的武警战士、公安干警、医生和群众，并与西藏自治区政府主席向巴平措、大昭寺僧侣、财产受损的汉藏群众以及宗教界、学术界代表等西藏各界人士进行广泛接触和座谈。

3月31日 坚持爱国爱教立场维护社会安宁稳定 在四川佛教界人士近日召开的维护藏区稳定座谈会上，来自四川省阿坝藏族羌族自治州的壤塘县藏洼寺寺管会副主任甲央罗周表示，发生在西藏及四川藏区个别地方的暴力犯罪事件不仅伤害了很多无辜民众，很多受蒙蔽的僧人也非常后悔，后悔这样的行为葬送了他们的今生和来世。我们一定要擦亮眼睛，看清事实，增长智慧和慈悲，不违背自己的信仰和誓言，反对分裂，维护稳定。

4月1日 温家宝出席大湄公河次区域经济合作领导人会议 大湄公河次区域经济合作（GMS）第三次领导人会议31日在老挝万象举行，中国国务院总理温家宝、柬埔寨首相洪森、老挝总理波松、缅甸总理登盛、泰国总理沙马、越南总理阮晋勇出席了会议。在友好、务实和建设性的气氛中，各国领导人围绕加强联系性、提升竞争力、增强大家庭意识的主题深入交换意见，达成广泛共识。温家宝在会上发表了题为《合作的纽带 共同的家园》的讲话。大湄公河次区域经济合作六国领导人31日在老挝首都万象签署了《领导人宣言》。

北京2008年奥运会圣火欢迎仪式暨火炬接力启动仪式在京隆重举行 点燃奥运激情，传递人类梦想。象征着和平、友谊、希望的奥林匹克圣火，31日上午抵达第29届奥林匹克运动会主办城市中国首都北京。北京2008年奥运会圣火欢迎仪式暨火炬接力启动仪式随即在天安门广场隆重举行。中共中央总书记、国家主席胡锦涛在仪式上亲手点燃圣火盆，并宣布北京2008年奥运会火炬接力开始。

4月2日 警方在西藏等地部分寺庙中缴获大量进攻性武器 安部新闻发言人武和平1日在新闻发布会上说，近日警方根据僧人和群众的举报，在西藏等地部分寺庙里缴获大量进攻性武器。有充分证据证明，拉萨“3·14”打砸抢烧严重暴力犯罪事件是达赖集团组织的“西藏人民大起义运动”的一部分。

通报“3·14”事件最新侦破案件情况 公安部4月1日下午召开新闻发布会，通报拉萨“3·14”打砸抢烧严重暴力犯罪事件最新侦破案件及有关受害人情况。

4月4日 外交部发言人答记者问 外交部发言人姜瑜3日在答记者问时说，中方对美国国会众议长佩洛西就北京奥运会发表声明表示严重关切和强烈不满。有记者问：据报道，美国会众议长佩洛西日前发表声明，表示不主张抵制北京奥运会，但称国际奥委会将2008年夏季奥运会举办权授予中国是一个错误，她支持个人和团体在下个月奥运火炬传递到旧金山时对中国政府的行动公开表达自己的看法。请问中方对此有何评论？她说，将2008年夏季奥运会举办权授予北京是国际奥委会作出的郑重决定，代表了包括美国在内的世界各国人民的普遍期盼。确保旧金山火炬传递活动顺利成功是中美两国人民的共同心愿，符合中美双方共同利益。我们敦促有关美国政界人士尊重奥林匹克运动的精神和原则，在奥运会和火炬传递问题上采取负责任的态度，不要做违背民意、干扰破坏奥运会和火炬传递活动的事。

外交部发言人答记者问 外交部发言人姜瑜3日就报道称中国向国际原子能机构提供伊朗核武情报答问时说，有关报道的说法完全是无中生有，别有用心。

4月5日 中华人民共和国水污染防治法 中华人民共和国主席令第八十七号：《中华人民共和国水污染防治法》已由中华人民共和国第十届全国人民代表大会常务委员会第三十二次会议于2008年2月28日修订通

过，现将修订后的《中华人民共和国水污染防治法》公布，自2008年6月1日起施行。

4月7日 伦敦警方逮捕极少数破坏奥运圣火传递的“藏独”分子 英国伦敦警方6日逮捕了极少数企图干扰破坏奥运圣火传递的“藏独”分子。对于“藏独”分子破坏奥运圣火传递的恶劣行径，许多当地民众表示十分愤慨，北京奥组委有关发言人予以强烈谴责。

4月8日 外交部发言人答记者问 外交部发言人姜瑜7日就“藏独”分裂势力干扰破坏奥运火炬在伦敦、巴黎传递答记者问时表示，中方对“藏独”分裂势力蓄意干扰破坏奥运火炬传递予以强烈谴责。

外交部发言人作出澄清 外交部发言人姜瑜7日就外电报道奥运火炬在巴黎传递过程中被迫熄灭一事作出澄清，表示外电关于北京奥运火炬在巴黎传递的过程中被迫熄灭的报道不属实。姜瑜说，为了维护火炬安全和尊严，并考虑到现场实际情况，火炬在传递过程中暂时改变了传递方式。现在火炬已按计划安全完成在巴黎的传递。

4月10日 全世界205个国家和地区奥委会将全部参加北京奥运会 国际奥协主席拉涅亚9日表示，全世界205个国家和地区奥委会都将参加北京奥运会。这意味着，北京奥运会将成为历史上参赛国家和地区最多的一届奥运会。

六方会谈各方在北京举行会晤 中国外交部副部长武大伟9日在京分别会见了朝鲜副外相金桂冠、美国助理国务卿希尔、韩国六方会谈团长千英宇、日本六方会谈团长斋木昭隆和俄罗斯驻华大使拉佐夫，就进一步推进六方会谈进程交换了意见。各方积极评价六方会谈取得的进展，一致认为推进六方会谈进程符合各方共同利益。各方同意共同努力争取尽快全面均衡落实第二阶段行动，推动六方会谈进入新阶段。

4月11日 中美两国国防部长进行首次通话 国务委员兼国防部长梁光烈上将10日与美国国防部长盖茨通过两国国防部直通电话进行了首次通话。梁光烈指出，建立中美国防部直通电话，是两国国家和军队领导人从战略高度和长远利益出发做出的一项重大决策，也是中美两军加强务实合作的实际举措。希望双方利用好这种交流方式，使其为发展中美两军关系、维护地区和世界和平发挥应有作用。盖茨重申了美国政府在台湾问题上的原则与立场，表示美将继续坚持一个中国政策。

中方对美国国会众议院通过涉藏反华决议案表示强烈愤慨和坚决反对　外交部发言人姜瑜11日就美国国会众议院通过涉藏反华决议案发表谈话时表示，该决议案肆意歪曲西藏的历史和现实，粗暴干涉中国内政，中方对此表示强烈愤慨和坚决反对。

中方对欧洲议会通过涉藏决议表示坚决反对和强烈愤慨　外交部发言人姜瑜11日在答记者问时表示，中方对欧洲议会通过涉藏决议表示坚决反对和强烈愤慨。

4月13日　全国人大外事委员会负责人发表谈话　全国人大外事委员会负责人12日就美国会众议院通过涉藏反华决议案发表谈话指出，4月9日，美国会众议院不顾中方强烈反对和严正交涉，通过了众议长佩洛西提出的涉藏反华决议案。该案罔顾事实，置中美关系大局于不顾，对中国西藏自治区政府依法处理拉萨严重暴力犯罪事件进行无端指责，粗暴干涉中国内政，严重伤害中国人民的感情，我们对此表示极大愤慨和坚决反对。

4月14日　"台湾经济与两岸经贸展望"圆桌会议举行　博鳌亚洲论坛2008年年会所举办的"台湾经济与两岸经贸展望"圆桌会议于13日在海南省博鳌举行，台湾两岸共同市场基金会董事长萧万长和商务部部长陈德铭共同主持会议，两岸企业界、学术界的30多名代表在会上交流了各自对两岸经贸关系现状的观感，并提出了改善、发展两岸经贸关系的具体建议。

4月16日　外交部发言人表示强烈谴责　外交部发言人姜瑜15日就美国有线电视新闻网（CNN）节目主持人卡弗蒂发表攻击中国的言论答记者问时表示，中方对此表示震惊和强烈谴责。有记者问：近日，美国有线电视新闻网（CNN）在转播北京奥运火炬在旧金山传递时，主持人卡弗蒂发表攻击中国的言论，妄称"中国产品是垃圾"，"在过去50年里中国人基本上一直是一帮暴民和匪徒"，中方对此有何评论？姜瑜回答：我们对CNN主持人卡弗蒂发表恶毒攻击中国人民的言论表示震惊和强烈谴责。卡弗蒂利用手中的话筒诋毁中国和中国人民，严重违背新闻职业道德和做人的良知，反映了他的傲慢、愚昧和对中国人民的仇视，已激起海内外中国人的愤慨，也将遭到全世界维护正义人们的谴责。我们严正要求CNN和卡弗蒂本人收回其恶劣言论，向全体中国人民道歉。

4月17日 外交部向CNN驻京分社负责人提出严正交涉 外交部新闻司司长刘建超16日晚召见美国有线电视新闻网（CNN）驻京分社负责人，就该台主持人卡弗蒂发表恶毒攻击中国人民言论事提出严正交涉。刘建超表示，4月9日，CNN主持人卡弗蒂发表恶毒攻击中国人民的言论，激起了中国人民强烈愤慨。外交部发言人已对有关言论予以强烈谴责，并严正要求CNN和卡弗蒂本人向中国人民道歉。

4月18日 深化对粮食安全问题的认识 万宝瑞在人民日报撰文指出：近年来，国内外粮食生产和消费正在发生重大变化，粮食供求关系偏紧，结构性矛盾突出，粮价总体持续上涨，引起人们的极大关注。面对国内外粮食安全形势发生的新变化，重新认识我国的粮食安全问题，对于贯彻落实中央有关精神和要求、保证经济社会平稳健康发展具有重要意义。

4月19日 中俄战略稳定磋商在京举行 外交部部长助理何亚非与俄罗斯联邦外交部副部长基斯里亚克18日在京举行战略稳定磋商。双方就当前国际安全形势、地区热点、多边军控和防扩散等问题深入交换了意见。

4月20日 法国驻华大使对奥运火炬传递遭到干扰破坏表示“遗憾”

法国驻华大使苏和18日约见了部分中方媒体记者，他对北京奥运圣火在巴黎传递时遭遇少数“藏独”分子的干扰破坏表示“遗憾”，希望有机会去拜访火炬手金晶。

4月23日 首届北京人权论坛闭幕 以“发展、安全与人权”为主题的首届北京人权论坛22日圆满结束。在本届论坛上，先后有35位来自不同国家和地区的人权官员和专家学者大会发言。通过本届论坛，与会代表形成了不少共识：发展、安全和人权是相互联系、不可分割的；实现发展、安全和普遍的人权必须尊重文明、文化和人权发展模式的多样性；强权政治和霸权主义、选择性和双重标准是妨碍发展、安全和人权的重要根源。

外交部举行例行记者会 外交部发言人姜瑜22日下午主持例行记者会，发布消息并回答了中外记者的提问。在回答记者有关“安岳江”号货船问题时，姜瑜表示，中国政府对军品出口一贯采取慎重、负责的态度，遵循不干涉接受国内政的重要原则。我们希望有关方面不要将有关问题政治化。她说，据了解，中远公司“安岳江”号货船承运了中方有关公司出售给津巴布韦的一些军品，完全属于中津两国之间的正常军品贸易。有关合同是去年签署的，与津国内最近的局势变化无关。

外交部发言人答记者问　外交部发言人姜瑜22日在例行记者会上就巴黎市议会通过有关达赖的决议回答记者提问。姜瑜说：4月21日，巴黎市议会通过授予达赖“巴黎荣誉市民”称号的决议。此举粗暴干涉中国内政，严重损害中法关系，尤其是北京与巴黎两市之间业已存在的友好合作关系。中方对此表示强烈不满和坚决反对。

4月24日　中国南非首次战略对话举行　外交部副部长张业遂23日在北京同南非外交部副部长帕哈德共同主持中国南非首次战略对话。

4月26日　首次中欧经贸高层对话在京举行　首次中欧经贸高层对话25日在人民大会堂举行，中国国务院副总理王岐山和欧盟委员会贸易委员曼德尔森共同主持。为搞好对话，中方建议：1. 着眼长远发展，深化经贸合作。2. 围绕对话主题，扩大双方共识。3. 照顾彼此关切，促进互利共赢。

全面加强国际交流合作，确保奥运会安全顺利举办　北京奥运安保国际大会25日在北京开幕。国务委员、公安部部长孟建柱代表中国政府在大会致辞时指出，经过几年来的不懈努力，奥运安保筹备工作已经就绪。确保各项赛事的安全，确保各国与会人员的安全，是中国政府做出的郑重承诺。中国政府始终将安全问题视为奥运筹备工作的重中之重。经过几年来的不懈努力，奥运安保筹备工作已经就绪，中国政府和有关部门已经做好防范和应对各种安全威胁的充分准备。

4月27日　迄今未发现中国国旗在日本海关受阻　外交部发言人姜瑜26日就网传中国国旗在日本海关受阻一事回答了记者提问，有记者问：近日国内部分网民反映，一些中国国旗在日本海关入境时受阻，请问上述情况是否属实？姜瑜说，外交部得知有关消息后高度重视，立即责成驻日本使馆核实有关情况。经驻日使馆多渠道了解核实，迄今未发现这方面情况。

4月28日　《解放西藏史》出版暨反对分裂、维护祖国统一座谈会举行　中共中央党史研究室和中共西藏自治区党委27日在京举行《解放西藏史》出版暨反对分裂、维护祖国统一座谈会。

4月30日 外交部举行例行记者会 外交部发言人姜瑜29日下午主持例行记者会，发布消息并回答了中外记者的提问。姜瑜在答记者问时表示，中方认真履行申奥承诺，奥运会各项准备工作进展顺利。姜瑜说，奥运安保工作扎实深入向前推进。奥运安保形势目前总体来看，还是平稳的。但在国际恐怖活动持续高发的形势下，北京奥运会也面临着恐怖袭击的风险。中国政府始终把奥运安保作为奥运筹备工作的重中之重，也采取了一系列有效措施加强防范和应对各种威胁，做好了各种预案和充分的准备。中国有信心做好奥运会的安保工作，同时也愿意与国际社会加强合作，共同努力，确保奥运会安全顺利举行。

5月1日 国台办举行例行记者会 国务院台湾事务办公室30日举行例行记者会，发言人李维一就近期两岸关系的有关情况回答了记者提问。有记者问，“汪辜会谈”至今已经满15周年，在新形势下，怎样认识“汪辜会谈”的历史意义和对当前两岸关系发展的影响？对此，李维一指出，1993年的4月27日到29日，汪道涵先生与辜振甫先生举行了会谈，这是自1949年以来两岸高层人士以民间名义进行首次的公开会晤。这次会晤建立了两岸制度化协商的机制，标志着两岸关系迈出了历史性的重要一步，“汪辜会谈”签署了《汪辜会谈共同协议》等四项协议，推动了两岸经贸往来和民间交流的发展。李维一表示，我们期望在“九二共识”的基础上，早日恢复“汪辜会谈”所开创的海协与海基会制度化协商谈判的机制，双方共同努力，积极改善和发展两岸关系。

5月2日 美国五洲电视台开播 美国五洲电视台5月1日在洛杉矶举行开播仪式。这是首家在美开播的、以全面介绍中国为主要内容的国际电视频道。中国驻洛杉矶总领事张云和好莱坞影视界人士百余人参加了当天的开播仪式。

5月4日 瑞士一电视台为错误报道西藏问题道歉 瑞士国家德语电视一台4月19日的《每日新闻》报道称“西藏地区警察暴力更加严重”，电视画面是尼泊尔警察制止“藏独”分子示威的镜头。此后，瑞士9个华侨华人组织联名致函《每日新闻》编辑部，指出该栏目报道“出现了令人惊异的错误”，严重损害了中国形象，并给当地华侨华人生活造成了负面影响。21日，胡格复函瑞士华侨华人组织，承认所“反映的情况属实，我们编辑部这里出现了明显错误”。他解释说，负责此条新闻的编辑“无意中”将尼泊尔警察错误地描述成中国警察。胡格说，他对此错误表示道歉。

5月5日 第八届中日韩财长会议举行 第八届中、日、韩三国财政部长会议4日在西班牙首都马德里举行。会议讨论了东亚宏观经济形势和加强东亚财经合作等问题。中国财政部部长谢旭人率中国代表团参加了会议。中日韩财长重申，各国在2008年要继续进行适当的宏观经济和金融政策协调，以进一步推动东亚地区的经贸合作。中国财政部副部长李勇4日在亚洲开发银行年会上表示，亚行应当给予其发展中成员更多发言权。

5月7日 奉劝美国国际宗教自由委员会停止利用宗教问题干涉中国内政 外交部发言人秦刚6日在回答记者提问时表示，美国所谓国际宗教自由委员会的年度报告对包括中国在内的一些发展中国家的宗教状况妄加评论，对中国宗教和民族政策进行蓄意攻击，粗暴干涉中国内政。这反映出该委员会对中国的一贯偏见，中方对此表示坚决反对。

5月8日 中日关于全面推进战略互惠关系的联合声明 应日本国政府邀请，中华人民共和国主席胡锦涛于2008年5月6日至10日对日本国进行国事访问。访问期间，胡锦涛主席会见了明仁天皇，并同福田康夫内阁总理大臣举行会谈，就全面推进战略互惠关系达成广泛共识。双方发表了《中日关于全面推进战略互惠关系的联合声明》。

5月9日 我驻塞大使馆举行新馆奠基仪式 中国驻塞尔维亚大使馆7日在贝尔格莱德举行新馆奠基仪式。当天早些时候，中国驻塞尔维亚大使馆为9年前在北约轰炸中牺牲的邵云环等3位中国烈士举行了悼念活动。1999年5月7日深夜，参与北约轰炸南联盟行动的美国用导弹袭击了中国驻南斯拉夫联盟大使馆，造成馆舍严重毁坏，邵云环、许杏虎和朱颖3位新闻工作者不幸牺牲，20多名使馆工作人员受伤。南联盟于2003年2月改名为塞尔维亚和黑山。2006年6月，黑山共和国宣布独立，塞尔维亚共和国宣布继承塞黑的国际法主体地位。

5月10日 外交部发言人答记者问 外交部发言人秦刚9日就中奥关系回答了记者的提问。有记者问：去年9月奥地利总理古森鲍尔会见达赖后，中奥关系遇到困难。据了解，古森鲍尔总理日前会见了中国驻奥大使。能否介绍一下会见情况？秦刚说，5月2日，奥地利总理古森鲍尔在总理府会见了中国驻奥地利大使吴恳。古森鲍尔总理在会见时表示，奥地利重视发展对华关系，坚持一个中国原则，承认台湾和西藏都是中国领土的一部分。古森鲍尔总理表示，奥中关系有着良好传统和巨大潜力，希望两国关系能得到进一步加强和深化。我们对古森鲍尔总理的上述表态表示赞赏。

5月12日 让中国的大飞机翱翔蓝天 温家宝在《人民日报》（2008年5月12日第02版）撰文：大型飞机重大专项已经立项了，中国人要用自己的双手和智慧制造有国际竞争力的大飞机。让中国的大飞机飞上蓝天，既是国家的意志，也是全国人民的意志。我们一定要把这件事情做成功，实现几代人的梦想。这不仅是航空工业的需要，更是建设创新型国家的需要。大飞机研制会带动一批重大领域科技水平提升，将使中国整个客机制造业向更高领域迈进。

5月13日 四川省汶川县发生8.0级地震 北京时间5月12日14时28分，在四川省汶川县（北纬31度，东经103.4度）发生8.0级地震。地震发生后，中共中央总书记胡锦涛立即作出重要指示，要求尽快抢救伤员，确保灾区人民群众生命安全。国务院总理温家宝已赴四川地震灾区，现场指挥抗震救灾工作。据中国地震局通报，四川汶川发生地震时，宁夏、青海、甘肃、河南、山西、陕西、山东、云南、湖南、湖北、上海、重庆、北京等地均有震感。

温家宝抵达四川指挥抗震救灾 四川8.0级地震发生后，中共中央政治局常委、国务院总理温家宝12日下午乘坐专机赶赴四川，前往受灾严重的地区现场指挥抗震救灾工作。要求各级领导干部要站在抗震救灾的第一线，身先士卒，带领广大群众做好抗震救灾工作。

5月14日 全军和武警部队全力以赴抗震救灾 全军和武警部队坚决响应党中央、中央军委和胡锦涛主席号召，全力以赴投入抗震救灾。截至13日17时，已紧急出动兵力近5万人奔赴灾区，其中2万多名官兵已抵达救灾现场，展开救灾行动。

王毅会见禁止化学武器组织技术秘书处总干事菲尔特 外交部副部长

王毅13日在京会见了来华访问的禁止化学武器组织技术秘书处总干事罗赫略·菲尔特一行。王毅积极评价《禁止化学武器公约》对维护世界和平与安全的重要作用，重申中国政府对《公约》的支持。

马英九、连战、宋楚瑜、郁慕明以不同方式关切慰问四川受灾同胞　在获悉四川发生地震灾害后，马英九先生、中国国民党荣誉主席连战、亲民党主席宋楚瑜、新党主席郁慕明以不同方式，表达对地震灾情的关切和对灾区同胞的慰问。

5月15日　部分境外媒体记者到四川采访抗震救灾情况　四川汶川地震引起了境外媒体的广泛关注。记者从有关部门获悉，目前，已有多家境外媒体记者到达四川，采访地震灾情和抗震救灾情况。抵达四川的有路透社、NHK（日本广播协会）、NBC（美国全国广播公司）、法国电视二台、ABC（澳大利亚广播公司）等境外媒体记者。

5月16日　国际社会继续向我表示慰问和提供援助　一些外国政府和国际组织领导人继续致电中国领导人或通过其他方式，对四川汶川发生强烈地震灾害表示诚挚慰问，支持中国政府和人民抗震救灾努力。

CNN向中国人民道歉　外交部发言人秦刚15日表示，美国有线电视新闻网（CNN）主持人卡弗蒂发表辱华言论，严重违背新闻职业道德和做人的良知，激起中国民众和海外华侨华人强烈义愤和谴责。中国外交部及中国驻美国大使馆多次向CNN提出严正交涉，要求CNN向中国人民道歉。近日，CNN总裁致函中国驻美国大使，代表CNN正式向中国人民道歉。信函说，“CNN对全世界华人怀有最崇高的敬意。我们确信，中国人民确实被卡弗蒂的评论所冒犯。我谨代表CNN就此向中国人民道歉。”

5月17日　胡锦涛赶赴四川地震灾区指导抗震救灾工作　16日上午，在四川抗震救灾的危急时刻，中共中央总书记、国家主席、中央军委主席胡锦涛乘飞机赶往四川省地震灾区，慰问灾区干部群众，看望奋战在抗震救灾第一线的部队官兵、公安民警和医护人员，指导抗震救灾工作。

5月18日　海外媒体盛赞我救灾有序有力　在中国四川省发生强烈地震造成重大人员伤亡和财产损失后，一些海外媒体近日发表文章，赞扬中国领导人对地震灾难作出反应的效率“让人印象深刻”，说中国的“救灾工作井然有序”。

"中国国际问题高级论坛"2008年5月17日在北京中国人民大学隆重举行，会议主题为"改革开放与中国对外战略"。国内30多家国际关系研究和教学单位以及中央和国家有关部门代表200多人参加本次论坛。

中共中央和胡锦涛总书记欢迎并邀请中国国民党主席吴伯雄率团来访 中共中央台湾工作办公室主任陈云林17日在北京接受新华社记者专访，受权宣布，中共中央和中共中央总书记胡锦涛欢迎并邀请中国国民党主席吴伯雄率中国国民党访问团来大陆参观访问。

大陆首架救灾货运包机直航台湾 17日下午，海航集团下属扬子江快运航空公司的一架波音—747全货机，从上海起飞赶赴台北接运台湾同胞捐赠的110吨救灾物资。这是大陆航空公司在此次抗震救灾过程中首次执行的两岸救灾货运包机，同时也是大陆货机首次与台湾之间的直航。

5月19日 2008年5月19日至21日为全国哀悼日 为表达全国各族人民对四川汶川大地震遇难同胞的深切哀悼，国务院今天发布公告，决定2008年5月19日至21日为全国哀悼日。在此期间，全国和各驻外机构下半旗志哀，停止公共娱乐活动，外交部和我国驻外使领馆设立吊唁簿。5月19日14时28分起，全国人民默哀3分钟，届时汽车、火车、舰船鸣笛，防空警报鸣响。

汶川地震震级从7.8级修订为8.0级 在5月12日四川汶川地震发生后，中国地震台网中心利用国家地震台网的实时观测数据，速报的震级为里氏7.8级。随后，根据国际惯例，地震专家利用包括全球地震台网在内的更多台站资料，对这次地震的参数进行了详细测定，据此对震级进行修订，修订后震级为里氏8.0级。

5月20日 外国媒体高度赞扬中国抗震救灾 中国四川发生强烈地震造成重大人员伤亡和财产损失后，外国媒体近日纷纷发表文章，赞扬中国政府和人民抗震救灾工作积极有效，信息报道公开透明，并相信中国人民有能力重建美好家园。

5月21日 外交部举行例行记者会 外交部发言人秦刚20日下午主持例行记者会，回答了中外记者的提问。他说，地震发生后，国际社会纷纷通过各种方式向中国政府和人民表达真挚的同情和慰问，向中国抗震救灾工作提供有力的支持和援助。截至目前，共有166个国家和30余个国际组织向中方表示慰问，国际社会援助源源不断，总额已达20亿元人民币。专程前来中国外交部吊唁的各国驻华使节和国际组织驻华代表络绎不绝。此外，百余个国家驻华使馆和国际机构驻华代表处降半旗志哀。各国各界人士还前往中国驻外机构吊唁。秦刚表示，日本、俄罗斯、韩国、新加坡政府向中国派来了专业救援队，他们不畏艰险，争分夺秒，夜以继日，连续奋战，开展救援行动，体现出了对生命的尊重和极高的专业素质，使中国人民深受感动。我们对四国政府和人民以及全体救援队员表示衷心感谢。

熊光楷在日内瓦阐述我防务政策　中国国际战略学会会长熊光楷5月19日在日内瓦安全政策中心发表演讲，阐述了中国军队现代化、军事透明度等问题。熊光楷说，尽管中国近年来经济发展较快，但人均GDP仍然排在世界100位之后，离发达国家的距离较远，投入到国防和军队建设的经费有限。中国军队目前仍然是机械化半机械化军队，其现代化目标是在实现机械化基础上逐步完成中国特色的信息化。

5月22日　联合国系统向我捐赠紧急救灾款项　联合国系统21日下午向中国政府正式捐赠了从联合国中央应急反应基金里紧急调拨的800万美元，同时，联合国驻华各机构也加快步伐，进一步支持中国政府有关部门开展四川汶川大地震灾害后的救援行动。

5月23日　国土资源部派出26个专家组查看险情　国土资源部副部长贠小苏在22日国新办举行的新闻发布会上说，四川省灾区近5000处地质灾害隐患半数以上因地震而成灾，甘肃省因地震引发地灾1820起。国土资源部地质环境司副司长柳源介绍，现在发现的堰塞湖的险情比较严重，如果溃坝，影响到的范围会很广。国土资源部已先后派出26个专家组300多人，分别到四川、湖北、重庆、陕西和甘肃18个重点灾区县，查看了重大滑坡、崩塌、泥石流等数百处。

5月24日　胡锦涛与梅德韦杰夫总统会谈　国家主席胡锦涛23日下午在人民大会堂同俄罗斯联邦总统梅德韦杰夫举行会谈。两国元首高度评价中俄战略协作伙伴关系的建立和发展，并签署《中华人民共和国和俄罗斯联邦关于重大国际问题的联合声明》。

5月25日 俄美军方向中国震区提供援助 国防部新闻发言人24日授权发布，俄罗斯国防部决定向中国四川地震灾区紧急提供人道主义救援物资，包括23辆军用野战炊事车、300顶大型军用帐篷以及被褥、毛毯等。上述物资将于近日由俄方军机陆续运抵成都。

5月26日 已有23个国家和我国香港特区向四川提供援助物资1600多吨 四川省政府新闻办公室主任侯雄飞25日下午在新闻发布会上说，截至24日，共有23个国家和我国香港特区向四川提供了总计1621.9吨援助物资。

5月27日 中共中央政治局召开会议研究部署抗震救灾和灾后重建工作 会议强调，各地区各部门要按照中央的决策部署，坚持一手抓抗震救灾工作、一手抓经济社会发展，全力以赴支援灾区，全力以赴保持经济平稳较快发展、社会和谐稳定，切实做好奥运会和残奥会的筹备工作，以实际行动支持抗震救灾，坚决夺取这场抗震救灾斗争的全面胜利

5月28日 胡锦涛同韩国总统李明博会谈 国家主席胡锦涛27日下午在人民大会堂同韩国总统李明博举行会谈。两国元首一致同意，顺应两国关系发展的现实需要和长远要求，将中韩全面合作伙伴关系提升为战略合作伙伴关系，共同开创中韩关系更加美好的未来。

外交部举行例行记者会 外交部发言人秦刚27日主持例行记者会，介绍了六方会谈的最新情况。秦刚说，中方代表团团长、外交部副部长武大伟将在北京分别同朝、美、韩、日四方代表团团长举行会谈，同他们就推动六方会谈等问题交换意见。他指出，关于朝方申报其核计划、核材料等问题，在六方会谈已经发表的共同文件中有着明确规定，各方也作出相应的承诺。中方希望共同文件所作规定和各方所作承诺能得到全面、均衡的落实，在这个过程中，有关各方应增加相互沟通，加深相互信任，以务实灵活的态度，共同努力，推动第二阶段行动取得进展。

5月29日 中共中央总书记胡锦涛同中国国民党主席吴伯雄举行会谈 中共中央总书记胡锦涛28日下午同中国国民党主席吴伯雄举行了会谈。胡锦涛强调，在国共两党和两岸同胞共同努力下，台湾局势发生了积极变化，两岸关系发展面临着难得的历史机遇。这一局面来之不易，值得倍加珍惜。希望国共两党和两岸双方共同努力，建立互信、搁置争议、求同存

异、共创双赢，继续依循并切实落实“两岸和平发展共同愿景”，以富有成效的努力，扎扎实实推动两岸关系不断取得实际进展，增强广大台湾同胞对两岸关系和平发展的信心。吴伯雄表示，台湾的主流民意期待两岸关系走向善意互动。期盼两岸在“九二共识”基础上搁置争议、追求双赢，希望中断多年的两岸协商尽快恢复。

中美举行第十四次人权对话　5月24日至28日，中美第十四次人权对话在京举行。这是自2002年以来双方首次举行对话。中国外交部部长杨洁篪和部长助理刘结一分别会见和宴请美方代表团。外交部国际司司长吴海龙和美国国务院民主、人权与劳工事务助理国务卿克雷默主持对话。双方介绍了各自人权领域新进展，就言论自由、宗教自由、反对种族歧视、联合国人权领域合作等问题广泛、深入地交换了意见。双方一致认为对话坦诚、开放，富有建设性，增进了相互理解，有助于缩小分歧，有利于促进中美关系持续健康稳定发展。

5月30日　外交部举行例行记者会　外交部发言人秦刚29日主持例行记者会，发布消息并回答中外记者的提问。秦刚介绍，朝、美、韩、日四国六方会谈代表团团长于28日开始在北京进行了一系列双边会晤和磋商。中方代表团团长、外交部副部长武大伟在28日和29日两天分别会见了朝、美、日三方代表团的团长，30日还将同韩方代表团团长会面。此外，朝美、朝韩和美日之间也已经进行了或还将进行双边磋商和沟通。

5月31日　外交部发言人答记者问　有记者问：日本政府今天宣布对中国四川地震灾区追加5亿日元物资援助，其中第一批物资1000顶帐篷近日将启运。中方对此有何评论？外交部发言人秦刚说，日本政府决定向中国地震灾区追加提供物资援助，中国政府对此表示欢迎和感谢。

台湾同胞向四川地震灾区捐款或表达捐款意愿累计约7.8亿元人民币　国务院台湾事务办公室发言人杨毅今天在例行新闻发布会上介绍说，截至5月28日，台湾各界同胞向国台办、海峡两岸关系协会及各有关地方台办捐款或表达捐款意愿累计约7.8亿元人民币。

6月1日　国民经济继续保持平稳较快增长　国家统计局有关负责人在分析汶川大地震对我国国民经济的影响时说，地震对灾区经济确实产生了严重的影响，但由于受灾地区经济总量占全国的比重都比较小，因此，地震不会改变国民经济总体上平稳较快发展的基本态势。

6月2日 成都军区抗震救灾部队一架运输直升机失事，胡锦涛指示立即组织力量搜救 正在陕西指导抗震救灾工作的中共中央总书记、国家主席、中央军委主席胡锦涛在得悉执行抗震救灾任务的解放军某部一架直升机失事的消息后，十分关切。胡锦涛指示立即组织力量搜救，并委派中共中央政治局委员、中央军委副主席郭伯雄前往一线组织指挥。成都军区抗震救灾部队一架米—171运输直升机5月31日下午失事后，成都军区抗震救灾联合指挥部迅即组织搜救行动，全力搜救失事直升机及机上人员。由于失事地域为高山峡谷地带，地形复杂，森林茂密，搜救难度很大，截至6月1日19时，尚未发现失事直升机及人员。

6月3日 外交部发言人答记者问 外交部发言人秦刚2日回答记者提问。有记者问，美国国务院日前发表“2008年度促进自由和民主国别报告”，批评中国人权状况。请问中方对此有何评论？秦刚说，中国政府坚持以人为本、执政为民。中国政府在发展民主、加强法治、维护和促进中国各族人民的人权和自由方面所取得的巨大成就是有目共睹的。美国务院上述报告无视事实，对中国的民主人权状况妄加指责，这是毫无道理的。

6月4日 海峡两岸关系协会第二届理事会第一次会议召开 海峡两岸关系协会第二届理事会第一次会议今天上午在人民大会堂召开。这次会议是在台湾局势发生积极变化、两岸关系发展呈现良好势头的新形势下召开的。会议总结了海协会近年工作、进行了理事换届、产生了新的领导机构、规划了未来任务。

外交部举行例行记者会 外交部发言人秦刚3日主持例行记者会，回答了中外记者的提问。关于中印边界谈判，秦刚表示，两国有专门的谈判机制，即两国政府特别代表谈判机制，这是两国政府讨论边界问题的主要平台。近年来，中印边界谈判取得了积极、重要的进展，两国就解决边界问题的政治原则达成了共识。在这个原则的指导下，迄今为止，两国政府特别代表已进行了11轮边界问题谈判。双方目前正在就解决边界问题的框架问题展开谈判。

6月5日 中国为维护国际安全做出贡献 美国国务院负责军控和国际安全事务的代理副国务卿约翰·鲁德6月4日在京表示，在国际社会处理朝鲜核问题和伊朗核危机的过程中，中国做出了“富有价值”的贡献。约翰·鲁德是在刚参加完今天的中美安全对话后举行的媒体采访会上作出上述表述的。他在回答记者提问时指出，中国在朝鲜核问题六方会谈中发挥了重要作用，六方会谈是处理东亚安全问题的较好方式。中国在伊朗核危机的相关谈判中，也发挥了建设性作用。

中国完全有能力立足国内保障粮食安全　正在出席“世界粮食安全与气候变化及生物能源的挑战”高级别会议的中国代表团团长、中国农业部部长孙政才6月3日在大会发言中强调，确保粮食安全始终是人类生存发展面临的首要问题。中国政府历来高度重视粮食安全，中国完全有能力长期主要立足国内生产基本自给、适当利用进出口调剂余缺来保障粮食安全，中国将继续与世界各国在粮食和农业发展领域加强交流与合作。不应将需求增加粮价上涨归咎于发展中国家。

6月6日　“风云三号”传回首幅灾区图像　经过西安卫星测控中心连续10昼夜精心测控，“风云三号”卫星5日15时圆满完成早期轨道段测控任务，转入长期在轨管理阶段。根据测控计划，西安卫星测控中心对星上相关设备仪器进行了开机。5月29日10时，卫星发回第一张图像清晰的可见光云图。6月3日11时，卫星传回了第一幅针对四川地震灾区的清晰监测图像，成像效果达到国际先进水平。

外交部举行例行记者会　外交部发言人秦刚5日主持例行记者会，回答了中外记者的提问。针对澳大利亚总理陆克文有关成立“亚太共同体”的倡议，秦刚表示，加强区域合作是当今时代的一个潮流，中方希望亚太地区的有关国家能够共同努力，增进交往，加强政治互信，深化互利合作，促进共同发展，实现互利共赢。

6月7日　尼泊尔警察拘捕从事反华活动的流亡“藏独”分子　尼泊尔警察5日拘捕了多名在加德满都进行反华活动的流亡“藏独”分子。当天下午，大约250名“藏独”分子在中国驻尼泊尔大使馆领事部门外的大街上，高喊“藏独”口号，进行反华宣传，并且阻塞交通。“藏独”分子还与执勤的警察发生冲突。尼泊尔警察不得不采取行动，制止这批“藏独”分子的活动，并拘捕一些肇事者。

6月8日　中国代表就西藏问题驳斥部分国家片面言论　6日在日内瓦

举行的联合国人权理事会第八次会议当天就国别人权议题进行了讨论。在讨论过程中，部分国家就中国西藏局势发表了片面看法。与会的中国代表团副代表钱波就此指出，西藏问题是一个纯属中国主权和内政的问题，把这个问题作为人权问题提出，是明显将人权问题化、搞双重标准。西藏问题不是什么民族、宗教和文化问题，更不是人权问题，而是分裂祖国与维护统一的问题。

6月9日 海峡两岸新闻与传播研究交流中心成立　由复旦大学新闻学院、厦门大学新闻与传播学院、海峡导报社共同主办的海峡两岸新闻与传播研究交流中心8日在福建厦门举行揭牌仪式。中国国民党主席吴伯雄等海内外知名人士发来贺信。

6月10日 《汶川地震灾后恢复重建条例》公布施行　国务院总理温家宝6月8日签署第526号国务院令，公布《汶川地震灾后恢复重建条例》。这是我国首个专门针对一个地方地震灾后恢复重建的条例，将灾后恢复重建工作纳入法制化轨道。

6月11日 外交部举行例行记者会　外交部发言人秦刚10日主持例行记者会，回答了中外记者的提问。在被问到10日凌晨发生的一艘台湾渔船与日本海上保安厅巡逻船在钓鱼岛附近海域相撞事件时，秦刚表示，钓鱼岛自古以来就是中国的固有领土，中国对此拥有无可争辩的主权。中方对日本海上保安厅船只到钓鱼岛附近海域活动并导致中国台湾渔船沉没表示严重关切和强烈不满。秦刚说，中方要求日本政府停止在钓鱼岛附近海域的非法活动，防止再次发生类似事件。

国家知识产权战略纲要印发　2008年6月5日国务院印发《国家知识产权战略纲要》。为提升我国知识产权创造、运用、保护和管理能力，建设创新型国家，实现全面建设小康社会目标，制定本纲要。

6月12日 中国政府欢迎境外记者赴四川地震灾区采访报道　国务院新闻办公室副主任王国庆11日上午在成都表示，无论是在抗震救灾阶段还是在安置受灾群众、恢复生产阶段，中国政府都欢迎境外记者赴四川汶川地震灾区作采访报道。

外交部发言人答记者问　外交部发言人秦刚11日就欧美峰会发表涉华联合声明回答了记者提问。秦刚说，我们注意到了有关报道，中方反对欧美峰会在发表的联合声明中谈论涉藏问题。西藏是中国领土不可分割的一部分。西藏事务纯属中国内政，中国政府与达赖接触磋商问题完全是中国内部事务。

6月13日　外交部举行例行记者会　外交部发言人秦刚12日主持例行记者会，回答了中外记者的提问。有记者问，在首尔举行了六方会谈经济与能源工作组会议，能否介绍六方会谈下次会议的具体日程？对此问题秦刚表示，六方会谈正面临着克服暂时困难，进一步向前推进的机遇，希望有关各方能够共同努力。他说，目前各方之间正在进行着积极的新一轮的互动，也就适时召开下一次团长会保持着沟通和协调。中方愿意为全面、均衡地落实第二阶段的剩余行动，推动六方会谈进入新的阶段发挥建设性的作用。

6月14日　胡锦涛总书记会见台湾海基会董事长江丙坤　中共中央总书记胡锦涛6月13日下午在钓鱼台国宾馆会见了台湾海基会董事长江丙坤和海基会代表团成员。胡锦涛指出，海协会和海基会在“九二共识”的共同政治基础上恢复商谈并取得实际成果，标志着新形势下两岸关系改善和发展有了一个良好开端，表明两岸双方有智慧、有能力通过协商谈判解决有关问题，造福两岸同胞。只要双方秉持建立互信、搁置争议、求同存异、共创双赢的精神，就一定能够不断推动两岸商谈进程，不断取得更多积极成果。

6月15日　第二次中日韩外长会在东京举行　第二次中日韩外长会14日在日本东京举行。三国外长积极评价三国合作取得的进展，并就三国合作未来发展方向、具体领域的合作以及共同关心的国际和地区问题交换了意见。三国外长还一致主张，三国在重大国际和地区问题上加强沟通与协调，在促进朝鲜半岛和东北亚和平稳定、共同应对气候变化、环境保护、粮食安全、能源安全及支持非洲发展、推进联合国改革等方面加强合作。

海峡两岸签署关于大陆居民赴台湾旅游协议　海峡两岸关系协会会长陈云林13日与台湾海峡交流基金会董事长江丙坤在北京签署了《海峡两岸关于大陆居民赴台湾旅游协议》。

6月17日　中日东海问题磋商取得重要进展　外交部发言人姜瑜16日就中日东海问题磋商回答记者提问。有记者问：日本媒体披露了中日两国关于东海问题达成的协议，你对此有何评论？姜瑜说，中日双方关于东海问题的磋商取得了重要进展。双方正在就有关细节进行磋商。达成一致后，两国政府将适时对外宣布。有关协议内容应以两国政府宣布的内容为准。

6月18日　外交部举行例行记者会　外交部发言人姜瑜6月17日主持例行记者会，发布消息并回答了中外记者的提问。有记者问：日本媒体近日对中日东海问题即将达成协议有一些报道，中方对此有何评论？姜瑜说，中日双方就东海问题有关协议达成一致后将适时对外发表。我要强调的是，双方将按照两国领导人关于要使东海成为和平、合作、友好之海的重要共识，妥善处理有关问题，有关结果将是互利共赢的。姜瑜说，我愿重申，中方在东海有关问题上的一贯主张和立场没有变化。春晓油气田完全在中国的主权权利范围内，与共同开发无关。在东海划界问题上，中方不承认所谓“中间线”的立场没有变化。

“中韩未来论坛”第十三次会议举行　中国人民外交学会与韩国国际交流财团共同举办的“中韩未来论坛”第十三次会议17日在北京开幕。韩国国会议员、前外交官和知名学者专家以及中国主要研究机构的学者专家50余人与会。双方围绕朝鲜半岛形势、中韩经贸合作与人文交流等议题进行深入研讨，并就中韩战略伙伴关系内涵等交换意见。

6月19日　第四次中美战略经济对话闭幕　第四次中美战略经济对话18日在美国马里兰州安纳波利斯闭幕。国家主席胡锦涛的特别代表、国务院副总理王岐山和美国总统布什的特别代表、财政部长保尔森共同主持闭幕式并总结对话成果。王岐山指出，这次对话最突出的成果是中美在能源和环境领域扩大了合作。两国即将签署的《中美能源环境十年合作框架》文件对中美未来经济合作具有重大影响，也将为全球可持续发展作出贡献，显示了中美战略经济对话的重要意义和战略影响。

中日就东海问题达成原则共识　外交部发言人姜瑜18日宣布，中日双方通过平等协商，就东海问题达成原则共识。一、关于中日在东海的合作。为使中日之间尚未划界的东海成为和平、合作、友好之海，中日双方根据2007年4月中日两国领导人达成的共识以及2007年12月中日两国领导人达成的新共识，经过认真磋商，一致同意在实现划界前的过渡期间，在不损害双方法律立场的情况下进行合作。为此，双方迈出了第一步，今后将继续进行磋商。二、中日关于东海共同开发的谅解。作为中日在东海共同开发的第一步，双方将推进以下步骤：（一）由以下各坐标点顺序连线围成的区域为双方共同开发区块：1. 北纬 29°31′，东经 125°53′30″；2. 北纬 29°49′，东经 125°53′30″；3. 北纬 30°04′，东经 126°03′45″；4. 北纬 30°00′，东经 126°10′23″；5. 北纬 30°00′，东经 126°20′00″；6. 北纬 29°55′，东经 126°26′00″；7. 北纬 29°31′，东经 126°26′00″。（二）双方经过联合勘探，本着互惠原则，在上述区块中选择双方一致同意的地点进行共同开发。具体事宜双方通过协商确定。（三）双方将努力为实施上述开发履行各自的国内手续，尽快达成必要的双边协议。（四）双方同意，为尽早实现在东海其他海域的共同开发继续磋商。三、关于日本法人依照中国法律参加春晓油气田开发的谅解。中国企业欢迎日本法人按照中国对外合作开采海洋石油资源的有关法律，参加对春晓现有油气田的开发。中日两国政府对此予以确认，并努力就进行必要的换文达成一致，尽早缔结。双方为此履行必要的国内手续。

外交部发言人发表谈话　外交部发言人姜瑜18日就中日就东海问题达成原则共识发表谈话。全文如下：中日双方经过认真磋商，同意在实现有关海域划界前的过渡期间，在不损害双方各自法律立场的情况下进行合作，在东海选定适当的区域迈出共同开发第一步。中日此次就东海问题达成原则共识并就共同开发第一步达成谅解，是双方为落实两国领导人关于使东海成为和平、合作、友好之海的重要共识而采取的重要步骤，也是双方本着求同存异的精神，通过平等协商达成的互利双赢的成果。上述成果的取得，有利于东海的和平与稳定，有利于中日加强在能源等领域的互利合作，有利于中日关系的健康稳定发展，符合两国和两国人民的根本利益。

首都机场举行奥运安保综合演练　6月18日上午10时20分，北京海关旅检、缉私部门会同首都机场公安分局，在首都机场T3航站楼联合举行奥运安保综合演练，考察一线关员处置核生化爆类突发事件的工作流程和效率，提升海关旅检、缉私与公安部门之间的联动协作能力，并现场检验搜爆犬的实战效能。

6月20日 外交部副部长武大伟谈东海问题 外交部副部长武大伟19日就中日东海问题有关协议向中外记者发表谈话，并回答了提问，主要有以下几个方面：1. 中日双方达成三项共识；2. 中日双方就东海问题达成的共识有两个重要前提；3. 中方在东海大陆架划界问题上的立场；4. 妥善解决东海问题符合中日双方利益。

6月21日 第五届亚欧议会伙伴会议闭幕 第五届亚欧议会伙伴会议完成各项议程，于20日上午在北京闭幕。在为期两天的会议中，来自33个成员议会的150余名代表在坦诚友好的气氛中，围绕“加强亚欧合作，促进共同发展”的主题展开深入对话。会议通过了《第五届亚欧议会伙伴会议宣言》。

6月23日 习近平出席国际能源会议 国际能源会议22日在沙特阿拉伯吉达举行。正在沙特进行访问的中国国家副主席习近平应邀率中国代表团出席会议并发表讲话，全面阐述中国政府对当前国际能源问题的看法、中国的能源政策和关于国际能源合作的主张。习近平在讲话中说，国际社会应该树立和落实互利合作、多元发展、协同保障的新能源安全观。

6月25日 杨洁篪外长就东海问题答记者问 外交部长杨洁篪24日就东海问题同日方达成协议出于什么考虑，从中得到了什么利益等问题回答了记者提问。

国家反恐怖教学性演习暨天津“滨海六号”演习举行 国家反恐怖教学性演习暨天津“滨海六号”演习24日起在天津举行。中共中央政治局委员、天津市委书记张高丽，国务委员、公安部部长孟建柱观看了“处置化学恐怖袭击事件”的演习并实地检查了奥运场馆的安全保卫工作。

6月26日 两岸周末包机和大陆居民赴台游准备工作基本完成 国务院台湾事务办公室发言人范丽青25日在例行新闻发布会上表示，执行两岸周末包机的大陆6家航空公司已完成实施包机的各项准备工作；7月4日大陆居民赴台旅游首发团的准备工作也已基本就绪，首发团游客有600多人。

6月27日 六方会谈取得积极进展 6月26日下午，六方会谈中方代表团团长、外交部副部长武大伟发表《六方会谈主席声明》。

国人大常委会关于批准《上海合作组织成员国长期睦邻友好合作条

约》的决定　第十一届全国人民代表大会常务委员会第三次会议决定：批准2007年8月16日由国家主席胡锦涛代表中华人民共和国在比什凯克签署的《上海合作组织成员国长期睦邻友好合作条约》。

6月28日　朝鲜炸毁宁边核设施冷却塔　朝鲜于当地时间27日17时05分（北京时间16时05分）炸毁了宁边地区核设施的冷却塔。被炸毁的冷却塔为混凝土结构，高30米，底部直径22米，上部直径13米。来自中国、韩国、美国、日本、俄罗斯等六方会谈其他五国的记者应邀观看。

6月30日　将加强联合国与中国的合作伙伴关系　联合国秘书长潘基文访问中国前夕，在联合国总部接受了中国媒体联合采访。他表示将加强联合国与中国的合作伙伴关系。

7月1日　感谢国际社会对中国抗震救灾工作提供支持和援助　中华人民共和国国务院6月30日发表公告，感谢国际社会对中国抗震救灾工作提供的支持和援助。

徐才厚会见中美安全问题研讨会美方代表团　中央军委副主席徐才厚30日在八一大楼会见了以美国前国防部长威廉·佩里为团长的第八次中美安全问题研讨会美方代表团。徐才厚充分肯定和高度评价中美安全问题研讨会所发挥的积极作用，并向客人阐述了中方在台湾问题上的原则立场。佩里说，美方重视发展美中两军关系，建议两军在人道主义救援、维和及搜救领域加强合作。

2008年版《中国领事保护和协助指南》首发式举行　外交部30日在北京举行了2008年插图版《中国领事保护和协助指南》及专题宣传折页首发仪式。

中外合作应对气候变化项目启动　由联合国开发计划署（UNDP）、挪威政府和欧盟委员会共同支持的“中国省级应对气候变化方案”项目6月30日启动。该项目执行期为3年，将帮助中国14个试点省份设计省级应对气候变化方案、其他省市编制省级气候变化方案大纲，以提高省级政府应对气候变化的能力。

7月2日　外交部举行例行记者会　外交部发言人刘建超1日主持例行记者会，回答了中外记者的提问。在回答有关六方会谈的提问时，刘建超说，朝鲜半岛无核化进程取得“重要进展”，中方正与各方积极协调召开六方团长会等事宜。他说，近一段时间，六方会谈和朝鲜半岛无核化进程取得重要进展。朝方正式提交核申报并炸毁宁边核反应堆冷却塔。美方兑现了将朝鲜从“支持恐怖主义国家”名单中除名和终止对朝适用《敌国贸易法》的承诺。日朝双边磋商也取得一定程度的积极进展。“中方对有关各方的建设性努力表示赞赏，相信这将有助于推动六方会谈进程不断向前发展。”

在回答有关提问时，刘建超说，据报道，法国总统萨科齐6月30日在接受法国电视台采访时称，如中国中央政府与达赖喇嘛的私人代表举行的新一轮接触取得进一步成果，他参加北京奥运会开幕式的障碍将被清除。他可能在8月会见到访的达赖。刘建超说，北京奥运会是13亿中国人民的盛会，也是全世界各国人民的盛会。办好本届奥运会是中国人民的心愿，也是全世界各国人民的共同心愿。他说，西藏事务是中国的内政，中国中央政府有关部门同达赖喇嘛私人代表的接触是中国的内部事务，“我们反对有关国家领导人以任何方式会见达赖，反对将涉藏问题与北京奥运会挂钩，反对将奥运会政治化”。

7月3日 胡锦涛会见联合国秘书长 国家主席胡锦涛2日下午在人民大会堂会见了来华访问的联合国秘书长潘基文。胡锦涛说，在新世纪新形势下，联合国作为最具普遍性、代表性和权威性的政府间国际组织，对世界的和平与发展担负着越来越重要的责任。作为安理会常任理事国和最大的发展中国家，中国是联合国的坚定支持者，也是重要的合作伙伴。潘基文表示，联合国高度重视中国在维护世界和平和促进共同发展方面的作用，高度赞赏中方在推进六方会谈进程、促进非洲发展方面作出的贡献。联合国希望加强与中国的合作，共同应对当今世界纷繁复杂的问题。希望中国在实现千年发展目标、应对气候变化、粮食安全等全球挑战方面发挥更大作用。

7月4日 两岸旅游周末包机今日首飞 两岸旅游周末包机将于7月4日正式启动。当天，共有11家航空公司的18班包机将往返两岸。目前执行包机任务的各航空公司均已为此做好准备，首日航班整装待发。

深化安全合作 维护地区稳定 7月3—4日，上海合作组织地区反恐怖机构理事会第十二次非例行会议在北京举行。在3日的会议上，与会者研究了上合组织成员国执法安全部门开展2008年北京奥运会安全保卫合作事宜，并就推进成员国安全领域的互利合作以及加强地区反恐怖机构的建设深入交换了意见，达成了共识。

7月5日 大陆居民赴台游首发团抵台 由海峡两岸旅游交流协会会长邵琪伟率领的大陆居民赴台旅游首发交流考察团，以及大陆居民赴台旅游首发团部分北京游客，7月4日中午12时20分许乘国航CA185周末包机抵达台湾桃园机场。至此，两岸周末包机大陆5个航点——广州、厦门、南京、上海、北京的首航周末包机已全部安全抵达台湾，两岸交流史开启了崭新的一页。

从“四个不支持”看中央对达赖的政策 7月5日出版的光明日报刊登了署名益多的文章《从“四个不支持”看中央对达赖的政策》，全文如下：7月3日，新华社发布消息，透露全国政协副主席、中央统战部部长杜青林会见达赖喇嘛私人代表甲日·洛迪、格桑坚赞等人时强调，中央对达赖喇嘛的政策是一贯的、明确的，对话的大门始终是敞开的。达赖喇嘛要是真的希望在有生之年为国家、为民族、为西藏人民的福祉做有益的事，就应公开、明确承诺并以实际行动不支持干扰破坏北京奥运会的活动，不支持策划煽动暴力犯罪活动，不支持并切实约束“藏青会”的暴力恐怖活动，不支持一切谋求“西藏独立”、分裂祖国的主张和活动。此次中央与达赖方面的接触备受境内外关注。其中，中央对达赖的要求从“三个停止”转变为“四个不支持”尤为引人注意。

7月6日 转变外贸发展方式 维护金融安全稳定 中共中央政治局委员、国务院副总理王岐山近日在山东调研外贸、金融形势时强调，要深入贯彻落实科学发展观，加快转变外贸发展方式，加强金融服务，防范金融风险。

7月7日 东航在台设立办事机构筹备处 7月6日中午，东方航空公司总经理曹建雄在台北桃园机场宣布，东航在台北设立办事机构筹备处，成为大陆第一家在台筹设办事处的航空公司。

我国银行业海外总资产超过外资银行在华总资产 截至2007年底，工行、建行等5家中资银行控股、参股了9家外资金融机构，同时中资银行机构在29个国家和地区设立60家分支机构，海外机构总资产达2674亿美元，而在华外资银行资产总额为1715亿美元，中资银行在海外分支机构总资产远大于外资银行在华总资产，基本维持着双向、健康的对外开放态势。

7月8日 我国严查未经许可转播奥运赛事的互联网和移动平台 7日，国家版权局、工业和信息化部、国家广播电影电视总局召开的打击非法转播奥运赛事及公布相关案件新闻发布会：我国将对未经许可转播奥运赛事及相关活动的互联网和移动平台严厉查处，并将此列为2008打击网络侵权盗版专项行动的重点。

7月9日 外交部举行例行记者会 外交部发言人秦刚8日主持例行记者会，回答了中外记者的提问。在回答记者有关提问时，秦刚表示，中方希望朝鲜半岛核问题六方会谈团长会能够取得积极成果，推动六方会谈进程进入新阶段。他说，本次六方会谈团长会将于10日起在北京举行，会期三天。六方都在积极作出努力，从而推进六方会谈进程朝着半岛无核化、实现半岛及整个东北亚的和平与稳定的目标不断前进，中方和其他各方一直保持着沟通、接触和磋商。

7月10日 陆海空多兵种保障奥运 随着北京奥运会的临近，中国政府赋予中国人民解放军的各项奥运安保任务也正在扎实有效地推进之中。北京奥运安保指挥中心军队工作部部长田义祥10日在接受记者采访时表示，奥运安保部队已部署到位，军队有能力完成政府赋予的各项安保任务。

经济大国能源安全和气候变化领导人会议在日本举行 经济大国能源安全和气候变化领导人会议9日上午在日本北海道洞爷湖举行，国家主席胡锦涛出席并发表重要讲话。胡锦涛指出，气候变化国际合作，应该以处理好经济增长、社会发展、保护环境三者关系为出发点，以保障经济发展为核心，以增强可持续发展能力为目标，以节约能源、优化能源结构、加强生态保护为重点，以科技进步为支撑，不断提高国际社会减缓和适应气候变化的能力。

胡锦涛出席八国集团同发展中国家领导人对话会议并发表重要讲话 八国集团同中国、印度、巴西、南非和墨西哥5个发展中国家领导人对话会议9日在日本北海道洞爷湖举行。会议主要讨论了世界经济、粮食安全、千年发展目标等议题。国家主席胡锦涛出席会议，并就上述议题阐述了原则立场。

7月12日　中泰举行陆军特种兵反恐联合训练　11日，代号为“突击—2008”的中泰陆军特种作战联合训练在泰国北部清迈举行。此次中泰联合训练是根据两军达成的共识举行的，目的在于增进相互了解，深化两军交流，加强在反恐等非传统安全领域的合作，共同维护地区和平与稳定。

7月13日　六方会谈团长会闭幕并发表新闻公报　朝核问题六方会谈团长会12日下午在北京闭幕，并发表新闻公报。公报主要内容是：一、根据2005年9月19日六方会谈共同声明，六方同意在六方会谈框架内建立验证机制，验证朝鲜半岛无核化。验证机制由六方专家组成，对无核化工作组负责。验证机制的验证措施包括视察设施、提供查阅文件、技术人员面谈，以及六方一致同意的其他措施。验证机制在有必要时可以欢迎国际原子能机构（IAEA）对有关验证提供咨询和协助。验证的具体方案和实施，由无核化工作组根据协商一致原则决定。二、六方同意在六方会谈框架内建立监督机制。监督机制由六方团长组成。监督机制的职责是确保各方信守并履行各自在六方会谈框架内作出的承诺，包括不扩散和对朝经济与能源援助。监督机制将以六方认为有效的方式履行监督职能。六方团长可以授权适当官员履行其职责。三、六方制定了完成宁边核设施去功能化和经济能源援助的时间表。朝宁边核设施去功能化与其他方对朝剩余重油和替代物资援助同步全面落实。各方对朝重油和替代物资援助争取于2008年10月底前完成。美俄争取于2008年10月底前完成剩余对朝重油援助。中韩争取于2008年8月底以前与朝就提供剩余替代物资签署有约束力的协议。日本表示愿意在环境具备时尽快参与对朝经济与能源援助。朝宁边核设施去功能化争取于2008年10月底前完成。四、六方一致同意进一步深入探讨“维护东北亚和平与安全的指导原则”。五、六方重申适时在北京召开六方外长会。六、六方就落实“9·19共同声明”第三阶段行动初步交换了意见。六方一致同意继续全面推进六方会谈进程，共同致力于东北亚的持久和平与稳定。

7月14日　中国维和防暴队获联合国“和平勋章”　联合国驻海地稳定特派团（联海团）日前向中国第六支赴海地维和警察防暴队125名队员授

予“和平勋章”，表彰他们为推动海地和平进程作出的突出贡献。

7月16日 黑龙江水体出现油性污染带 环境保护部有关负责人7月15日向媒体通报了对黑龙江水体污染事件的污染防控情况。他说，黑龙江水体油类污染的污染源已可以排除来自中方。我已提请俄方尽快向中方进一步通报污染源、俄方采取的防控措施、可能对边民造成的影响等情况。中方将与俄方加强合作，尽快消除污染可能带来的影响，确保黑龙江水质安全。

中国参与苏丹达尔富尔“混合行动” 外交部发言人刘建超15日在例行记者会上宣布：中国参与联合国/非盟苏丹达尔富尔“混合行动”维和工兵分队后续部队共172人将于16日从河南郑州启程赴达区。至此，中国派往达区的315名人员将全部部署到位。我们愿与国际社会一道，为尽快实现达区的和平、稳定与发展继续作出自己的贡献。

7月17日 加强俄中各领域战略协作伙伴关系 根据俄罗斯总统梅德韦杰夫15日批准的俄罗斯对外政策构想，俄将加强俄罗斯与中国各领域的战略协作伙伴关系。俄塔社当天公布了俄对外政策构想。

7月18日 《中国人民解放军安全条例》发布施行 中央军委主席胡锦涛日前签署命令，发布施行《中国人民解放军安全条例》。这是我军深入贯彻科学发展观，加强军队安全管理，规范官兵安全行为，促进军队安全发展的重要举措，为保持部队高度稳定和集中统一、巩固和提高战斗力、促进部队全面建设提供了重要制度保证。

外交部举行例行记者会 外交部发言人刘建超17日主持例行记者会，回答了中外记者提问。有记者问：日本媒体报道，文部省的报告希望日本教科书大纲明确指出钓鱼岛是日本领土，日本内阁官房长官町村信孝对此予以否认，中方如何评论？刘建超说，中方重申钓鱼岛及其附属岛屿自古以来就是中国的固有领土，中国对此拥有无可争辩的主权。中日两国在钓鱼岛主权问题上存在争议是客观事实，我们主张通过谈判来解决这一问题。

7月19日 六协办城市全力打造“平安奥运” 包括上海、天津、沈阳、青岛、秦皇岛、香港在内的北京奥运会协办城市将在北京奥运会举办期间确保奥运安全。“平安奥运”是北京奥运会的重要目标，6个协办城市制订了周密的安保计划，每个城市都部署了适当的安保力量，开展了多次实战演练，确保赛事安全顺利进行，实现“平安奥运”的目标。

7月20日 我驻纽约总领馆举行涉藏问题记者会 中国驻纽约总领馆18日举行涉藏问题记者会，邀请正在美国进行访问交流的中国藏学家代表团，就中外记者感兴趣的问题进行解答、交流。

7月21日 近千名台湾青年参加第三届两岸青年联欢节海峡西岸行活动 7月18—20日，由中华全国青年联合会、福建省人民政府共同主办的第三届两岸青年联欢节海峡西岸行活动在福建厦门、漳州隆重举行，近千名台湾青年与大陆1500多名各界青年代表欢聚在一起，以“青春相约、共创未来”为主题，同叙手足亲情，喜迎奥运盛会，共话民族振兴。

7月22日 外交部发言人答记者问 外交部发言人刘建超21日就英媒体报道英官员在华丢失手机事回答记者提问。有记者问：据《星期日泰晤士报》报道，英国首相布朗今年1月访华期间，一名随行官员被怀疑中了中国情报人员的圈套丢失了一部“黑莓”手机。英首相府已就此发表声明作出澄清。中方对此有何评论？刘建超表示，我们注意到英首相府已就此作出澄清，有关报道纯属无中生有，希望今后不再出现这种不负责任的报道。

7月23日 外交部举行例行记者会外交部发言人刘建超22日主持例行记者会，回答了中外记者的提问。外交部发言人刘建超表示，中方高兴地看到尼泊尔制宪会议选举产生首位总统和副总统，对拉姆·亚达夫总统和帕拉马南达·杰哈副总统当选表示祝贺。刘建超表示，作为尼泊尔的好邻居、好朋友、好伙伴，中方衷心希望尼泊尔和平进程继续推进，实现政治稳定、经济发展和民族团结。

7月24日 外交部发言人答记者问 外交部发言人刘建超23日答记者问。有记者问：澳大利亚《世纪报》近日报道，近一年来，津巴布韦航空公司每周飞行固定航班，从津巴布韦飞越澳大利亚领空、经新加坡至北京和中国南方，运送津军方高官和老兵，还运载象牙、黄金、钻石等与中国交换武器和奢侈品。此事是否属实？刘建超说，我们注意到国外个别媒体近日对津巴布韦航空公司飞中国航班的报道。近年来外国航空公司飞中国的航班越来越多，中国政府有关部门对所有进出中国的航班均依法实行管理，不允许任何公司和个人利用民用航班从事非法活动。经了解核实，上述报道纯属恶意造谣。一些媒体动辄编造子虚乌有的新闻，攻击中国与非洲国家关系，缺乏起码的职业道德，只会自毁声誉。

国台办发言人应询发表谈话　就北京奥运会期间台湾体育团队的称谓问题，国务院台办发言人今天应询发表谈话。发言人说，1979年，国际奥委会通过《名古屋决议》，恢复了中国奥委会在国际奥委会的权利。同时规定，会址设在台北的奥委会改名为“CHINESE TAIPEI OLYMPIC COMMITTEE”。大陆方面自此将“CHINESE TAIPEI”翻译为“中国台北”。1981年，台湾奥运组织确认接受《名古屋决议》，并将“CHINESE TAIPEI”翻译为“中华台北”。由此可见，两岸双方的不同翻译是历史形成的。

7月25日　外交部举行例行记者会　外交部发言人刘建超24日主持例行记者会，回答了中外记者的提问。对于美国国会众议院外委会提出的一项针对中国的议案，外交部发言人刘建超表示，中方一贯反对将奥运会政治化，奉劝美国国会个别议员立即停止利用人权问题干扰北京奥运会、干涉中国内政的错误言行。

7月26日　杨洁篪出席上海合作组织外长会议　上海合作组织外长会议25日在塔吉克斯坦首都杜尚别举行。中国外长杨洁篪、哈萨克斯坦副外长叶尔梅克巴耶夫、吉尔吉斯斯坦外长卡拉巴耶夫、俄罗斯外长拉夫罗夫、塔吉克斯坦外长扎里菲、乌兹别克斯坦第一副外长涅马托夫及上海合作组织秘书长努尔加利耶夫出席。会议研究、分析了上海合作组织面临的形势，总结了1年来比什凯克峰会共识和决议落实情况，为下月召开的本组织杜尚别峰会进行了政治准备，并就当前重大国际和地区问题交换了意见。

7月27日　向世界呈现一届平安精彩的奥运会　北京奥运安保工作协调小组负责人27日接受了记者专访，就当前人们普遍关心的一些奥运期间安全保障工作问题进行了解答。

7月30日　中泰反恐联合训练圆满结束　代号为“突击—2008”的中泰反恐联合训练29日圆满结束，结束仪式在位于泰国清迈的泰国特种兵第五团昆南军营举行。双方均对训练成果感到满意。

外交部举行例行记者会　外交部发言人刘建超29日主持例行记者会，回答了中外记者的提问。据报道，美国食品药品监督管理局为了强化对中国食品安全的监督，决定首次在北京、上海和广州开设海外办事处，并派专人常驻。刘建超说，中国政府高度关注食品安全问题，长期以来采取了切实有力的措施加强食品安全，包括出口到其他国家食品安全的监督和保障。他表示，中国愿意加强同有关国家的合作，中方对此持积极态度，但是，如何就食品安全的监督问题进行合作，需要双方通过双边渠道进一步沟通。

7月31日　中方对美国总统布什会见部分反华人士表示强烈不满和坚决反对　外交部发言人刘建超30日答记者问。有记者问：据报道，美国总统布什29日会见了包括热比亚、魏京生等在内的反华人员。请问中方对此有何评论？刘建超说，我们注意到了有关消息。这几个人长期打着所谓人权、宗教旗号，从事反华分裂和敌对破坏活动，危害中国国家安全和社会稳定。美方安排领导人会见他们并对中国的人权、宗教状况说三道四，粗暴干涉了中国内政，向反华敌对势力发出了严重错误信号，我们对此表示强烈不满和坚决反对。中方要求美方恪守国际关系基本准则，停止以任何方式利用所谓人权、宗教问题干涉中国内政，以免给中美关系造成损害。

8月1日　中方对美国会众议院通过涉北京奥运会决议案表示强烈不满和坚决反对　全国人大外事委员会负责人31日就美国会众议院通过涉北京奥运会决议案发表谈话时表示，中方对此表示强烈不满和坚决反对。这位负责人说，在2008年北京奥运会即将举行之际，7月30日，美国会众议院不顾中方的多次严正交涉，执意通过了由极少数反华议员推动的有关北京奥运会的决议案。该决议案将人权、宗教自由以及苏丹达尔富尔、缅甸等无关问题与北京奥运会挂钩，对中国政府进行无端指责，我们对此表示强烈不满和坚决反对。

美国会议员关于中方监控外国游客的指责完全不符合事实　外交部发言人刘建超31日答记者问。有记者问：美国联邦参议员布朗巴克日前称，中国政府在北京奥运会主要外资饭店安装了监控和收集信息设备，对居住在酒店的所有客人进行监视和搜集情报。请问中方对此有何评论？刘建超说，美国会这位议员的指责完全不符合事实，是别有用心的。在中国公共场所及饭店，没有超出国际普遍采用的安全措施的特殊安排。在中国，个人隐私依法受到保障，外国游客不必担心。我们敦促美国有关政治人士摒弃偏见，停止发表诬蔑攻击中国的言论，不要做破坏北京奥运会和损害中美关系的事。

8月2日　204个国家和地区奥委会确认参赛　北京奥组委体育部长张吉龙8月1日在主新闻中心召开的“北京奥运会竞赛组织工作”新闻发布会上介绍说，“截至7月31日，我们已经收到了来自204个国家和地区奥委会的9489张报名表，已录入11526名运动员的信息。召开了151个国家和地区奥委会代表团注册会议，已经确认11028名运动员参赛，其中包括363名持P卡的替补运动员参赛资格。”

8月3日　胡锦涛出席国际奥委会第一百二十次全会开幕式　国际奥委会第一百二十次全会开幕式8月4日晚在国家大剧院隆重举行。国家主席胡锦涛出席开幕式并发表致辞。胡锦涛强调，中国政府和人民将恪守承诺，在国际奥委会和国际奥林匹克大家庭支持下，以最大的热情，尽最大的努力，举办一届有特色、高水平的奥运会，为推动国际奥林匹克运动发展，为推动建设持久和平、共同繁荣的和谐世界作出贡献。

新疆喀什发生一起严重暴力袭警案件　8月4日上午8时许，喀什市公安边防支队集体出早操，行至怡金宾馆前时，突遭两名犯罪嫌疑人驾车袭击，并引发车上的爆炸物，造成16人死亡，16人受伤。两名犯罪嫌疑人已被抓获，案件正在进一步调查之中。

8月6日　福田表示今年8月15日不会参拜靖国神社　日本首相福田康夫5日表示，在今年的8月15日，他不会去参拜靖国神社。福田当天在首相官邸针对媒体记者有关是否准备在日本战败纪念日的8月15日参拜靖国神社的提问说：“请看我过去的行动。”日本媒体指出，这实际上表明了福田将不会去参拜靖国神社。

8月8日　奥运会开幕式安保工作就绪　奥运会开幕式将于8日在国家体育场隆重举行。为确保开幕式各项活动的安全顺利进行，北京市公安局全警动员、全力以赴做好安保工作。目前，经过多次彩排和演练的实兵拉动，开幕式各项安保工作已就绪。

8月9日　第二十九届奥林匹克运动会在北京隆重开幕　胡锦涛出席

开幕式并宣布本届奥运会开幕。江泽民、吴邦国、温家宝、贾庆林、李长春、习近平、李克强、贺国强、周永康等党和国家领导人，国际奥委会主席罗格、终身名誉主席萨马兰奇，以及来自世界各地的领导人和贵宾出席开幕式。204个国家和地区的1万多名运动员参加本届奥运会。

全军奥运安保任务部队进入一级值班备勤 北京奥运安保军队指挥小组8日通过视频指挥系统，召开北京奥运会开幕前最后一次任务部署会议。从即时起，全军担负奥运安保任务的指挥机构和各任务部队，全部转入一级值班备勤。

8月11日 国际军事体育理事会向中方授勋 为感谢中国军队对国际军事体育运动作出的贡献，国际军事体育理事会10日在八一大楼向中国军队领导人、国际军体村组委会有关官员以及中国人民解放军优秀运动员代表授勋。

8月15日 台北动物园获准接受大陆赠台大熊猫 大陆赠台大熊猫“团团”、“圆圆”终于获准入台了，台“行政院农委会林务局”今晚宣布，台北市立木栅动物园获准输入大熊猫。木栅动物园将成为台湾首家可以展示大熊猫的动物园。

8月16日 福田强调不忘历史教训 一年一度由日本政府主办的“全国战殁者追悼仪式”15日在东京的日本武道馆举行，日本天皇夫妇、首相福田康夫以及来自各地的约4600名遗属和政府相关人员出席。福田表示，不要忘记悲惨战争的教训，要“将过去的历史正确地传递给未来”。他重申日本不要战争的誓言，并表示日本将作为“和平合作国家”为建立世界永久和平而积极活动。就任首相后首次参加该仪式的福田在致辞中表示：“日本给许多国家、特别是亚洲各国造成巨大损害和痛苦。我代表民众在此深刻反省，并向所有牺牲的人们谨表哀悼之意。”

8月19日 中国参与十四个国际能源合作机制 国家能源局18日在2008北京国际新闻中心举行新闻发布会。在国际能源合作方面，国家发改委副主任、国家能源局局长张国宝介绍了中国与哈萨克斯坦和俄罗斯等国的能源合作，并透露国家能源局已参与了14个国际多边合作机制，包括中国和海湾合作组织能源合作、中国和欧佩克能源合作、上海合作组织能源工作组、中亚区域合作能源协调委员会、亚太清洁发展和气候变化新伙伴关系计划和亚太经合组织能源合作等。这些合作机制为中国促进全球能源价格稳定和供需平衡，以及确保中国能源安全提供了重要的平台。

8月20日 百万警民投入奥运安保 北京奥运会开赛11天，各奥运场馆、运动员驻地和奥运文化广场等未发生重大安全事故，全市治安情况良好。全市动员组织近5万名公安干警和110多万民兵、治安巡防员、治安志愿者等群防群治队伍，深入开展奥运安保各项工作。

8月22日 上合组织合作潜力巨大 吉尔吉斯斯坦总统巴基耶夫日前在吉首都比什凯克接受人民日报等中国媒体联合采访时说，上海合作组织（上合组织）成员国在政治、经济、安全、人文等领域合作潜力巨大，“我相信，这一潜力在未来将继续得到加强”。目前，上合组织已成为维护地区和平与稳定、促进成员国共同繁荣发展的重要因素。

8月24日 北京奥运会期间城市运行保障平稳有序 23日中午，北京国际新闻中心举行赛会期间北京城市运行保障新闻发布会，北京市新闻发言人李伟、刘志等向中外记者全面介绍了赛会以来城市运行保障情况。据介绍，奥运期间北京城市运行情况良好，各项服务保障工作周密到位，76个比赛和训练场馆运营正常、高效，得到了各国运动员、媒体和观众的广泛好评。

8月25日 第二十九届奥林匹克运动会在北京圆满闭幕 第二十九届奥林匹克运动会闭幕式24日晚在国家体育场隆重举行，来自各国各地区的运动员、教练员和来宾在团结、欢乐、和谐的气氛中，共同庆祝北京奥运会取得圆满成功。胡锦涛、江泽民、吴邦国、温家宝、贾庆林、李长春、习近平、李克强、贺国强、周永康等党和国家领导人，国际奥委会主席罗格、终身名誉主席萨马兰奇，以及来自世界各地的领导人和贵宾出席闭幕式。来自204个国家和地区的1万余名运动员在过去16天里挑战极限、攀越新高，刷新了38项世界纪录和85项奥运会纪录，多个国家和地区实现了奥运会金牌和奖牌零的突破，奏响了更快、更高、更强的激情乐章，描绘了团结、友谊、和平的壮丽画卷。作为东道主的中国，为把北京奥运会办成一届有特色、高水平的奥运会作出了巨大努力，完善的比赛场馆设施，出色的组织服务工作，赢得了奥林匹克大家庭和国际社会的广泛好评。中国体育代表团取得了51枚金牌、100枚奖牌的优异成绩，第一次名列奥运会金牌榜首位，创造了中国体育代表团参加奥运会以来的最好成绩。

8月26日 中韩联合公报 应大韩民国总统李明博邀请，中华人民共和国主席胡锦涛于2008年8月25日至26日对韩国进行国事访问。访问期间，胡锦涛主席同李明博总统举行会谈，达成广泛共识，并发布中韩联合公报。

8月27日 朝鲜说已停止宁边核设施去功能化作业 朝鲜外务省发言人今天发表声明称，朝鲜已停止宁边地区核设施的去功能化作业，并将根据有关部门的强烈要求，考虑采取按原状重新恢复宁边核设施的措施。声明说，朝鲜已经在6月26日提交了核申报清单，履行了自己的义务，但是美国却没有在约定的时间内将朝鲜从“支持恐怖主义”国家名单中删除。朝核问题六方会谈和朝美会谈中没有把对核申报进行验证作为美国把朝鲜从“支持恐怖主义”国家名单中除名的前提条件的条款。而美国声称要按照“国际标准”对朝鲜的核申报进行验证，实际上是对朝鲜进行“特别核查”，这不仅违反了“行动对行动”的原则，而且也是企图侵犯朝鲜自主权的行为。

8月28日 中蒙举行第三次防务安全磋商 中国人民解放军总参谋长助理陈小工中将27日在乌兰巴托与蒙古国国防部国务秘书鲍尔巴特尔举行了中蒙国防部第三次防务安全磋商。双方就地区安全形势、国际维和与人道主义行动、双边关系，以及其他共同关心的问题深入交换了意见。

8月29日 上海合作组织峰会在杜尚别举行 上海合作组织成员国元首理事会第八次会议28日在塔吉克斯坦首都杜尚别举行，中国国家主席胡锦涛、哈萨克斯坦总统纳扎尔巴耶夫、吉尔吉斯斯坦总统巴基耶夫、俄罗斯总统梅德韦杰夫、塔吉克斯坦总统拉赫蒙、乌兹别克斯坦总统卡里莫夫出席会议。胡锦涛在峰会上发表了重要讲话。成员国元首共同签署了《上海合作组织成员国元首杜尚别宣言》等重要文件，会议发表了《上海合作组织成员国元首理事会会议联合公报》。

外交部举行例行记者会外交部发言人秦刚28日主持例行记者会，回答了记者提问。在回答有关近期朝鲜停止宁边核设施去功能化问题时，秦刚表示，六方会谈进程面临向前迈进的机遇，同时也有困难需要各方共同克服。秦刚表示，为全面、均衡地落实第二阶段的剩余行动，推动六方会谈向前发展，各方一直通过双边和多边渠道，就朝鲜核申报书的验证、对朝经济能源援助等问题进行密切沟通和互动。有关工作仍在继续。

在回答少数国家提出所谓台湾“参与联合国专门机构活动”提案有关提问时，秦刚表示，瑙鲁、冈比亚等国提出所谓台湾“参与联合国专门机构活动”的提案，企图制造“两个中国”、“一中一台”，侵犯了中国的主权和领土完整，干涉了中国的内政，中国政府和人民对此坚决反对。

8月30日 新疆伽师发生袭警案 27日21时许，新疆喀什地区伽师县发生一起袭警案件，造成2人牺牲、5人受伤。据当地公安部门透露，27日，警方在伽师县克孜勒博依乡调查一案件时，遭到数名犯罪嫌疑人突然袭击。新疆维吾尔自治区党委、人民政府对这一案件高度重视。目前，公安机关正迅速开展案件侦破工作，搜捕涉案犯罪嫌疑人。受伤人员正在当地医院救治。

9月1日 两名中国工程师在巴基斯坦失踪 据中国使馆官员介绍，29日，中兴通讯巴基斯坦公司的两名中国工程师乘车到西北边境省的下迪尔地区检查基站，但随后他们与公司失去了联系。同时失踪的还包括随行的1名巴基斯坦司机和1名巴基斯坦保安。中国驻巴使馆获知消息后，迅速与巴有关部门取得联系，要求巴方全力协助搜救失踪人员。

9月2日 日本首相福田康夫宣布辞职 日本首相福田康夫1日晚在首相官邸召开记者会，宣布辞职。福田说，由于在野党在国会的不配合，许多应该决定的事情定不下来，或者要花很长时间。考虑到日本目前的经济形势，在以后的国会上决不应发生这种情况。他认为必须在新的领导体制下谋求政策的实现，因此决定辞职。

9月3日 外交部举行例行记者会 外交部发言人姜瑜2日主持例行记者会，发布消息并回答了中外记者的提问。姜瑜就日本首相福田康夫辞职答记者问时说，福田康夫首相宣布辞职是日本的内部事务。近年来，在两国政府和各界人士共同努力下，中日关系呈现良好发展势头，中日战略互惠关系不断深化。福田首相为此做出了重要贡献，中方对此给予高度评价。保持中日关系长期健康稳定发展符合两国和两国人民的根本利益，我们愿与日方继续共同为此做出努力。

9月4日 中日韩将构建大规模太空观测网络 中日韩3国决定构建跨国的甚长基线干涉测量（VLBI）网络，这个由20架射电望远镜组成的直径6000公里的巨大网络将对黑洞和银河系进行更精密的观测。

9月5日 《中华人民共和国畜禽遗传资源进出境和对外合作研究利用审批办法》颁布 国务院总理温家宝8月28日签署第533号国务院令，公布《中华人民共和国畜禽遗传资源进出境和对外合作研究利用审批办法》。《办法》共二十八条，自2008年10月1日起施行。《办法》规定，从境外引进畜禽遗传资源，应当具备引进的目的明确、用途合理；符合畜禽遗传资源保护和利用规划；引进的畜禽遗传资源来自非疫区；符合进出境动植物检疫和农业转基因生物安全的有关规定，不对境内畜禽遗传资源和生态环境安全构成威胁等条件。

中国政府向联合国提交2007年度军事开支报告 外交部发言人姜瑜4日在例行记者会上宣布：近日，中国政府向联合国提交了2007年度军事开支报告。这是中国去年参加联合国军费透明制度以来，第二次向联合国提交军事开支报告。今年的报告除了提供中国2007年军事开支基本数据外，还说明了中国军事开支的主要用途，所提供的信息比去年更加丰富。这再次表明中国政府高度重视军事透明问题，积极致力于增进与世界各国的军事互信。

9月7日 北京2008年残奥会隆重开幕 北京2008年残奥会开幕式6日晚在国家体育场隆重举行，国家主席胡锦涛出席开幕式并宣布北京残奥会开幕。来自147个国家和地区的残疾人运动员，同全场9万多名观众共同分享这一期盼已久的盛会。国际残奥委会主席克雷文，国际奥委会终身名誉主席萨马兰奇，以及来自世界各地的贵宾出席开幕式。

9月8日 北京—柏林通直航 中国首都北京和德国首都柏林结束了多年来没有直航的历史。当地时间9月5日晚6时30分，中国海南航空公司的一架空客A330抵达柏林泰格尔机场，柏林航空公司用最隆重的礼节表示欢迎——两辆消防供水车从飞机两旁喷出长长的水柱，为中国首架直航班机“洗尘”。

9月10日 外交部举行例行记者会 外交部发言人姜瑜9日主持例行记者会，发布消息并回答了中外记者的提问。在回答关于朝核问题六方会谈的提问时，姜瑜表示，作为六方会谈主席国，中方一直与有关各方保持密切沟通与协调。近日，六方会谈中方代表团团长、外交部副部长武大伟分别会见了来京的美、韩、日三方团长，以及朝鲜和俄罗斯驻华大使，就六方会谈当前形势和下一步努力的方向进行了有益探讨。

9月12日 中欧论坛第三次会议在德国汉堡举行 中欧论坛第三次会议10日在德国汉堡开幕。中国国务院副总理张德江、德国副总理兼外交部长施泰因迈尔出席了开幕式。张德江发表了开幕式主旨演讲。他说，中欧合作潜力巨大，中欧关系发展前景无限广阔，中欧发展平等互利的全面战略伙伴关系符合双方人民的根本利益，有利于地区和世界和平。

9月13日 国务院关于修改《外商投资电信企业管理规定》的决定 中华人民共和国国务院第534号令，公布《国务院关于修改〈外商投资电信企业管理规定〉的决定》，自9月14日起施行。

9月15日 党中央国务院对山西"9·8"特别重大尾矿库溃坝事故负有领导责任人员作出严肃处理 2008年9月8日，山西省临汾市襄汾县新塔矿业有限公司尾矿库发生特别重大溃坝事故，造成重大人员伤亡。根据国务院事故调查组初步调查，这是一起特别重大责任事故，在社会上造成了特别恶劣的影响。鉴于山西省省长孟学农同志、副省长张建民同志对上述事故负有领导责任，依据《国务院关于特大安全事故行政责任追究的规定》和其他有关规定，经党中央、国务院批准，同意接受孟学农同志引咎辞去山西省省长职务的请求，同意免去张建民同志的山西省副省长职务。对此次事故涉及的其他责任人员，由山西省委、省政府提出处理意见；涉嫌犯罪的，移送司法机关依法追究刑事责任。国务院事故调查组正在对事故作进一步深入调查，彻底查清违法行为，依法认定相关单位和人员责任。

9月16日 美国两党总统候选人强调加强美中合作 即将出版的中国美国商会《中国简报》月刊将刊登美国民主党总统候选人奥巴马和共和党总统候选人麦凯恩撰写的有关美中关系的文章。两人充分肯定中国改革开放以来取得的巨大成就，强调加强美中两国在贸易、环保和核不扩散等领域的合作。

9月17日 第四届"北京—东京"论坛在日本开幕 由中国日报社与

日本言论 NPO 组织主办的第四届“北京—东京”论坛在东京正式开幕。中国国务委员戴秉国向论坛发来贺辞，赞扬“北京—东京”论坛在中日交流中的重要作用，并称中日关系经历了“破冰”、“融冰”、“迎春”和“暖春”，目前已站在新的历史起点上。

9月18日 北京2008年残奥会圆满闭幕 北京2008年残奥会闭幕式17日晚在国家体育场隆重举行。来自世界各国各地区的数千名残疾人运动员、教练员和来宾，同现场9万多名观众一起，热烈庆祝北京残奥会取得圆满成功。“两个奥运同样精彩”是中国对世界的庄严承诺。北京残奥会出色的赛事组织、完善的无障碍设施、人性化的服务，赢得了运动员、教练员和国际社会的广泛赞誉。在残奥会赛场上，来自147个国家和地区的4000多名残疾人运动员顽强拼搏、奋勇争先，刷新了279项残疾人世界纪录和339项残奥会纪录。中国体育代表团获得89枚金牌、211枚奖牌，名列金牌榜和奖牌榜首位，创造了中国体育代表团参加残奥会以来的最好成绩。

石家庄市委副书记冀纯堂被免职 根据对三鹿牌婴幼儿配方奶粉重大安全事故调查进展情况，河北省委研究决定，免去冀纯堂石家庄市委副书记、常委、委员职务，并由石家庄市委提请市人大按照法定程序免去冀纯堂市长职务，免去张发旺副市长职务。

9月19日 不将“台湾参与联合国专门机构活动”问题列入议程 第六十三届联大总务委员会今天举行首次正式会议，决定不将冈比亚等国提出的所谓“台湾参与联合国专门机构活动”的提案列入大会议程。中国常驻联合国代表王光亚在会上发言指出，世界上只有一个中国，联合国及绝大多数会员国均坚持一个中国原则。联合国各专门机构均遵照《联合国宪章》及联大第2758号决议，解决了中国的代表权问题。

9月20日 中印边界问题特别代表第12次会晤在北京举行 18—19日，中印边界问题特别代表第12次会晤在北京举行。中方特别代表戴秉国国务委员和印方特别代表、印度国家安全顾问纳拉亚南在务实和坦诚友好的气氛中就中印边界问题的解决框架深入地交换意见。双方表示，将积极落实两国领导人的指示，以政治指导原则为基础，保持谈判势头，寻求公平合理和双方都接受的解决方案。

9月21日 中方坚决反对美国会参院通过干涉中国内政的涉藏决议案 外交部发言人姜瑜20日回答了记者提问。有记者问：据报道，美国会参院近日通过了所谓“呼吁达赖和中国政府就西藏人民权利加强对话”的决议案。请问中方对此有何评论？姜瑜说，西藏事务纯属中国内政，中国政府与达赖接触商谈问题完全是中国内部事务。中方坚决反对美国会参院通过干涉中国内政的涉藏决议案。她说，我们敦促美国会参院恪守国际关系基本准则，停止支持和纵容“藏独”分裂势力，停止干涉中国内政和损害中美关系的错误言行。

9月22日 “金融海啸”冲击全球 美国雷曼兄弟公司申请破产保护、美林证券被美国银行收购、美国政府被迫出手挽救美国保险业巨头美国国际集团等——这场发端于华尔街的金融危机如“海啸”一般冲击着全世界的神经，其广度和深度前所未有。事实证明，美国次贷危机非但远未到头，而且已经进入新的发展阶段。为此，各国政府以及银行纷纷采取一系列措施，以避免国际金融秩序陷入混乱。

9月24日 中国坚决反对美国“2008年度国际宗教自由报告” 外交部发言人姜瑜23日答记者问。有记者问：近日，美国国务院发表了“2008年度国际宗教自由报告”，其涉华部分继续指责中国的宗教政策和宗教自由状况。请问你对此如何评论？姜瑜说，美国国务院发表的所谓“2008年度国际宗教自由报告”，无端指责中国的宗教和民族政策，此举违反国际关系基本准则，干涉中国内政，我们表示强烈不满和坚决反对。

外交部举行例行记者会 外交部发言人姜瑜23日举行例行记者会，发布消息并回答了中外记者的提问。在回答有关“问题奶粉”的提问时，姜瑜表示，中方非常理解有关国家和地区对这一问题的关切。中方主管部门也愿与这些国家和地区的食品安全主管部门加强合作，本着科学、客观、实事求是的原则和态度妥善处理相关问题。姜瑜说，三鹿奶粉安全事故发生后，中国政府以对消费者高度负责的态度，迅速作出重大部署，各部门紧急行动，采取一系列有效措施积极应对，依法严肃处理。目前有关工作正在全面、深入、有序地展开。

9月25日 温家宝总理电贺麻生太郎就任日本首相 国务院总理温家宝24日致电麻生太郎，祝贺他就任日本首相。温家宝在贺电中说，中日互为重要近邻，同为亚洲和世界上的重要国家，发展长期稳定、睦邻友好的中日关系，符合两国和两国人民的根本利益，也有利于亚洲和世界的和平、稳定与繁荣。温家宝希望双方共同努力，推动中日战略互惠关系持续深入向前发展。

9月26日 神舟七号载人飞船发射成功 北京时间9月25日21时10分04秒，我国航天事业又迎来一个历史性时刻，我国自行研制的神舟七号载人飞船在酒泉卫星发射中心发射升空，21时19分43秒准确进入预定轨道。在随后的飞行过程中，我国航天员将首次进行空间出舱活动。中共中央总书记、国家主席、中央军委主席胡锦涛亲临酒泉卫星发射中心现场观看飞船发射。

9月27日 改革开放、和平发展、共同进步的庄严宣示 9月23日至25日，国务院总理温家宝应邀出席了在纽约联合国总部举行的联合国千年发展目标高级别会议和第六十三届联合国大会一般性辩论。在温总理结束访问回国之际，陪同出访的外交部长杨洁篪向记者介绍了温总理此行成果。杨洁篪说，当前，国际形势复杂多变，世界金融、能源、粮食安全问题日益突出，纽约华尔街正笼罩在金融危机的阴影中。北京奥运会刚刚成功举办，奥运后中国政治经济走向，中国如何应对世界和平与发展面临的一系列严峻挑战，国际上普遍关注。在此背景下，温总理出席联合国两个重要会议，备受各方瞩目。短短48小时，温总理广泛接触各国领导人、美各界人士和新闻媒体，展开密集的外交和政策宣介行动。

9月28日 我国航天员成功实施首次空间出舱活动 9月27日16时41分00秒，我国航天员翟志刚打开神舟七号载人飞船轨道舱舱门，首度实施空间出舱活动，茫茫太空第一次留下中国人的足迹。中共中央总书记、国家主席、中央军委主席胡锦涛在北京航天飞行控制中心观看航天员出舱活动实况，并在出舱活动结束后同航天员通话。

9月29日 我国空间技术发展实现具有里程碑意义的重大跨越 9月25日21时10分04秒，我国自行研制的神舟七号载人飞船在酒泉卫星发射中心发射升空。按照预定计划，飞船在太空预定轨道绕地球飞行45圈后，于28日傍晚返回。在68个多小时的太空飞行中，航天员飞行乘组翟志刚、刘伯明、景海鹏始终与地面保持密切联系。北京航天飞行控制中心通过航天员生理遥测参数，随时了解他们的身体状况。飞行期间，翟志刚、刘伯明、景海鹏在地面组织指挥和测控系统的协同配合下，顺利完成了空间出舱活动和一系列空间科学试验。按照预定计划，神舟七号载人飞船成功释放了伴飞卫星，进行了绕飞试验。

10月1日 大陆居民经金马澎赴台湾本岛旅游首发 大陆居民经金马澎赴台湾本岛旅游首发团，9月30日正式成行。大陆游客直接经金马澎赴台湾本岛旅游，在路线上实现了“截弯取直”，令往返成本和时间大为节省，增强了赴台旅游的吸引力和竞争力。

10月2日 我常驻联合国代表称中国将在国际事务中发挥更大作用 中国新任常驻联合国代表张业遂大使日前在接受人民日报等多家中文媒体联合采访时表示，此次来到纽约担任中国常驻联合国代表，最大的感受是国际形势发生了巨大变化。全球性挑战越来越多，如反恐、防扩散问题，粮食、能源、金融安全问题，还有环境保护、气候变化等。国际社会必须加强合作，才能有效应对这些挑战。国际社会普遍希望中国在国际事务中发挥更大的作用，期待也有所提高。

10月4日 东北亚安全合作研讨会在蒙古国举行 “东北亚地区安全合作面临的非传统问题”研讨会10月2日在蒙古首都乌兰巴托举行，来自蒙古国、美国、韩国、中国、日本等国家的40余名专家学者及有关国家政府官员参加了会议。研讨会上，各国与会者就当前面临的国际问题以及感兴趣的问题进行了深入探讨，其中包括地区政治安全、经济安全、能源安全等内容。一年一度的东北亚国家安全研讨会是中国、日本、蒙古国、俄罗斯、韩国、美国等国国防领域和地区安全专家进行建设性对话的平台。

10月5日 外交部发言人发表谈话 外交部发言人刘建超4日就美国政府通知国会决定售台武器发表谈话时表示，中国政府和人民坚决反对和谴责美方这一严重损害中国利益和中美关系的行径。10月3日，美国政府不顾中方一再严正交涉，通知国会决定向台湾出售“爱国者—3”反导系统、“E—2T”预警机升级系统、“阿帕奇”直升机等武器装备，总价值达64.63亿美元。刘建超说，中国政府和人民坚决反对和谴责美方这一严重损害中国利益和中美关系的行径。外交部副部长何亚非已奉命召见美国驻华使馆临时代办，向美方提出强烈抗议。刘建超表示，中方坚决反对美国向台湾出售武器，这一立场从来是明确和坚定不移的。美方同意售台上述先进武器，严重违反中美三个联合公报特别是“八·一七”公报原则，粗暴干涉中国内政，危害中国国家安全，给两岸关系和平发展制造干扰和障碍，理所当然激起中国政府和人民的强烈愤慨。

10月6日 赴台湾游悄然升温 根据台湾“交通部”观光局的不完全统计，“十一”黄金周期间，共有157个团4286名大陆居民到台湾观光，其中9月29日单日就有1285名大陆游客赴台，创下7月18日大陆居民台湾游正式实施以来单日最高人数纪录。

10月8日 外交部举行例行记者会 外交部发言人秦刚7日主持例行记者会，回答了中外记者的提问。在被问到六方会谈的进展情况时，秦刚说，中国外交部副部长武大伟10月4日在北京会见了六方会谈美方团长希尔，听取了希尔关于他日前访问朝鲜的有关情况通报。希尔在访朝期间与朝方进行了长时间和实质性的会谈。中方支持美朝之间保持接触，认为希尔此次朝鲜之行是有益的。秦刚表示，在有关各方的共同努力下，六方会谈进程已取得了一些重要进展，同时也面临着进一步发展的重要契机。不断推动六方会谈向前迈进，实现朝鲜半岛无核化，维护东北亚地区和平与稳定符合有关各方的共同利益。中方将与各方继续保持密切沟通和协调，争取早日全面均衡地落实第二阶段行动，推动六方会谈进程不断向前发展。

10月10日 外交部举行例行记者会 外交部发言人秦刚9日下午主持例行记者会，回答了中外记者的提问。在回答有关美国总统候选人涉台言论的提问时，秦刚强调，关于美国对台军售的问题，连日来中方已经反复表明了明确、严正、坚决的反对立场。他说，台湾问题是中美关系中最重要、最敏感的核心问题，妥善处理台湾问题是中美关系重要的政治基础。希望美国两党阵营恪守一个中国政策，遵守中美三个联合公报，妥善处理涉台问题，做促进中美关系向前发展的事情。

中方对美国防部发言人错误言论表示坚决反对 国防部新闻发言人黄雪平9日答记者问。有记者问：美国防部发言人称中方已经通知美方取消或推迟部分军事交流计划，请证实。中方对美国防部发言人的表态有何评论？黄雪平说，我们注意到美国防部发言人近日发表的关于美中军事关系的评论。我们对此表示强烈不满和坚决反对。他说，美国防部发言人称，美方履行美《与台湾关系法》，向台湾提供武器。但美方所谓的《与台湾关系法》严重违背了中美三个联合公报的原则和公认的国际关系基本准则。美方无权将自己的国内法凌驾于国际法之上，更不能以此为借口对台售武。

10月12日 欧盟将发展对华关系列为对外政策重点 欧盟委员会主席巴罗佐在12日会见中国驻欧盟使团团长宋哲大使时说，欧盟将发展对华关系列为对外政策重点与优先目标，愿加强双边合作，为欧中关系进一步发展注入新动力。

10月13日 中共十七届三中全会在京举行 中共十七届三中全会10月9日至12日在京举行。中央政治局主持会议。中央委员会总书记胡锦涛作重要讲话。全会听取和讨论胡锦涛受中央政治局委托作的工作报告。全会审议通过《中共中央关于推进农村改革发展若干重大问题的决定》。全会号召，全党同志要紧密团结在以胡锦涛同志为总书记的党中央周围，锐意改革，加快发展，在推进中国特色社会主义伟大事业进程中努力开创农村工作新局面。

央行货币政策委员会认为我国金融体系稳健安全 近日召开的中国人民银行货币政策委员会2008年第三季度例会认为，党中央、国务院出台的一系列有针对性的宏观调控措施正在收到积极成效。我国国民经济继续朝着宏观调控预期方向发展，金融体系稳健安全，总体形势是好的。会议分析了当前国内外经济金融形势，重点讨论了国际金融动荡对我国经济金融发展可能产生的影响。由美国次贷危机引发的金融危机正愈演愈烈，中国如何才能绕过这场金融危机的险滩？专家普遍认为，虽然我国受国际金融危机的冲击不是很大，但在经济全球化的背景下，必须从多方面采取措施积极应对和防范。金融危机对中国经济最重要冲击是外需下降。可通过刺激内需，保持经济平稳较快发展。

10月14日 中方希望六方会谈各方早日全面均衡落实第二阶段行动 外交部发言人秦刚13日答记者问。有记者问：美国已宣布将朝鲜从“支恐”国家名单中除名，朝宣布将重启宁边核设施去功能化，中方对此有何评价？秦刚答：中方积极评价有关各方为推进六方会谈进程所做的建设性努力，希望各方切实履行承诺，继续相向而行，早日全面均衡落实第二阶段行动。秦刚说，推进六方会谈进程符合有关各方共同利益，也是国际社会的普遍期待。中方将与各方继续加强沟通与协调，推动会谈进程不断向前发展。

10月15日 中俄举行国界东段界桩揭幕仪式 中俄双方14日在黑瞎子岛举行了“中华人民共和国与俄罗斯联邦国界东段界桩揭幕仪式”。中国外交部大使赵希迪和俄罗斯外交部一亚局副局长马雷舍夫共同为中俄界桩揭幕。同日，中国外交部和俄罗斯外交部通过换文确认《中华人民共和国政府和俄罗斯联邦政府关于中俄国界线东段补充叙述议定书》及其附件正式生效。两国边防部队已开始按双方勘定的国界线履行防务。

外交部举行例行记者会 外交部发言人秦刚14日下午主持例行记者会，回答了中外记者的提问。在回答有关中俄两国举行国界东段界桩揭幕仪式的提问时秦刚表示，中俄历史遗留边界问题的解决，是双方以目前有关中俄边界的条约为基础，根据公认的国际法准则，本着平等协商的精神，历经多年谈判的结果，体现了中俄战略协作伙伴关系的高水平和特殊性。中俄解决边界问题是两国落实《中俄睦邻友好合作条约》的具体步骤，体现了双方世代友好的和平思想。中俄边界将成为中俄两国和两国人民和平、友好、合作的纽带。

在回答有关朝鲜近日宣布将重启宁边核设施去功能化进程的问题时，秦刚表示，中方对有关各方为推进六方会谈进程所作出的建设性努力予以积极评价。作为六方会谈主席国，我们愿意和有关各方就验证等方面的问题继续保持密切的沟通、协调，为推动实现朝鲜半岛无核化的目标发挥建设性作用。

我代表强调中国将与各国合作维护金融市场稳定 中国人民银行副行长易纲13日表示，应对当前金融危机需要国际社会共同努力，中国愿继续与世界各国齐心协力，共同维护国际金融市场稳定。

10月16日 国台办举行例行记者会 国务院台湾事务办公室15日上午举行例行记者会，发言人杨毅就近期两岸关系有关问题回答了中外记者的提问。在回答有关海协会会长陈云林访台的问题时，杨毅表示，陈云林年内率海协会代表团赴台访问并进行两会协商，是两会制度化协商的既定安排。赴台访问的具体时间应根据两会为这次协商所做准备的进展情况，由两会商量决定，海协会和海基会现正在为陈云林赴台访问进行积极准备。

10月18日 《中华人民共和国外国常驻新闻机构和外国记者采访条例》公布 国务院总理温家宝17日签署第537号国务院令，公布《中华人民共和国外国常驻新闻机构和外国记者采访条例》。

外交部举行记者会 外交部新闻司司长刘建超17日晚举行记者会，就《中华人民共和国外国常驻新闻机构和外国记者采访条例》作出说明。刘建超指出，新条例是本着改革、开放、进步的精神制定的，将《北京奥运会及其筹备期间外国记者在华采访规定》的主要原则和精神以长效的法规固定下来，继续为外国新闻机构和外国记者在华采访提供便利。

10月20日 中共中央关于推进农村改革发展若干重大问题的决定 中国共产党第十七届中央委员会第三次全体会议全面分析了形势和任务。全会研究了新形势下推进农村改革发展的若干重大问题，作出《中共中央关于推进农村改革发展若干重大问题的决定》，于2008年10月12日中国共产党第十七届中央委员会第三次全体会议通过。

10月21日 中非合作论坛第六届高官会举行 中国和非洲双方19日在中非合作论坛第六届高官会闭幕式上达成共识，表示要继续深化中非新型战略伙伴关系，全面落实中非合作论坛北京峰会的后续行动。与会代表们还讨论了“中非农业合作与粮食安全”和“基础设施建设”两个议题。中方表示将继续加强与非洲国家在农业和基础设施领域的合作，在力所能及范围内向非洲国家提供帮助，以应对粮食安全和经济社会发展的挑战。中国政府将继续鼓励中国企业赴非洲投资、合作，为非洲国家经济社会发展做出贡献。

10月22日 胡锦涛同美国总统布什通电话 国家主席胡锦涛21日晚应约同美国总统布什通电话。双方就召开国际金融峰会、加强国际合作、应对国际金融危机交换看法。强调中国政府将继续以对中国人民和各国人民负责的态度，同国际社会密切合作，共同维护世界经济金融稳定。

外交部举行例行记者会 外交部发言人秦刚21日主持例行记者会，回答了中外记者的提问。在回答美国准备召开紧急金融首脑会议的有关问题时，秦刚强调，中方主张国际社会应平等协商，加强合作，共同应对当前的国际金融危机，有关措施应切实有利于维护国际金融市场的稳定和世界经济的健康发展。

在回答美国上诉法院拒绝联邦地方法院释放关押在关塔那摩监狱的17名中国维族嫌犯的有关问题时，秦刚表示，美国政府部门在相关文件中提到，这17名恐怖嫌犯如果被允许留在美国，会对美国国家安全和公共利益造成危害，那么它有什么理由向第三国输出这种危害？秦刚强调，在反恐问题上不能搞双重标准，应该从国际反恐义务出发，共同坚决予以打击。中方在此问题上的立场是一贯的，我们要求把这些恐怖嫌犯尽快遣返回中国，接受法律的审判。

国台办发言人发表谈话　国务院台湾事务办公室发言人21日就张铭清在台遭暴力攻击发表谈话指出，海峡两岸关系协会副会长张铭清以厦门大学新闻传播学院院长身份赴台湾进行学术交流，今天上午在参观台南市孔庙时，竟然遭到一些极端分子暴力攻击，人身安全与尊严受到严重伤害。我们对这种野蛮的暴力行为表示强烈愤慨和严厉谴责，并要求严惩肇事者，维护两岸人民正常交往的权利。

公安部公布8名“东突”恐怖分子名单　10月21日上午，公安部举行新闻发布会，通报第二批认定的“东突”恐怖分子名单。8人均系“东伊运”骨干成员；均曾参与策划、指挥和组织实施针对北京奥运会的各种恐怖犯罪活动；中国希望国际社会将其拘捕并移交中国。

10月23日　联合国发布有关中国食品安全报告　联合国驻华机构22日在北京发布《推动中国食品安全》不定期报告，分析中国食品安全形势，并就中国应在哪些方面着力改善食品安全系统提出建议。

10月24日　中国新加坡政府签署自由贸易协定　10月23日，在国务院总理温家宝和新加坡总理李显龙的共同见证下，商务部长陈德铭与新加坡贸工部长林勋强代表各自政府在北京人民大会堂签署了《中华人民共和国政府和新加坡共和国政府自由贸易协定》。同时，双方还签署了《中华人民共和国政府和新加坡共和国政府关于双边劳务合作的谅解备忘录》。新方承诺将在2009年1月1日取消全部自华进口产品关税；中方承诺将在2012年1月1日前对97.1%的自新进口产品实现零关税，其中87.5%的产品从《协定》生效时起即实现零关税。

外交部举行例行记者会　外交部发言人秦刚23日下午主持例行记者会回答了中外记者的提问。在回答有关美国将召开国际金融峰会的提问时，秦刚表示，中方主张，国际社会应平等协商，加强合作，共同应对当前国际金融危机，共同维护世界经济金融稳定。中方重视有关召开国际金融峰会的倡议，愿积极考虑与会，并与有关各方保持沟通协调。

10月25日　第七届亚欧首脑会议在北京隆重开幕　24日下午，第七届亚欧首脑会议在北京人民大会堂隆重开幕。中国国家主席胡锦涛发表了题为《亚欧携手 合作共赢》的重要讲话，强调面对金融危机这一全球性挑战，世界各国需加强政策协调、密切合作、共同应对。国务院总理温家宝主持开幕式。

10月26日　第七届亚欧首脑会议在京闭幕　为期2天的第七届亚欧首脑会议25日下午在人民大会堂隆重闭幕，与会的45个亚欧会议成员的国家元首、政府首脑、地区组织领导人和代表出席闭幕式。中国国务院总理温家宝主持闭幕式。温家宝在闭幕词中说，第七届亚欧首脑会议达到了预期的目的，取得了圆满成功。会议通过了《第七届亚欧首脑会议关于国际金融形势的声明》，提出了应对金融危机的对策和倡议；重申加强多边主义，维护以联合国为主体的多边体系，通过和平对话与友好协商解决分歧与争端；承诺共同采取综合性中长期措施，保障粮食安全，继续对受灾国家重建给予帮助，并开展灾害管理和重建方面的相关合作；会议发表的《可持续发展北京宣言》对于亚欧会议在该领域的对话与合作，具有重要指导意义。

10月27日　中俄能源谈判代表会晤举行　务院副总理王岐山与俄罗斯副总理谢钦26日在莫斯科共同主持中俄能源谈判代表会晤。王岐山说，加强能源合作是中俄战略协作伙伴关系的重要体现，两国领导人对此高度重视，决定建立中俄能源谈判机制。这一机制将为扩大和深化两国长期稳定的能源合作发挥积极作用。

10月28日　保障国家粮食安全　张冬科在《人民日报》2008年10月28日02版解读《中共中央关于推进农村改革发展若干重大问题的决定》指出，《决定》全面部署了积极发展现代农业、推进农业结构战略性调整的重大任务，指出发展现代农业，必须按照高产、优质、高效、生态、安全的要求，加快转变农业发展方式，推进农业科技进步和创新，加强农业物质技术装备，健全农业产业体系。《决定》部署了确保国家粮食安全重大战略任务，提出要加快构建供给稳定、储备充足、调控有力、运转高效的粮食安全保障体系，把发展粮食生产放在现代农业建设的首位。粮食安全与能源安全、金融安全并称为当今世界三大经济安全。从国家安全战略角度和中长期发展趋势分析，我们必须坚持立足国内实现粮食基本自给方针。《决定》强化了各地区保障国家粮食安全的责任，指出各地区都要明确和落实粮食发展目标，强化政策扶持，落实储备任务，分担国家粮食安全责任。

10月29日 外交部举行例行记者会 外交部发言人姜瑜28日主持例行记者会，回答了中外记者的提问。姜瑜说，据苏方向我驻苏丹使馆通报，10月27日中国中石油公司在苏丹被绑架的9名工作人员中，4人遇害，4人脱险，1人失踪。姜瑜介绍说，我人员被绑架事件发生后，党中央、国务院高度重视，十分关注他们的安危，胡锦涛主席、温家宝总理作出重要批示，要求外交部全力营救被绑人员。外交部等有关部门和中国驻苏丹使馆与苏方保持密切联系，多渠道开展工作，为解救被绑人员做出了极大努力。

10月30日 中朝签署鸭绿江和图们江水文合作会谈纪要 中国和朝鲜水利部门29日在平壤签署了《关于鸭绿江和图们江水文合作》的会谈纪要。双方相互通报了界河水情信息和水文业务交流情况，并就进一步提高界河报汛监测能力、加强界河地方水文测报项目合作、技术人员培训等交换了意见，并达成共识。

陈云林访台主要任务是落实两会制度化协商 国务院台湾事务办公室30日举行例行记者会，发言人杨毅在回答记者提问时表示，海协会会长陈云林率团访台的主要任务是落实两会制度化协商。海协会与海基会将就两岸民众关心的、迫切希望解决的两岸海运直航、货运包机、平日包机及建立空中直达双向新航路、全面通邮和食品安全等议题进行协商。

11月1日 中方对日本自卫队现役高官公然歪曲历史、美化侵略感到震惊和愤慨 外交部发言人姜瑜1日回答了记者提问。有记者问：据报道，日本航空自卫队幕僚长田母神俊雄撰文公开为日本过去的侵略历史翻案，声称将日本称为侵略国家是冤枉的。对此，日本政府公开表示上述文章明显违背日政府立场，违背承认日本对亚洲进行殖民统治和侵略并表示深刻反省和道歉的“村山谈话”精神，迅速罢免了此人的职务。中方对此有何评论？姜瑜说，日本军国主义对外发动侵略战争，给包括中国人民在内的亚洲人民带来深重灾难，这是不容置疑的历史事实。我们对日本自卫队现役高级军官公然歪曲历史、美化侵略感到震惊和愤慨。姜瑜说，正确认识和对待历史是中日关系健康稳定发展的政治基础。我们注意到日本政府的表态和已采取的措施。中日双方应共同努力，维护中日关系大局。

11月2日　《台湾记者在祖国大陆采访办法》公布　国务院台湾事务办公室1日公布了《台湾记者在祖国大陆采访办法》。

11月3日　我代表在国际反贪污大会上表示中国愿加强反腐败国际合作　在雅典出席第十三届国际反贪污大会的中国代表团团长、监察部高级监察专员滕久明2日说，中国政府高度重视反腐败的国际交流与合作，愿意与各国、各地区和国际组织一起，采取有力措施加大反腐败力度。

11月4日　海协会领导人应邀访台是两会制度化协商的新起点　海峡两岸关系协会会长陈云林3日上午率海协会协商代表团乘机离京赴台，中台办、国台办主任王毅前往机场送行。王毅在对记者发表讲话时表示，这是两会制度化协商的一个新起点。3日下午，海峡两岸关系协会与海峡交流基金会在台北圆山大饭店举行了副会长、副董事长层级的预备性磋商。海基会副董事长兼秘书长高孔廉表示，海基会在主管机关授权下，与海协会就两岸空运、海运、邮政以及食品安全四项民生经济议题，经过多次工作层级磋商，技术性方面都已达到相当共识。

11月5日　两会签署四项协议 两岸“三通”大步迈进　海协会会长陈云林与海基会董事长江丙坤4日下午在台北签署了《海峡两岸空运协议》、《海峡两岸海运协议》、《海峡两岸邮政协议》和《海峡两岸食品安全协议》四项协议。这宣告两岸同胞盼望已久的两岸直接通航、通邮即将变成现实。

11月6日　外交部发言人就美大选结果答记者问　外交部发言人秦刚5日答记者问。有记者问：美国大选结果已揭晓，奥巴马、拜登分别当选美新一届总统和副总统。请问中方有何评论？秦刚说，11 月 5 日美国大选结果揭晓后，胡锦涛主席、温家宝总理分别致电奥巴马，祝贺他当选第四十四任美国总统。习近平副主席致电拜登，祝贺他当选美国副总统。正如胡主席在贺电中所指出，中美两国在事关人类福祉的一系列重大问题上，拥有广泛的共同利益，肩负着重要的共同责任。发展长期健康稳定的中美关系，符合两国和两国人民的根本利益，对维护和促进世界的和平、稳定与发展具有重要意义。中方愿与美方继续共同努力，在中美三个联合公报的基础上，加强两国在各领域的对话、交流与合作，增进双方的相互了解与信任，推动中美建设性合作关系不断向前发展，以更好地造福两国人民和世界各国人民。

中国对拉美和加勒比政策文件是中国对拉美外交重要举措　中国外交部长杨洁篪 5 日在接受采访时表示，中国政府制订《中国对拉丁美洲和加勒比政策文件》是中国对拉美外交的重要举措，表明中国政府和领导人对发展中拉关系的高度重视。中国政府 5 日发表了《中国对拉丁美洲和加勒比政策文件》，这也是中国政府制定的首份对该地区的政策文件。

两会举办两岸工商航运和金融双座谈会　5 日上午，海协会、海基会在台北圆山大饭店分别举办两岸工商及航运座谈会和两岸金融座谈会。两岸业者和专家就如何加强两岸经贸合作，创造互利双赢，共御金融危机进行了研讨。

11 月 7 日　我歼击轰炸机研制获突破　我国载弹能力最强、航程最远、作战半径最大的歼击轰炸机——“飞豹”近日亮相珠海航展并做了飞行表演，这是新一代“飞豹”歼击轰炸机在珠海航展的首次亮相。

第七次中欧能源合作大会举行　为期两天的第七次中国—欧盟能源合作大会 6 日在布鲁塞尔召开，中欧双方的代表就可再生能源技术、生物燃料技术、氢能与燃料电池技术、煤和气水化合物技术、碳捕获和储存技术以及先进核能技术等内容进行经验交流和探讨。

外交部举行例行记者会　外交部发言人秦刚 6 日举行例行记者会，回答了中外记者的提问。在回答有关中美关系的问题时，秦刚表示，中方高度重视中美关系，主张从战略高度和长远角度看待和处理中美关系，不因一时一事而改变。中国政府愿同美方，包括美新政府一道，继续在中美三个联合公报的基础上，加强对话和交流，增进相互了解、信任和合作，妥善处理两国关系中的敏感问题，推动中美关系不断向前发展。秦刚还表示，中美作为两个大国，同为联合国安理会常任理事国，在维护世界和地区和平、安全、稳定，促进人类共同发展方面，拥有广泛的共同利益，同时也肩负着重要的责任。当前，国际形势正发生深刻、复杂的变化，世界既面临进一步发展的机遇，同时也面临许多严峻的挑战，包括当前国际金融危机、能源安全、粮食安全、气候变化、反恐、核不扩散等问题。近年来，中美在这些问题上保持交流、对话与合作，取得了一系列重要成果，也促进了两国关系的发展。中方希望今后双方继续加强对话与合作。

杜青林接见达赖喇嘛私人代表一行　全国政协副主席、中共中央统战部部长杜青林近日在北京接见达赖喇嘛的私人代表甲日·洛迪、格桑坚赞一行。杜青林向甲日一行介绍了北京奥运会和残奥会取得巨大成功、神舟七号载人航天飞行圆满成功的盛况，介绍了当前国家和西藏自治区经济社会发展，以及西藏抗震救灾、抗击罕见大暴雪灾害等情况。他指出，我们之所以能够战胜各种困难和挑战，不断取得改革开放和社会主义现代化建设的举世瞩目的新成就，根本原因在于我们始终不渝地坚持中国特色社会主义发展道路。中国的和平发展是不可阻挡的历史潮流，西藏在祖国大家庭中不断繁荣进步是有目共睹的客观事实。

11月8日　周永康在悉尼考察警察指挥中心并观摩反恐防暴演习　正在澳大利亚进行友好访问的中共中央政治局常委、中央政法委书记周永康当地时间6日下午和7日上午先后考察了新南威尔士州警察特别行动指挥中心和水警指挥中心，并观摩了水警反恐防暴演习。

海协会赴台商谈是开拓、合作、和平之旅　结束访台行程，由海峡两岸关系协会会长陈云林率领的海协会协商代表团，7日上午乘机返抵北京。中台办、国台办主任王毅前往机场迎接。王毅表示，海协会协商代表团此次赴台商谈，为两岸关系书写了新的历史，是一次开拓之旅、合作之旅、和平之旅。

11月9日　"两马"客运航线首次延至台湾本岛　11月8日，从台湾基隆港出发并弯靠马祖福澳港的"台马"号客轮，经过10多个小时的航程后，安全抵达福州马尾港。这是"两马"海上客运航线首次延伸至台湾本岛。

11月10日　扩大内需促进增长十项措施出台　温家宝主持召开国务院常务会议，研究部署进一步扩大内需促进经济平稳较快增长的措施，要求扩大投资出手要快，出拳要重，措施要准，工作要实。到2010年底约需投资4万亿元。今年四季度先增加安排中央投资1000亿元，明年灾后重建基金提前安排200亿元，带动地方和社会投资，总规模达到4000亿元。

11月11日　中国海军"郑和"号训练舰访问泰国　中国海军"郑和"号训练舰10日抵达泰国曼谷港，开始对泰国进行为期4天的正式友好访问。

11月12日　外交部举行例行记者会　外交部发言人秦刚11日举行例行记者会，回答了中外记者的提问。在回答有关印外长发表关于中印边界问题有关言论的问题时，秦刚表示，中方对印方不顾历史事实，公开发表相关言论深感遗憾。中印边界从未正式划定。中方对中印边界东段的立场是一贯和明确的。中国历届政府均不承认非法的"麦克马洪线"。印方对此是清楚的。对于中印边界问题，中方愿与印方通过和平友好的谈判，本着互谅互让、相互调整的精神，寻求公平合理和双方都能接受的解决方案。

11月14日　牢牢掌握保障粮食安全的主动权　《国家粮食安全中长期规划纲要（2008—2020年）》，已经国务院批准，由国家发改委公布实施。这是我国政府编制的第一个中长期粮食安全规划。

11月15日　中方坚决反对外国领导人同达赖进行任何形式的接触　外交部发言人秦刚14日答记者问。有记者问，据报道，法国总统萨科齐日前宣布，将于12月6日出席波兰前总统瓦文萨获诺贝尔奖25周年庆祝活动期间，在波兰同达赖见面。请问中方对此有何看法？秦刚说，我们坚决反对达赖以任何身份到其他国家从事分裂中国的活动，也坚决反对外国领导人同达赖进行任何形式的接触。当前，中法、中欧关系正保持改善和发展势头，这一局面来之不易，应倍加珍惜。我们要求法方从大局出发，坚持一个中国原则，恪守承诺，切实重视中方重大关切，妥善处理相关问题，促进中法、中欧关系稳定发展。

11月16日　二十国集团领导人金融市场和世界经济峰会在华盛顿举

行 二十国集团领导人金融市场和世界经济峰会15日在美国首都华盛顿举行。国家主席胡锦涛出席会议并发表重要讲话。会议分为两个阶段举行，主要议题包括：评估国际社会在应对当前金融危机方面取得的进展，讨论金融危机产生的原因，共商促进全球经济发展的举措，探讨加强国际金融领域监管规范、推进国际金融体系改革等问题。胡锦涛在会上发表了题为《通力合作 共度时艰》的重要讲话。

11月18日 不存在所谓中国派军队加入驻阿国际联军的问题 外交部发言人秦刚17日答记者问。有记者问，据报道，英国首相布朗近日提出，中国可以派兵参加驻阿富汗国际联军。中方对此有何回应？秦刚说，中国政府一贯支持阿富汗政府和人民维护稳定、发展经济、和平重建的努力。中国在阿富汗问题上的立场没有任何变化。除安理会批准的联合国维和行动外，中国从不向海外派驻一兵一卒，不存在所谓中国派军队加入驻阿富汗国际联军的问题。

11月19日 外交部举行例行记者会 外交部发言人秦刚18日下午主持例行记者会，回答了中外记者的提问。在回答有关中美战略经济对话的提问时，秦刚说，中美战略经济对话是近几年来中美建设性合作关系发展的一个重要成果，同时也是促进中美经贸关系健康稳定发展以及中美整体关系向前发展的一个重要平台。通过两年多来进行的4次对话，中美双方增进了相互了解和信任，取得了一系列重要共识和积极成果。我们希望把这一对话机制坚持下去，双方能够继续就两国经济关系中全局性、长期性和战略性的问题进行对话，促进合作，这符合双方的利益。

11月21日 外交部举行例行记者会 外交部发言人秦刚20日下午在例行记者会上表示，中方期待第二次中日经济高层对话在双方方便的时候尽早举行并取得积极成果。秦刚是在回答有关原定于12月在日本举行的第二届中日经济高层对话推迟的问题时作出上述表示的。

两岸常态包机分配方案公布 根据海峡两岸关系协会与台湾海峡交流基金会11月4日在台北签署的《海峡两岸空运协议》，中国民用航空局今日向媒体公布大陆航空公司常态包机分配方案。

11月22日 外交部发言人答记者问 外交部发言人秦刚21日回答记者提问。有记者问：近日，美国国会“美中经济与安全评估委员会”发表

2008年涉华年度报告，请问中方对此有何评论？秦刚回答：该委员会一贯戴着有色眼镜，蓄意对中国进行诬蔑攻击，企图误导舆论和公众，为中美在广泛领域合作设置障碍，其所谓报告不值一驳，其图谋绝不会得逞。我们奉劝该委员会改弦易辙，停止发表此类报告，停止干涉中国内政，以免进一步损害其自身形象。

11月23日 胡锦涛在亚太经合组织工商领导人峰会上发表演讲 国家主席胡锦涛21日在秘鲁首都利马出席亚太经合组织工商领导人峰会并发表题为《携手共同努力 推动经济发展》的重要演讲。

11月25日 加强粮食收购储备，保障国家粮食安全 国家粮食局在深入学习实践科学发展观活动中，以“实践科学发展观，保障国家粮食安全”为实践载体，深入调查、认真分析当前国际粮价波动、世界经济衰退、国际金融危机加剧的新形势、新挑战，提出在当前复杂的国际经济形势下保障国家粮食安全，必须加强粮食收购和储备，进一步做好粮食流通工作。

11月27日 驻港部队完成第十一次轮换 25日，解放军驻港部队顺利完成了进驻香港后的第十一次正常轮换。轮换行动结束后，驻军在香港特别行政区的部队员额和装备数量没有变化。这次驻港部队轮换，是根据《中华人民共和国香港特别行政区驻军法》关于“香港驻军实行人员轮换制度”的规定和中央军委的命令进行的。

11月28日 外交部举行例行记者会 外交部发言人秦刚27日主持例行记者会回答了中外记者的提问。在回答泰国紧张局势升级的有关问题时，秦刚表示，泰国是中国的友好邻邦，中方关注泰国局势发展。衷心希望泰国国家稳定、社会和睦、经济持续发展。

在回答中欧领导人会晤的有关问题时，秦刚指出，中欧之间有着广泛的共同利益，加强和发展中欧关系有利于双方，也有利于世界。特别是在当前的形势下，中国和欧盟应该在应对国际金融危机、粮食和能源安全、气候变化等全球性挑战方面加强合作。秦刚强调，中国政府和人民坚决反对达赖以任何名义在国际上从事分裂中国的活动，坚决反对外国领导人以任何形式同达赖进行接触。

11月29日 外交部发言人就第十一次中欧领导人会晤推迟一事发表

谈话　外交部发言人秦刚28日就第十一次中欧领导人会晤因欧盟轮值主席、法国领导人宣布将会见达赖而推迟发表谈话。秦刚说，中方高度重视原计划于12月初在法国举行的第十一次中欧领导人会晤，并为此作出了大量积极准备。但在会晤即将举行前不久，担任欧盟轮值主席的法国领导人刻意高调公开宣布将于会晤后会见达赖，这立即引起中国政府和中国人民的强烈不满。秦刚指出，涉藏问题事关中国的主权和领土完整，事关中国的核心利益。中方为维护中法和中欧关系，多次耐心向法方表达关切，希望法方妥善处理涉藏问题，避免干扰中欧领导人会晤。令人遗憾的是，法方对中方维护中法、中欧关系的诚意和努力未给予积极的回应，破坏了会晤的气氛，使会晤无法达到预期的目的。在此情况下，中方不得不宣布推迟会晤。造成目前局面的原因和责任不在中方。

11月30日　我班机接载滞留泰国中国旅客　当地时间29日21时20分（北京时间22时20分），中国东方航空公司的一架客机缓缓滑向了泰国乌塔保临时国际机场的跑道，顺利起飞，向着祖国的方向飞去，246名疲惫不堪的中国旅客，终于露出了笑容。为接载滞留多日的中国旅客，国航、东航、上航和南航等四家航空公司今天共派出5个班机。据中国驻泰国使馆不完全统计，中国旅客共有近3000人滞留。今晚5个班机将运送1400多名中国旅客回国。

12月1日　入境游人数连续三个月下降　据国家旅游局日前发布的统计信息，10月份，中国入境旅游接待1122万人次，同比下降3.22%。这已是入境游人数连续第三个月出现下降态势，金融危机对我国旅游业的影响加速显现。

12月3日　外交部举行例行记者会　外交部发言人刘建超2日举行例行记者会，回答了中外记者的提问。在回答有关禁止生产使用集束炸弹并签署协议的问题时，刘建超说中国重视因集束弹药的滥用引发的人道主义问题，也赞同和支持国际社会寻求解决这一问题的努力。《特定国际武器公约》（CCW）集束弹药问题政府专家组已经就有关问题进行了深入讨论。中方一直以积极和建设性态度参加了有关工作，我们愿意继续与各方共同努力，为早日妥善解决集束弹药引发的人道主义关切作出自己的贡献。

12月4日　高科技发展与当代国际关系学术研讨会举行　高科技发展

与当代国际关系第四届全国学术研讨会12月2日至3日在北京举行。会议围绕高科技发展与防务多变性、全球化环境中安全挑战与防务、当今大国在防务领域的目标统筹与优势较量、主要国家在军事领域的战略调整与力量运作、科技创新与国家安全保障机制等六大中心议题展开深入讨论；高科技研究、国防科工、国际战略与安全、国际关系与外交、世界军事与战争理论、国际经贸、世界生态与环境等研究领域的80余位专家学者与会。会议由中国国际问题研究所、中国科技大学、中国科学技术信息研究所和中国现代国际关系研究院主办，得到中央国家部委10余家单位支持。

12月5日 中美能源环境十年合作框架下绿色合作伙伴计划相关签字仪式举行 在第五次中美战略经济对话期间，中美能源环境十年合作框架下绿色合作伙伴计划的相关签字仪式4日在钓鱼台国宾馆举行。中国国务院副总理王岐山和美国财政部长保尔森分别代表中美两国政府签署了《中美能源环境十年合作框架下的绿色合作伙伴计划框架》，并出席了相关合作意向书的签字仪式。来自中美两国的第一批共七对绿色合作伙伴分别签署了《关于建立绿色合作伙伴关系的意向书》。

外交部举行例行记者会 外交部发言人刘建超4日举行例行记者会，回答了中外记者的提问。在回答有关法国总统萨科齐将会见达赖的问题时，刘建超说，中法关系是重要的双边关系，中国一直从战略高度和长远角度看待和处理中法关系。希望法方为解决目前困难局面做出切实努力。中法关系能否取得进展主要取决于法方的努力。

12月6日 第五次中美战略经济对话成果情况说明 中美两国于2008年12月4—5日在北京钓鱼台国宾馆举行了第五次中美战略经济对话。王岐山副总理和亨利·保尔森财长分别作为胡锦涛主席和乔治·布什总统的特别代表共同主持了本次对话。通过第五次战略经济对话会议上的讨论，双方在具有战略性的重要领域达成了一系列有助于加强并深化双边经济关系的成果，包括：领域一，宏观经济合作及金融服务业；领域二，能源与环境合作；领域三，贸易和投资；领域四，食品和产品安全；领域五，国际经济合作。

12月8日 我外交部副部长向法方提出强烈抗议 中国外交部副部长何亚非7日晚奉命召见法国驻华大使苏和，就法国总统萨科齐日前在波兰会见达赖提出严正交涉。何亚非说，12月6日，萨科齐总统不顾中国人民的强烈反对和中方的一再严正交涉，执意以法国总统和欧盟轮值主席的双重身份会见达赖，粗暴干涉了中国内政，严重损害了中方核心利益，严重伤害了中国人民的民族感情，破坏了中法和中欧关系政治基础，中国政府对此表示坚决反对和强烈抗议。

12月9日 六方会谈团长会在京举行 朝核问题六方会谈8日在北京钓鱼台芳菲苑举行团长会。会议主席、中方团长武大伟说，此次会议肩负着承前启后的重要使命。根据各方关切，本次会议重点讨论验证、落实第二阶段剩余行动、建立东北亚和平安全机制三个议题。武大伟强调，六方会谈面临着继续向前推进的机遇，也存在一些不确定因素。希望各方继续按照“承诺对承诺、行动对行动”、“分阶段落实”、照顾各方关切和协商一致的原则，以灵活务实的态度参加会谈，通过共同努力，不断缩小分歧，争取早日为第二阶段行动画上圆满的句号，为推动会谈进入下一阶段奠定坚实的基础。

中国海监船只进入钓鱼岛海域活动是“无可非议”的 外交部发言人刘建超8日晚回答记者提问。有记者问：据报道，12月8日中国海监船只进入了钓鱼岛领海活动，请予证实。刘建超说，钓鱼岛及其附属岛屿自古以来就是中国的固有领土。中方有关船只在中国管辖海域进行正常的巡航活动是无可非议的。

12月11日 我渔船在厄海域遭海盗抢劫 中国驻厄瓜多尔瓜亚基尔总领馆总领事张善利9日证实，中国水产烟台海洋渔业公司厄瓜多尔分公司一艘渔船近日在厄西部太平洋沿岸附近海域作业时遭海盗抢劫，一人受轻伤。张善利说，这艘中国渔船4日晚在上述海域作业时遭8名蒙面海盗袭击，中方船长被海盗用枪托击打头部受轻伤，其他人员未受伤。歹徒洗劫了现金、卫星导航仪、探渔器及通信设备等财物。这是今年6月以来该公司渔船第三次遭海盗抢劫。

12月12日 六方会谈团长会结束 为期4天的朝核问题六方会谈团长会11日晚在北京结束。会议发表主席声明，各方同意早日召开下一次会议。中方代表团团长、外交部副部长武大伟在会后宣读了主席声明。声明说，会议讨论了三项议题：全面落实第二阶段行动，朝鲜半岛无核化验证问题以及东北亚和平与安全指导原则。会议围绕上述议题“认真、坦率、深入、建设性”地进行了讨论。在此次会议的焦点之一朝鲜核计划申报验证问题上，声明说，各方评估了就验证条款达成共识方面取得的进展，欢迎国际原子能机构在验证过程中提供协助和咨询。

增强反恐意识，构筑反恐防线，有效防范和打击恐怖活动　国家反恐怖工作协调小组12月11日召开会议，分析我国反恐怖工作面临的形势，就进一步加强反恐怖工作做出部署。国务委员、国家反恐怖工作协调小组组长孟建柱出席会议并讲话。会议提出，要认真吸取近期印度孟买发生恐怖袭击事件的深刻教训，增强反恐意识，查找薄弱环节，加强反恐专业队伍的建设，提高应急处置能力，有效防范和打击恐怖活动。

12月13日　中韩举行首次外交部门高级别战略对话　11日，外交部副部长王光亚同韩国外交通商部第一次官权钟洛举行了战略对话，就双边关系及共同关心的重大国际和地区问题深入交换了意见。双方认为对话富有建设性，同意继续保持这一进程。

12月14日　中日韩领导人会议发表三国合作行动计划　13日在日本福冈举行的中日韩领导人会议发表《中日韩合作行动计划》，提出三国在各领域合作的具体计划。

12月15日　“三通”启动 两岸双赢　12月15日，大陆海协会与台湾海基会11月4日签署的有关两岸海运直航、空运直航、直接通邮的三项协议正式生效。走过30年风雨历程，海峡两岸“三通”终于化茧成蝶，基本实现。

12月16日　两岸“三通”迈出历史性步伐　12月15日，两岸有关方面分别在北京、天津、上海、福州、深圳以及台北、高雄、基隆等两岸的多个城市同时举行了海上直航、空中直航以及直接通邮的启动和庆祝仪式。两岸“三通”的基本实现，必将对两岸经贸关系乃至两岸关系产生积极重大的影响，给两岸民众带来实际利益，对两岸产业分工和企业合作带来新的契机。

中印举行防务安全磋商　中国人民解放军副总参谋长马晓天与印度国防秘书维杰·辛格15日上午在新德里举行了中印国防部第二次防务安全磋商。双方就国际和地区安全形势、应对非传统安全威胁、中印关系和中印两军交流与合作及其他共同关心的问题交换了意见。

12月17日 中美举行第六次战略对话 《第六次中美战略对话15日在美国首都华盛顿举行。中国国务委员戴秉国与美国常务副国务卿内格罗蓬特共同主持了对话。双方就在新时期如何保持中美关系长期健康稳定发展、加强两国在国际和地区问题上的协调合作等问题坦诚、深入地交换了意见，达成了广泛共识。

外交部举行例行记者会 外交部发言人刘建超16日举行例行记者会，回答了中外记者的提问。在回答有关六方会谈的提问时，刘建超说，六方会谈团长会之后，各方都发表了一些看法。中方认为六方会谈是一个进程。分阶段推进这个进程是各方的重要共识。现阶段的主要任务是全面均衡地落实第二阶段行动。

12月18日 安理会就打击索马里海盗通过决议 联合国安理会12月16日就打击索马里海盗问题通过第1851号决议，邀请在索马里沿海打击海盗行为的所有国家和区域组织与愿意羁押海盗的国家订立特别协议或做出安排，允许这些国家、特别是区域各国的执法人员作为“随船观察员”登船，以便调查在打击行动中被拘留的海盗和武装抢劫行为并进行起诉。

12月19日 外交部举行例行记者会 外交部发言人刘建超18日举行例行记者会，就打击索马里海盗及中交集团货轮亚丁湾遇袭等问题回答了中外记者的提问。在回答有关打击索马里海盗问题时，刘建超首先介绍了一些相关的基本情况。他说，相当长一段时间以来，特别是今年以来，在亚丁湾、索马里海域频繁发生海盗袭击、劫持过往船只事件。海盗问题已经成为一大国际公害，对国际航运、海上贸易和海上安全都构成严重威胁。据肯尼亚“海员援助组织”数据表明，2007年，约有300多艘船只在索马里周边海域遭到海盗劫持或袭击。今年年初至11月，有40多艘船只被索马里海盗劫持，涉及船员600多人，目前仍有20多艘船只、近300名船员被海盗扣押。就中国而言，今年1至11月，中国共有1265艘次商船通过这条航线，平均每天3至4艘次。中国过往船只20%受到过海盗袭击。今年涉及中方的劫持案件有7起，其中2起涉及中方2艘船只和42名船员，其他5起为外轮但是有中方船员，载有中国货物或挂香港区旗船只，到目前为止中国还有1艘渔船和18名船员被海盗劫持。刘建超表示，近期联合国已通过多项决议，授权各国根据《联合国宪章》第七章采取行动，在索马里领海打击海盗；索马里过渡联邦政府也呼吁各国进入其领海协助打击海盗。刘建超说，中国政府欢迎国际社会就打击索马里海盗开展有效的合作，支持有关国家根据国际法和联合国安理会有关决议派军舰打击索马里海盗的努力。中方正在积极考虑近期派军舰赴亚丁湾和索马里海域参加有关护航活动，目前正在进行积极筹备和相应部署。

12月21日 我国海军舰艇赴亚丁湾、索马里海域护航 中国国防部新闻发言人胡昌明20日宣布，中国人民解放军海军舰艇将于12月26日从三亚启航前往亚丁湾、索马里海域实施护航。中国海军舰艇编队包括南海舰队2艘驱逐舰和1艘补给舰，主要任务是保护中国航经亚丁湾、索马里海域船舶、人员安全，保护世界粮食计划署等国际组织运送人道主义物资船舶安全。中国海军舰艇将严格遵守联合国安理会有关决议和相关国际法，忠实履行国际义务，并愿与有关国家的护航舰艇开展合作，必要时参与人道主义救援行动。中央军委法制局有关负责人20日在接受新华社记者采访时说，中国军舰赴亚丁湾、索马里海域实施护航的行动，是根据联合国安理会决议作出的决定，也完全符合有关国际法的规定。

12月22日 第四届两岸经贸文化论坛在上海圆满闭幕 第四届两岸经贸文化论坛21日下午在上海闭幕。中共中央政治局常委、全国政协主席贾庆林和中国国民党主席吴伯雄出席闭幕式。中国国民党副主席曾永权宣读了“第四届两岸经贸文化论坛共同建议”。中共中央台办主任王毅就加强两岸合作、携手应对国际金融危机，宣布了大陆方面为此制订的10项政策措施。

12月23日 危机考验国家动员能力 廖先旺在《人民日报》（2008年12月23日03版）撰写文章谈到，融危机大浪袭来，各国政府、企业和民间机构纷纷出手，采取各种手段重树信心，刺激经济，调整结构，寻找解决危机的出路。危机时刻需要一个国家展示自己应对危机的动员能力。这种动员能力可分两个方面。一方面是物质的组织动员，包括支持相关应变政策的所有资源；另一方面是人力的组织动员，包括人们应对危机的态度、能力和信心。此次由金融领域引发的危机，虽属经济范畴、与钱相关，但更与相关经济主体——如消费者、投资者、买卖者之间的关联密切。

12月24日 外交部举行例行记者会 外交部发言人秦刚23日主持例行记者会，回答了中外记者的提问。在回答关于中国向亚丁湾和索马里海域派遣军舰护航的问题时，秦刚表示，这次行动是依据联合国安理会的决议，并参照了有关国家的做法，目的是保障过往这一海域的中国船只和人员的安全，以及有关国际组织运送人道主义物资的船只的安全。

西方媒体捏造中国向津巴布韦转运武器是无中生有、别有用心 外交部发言人秦刚23日答记者问。有记者问，据媒体近日报道，联合国安理会一份报告称，今年下半年，曾有一批中国造军火从刚果（金）运往津巴布韦。中方对此有何回应。秦刚说，近日，一些西方媒体歪曲联合国安理会刚果（金）制裁委专家小组报告中的有关消息，诬陷中方通过刚果（金）向津巴布韦运送武器。这完全是无中生有、别有用心。只要认真读一下报告，就会发现这种指责根本不成立。

12月25日 李克强出席中国—印尼第三次能源论坛并致辞 中国—印尼第三次能源论坛22日在雅加达举行。中国国务院副总理李克强出席论坛并发表了题为“加强能源合作，实现互利共赢”的致辞。

12月26日 中非合作论坛北京峰会评估报告发布 上海国际问题研究院25日在上海举行新闻发布会，发布题为《中非合作论坛北京峰会：评估与展望》的研究报告。

12月27日 中国国际战略学会举行年会 中国国际战略学会2008年年会12月25日在北京举行。中国国际战略学会会长熊光楷在会上作了题为《2008年国际安全形势的主要特点》的主题发言。熊光楷指出，过去一年是国际安全形势很不寻常的一年，主要有三个特点：一是和平与发展仍然是时代主题，国际形势总体稳定，但不安全不稳定不确定因素明显增多，局部地区的动荡甚至战乱有新的发展；二是传统安全威胁和非传统安全威胁相互交织的趋势更加明显；三是面对上述形势，各国更重视加强各种安全问题的国际对话与合作。

12月28日 全国人大常委会关于批准《上海合作组织成员国关于举行联合军事演习的协定》的决定 第十一届全国人民代表大会常务委员会第六次会议决定：批准2007年6月27日由时任国防部部长曹刚川代表中

华人民共和国在比什凯克签署的《上海合作组织成员国关于举行联合军事演习的协定》(2008年12月27日第十一届全国人民代表大会常务委员会第六次会议通过)。

12月29日 对中国成功应对危机有信心者超七成 题为“危机悬疑调查：中国人信心有几何?”的调查日前由人民论坛杂志社联合人民网、新浪网等进行，共有5436人参与。

12月30日 中国国际新闻论坛举行年会 12月29日电 由光明日报主办、中共宁波市委宣传部、中共镇海区委承办的“2008中国国际新闻论坛年会”日前在宁波镇海举行，国内40余家媒体的代表出席年会。中宣部副部长、国务院新闻办公室主任王晨到会并讲话，有关方面负责人作了国际形势报告。经过认真讨论，与会代表评选出本年度的国际十大新闻和十大国外焦点人物。十大新闻是：索马里海盗猖獗，热带风暴袭缅、人员伤亡惨重，汶川地震肆虐、众志成城抗灾，泰国政坛动荡，国际油价跌宕惊人，美国金融危机、全球经济受损，格俄爆发军事冲突、俄美关系紧张，北京奥运“无与伦比”，美国选出非裔总统，孟买遭受重袭、恐怖活动升级。十大国外焦点人物是：美国当选总统奥巴马、英国首相布朗、微软前执行董事长比尔·盖茨、美国财长保尔森、牙买加运动员博尔特、俄罗斯总统梅德韦杰夫、津巴布韦总统穆加贝、美国运动员菲尔普斯、尼泊尔总理普拉昌达、巴基斯坦总统扎尔达里。

12月31日 人民日报编辑部评出二00八年国内十大新闻(以时间先后为序)1.全国两会选举产生国家机构和全国政协领导人。3月3—18日，十一届全国人大一次会议和全国政协十一届一次会议在京举行。十一届全国人大一次会议依法选举和决定任命了新一届国家机构领导成员。2.四川汶川发生特大地震，全国人民众志成城抗震救灾。5月12日14时28分，四川汶川发生里氏8.0级的特大地震，这是新中国成立以来破坏性最强、波及范围最广、救灾难度最大的一次地震，受灾群众4625万多人，造成69227名同胞遇难、17923名同胞失踪，直接经济损失8451亿元，引发的崩塌、滑坡、泥石流、堰塞湖等次生灾害举世罕见。灾难发生后，党中央、国务院高度重视，中共中央政治局常委会多次召开会议全面部署抗震救灾工作，胡锦涛等党和国家领导人先后亲临重灾区一线，看望受灾群众，指导抗震救灾工作。全国人民万众一心、众志成城，不畏艰险、百折不挠，以人为本、尊重科学，全力投入抗震救灾斗争，彰显了伟大的抗震救灾精神。5 月 19 日至 21 日全国举行哀悼日活动，深切哀悼遇难同胞。3. 胡锦涛总书记考察人民日报社并发表重要讲话，在人民网强国论坛与网友在线交流。6 月 20 日，在人民日报创刊 60 周年之际，中共中央总书记、国家主席、中央军委主席胡锦涛在中共中央政治局常委李长春等陪同下来到人民日报社考察工作，并发表重要讲话。4. 北京第二十九届奥运会和北京 2008 年残奥会成功举办。8 月 8—24 日，北京成功举办第二十九届奥林匹克运动会，来自 204 个国家和地区的 11000 多名运动员参赛，共打破世界纪录 38 项、奥运会纪录 85 项，有 87 个国家和地区的运动员获得了奖牌。中国体育代表团共获得 51 枚金牌、21 枚银牌、28 枚铜牌，第一次名列奥运会金牌榜首位。北京 2008 年残奥会也于 9 月 6—17 日成功举行，来自 147 个国家和地区的 4000 多名运动员参赛，刷新了 279 项残疾人世界纪录和 339 项残奥会纪录。中国代表团同样名列金牌榜首位。5. 全党分批开展深入学习实践科学发展观活动。9 月 5 日，中共中央政治局召开会议决定，从 9 月开始，用一年半左右时间，在全党分批开展深入学习实践科学发展观活动。9 月 19 日，胡锦涛在全党深入学习实践科学发展观活动动员大会暨省部级主要领导干部专题研讨班开班式上发表重要讲话，从战略和全局高度科学分析了世情、国情、党情的发展变化，深刻阐明了深入贯彻落实科学发展观的重大意义，对开展学习实践活动提出了明确要求。第一批参加深入学习实践科学发展观活动的单位主要是省部级党政机关、中管金融机构。6. 三鹿奶粉事件引发全社会高度关注食品安全。9 月初，甘肃等地陆续报告多起婴幼儿泌尿系统结石病例。经调查，致病的主要原因是患儿服用的三鹿牌婴幼儿配方奶粉中含有三聚氰胺。三鹿奶粉事件引发全社会对奶制品问题高度关注，此后的全面检查发现，其他一些品牌奶粉或奶制品也不同程度存在类似问题。事件发生后，党中央、国务院高度重视，果断决策部署，各地区、各有关部门迅速处置。目前，各项工作措施已见成效，有力地促进我国奶制品行业向健康方向发展。7. 神舟七号实现太空行走，茫茫太空留下中国人身影。9 月 25 日 21 时 10 分 04 秒，我国自行研制的神舟七号载人飞船在酒泉卫星发射中心发射升空；9 月 27 日 16

时41分00秒，我国航天员翟志刚打开神舟七号载人飞船轨道舱舱门，首度实施空间出舱活动；9月28日17时37分，神舟七号载人飞船返回舱安全着陆。神舟七号载人航天飞行圆满成功，实现了我国空间技术发展具有里程碑意义的重大跨越，标志着我国成为世界上第三个独立掌握空间出舱关键技术的国家，茫茫太空第一次留下中国人的身影。8. 宏观调控政策重大调整，十项措施扩内需促增长。2008年第四季度，在国际金融危机日趋严峻、中国经济遭受冲击日益显现的背景下，党中央、国务院决定对宏观调控政策作出重大调整：实行积极的财政政策和适度宽松的货币政策，并出台扩大内需促进经济平稳较快增长的十项措施。初步匡算，实施这十项措施，到2010年底，约需投资4万亿元。9. 两岸“三通”基本实现，和平发展前景愈发光明。12月15日，备受海内外瞩目的两岸空运直航、海运直航及直接通邮正式启动，两岸“三通”由此迈开历史性步伐，两岸同胞期盼已久的梦想终于成真。11月3日至7日，海峡两岸关系协会会长陈云林访问台湾，与海峡交流基金会董事长江丙坤实现了两会领导人首次台北会谈，达成两岸空运直航、海运直航、邮政合作、食品安全等四项协议，两岸“三通”框架基本形成。两岸关系和平发展的势头不可阻挡，两岸关系和平发展的前景愈发光明。10. 隆重纪念改革开放30周年，继续把中国特色社会主义伟大事业推向前进。12月18日，纪念党的十一届三中全会召开30周年大会在北京隆重举行。中共中央总书记、国家主席、中央军委主席胡锦涛在会上发表重要讲话，强调要充分认识改革开放的重大意义和伟大成就，深刻总结改革开放的伟大历程和宝贵经验，坚持党的十一届三中全会精神，高举中国特色社会主义伟大旗帜，以马克思列宁主义、毛泽东思想、邓小平理论和“三个代表”重要思想为指导，深入贯彻落实科学发展观，在中国特色社会主义道路上，继续把改革开放伟大事业推向前进。

人民日报、中国国际广播电台联合评出2008年国际十大新闻　1. 北京奥运无与伦比，多项纪录刷新历史。8月8日和9月6日，第二十九届奥运会和北京残奥会在北京隆重开幕。北京奥运会打破85项奥运会纪录和38项世界纪录，北京残奥会刷新279项残疾人世界纪录和339项残奥会纪录，中国代表团在北京奥运会上获得51枚金牌，首次位列金牌榜首位。北京奥运会还创下奥运史上多项纪录：204 个国家和地区参赛，87 个代表队获奖牌，进行 4800 例兴奋剂检测，3 万多名记者参与报道，全球 47 亿人收看收听了赛事转播，170 万中外志愿者服务，80 多位外国政要出席开幕式。北京奥运会和残奥会得到国际社会高度赞扬，不仅成为奥林匹克历史上一个重要里程碑，而且实现了“有特色、高水平”的目标。2. 国际油价暴涨暴跌大起大落动人心魄。在金融投机和全球通货膨胀等因素的推动下，今年上半年国际油价一路狂飙。新年后第一个交易日，油价突破每桶 100 美元关口，至 7 月 11 日创下每桶 147.27 美元的历史最高纪录。此后，受金融危机和对经济衰退预期的影响，油价掉头快速下行。至 12 月底，纽约商品交易所明年 2 月份交货的轻质原油期货价格一度跌破每桶 40 美元。与此同步，粮食及一些大宗产品的价格也大起大落，对许多国家特别是贫困国家的民生产生严重影响。3. 美国选出非裔总统，调整政策修复形象。2008 年美国大选于 11 月 4 日投票，民主党候选人贝拉克·奥巴马以压倒性优势战胜共和党候选人约翰·麦凯恩，成功当选美国第四十四任总统，成为美国建国以来第一位非洲裔总统。奥巴马“变革”主张顺应了美国人心思变的大势和选民对共和党执政 8 年的不满，标志着美国的内政外交将进入新的政策调整期。美国民众希望奥巴马尽快修复被严重损害了的美国形象。4. 孟买恐袭伤亡惨重，印巴中断和平进程。11 月 26 日至 29 日，印度孟买发生恐怖袭击事件，造成至少 172 人死亡、数百人受伤。有分析认为，此次恐怖袭击显示了一些新的特点，说明国际恐怖势力的暴力袭击重点已经开始转移。印度指责此次恐怖袭击与巴基斯坦有关，但巴基斯坦对此予以否认，孟买事件使印度、巴基斯坦关系骤然紧张，4 年的和平进程再度陷于暂时中断，引起了周边地区和整个国际社会的担忧。5. 汶川发生特大地震，抗震救灾众志成城。5 月 12 日，中国四川省汶川发生特大地震，震级里氏 8 级，涉及中国 10 个省区市。据统计，地震造成 69227 人遇难，17923 人失踪，受灾群众 1510 万人，直接经济损失 8451 亿多元。中国政府迅速组织了历史上救援速度最快、动员范围最广、投入力量最大的抗震救灾活动，并第一次决定接受国际社会救援力量的支援。包括港澳台在内的全国民众、各地政府，迅速汇成抗震救灾洪流。国际力量也纷纷伸出援手。中国举国抗灾、众志成城的精神以及政府高效有力的救援，得到了国际舆论的高度评价。6. 多国参与太空探索，“神七”展示出舱技术。今年，全球太空探索呈现更多国家参与的新特点。4月，韩国第一位宇航员乘俄罗斯太空飞船升空。5月，美国“凤凰”号探测器成功降落火星北极附近地区。10月，印度成功发射首个月球探测器“月船一号”。12月，美国天文学家发表了一组太阳系外4颗新发现行星的照片。尤为引人注目的是，9月25日，中国3位航天员乘坐神舟七号载人航天飞船进入太空，实现出舱太空活动和空间科学实验。中国成为继俄罗斯、美国之后第三个独立掌握空间出舱关键技术的国家。7. 索马里海盗频劫船，多国舰护航亚丁湾。11月15日，沙特阿拉伯巨型油轮“天狼星”号遭索马里海盗劫持。今年以来，共有近70艘商船在索马里附近海域被劫，其中包括载有33辆T—72型主战坦克的乌克兰军火船只。联合国安理会6月初以来相继通过4份打击索马里海盗的决议，授权外国军队经索马里政府同意可进入其境内打击海盗。美国、法国、丹麦、俄罗斯、印度等多国战舰陆续开进亚丁湾附近水域。中国也于12月26日派遣三艘舰艇前往亚丁湾、索马里海域执行护航任务。8. 次贷引发金融海啸，全球联手遏止衰退。9月以后，以房利美和房地美及雷曼兄弟为代表的美国金融机构接连陷入困境，华尔街制造的次贷危机引发了自1929年以来全球最严重的金融海啸，进而导致实体经济面临衰退威胁。此次危机中，世界主要经济体已先后斥资约2万亿美元救市，并多次大幅降息以恢复对金融市场的信心。亚欧峰会、20国集团领导人会议和亚太经合组织领导人非正式会议都把应对金融危机、遏止经济衰退作为主要议题，并达成加强协调、联手应对等多项共识。9. 格俄爆发武装冲突，俄与美欧矛盾激化。8月7日夜至8日凌晨，格鲁吉亚出动坦克和装甲运兵车，向南奥塞梯首府茨欣瓦利发动进攻。格鲁吉亚军队的进攻立即引起俄罗斯方面强烈反应，俄军一支装甲部队进入茨欣瓦利，俄格武装冲突由此爆发。此后不久，南奥塞梯、阿布哈兹宣布独立，俄罗斯立即予以承认。有分析认为，格俄武装冲突，实际是俄罗斯与美欧矛盾激化的一次总爆发，必将牵动俄、美、欧关系的重新调整。10. 以军大举空袭加沙。巴以冲突骤然升级12月27日，以色列出动战机和武装直升机，向加沙地带实施空袭，造成包括巴勒斯坦伊斯兰抵抗运动（哈马斯）高级军事官员在内的1000多人死伤。这是自1967年第三次中东战争以来，以军对加沙地带发动的最大规模袭击，也是巴方单日伤亡人数最多的一天。以色列军方声称，空袭的目的是为了制止加沙地带巴武装人员向以南部地区发射火箭弹。空袭发生后，加沙局势的骤然恶化引起国际社会严重关切。

附录2：

2008年国内国家安全著作目录

张宁林

1. 孙成岗著：《冷战后日本国家安全战略研究北京》，北京：解放军出版社，2008年1月版。

2. 王京建著：《国家安全法学教程》，北京：中国社会出版社，2008年1月版。

3. 武桂馥著：《战略环境与安全战略研究》，北京：解放军出版社，2008年1月版。

4. 周学广等编著：《信息安全学》，北京：机械工业出版社，2008年1月版。

5. 綦常清、费雅君、高旗著：《中国现代化下西部开发与国家安全》，北京：时事出版社，2008年1月版。

6. 史鉴编：《惊梦——近年窃密泄密案例纪实》，北京：金城出版社，2008年1月版。

7. 夏保成著：《国家安全论》（第2版），长春：长春出版社，2008年1月版。

8. 蔡建文编著：《情报为王》，北京：金城出版社，2008年1月版。

9. 曹峻、杨慧、杨丽娟著：《全球化与中国国家安全》，北京：社会科学文献出版社，2008年2月版。

10. 张文木著：《全球视野中的中国国家安全战略》（上卷），济南：山东人民出版社，2008年2月版。

11. 李小华著：《中国安全观分析：1982—2007》，上海：上海人民出版社，2008年3月版。

12. 韦祖松：《帝国生存环境的诠释：北宋国家安全问题研究》，北京：中国社会科学出版社，2008年4月版。

13. 邹蓝著：《经济安全与公共危机管理》，上海：上海财经大学出版社，2008 年 4 月版。

14. （英）特里·克罗迪著：《世界间谍史》．北京：解放军出版社，2008 年 4 月版。

15. 中国现代国际关系研究院：《国际战略与安全形势评估（2007/2008)》，北京：时事出版社，2008 年 4 月版。

16. 沈国明主编：《城市安全学》，上海：华东师范大学出版社，2008 年 4 月版。

17. ［美］金骏远（Avery Goldstein）著：《中国大战略与国际安全》，王军、林民旺译，北京：社会科学文献出版社，2008 年 4 月版。

18. 施峰主编：《信息安全保密基础教程》，北京：北京理工大学出版社，2008 年 5 月版。

19. 杨云龙著：《中国经济结构变化与工业化（1952—2004）——兼论经济发展中的国家经济安全》，北京：北京大学出版社，2008 年 5 月版。

20. 胡平著：《情报日本》，上海：东方出版中心，2008 年 5 月版。

21. 李鹏著：《台海安全考察》，北京：九州出版社，2008 年 5 月版。

22. 纪真著：《总统与情报：从罗斯福到小布什》，北京：军事科学出版社，2008 年 6 月版。

23. 社会问题研究丛书编委会著：《文化安全与社会和谐》，北京：知识产权出版社，2008 年 6 月版。

24. 巴忠倓主编：《城市发展与国家安全：第六届中国国家安全论坛论文集》，北京：时事出版社，2008 年 6 月版。

25. 钟祥浩、王小丹、刘淑珍著：《西藏高原生态安全》，北京：北京科学出版社，2008 年 6 月版。

26. 何剑著：《东北亚安全合作机制研究》，大连：东北财经大学出版社，2008 年 6 月版。

27. 古小松主编：《越南国情报告》（2008 版）（附光盘），北京：社会科学文献出版社，2008 年 7 月版。

28. 修光利、侯丽敏编著：《能源与环境安全战略研究》，北京：中国时代经济出版社，2008 年 7 月版。

29. 黄月江主编：《信息安全与保密》，北京：国防工业出版社，2008年7月版。

30. 王军校：《国际超级间谍档案》，北京：当代世界出版社，2008年7月版。

31. 王军校：《顶级特工行动档案》，北京：当代世界出版社，2008年7月版。

32. 高中著：《国家安全与表达自由比较研究》，北京：法律出版社，2008年8月版。

33. 许蔓舒著：《国际危机预警》，北京：时事出版社，2008年8月版。

34. 赵丕、李效东主编：《大国崛起与国家安全战略选择》，北京：军事科学出版社，2008年9月版。

35. 杨毅主编：《国家安全战略理论》，北京：时事出版社，2008年9月版。

36. 陶翔主编：《国家竞争情报》，上海：上海科学技术文献出版社，2008年10月版。

37. 孙成权等编著：《战略情报研究与技术预见》，上海：上海科学技术文献出版社，2008年10月版。

38. 吴庆荣著：《国家安全行政法基本论》，北京：时事出版社，2008年10月版。

39. 马立斌、刘跃进、张世铨主编：《中国国家安全概览（2005—2007)》，上海：上海三联书店，2008年11月版。

40. 博布科夫著：《克格勃与政权：克格勃第一副主席的回忆》，北京：东方出版社，2008年11月版。

41. 陈显泗主编：《和谐东亚：东亚安全的必由之路》，北京：时事出版社，2008年11月版。

42. 李彬、吴日强主编：《国际战略与国家安全：科学技术的视角》，北京：中国传媒大学出版社，2008年11月版。

43. 李慎明等著：《2009全球政治与安全报告》（附光盘），北京：社会科学文献出版社，2008年12月版。

44. 上海社会科学院世界经济与政治研究院编：《国家安全与非传统安

全》，北京：时事出版社，2008年12月版。

45. 张凯主编：《经济信息安全》，北京：清华大学出版社，2008年12月版。

46. 张世琦编著：《中国刑事犯罪立案·定罪·量刑标准》，北京：法律出版社，2008年版。

47. 翁里、徐公社著：《国家安全与反渗透问题研究》，北京：群众出版社，2008年版。

48. 吴永平著：《煤炭资源安全战略研究：基于我国能源安全战略》，北京：煤炭工业出版社，2008年版。

49. 蒋正华、米红著：《人口安全》，杭州：浙江大学出版社，2008年11月版。

50. 金征宇、彭池方著：《食品安全》，杭州：浙江大学出版社，2008年版。

附录3：

2008年公开发表的国内国家安全类文章目录

南普随　张莉

1. 彭克强："旱涝灾害视野下中国粮食安全战略研究"，《中国软科学》，2008年第12期。

2. 李仲良："信息时代的国家安全与信息安全研究"，《现代情报》，2008年第12期。

3. 苏娟："编辑政治意识与国家文化安全"，《国际关系学院学报》，2008年第1期。

4. 王喆："国际资本流动对中国金融安全的影响"，《中小企业管理与科技》，2008年第2期。

5. 邢建华："着眼应对非传统安全威胁 提升国防动员系统非战争军事行动能力"，《国防》，2008年第12期。

6. 宋德星："基于国家安全的我国国际海运网络治理模式探讨"，《武汉理工大学学报（社会科学版）》，2008年第6期。

7. 施黎英、付年峰："上市公司交叉持股对经济安全的隐患——从非传统安全视角出发"，《浙江金融》，2008年第12期。

8. 蔡承智："基于AEZ模型预测的我国未来粮食安全分析"，《农业科技通》，2008年第2期。

9. 张骥："加入WTO后我国文化安全面临的冲击、挑战及原因分析"，《河北师范大学学报》，2008年第2期。

10. 姜川："论我国所面临的非传统安全威胁及主要应对方略"，《贵州师范大学学报（社会科学版）》，2008年第6期。

11. 刘骞："美国宗教学者关于宗教与国家安全关联性的研究述评"，《社会主义研究》，2008年第6期。

12. 王立志："跨境资本流动与中国金融安全"，《哈尔滨金融高等专科学校学报》，2008 年第 2 期。

13. 张勇池、张旭、袁野："21 世纪维护中国国家安全的对策"，《法制与社会》，2008 年第 33 期。

14. 宋文滇："新安全观视野中的高校安全防范体系整合与建立"，《黑龙江教育（高教研究与评估）》，2008 年第 11 期。

15. 谢雪屏："全球化对中国国家安全的挑战"，《长春师范学院学报（人文社会科学版）》，2008 年第 11 期。

16. 车力："新形势下的国家安全观应是全方位的系统安全观"，《国际关系学院学报》，2008 年第 6 期。

17. 卢俊勇："浅论宋代厢军与国家安全"，《大庆师范学院学报》，2008 年第 6 期。

18. 汤传文、曾探："美国对中国国家安全的影响"，《知识经济》，2008 年第 11 期。

19. 王小琼，何焰："美国外资并购国家安全审查立法的新发展及其启示——兼论《中华人民共和国反垄断法》第 31 条的实施"，《法商研究》，2008 年第 6 期。

20. 王素立："毛泽东国家安全观研究综述"，《河北师范大学学报（哲学社会科学版）》，2008 年第 6 期。

21. 仲秋、张玉国："战后日本安全观的延续与发展"，《日本学论坛》，2008 年第 4 期。

22. 余潇枫、李佳："非传统安全：中国的认知与应对（1978～2008 年）"，《世界经济与政治》，2008 年第 11 期。

23. 俞新天："立足时代前列：中国安全战略的超越"，《国际问题研究》，2008 年第 6 期。

24. 阎静："国家环境安全观：一种非传统安全观的衍生"，《中州学刊》，2008 年第 6 期。

25. 崔书昆："解读美国'54 号国家安全总统令'"，《信息网络安全》，2008 年第 11 期。

26. 王进芬："列宁关于维护国家安全的基本主张"，《学术论坛》，2008 年第 11 期。

27. 李孟刚："新能源安全观需要新思考"，《中国国情国力》，2008年第11期。

28. 王遒："外国投资者对保障俄罗斯国防和国家安全具有战略意义的商业公司投资程序法"，《俄罗斯中亚东欧市场》，2008年第11期。

29. 李倬，欧阳丹："中亚油气资源开发合作与我国能源安全战略"，《新疆财经》，2008年第5期。

30. 张健："解读美国安全政策文件《使用高级加密算法保护国家安全系统和安全信息的政策》——谈对我国电子文件信息安全研究的借鉴意义"，《浙江档案》，2008年第10期。

31. 杨晓君："我国外资并购国家安全审查制度的构建"，《法制与社会》，2008年第30期。

32. 张瑞芹："试析当前多极化趋势下的非传统安全问题"，《理论观察》，2008年第5期。

33. 贾作林："新形势下的中国国家安全问题研究"，《科学社会主义》，2008年第5期。

34. 李冰梅："论国家安全观的传承创新与理论特色"，《行政与法》，2008年第10期。

35. 匡林："浅谈我国的石油安全战略"，《时代经贸（下旬刊）》，2008年第10期。

36. 徐娟娟："马铃薯——粮食安全战略中的重要角色"，《农业工程技术（农产品加工业）》，2008年第10期。

37. 张汉林："主要经贸大国对外经济关系中国家经济安全战略及立法"，《国际贸易》，2008年第10期。

38. 武贤明："邓小平国家安全思想评析"，《高校社科动态》，2008年第5期。

39. 王仲春："蒙古国家安全战略：评析与思考"，《新远见》，2008年第10期。

40. 从丛，李联明："美国高校外语教学服务国家安全战略的启示"，《南京社会科学》，2008年第10期。

41. 王付晓："落实和完善我国新安全观的对策分析"，《新疆职业大学学报》，2008年第5期。

42. 许华："浅议国家安全机关特殊职权的必要性及其监督"，《法制与社会》，2008年第29期。

43. 杨闯："准确认识经济全球化与国家安全"，《高科技与产业化》，2008年第10期。

44. 王志乐："传统安全 全球安全 哪个更安全"，《中国外资》，2008年第10期。

45. 张广荣："当并购遭遇'国家安全'"，《中国石油石化》，2008年第19期。

46. 吴伟兴："从软实力角度看近年来中国和东盟加强非传统安全合作的思考"，《东南亚纵横》，2008年第9期。

47. 张国良："中国当代安全战略理论与传统"中和"哲学思想"，《南京政治学院学报》，2008年第5期。

48. 曹峻："试析中国特色粮食安全观"，《毛泽东邓小平理论研究》，2008年第9期。

49. 马永欢，牛文元，汪云林，周立华："我国粮食生产的空间差异与安全战略"，《中国软科学》，2008年第9期。

50. 韦国善，许典利："毛泽东国家安全观探析"，《南宁师范高等专科学校学报》，2008年第3期。

51. 张广荣："外资并购中的'国家安全'法律问题研究——基于我国企业境外资源能源类、高新技术类投资并购受阻的思考"，《国际贸易》，2008年第9期。

52. 马振超："新形势下国家安全观的演变及特点"，《中国青年政治学院学报》，2008年第5期。

53. 曾宏伟："幼儿英语教育与国家语言文化安全"，《南京社会科学》，2008年第2期。

54. 李立敏，黄跃东："福建粮食安全战略构想及政策建议"，《发展研究》，2008年第9期。

55. 阎静："后冷战时期美国环境政策与国家安全战略评析"，《南京农业大学学报（社会科学版）》，2008年第3期。

56. 李广民，李进浩："国际非传统安全领域中的日本公共外交"，《东北亚论坛》，2008年第5期。

57. 本刊记者："我国的国家能源安全战略"，《山西能源与节能》，2008年第3期。

58. 张勇池，田小鹏："女性主义对现实主义安全观的挑战"，《知识经济》，2008年第9期。

59. 李永成："刍议当今中国的国家安全软环境"，《当代世界》，2008年第9期。

60. 胡鹏强："机遇与危机并存——新世纪我国计算机网络安全战略研究"，《中国西部科技》，2008年第25期。

61. 杨正位："树立开放的经济安全观"，《求是》，2008年第17期。

62. 应坚："论我国外资并购国家安全审查制度的构建"，《经济论坛》，2008年第17期。

63. 吴琦："维护国家安全 保障国家利益——2007年度审计工作报告解读"，《审计与理财》，2008年第9期。

64. 李庆江，黄玉萍，郭征："刍议科学的农产品质量安全观"，《中国食物与营养》，2008年第8期。

65. 胡加祥："国际贸易争端的解决与国家安全利益的保护——以GATT第二十一条为研究视角"，《上海交通大学学报（哲学社会科学版）》，2008年第4期。

66. 王海丹："美国NNSA实验室将服务于更广泛的国家安全使命"，《国外核新闻》，2008年第8期。

67. 王付晓："试论新安全观面临的困境和挑战"，《兵团党校学报》，2008年第4期。

68. 邹爱花："经济全球化背景下食品安全问题探析"，《中国食品》，2008年第3期。

69. 马宗义，蒋建华，王双："改革开放三十年我国国家安全思想的新发展"，《今日新疆》，2008年第16期。

70. 张艳军："非传统安全与中国的新安全观"，《社会科学论坛（学术研究卷）》，2008年第8期。

71. 钱振勤："从国家安全战略高度认识和研究信息心理战"，《南京理工大学学报（社会科学版）》，2008年第4期。

72. 李鸿渊："论网络主权与新的国家安全观"，《行政与法》，2008年第8期。

73. 陶军："试论科技发展对国家安全的双重影响"，《南京理工大学学报（社会科学版）》，2008年第4期。

74. 胡平、李为："我国企业海外并购的国家安全审查风险分析"，《法制与经济（下旬刊）》，2008年第8期。

75. 刘静："安全是发展的核心部分——访浙江大学非传统安全与和平发展研究中心主任余潇枫"，《观察与思考》，2008年第16期。

76. 王春霞："非传统安全问题兴起的原因初探"，《兰州学刊》，2008年第8期。

77. 侯广伟："论南沙群岛主权争端的影响——从国家安全角度分析"，《法商论丛》，2008年第1期。

78. 晋继勇、郑军超："和谐社会建构中'人的安全'与国家安全的关系"，《中国石油大学学报（社会科学版）》，2008年第4期。

79. 王国栋："浅谈大学生的国家安全意识"，《宁波职业技术学院学报》，2008年第4期。

80. 石坚平："东南亚金融危机对东盟新安全观的影响"，《黑龙江史志》，2008年第15期。

81. 张勇、黄晓华："我国能源安全战略的法律选择"，《河北法学》，2008年第8期。

82. 靳会新："中俄在非传统安全领域的反恐合作"，《俄罗斯中亚东欧研究》，2008年第4期。

83. 詹勇："论资助危害国家安全犯罪活动罪"，《河南公安高等专科学校学报》，2008年第4期。

84. 宋德星："基于国家安全的我国国际海运网络治理模式探讨"，《中国行政管理》，2008年第8期。

85. 李艳："浅析国际粮荒与中国国家安全"，《现代商业》，2008年第21期。

86. 杨斌、林浩、徐南、陈冯妤、蒋凌燕、刁丹：“反恐怖与国家安全和边疆稳定——云南反恐怖斗争形势分析及对策研究”，《云南警官学院学报》，2008年第4期。

87. 张凤霞：“试论邓小平国家安全观的形成及其特征”，《天津商业大学学报》，2008年第4期。

88. 赵晖：“国家安全中的信息安全保障研究”，《哈尔滨市委党校学报》，2008年第4期。

89. 龙方、曾福生：“中国粮食安全的战略目标与模式选择”，《农业经济问题》，2008年第7期。

90. 王湘林：“从国家安全的角度看跨国犯罪的主要类型”，《国际关系学院学报》，2008年第4期。

91. 武贤明：“邓小平国家安全思想之嬗变”，《菏泽学院学报》，2008年第4期。

92. 赵绪生：“论江泽民的新安全观”，《中共石家庄市委党校学报》，2008年第7期。

93. 李彦明：“新安全观理论的实践及战略意义”，《新疆警官高等专科学校学报》，2008年第3期。

94. 唐春元：“毛泽东经济安全观探析”，《湘潭大学学报（哲学社会科学版）》，2008年第4期。

95. 鞠海龙：“‘本土安全’思想对中国近代海疆安全战略的影响”，《中国历史地理论丛》，2008年第3期。

96. 张明明、周敏骏：“非传统安全及其对国际关系的影响”，《新远见》，2008年第7期。

97. 李平：“布什任期美国对非洲安全战略的演变”，《西亚非洲》，2008年第7期。

98. 张凤霞：“简论我党的国家安全观”，《理论探索》，2008年第4期。

99. 唐克超：“网络舆论对国家安全影响问题探析”，《中国软科学》，2008年第6期。

100. 罗海龙：“恐怖主义对中国国家安全战略的影响”，《石家庄铁道学院学报（社会科学版）》，2008年第2期。

101. 潘一禾："非传统安全研究中的国家文化安全关注"，《江南社会学院学报》，2008年第2期。

102. 陈向阳："未来五年中国国家安全面临的机遇与挑战及战略思考"，《江南社会学院学报》，2008年第2期。

103. 马振超："新形势下国家安全观的内容及特点"，《江南社会学院学报》，2008年第2期。

104. 杨孝青、徐君："从非传统安全角度谈高油价对我国经济的影响"，《工业技术经济》，2008年第6期。

105. 孙艳："中国石油安全战略分析"，《数字石油和化工》，2008年第6期。

106. 陆俊元："印度'东进'战略及其对我国家安全的影响"，《江南社会学院学报》，2008年第2期。

107. 李生文："试论全球化背景下的我国文化安全维护"，《攀登》，2008年第3期。

108. 刘跃进："奥运安保与国家安全"，《江南社会学院学报》，2008年第2期。

109. "贵州组织开展国家安全形势教育活动"，《资源与人居环境》，2008年第12期。

110. 王天民、周和敏："关于我国钢铁工业资源安全战略的思考"，《新材料产业》，2008年第7期。

111. 李凤雏："论国家审计与国家安全"，《商业会计》，2008年第12期。

112. 唐克超："网络时代的国家安全利益分析"，《现代国际关系》，2008年第6期。

113. 张燕军："冷战后美国的东北亚安全战略及多边安全合作构想"，《哈尔滨学院学报》，2008年第6期。

114. 张相轮、武善彩："生态建设与国家安全"，《南京理工大学学报(社会科学版)》，2008年第3期。

115. 王晓梅："中亚石油合作与中国能源安全战略"，《国际经济合作》，2008年第6期。

116. 任福兵："非专业情报组织在美国安全战略中的地位"，《图书情报工作》，2008年第6期。

117. 邵沙平、王小承："美国外资并购国家安全审查制度探析——兼论中国外资并购国家安全审查制度的构建"，《法学家》，2008年第3期。

118. 张迎红："试论欧洲安全战略文化的差异与趋同"，《德国研究》，2008年第2期。

119. 田明、冯翠芝："从档案馆角度看档案开放中的国家安全"，《黑龙江档案》，2008年第3期。

120. 黄再胜、张克南："经济全球化背景下国家利益发展与我国安全战略选择"，《军事经济研究》，2008年第6期。

121. 石峰："应高度重视我国木材安全战略问题"，《中国林业产业》，2008年第6期。

122. 廖华："我国外资并购国家安全审查的法律完善"，《武汉金融》，2008年第6期。

123. 简家民、郑国梁："维护国家安全 规制网络舆论"，《信息网络安全》，2008年第6期。

124. 汤凌霄："金融安全观及相关概念辨析"，《中国劳动关系学院学报》，2008年第3期。

125. 徐建华："欧盟的能源安全战略及对中国的启示"，《商场现代化》，2008年第16期。

126. 刘文："论信息时代的我国政治安全战略"，《南阳师范学院学报》，2008年第5期。

127. 王京建："正确处理政府信息公开与保守国家秘密"，《江南社会学院学报》，2008年第3期。

128. 王新龙："国际安全合作：一种安全哲学视角的解读"，《国际论坛》，2008年第3期。

129. 时统宇："收视率与国家文化安全"，《视听界》，2008年第5期。

130. 李现社、杜霞、耿雷华、王淑云："中国水资源安全战略研究"，《人民黄河》，2008年第5期。

131. 钮菊生："'和谐世界'理念与我国的地缘安全战略"，《学海》，

2008 年第 3 期。

132. 武贤明："全球化背景下中国非传统安全研究的现状与趋势——中国非传统安全研究述评"，《大庆师范学院学报》，2008 年第 3 期。

133. 赵辉、何军："国家安全法学在公安高等教育中的缺位问题"，《江苏警官学院学报》，2008 年第 3 期。

134. 金磊："中国城市发展亟需安全战略布局——从反思 2008 年春中国南方冰雪灾害的教训开始"，《世界标准化与质量管理》，2008 年第 5 期。

135. 王丽玲、樊东霞、刘凤勇："探析影响我国当前经济运行的不确定因素——国际政治和非传统安全因素"，《商场现代化》，2008 年第 14 期。

136. 李婷、鲁成军："中国能源国际安全战略的博弈新视角"，《中国人口·资源与环境》，2008 年第 3 期。

137. 焦得刚："东亚地区主义兴起对中国国家安全的影响"，《和平与发展》，2008 年第 2 期。

138. 李晓乐："外资并购中的国家安全审查制度初探"，《浙江万里学院学报》，2008 年第 3 期。

139. 甘明星："粮食价格上涨背景中的中国粮食安全"，《新经济杂志》，2008 年第 6 期。

140. 张凤霞："当代中国国家安全观的发展历程"，《兰州学刊》，2008 年第 5 期。

141. 武贤明："新时期中国国家安全战略考量"，《齐齐哈尔大学学报(哲学社会科学版)》，2008 年第 3 期。

142. 曾福生、吴雄周："树立农产品恢复性、结构性通货膨胀形势下的粮食安全观"，《粮食科技与经济》，2008 年第 3 期。

143. 曹露丹："国债与国家安全"，《税务与经济》，2008 年第 3 期。

144. 朱清、张杨："地域、专业与学历差异对学生安全观的影响"，《世界经济与政治》，2008 年第 5 期。

145. 李东燕："具有中国特色的高校学生安全观"，《世界经济与政治》，2008 年第 5 期。

146. 张勤、杨孝青："我国石油供应现状及其安全战略体系构建"，

《经济前沿》，2008 年第 5 期。

147. 申琰："信息网络环境下的金融安全"，《中国金融》，2008 年第 10 期。

148. "强化经济监督　推动问题整改有效履行国家安全机关内部审计职责"，《中国审计》，2008 年第 9 期。

149. 黄世霖："安全利益代表国家利益"，《世界汽车》，2008 年第 5 期。

150. 吴晨晨："现代化与西方化：处在十字路口的文化安全"，《世纪桥》，2008 年第 12 期。

151. 邹艳芬："中国能源安全的战略模式导向"，《经济问题探索》，2008 年第 5 期。

152. 徐建华："欧盟能源安全战略探析"，《经济与社会发展》，2008 年第 4 期。

153. 张勤、杨孝青："我国石油供应现状及其安全战略体系构建"，《科技和产业》，2008 年第 4 期。

154. 夏令孜："探析中国石油安全战略的建构"，《资源节约与环保》，2008 年第 2 期。

155. 杨志花："欧盟食品安全战略分析"，《世界标准化与质量管理》，2008 年第 4 期。

156. 戴秀娟："实施人才安全战略的几点思考"，《安全、健康和环境》，2008 年第 4 期。

157. 徐蓉："利益观与价值观的统一——谋求中国国家安全的重要维度"，《国际观察》，2008 年第 2 期。

158. 王胜、黄丹英："非传统安全与南海区域开发合作"，《地域研究与开发》，2008 年第 2 期。

159. 陈家勤："中国能源供应安全的战略选择"，《时代经贸》，2008 年第 4 期。

160. 李春华："关于本世纪前 20 年中国石油安全战略的思考"，《石油天然气学报》，2008 年第 2 期。

161. 朱丹："从出版产业政策的角度剖析我国的文化安全观"，《法制与社会》，2008 年第 11 期。

162. “为了国家安全”，《军事记者》，2008 年第 4 期。

163. 王慧娟：“国家安全机关工作人员职业心理危机问题探略”，《科技信息（学术研究）》，2008 年第 11 期。

164. 谢亮、王世明：“重新认识中国国家安全利益——西藏骚乱的启示”，《法制与社会》，2008 年第 11 期。

165. 张兴堂：“论跨界民族与我国国家安全”，《黑龙江民族丛刊》，2008 年第 2 期。

166. 许勤华：“中国高校学生能源安全观分析与思考”，《世界经济与政治》，2008 年第 4 期。

167. 孙洁琬：“国家安全的认知与解读”，《世界经济与政治》，2008 年第 4 期。

168. 李东燕：“中国高校学生安全观调查报告（上）问卷调查说明”，《世界经济与政治》，2008 年第 4 期。

169. 盖世金：“推动建设和谐世界——中国国家安全大战略”，《中国特色社会主义研究》，2008 年第 2 期。

170. 宋伟：“国际规范、国家认同与国家行为——《国家安全的文化》述评”，《国际政治研究》，2008 年第 2 期。

171. 金果林：“全球化背景下的食品安全”，《中国人大》，2008 年第 1 期。

172. 李欣淼：“信息安全的保障 国家安全的屏障”，《信息系统工程》，2008 年第 4 期。

173. 郭梅峰：“浅析‘非传统安全’的若干问题”，《江苏省社会主义学院学报》，2008 年第 2 期。

174. 凯普里阿诺：“欧盟食品安全 50 年”，《太平洋学报》，2008 年第 3 期。

175. 杨恕：“反恐与国家安全研究专题”，《兰州大学学报（社会科学版）》，2008 年第 2 期。

176. 周士新：“以色列国家安全的现实主义解读”，《江南社会学院学报》，2008 年第 1 期。

177. 杨迎会、潘正祥："构建新世纪中国国家安全战略路径探索——以全球化和中国身份变化为视角"，《江南社会学院学报》，2008年第1期。

178. 王苏生、王丽、黄建宏、李金子："跨国公司并购对我国的影响及产业安全观"，《特区经济》，2008年第3期。

179. 张勇："我国新能源安全战略及其立法实现"，《新疆社会科学》，2008年第2期。

180. 赵海滨："大学生视野中的非传统安全：问题与启示"，《中国青年政治学院学报》，2008年第2期。

181. "企业安全战略与Forefront安全解决方案"，《互联网周刊》，2008年第6期。

182. 武贤明："国家安全思想的哲理内涵论析"，《长春工业大学学报（社会科学版）》，2008年第2期。

183. 杨光海："安全观的演进：从传统到非传统的转变"，《教学与研究》，2008年第3期。

184. 马荣升："挑战与机遇：东亚一体化视野中的非传统安全合作"，《东北亚论坛》，2008年第2期。

185. 何天祥、彭世逞："中国保障粮食安全战略"，《西昌学院学报（自然科学版）》，2008年第1期。

186. 李家寿："中国一东盟自由贸易区建设与我国文化安全战略"，《长白学刊》，2008年第2期。

187. 何虎生："中国化马克思主义宗教安全观探析"，《宗教学研究》，2008年第1期。

188. 李泽红、薛梅、郭文杰："论新的安全观"，《内蒙古民族大学学报（社会科学版）》，2008年第2期。

189. 穆伯祥："中国古代危害国家安全罪的法律规制与现代启示"，《黑龙江史志》，2008年第1期。

190. 李竹："美国、俄罗斯国家安全立法背景析评"，《苏州教育学院学报》，2008年第1期。

191. 吴庆荣、梁忠前："论国家安全行政法基本原则"，《苏州教育学院学报》，2008年第1期。

192. 刘跃进：“为国家安全立名——国家安全研究中概念问题的逻辑批判”，《苏州教育学院学报》，2008 年第 1 期。

193. 陈向阳：“对中国国家安全环境前景的战略思考”，《苏州教育学院学报》，2008 年第 1 期。

194. 颜文、黄良民、王东晓、练树民、龙丽娟：“深化南海海洋科学研究是我国国家安全和发展的重大战略需求”，《中国科学院院刊》，2008 年第 2 期。

195. 李格琴：“欧盟非传统安全治理：概念、职能与结构”，《国外社会科学》，2008 年第 2 期。

196. 范明英、孙增超：“从历史发展的视野看中国发展与崛起面临的国家安全状况”，《华东理工大学学报（社会科学版）》，2008 年第 1 期。

197. 张体勤：“集学术价值与实用价值为一体的创新性力作——评《构建信息安全保障新体系——全球信息战的新形势与我国的信息安全战略》”，《山东经济》，2008 年第 2 期。

198. 马嬿：“东盟安全战略的演变与前景”，《国际问题研究》，2008 年第 2 期。

199. 王海滨：“从日澳‘安保关系’透析日本安全战略新动向”，《日本学刊》，2008 年第 2 期。

200. 曲成义：“强化内网安全机制 保护国家安全利益”，《信息网络安全》，2008 年第 3 期。

201. 白洁：“华为收购受挫触动国家安全意识”，《信息安全与通信保密》，2008 年第 3 期。

202. 赵忠诚：“浅析‘非传统安全’问题在我国的表现及对策”，《法制与经济（上半月）》，2008 年第 3 期。

203. 严正：“海南省水安全战略研究”，《节水灌溉》，2008 年第 3 期。

204. 王春霞：“非传统安全问题与政府的作用”，《理论探索》，2008 年第 2 期。

205. 姚川：“非传统安全视野下中国与东盟警务合作机制研究”，《东南亚纵横》，2008 年第 2 期。

206. 刘伟强：“中国非传统安全面临的挑战及应对策略”，《天水行政学院学报》，2008年第1期。

207. 李红梅："全球气候变化将危及国家安全"，《今日国土》，2008年版。

208. 盖世金："推动建设和谐世界：中国国家安全大战略"，《西安政治学院学报》，2008年第1期。

209. 韩庆娜："美国国家安全战略与民主国家协约——基于对《普林斯顿报告》的解读"，《外交评论（外交学院学报）》，2008年第1期。

210. 武贤明："论邓小平国家安全思想"，《盐城师范学院学报（人文社会科学版）》，2008年第1期。

211. 韩献栋，金淳洙："中国军事外交与新安全观"，《现代国际关系》，2008年第2期。

212. 董普、满悦媛、梁源、黄小品："21世纪我国石油安全的战略对策"，《资源与产业》，2008年第1期。

213. 晋继勇："试析和谐社会建设中'人的安全'与国家安全之关系"，《四川行政学院学报》，2008年第1期。

214. 唐永胜："顺势而为，谋求国家安全"，《世界知识》，2008年第4期。

215. 孔晨旭："战后初期日本政府的国家安全战略与"媾和后美军驻日"问题"，《兰州学刊》，2008年第2期。

216. 索哈里、尤东晓："恐怖主义与非传统安全"，《科学决策》，2008年第2期。

217. 贝宁、萨卡、贺贯夫："贫困与发展中国家安全"，《科学决策》，2008年第2期。

218. 姜正芳："遏止非法测绘，维护国家安全"，《上海城市规划》，2008年第1期。

219. 陈军、成金华、吴巧生："中国石油安全战略评价：1990—2006"，《中国人口·资源与环境》，2008年第1期。

220. 宋效峰："传统安全与非传统安全双重视角下的石油安全"，《科学决策》，2008年第2期。

221. 王忠勋、王华悟："着力培育与国家安全利益相适应的国家安全观”，《国防》，2008年第2期。

222. 朱陆民、单琴琴：“中国与印尼非传统安全领域合作”，《衡阳师范学院学报》，2008年第1期。

223. 张军民：“中哈石油合作之多元化安全利益研究”，《石河子大学学报（哲学社会科学版）》，2008年第1期。

224. 史方倩：“实施全方位文化安全战略”，《理论前沿》，2008年第6期。

225. 李传勋：“中俄毗邻地区非传统安全问题”，《学理论》，2008年第4期。

226. 陈海军：“中国道路安全的战略思考”，《中国高新技术企业》，2008年第4期。

227. 安宏滨：“单极霸权下的非传统安全”，《科学决策》，2008年第2期。

228. 周永康：“高度警惕和坚决防范非传统安全因素对社会稳定的影响”，《人民检察》，2008年第3期。

229. 王丽娟：“新安全观与中国国家安全”，《学术交流》，2008年第2期。

230. 焦得刚：“东亚地区主义兴起对中国国家安全的影响：机遇与挑战”，《当代世界》，2008年第2期。

231. 周建：“战略机遇期内的中国人才安全战略”，《江苏教育学院学报（社会科学版）》，2008年第1期。

232. 姚冬梅：“论江泽民的文化安全观的主要内容”，《经济与社会发展》，2008年第1期。

233. 郎一环、王礼茂：“国际安全新形势下的中国石油安全战略调整”，《中国能源》，2008年第1期。

234. 王育谦、彭泽军：“东盟非传统安全问题初探”，《传承》，2008年第2期。

235. 吴汉洪、李秀玉：“外资并购的反垄断审查和国家安全审查的比较”，《国家行政学院学报》，2008年第1期。

236. 埃米尔·J·科什纳、巩乐：“欧洲安全战略与国家的优先选择”，

《南开学报（哲学社会科学版）》，2008年第1期。

237. 言雅娟："浅议人民币升值与国家安全的联系"，《企业家天地下半月刊（理论版）》，2008年第1期。

238. 吕文彦、盛欣："2007年日本军事安全战略分析"，《亚非纵横》，2008年第1期。

239. 刘国新："建国初期朱德的国家安全思想论析"，《党的文献》，2008年第1期。

240. 刘昌黎："一部站在信息战和信息安全问题研究前沿的专著——评《构建信息安全保障新体系——全球信息战的新形势与我国的信息安全战略》"，《东北财经大学学报》，2008年第1期。

241. 周明丽："新国家安全观视角下的人才安全"，《唯实》，2008年第1期。

242. 熊炜："二战后联邦德国的国家安全政策偏好"，《世界经济与政治》，2008年第1期。

243. 李长久："跨国并购与国家安全"，《新视野》，2008年第1期。

244. 崔顺姬："区域安全复合体理论——基于'传统安全'和'人的安全'视角的分析"，《浙江大学学报（人文社会科学版）》，2008年第1期。

245. Drek Flora Ortiz："盐统王朝：唐代后期的盐业、财政以及国家安全（英文）"，《中国历史地理论丛》，2008年第1期。

246. 王志刚："美国'毒菠菜'事件始末及其对中国食品安全的启示"，《世界农业》，2008年第4期。

247. 孙娟娟："欧盟食品安全监管的理论和实践"，《太平洋学报》，2008年第7期。

后 记

《2008年中国国家安全概览》为国际关系学院科研课题，2008年春季立项，2009年4月结题。

2004年12月国际关系学院“国家安全战略中心”挂牌后不久，中心就确定从2005年开始，把“中国国家安全年度概览”作为重要科研课题在学院立项。现在，“国家安全战略研究中心”虽然已经更名为“国际战略与安全研究中心”，但当初的这一重要科研意向还是一直坚持了下来，并且在2008年11月由上海三联书店以《中国国家安全概览（2005—2007）》为书名出版了2005年、2006年、2007年三个年度的研究成果。

《2008年中国国家安全概览》沿袭了2005—2007年度国家安全概览的编写原则和体例，围绕当年的中国国家安全这一中心，以论文综述的形式，从国际安全、国内安全两个方面，总结分析了2008年度中国国家安全形势和安全热点问题，并附有2008年中国国家安全动态资料。

2008年度国家安全概览的编写有如下两个特点：

一、在内容上，力求能够密切追踪2008年安全形势的发展和安全热点问题，新增了诸如金融危机、石油安全、公共卫生安全、食品安全、海盗问题，以及2008年中国国家安全研究现状特点的综述分析文章，使概览能够更加全面地反映2008年中国国家安全所面临的形势和挑战。

二、在概览编写过程中，国际战略与安全研究中心和国际政治系邀请编写人员，举办了题为“危机、挑战与应对——2008年中国国家安全形势回顾”的我院第九次国家安全论坛，第一次将概览的编写与“国家安全论坛”结合起来，对提高概览的质量起到了积极的促进作用。

本年度安全概览的编写，课题组全体同志积极参与，认真撰稿；科研处常凤君处长为“第九次国家安全论坛”的顺利召开给予了大力支持；刘跃进教授为提高概览质量提出了很好的建议；谭秉禹、孙薛程、丁豪3位研究生在概览的校对和编辑方面付出了辛勤的劳动。在此，一并致以谢意。

赵晓春

2009年4月

图书在版编目（CIP）数据

2008年中国国家安全概览/国际关系学院国际战略与安全研究中心编．—北京：时事出版社，2009.8

ISBN 978-7-80232-266-0

Ⅰ.2… Ⅱ.国… Ⅲ.国家安全－概况－中国－2008 Ⅳ.D631

中国版本图书馆CIP数据核字（2009）第124613号

出版发行：时事出版社

地　　址：北京市海淀区万寿寺甲2号

邮　　编：100081

发行热线：（010）88547590　88547591

读者服务部：（010）88547595

传　　真：（010）68418647

电子邮箱：shishishe@sina.com

网　　址：www.shishishe.com

印　　刷：北京百善印刷厂

开本：787×1092　1/16　印张：24.75　字数：368千字

2009年8月第1版　2009年8月第1次印刷

定价：60.00元

（如有印装质量问题，请与本社发行部联系调换）